JN045952

行政法の基本

【第8版】

重要判例からのアプローチ

北村和生・佐伯彰洋
佐藤英世・高橋明男 著

法律文化社

第8版はしがき

　本書で引用している『行政判例百選 I・II』が5年ぶりに第8版（2022年11月）に改訂された。今回の本書の改訂は，それに合わせて必要な修正をし，同時に囲み記事判例の差し替えも行った。また，各章の冒頭にある新聞記事とIntroductionをすべて刷新している。もちろん，2021年の個人情報保護法制の抜本的改正をはじめ本書第7版（2019年3月）刊行から今日に至るまでの法令の制定改廃を反映させ，重要な最新判例にも言及している。

　本書の基本的考え方は，初版以来変わっていない。本書では，行政法をはじめて学ぶ学生または公務員試験，各種資格試験，法科大学院進学を目指している人が，行政法の全体像を概観できるようになるべく分かりやすく解説するよう努めている。また，4名の共同執筆という本書の性格上，新たな行政法の体系を提示するということよりも，学説判例の現況をなるべく客観的に描写するようにしている。

　本書では，初学者が学習しやすいようにいくつか工夫を凝らしているが，それは以下の4つにまとめることができる。

　第1に，各章のはじめにイントロダクションを設け，比較的最近のトピックを素材にして各章の内容がおおよそ把握できるようにしている。

　第2に，読者が一目でそのページの内容が掴めるように窓見出しを設け，また，学習の手助けになるように多くの図表を挿入している。

　第3に，本文で詳しく触れることができない重要な事項については，コラムを設けそこで説明することにしている。

　第4に，行政法の授業では，教科書のほかに副読本として判例集を使用するのが一般的であるが，重要と思われる判例については，その概要を本書の中で解説することにしている。また，判例は，基本的に公式の判例集ではなく，大学の講義や演習で最もよく使われ，一般の書店でも入手可能な，斎藤誠・山本隆司編『行政判例百選 I・II』（別冊ジュリスト），芝池義一・大田直史・山下

竜一・北村和生編『判例行政法入門』（有斐閣）および毎年度刊行される『重要判例解説』（ジュリスト臨時増刊）から引用することにしている。

　このような本書のコンセプトや特色が，多くの読者に受け入れられ，行政法に少しでも興味を抱いていただければ幸甚である。

　最後に，第8版の刊行にあたって，法律文化社編集部の舟木和久氏に，また，判例索引や事項索引について，同志社大学大学院法学研究科修士課程の神宮怜実さんと永阪聡大さんに，それぞれ大変お世話になった。この場をかりて謝意を表したい。

2023年2月

執筆者を代表して

佐 藤 英 世

目　　次

I　行政法とその基本原則

II　行政のしくみ

$\mathcal{VI}$ 市民の法的地位の保護❷ 苦情処理・行政不服申立て・行政訴訟

コラム一覧

本文に出てくる判例一覧

＊　百選Ⅰは『行政判例百選Ⅰ〔第8版〕』（別冊ジュリスト No.260，2022/11，有斐閣），百選Ⅱは
『行政判例百選Ⅱ〔第8版〕』（別冊ジュリスト No.261，2022/11，有斐閣）を示す。

凡　例

騒音	騒音規制法	都市緑地	都市緑地法
大気汚染	大気汚染防止法	土地利用調整	鉱業等に係る土地利用の調整手
代執	行政代執行法		続等に関する法律
地公	地方公務員法	内	内閣法
地自	地方自治法	内閣府	内閣府設置法
地自令	地方自治法施行令	農地	農地法
地税	地方税法	非訟	非訟事件手続法
電波	電波法	補助金	補助金等に係る予算の執行の適
道	道路法		正化に関する法律
道運	道路運送法	民	民法
道交	道路交通法	民訴	民事訴訟法
独行法	独立行政法人通則法	明憲	大日本帝国憲法
都計	都市計画法	薬	医薬品医療機器法
独禁	私的独占の禁止及び公正取引の	郵便	郵便法
	確保に関する法律	労基	労働基準法
土収	土地収用法		

◆引用・参照文献

次に挙げる文献は，次のような略記を用いる。

① （阿部Ⅰ○○頁）阿部泰隆『行政法解釈学　1』（有斐閣，2008年）

　（阿部Ⅱ○○頁）阿部泰隆『行政法解釈学　2』（有斐閣，2009年）

② （宇賀Ⅰ○○頁）宇賀克也『行政法概説Ⅰ行政法総論〔第7版〕』（有斐閣，2020年）

　（宇賀Ⅱ○○頁）宇賀克也『行政法概説Ⅱ行政救済法〔第7版〕』（有斐閣，2021年）

　（宇賀Ⅲ○○頁）宇賀克也『行政法概説Ⅲ行政組織法／公務員法／公物法〔第5版〕』（有斐閣，2019年）

③ （大橋Ⅰ○○頁）大橋洋一『行政法Ⅰ現代行政過程論〔第4版〕』（有斐閣，2019年）

　（大橋Ⅱ○○頁）大橋洋一『行政法Ⅱ現代行政救済論〔第4版〕』（有斐閣，2021年）

④ （塩野Ⅰ○○頁）塩野宏『行政法Ⅰ〔第6版〕』（有斐閣，2015年）

　（塩野Ⅱ○○頁）塩野宏『行政法Ⅱ〔第6版〕』（有斐閣，2019年）

　（塩野Ⅲ○○頁）塩野宏『行政法Ⅲ〔第5版〕』（有斐閣，2021年）

⑤ （芝池〔読本〕○○頁）芝池義一『行政法読本〔第4版〕』（有斐閣，2016年）

⑥ （高橋○○頁）高橋滋『行政法〔第2版〕』（弘文堂，2018年）

⑦ （田中上○○頁）田中二郎『新版行政法上巻〔全訂第二版〕』（弘文堂，1974年）

　（田中中○○頁）田中二郎『新版行政法中巻〔全訂第二版〕』（弘文堂，1976年）

　（田中下○○頁）田中二郎『新版行政法下巻〔全訂第二版〕』（弘文堂，1983年）

⑧ （原田○○頁）原田尚彦『行政法要論〔全訂第7版補訂2版〕』（学陽書房，2012年）

⑨ （藤田上○○頁）藤田宙靖『〔新版〕行政法総論（上）』（青林書院，2020年）

　（藤田下○○頁）藤田宙靖『〔新版〕行政法総論（下）』（青林書院，2020年）

⑩ （小早川上〇〇頁）小早川光郎『行政法　上』（弘文堂，1999年）

　（小早川下Ⅰ〇〇頁）小早川光郎『行政法　下Ⅰ』（弘文堂，2002年）

　（小早川下Ⅱ〇〇頁）小早川光郎『行政法　下Ⅱ』（弘文堂，2005年）

　（小早川下Ⅲ〇〇頁）小早川光郎『行政法　下Ⅲ』（弘文堂，2007年）

◆判例の出典について

　本文で挙げる判例の出典は，公式の判例集のほか下記のものに依拠している。

① 【百選Ⅰ，Ⅱ】 → 『別冊ジュリスト　行政判例百選Ⅰ，Ⅱ〔第8版〕』（有斐閣，2022年）

② 判例入門 → 芝池義一編『判例行政法入門〔第6版〕』（有斐閣，2017年）

③ 重判 → 『ジュリスト臨時増刊　重要判例解説』（有斐閣，年1回）

④ 判時 → 『判例時報』（判例時報社，月3回）

⑤ 判タ → 『判例タイムズ』（判例タイムズ社，月1回）

I 行政法とその基本原則

判決言い渡し後に記者会見する児玉弁護士㊨ら（16日、水戸市内）

日本経済新聞 2022.9.17

Introduction

　出入国在留管理庁の施設に収容中の外国人が必要な医療措置を受けられないまま死亡するケースが相次いで報じられている。不法在留者として入管で収容中だったスリランカの女性が，体調不良を訴えたものの適切な治療を受けられないまま死亡したことは大きな反響を呼んだ。この記事は，入国が認められず入管施設に収容されたカメルーンの男性が，収容継続中に体調が悪化し救急搬送等の適切な治療を受けられないまま死亡したことについて，国家賠償が認められたことを報じる。国民皆保険が実施され，体調がよくなければ治療を受けられることが当たり前のように思われてきたわが国でも，新型コロナ感染症の感染状況が極度に悪化した時期には，救急搬送されないまま自宅で死亡した人が続出した。人の命を守ることは行政のルールではないのだろうか。第Ⅰ部では，行政法とは何か，行政の果たすべき役割は何か，行政は社会における活動にどのように関与し，どのような原則を守らなければならないのか，について学ぶ。

1 行政法の由来と展開

「そこにある」
行政法

行政法とは何？　と問われて満足に答えられる普通の市民は多くない。行政法は，法律学の中でも民法や刑法のように暮らしの中で実感することの多い法分野と比べ，あまりなじみのない分野である。行政法を形づくる法令の多くは直接市民に向けられたものではなく，行政機関に対して向けられている。その意味で行政法は，公務員や公務員になりたいと思う人は別として，普通に暮らす市民にとっては，役所とかかわるときでなければ意識しないですむ法律である。

　しかし，日常意識しないですむということは日常生活と無縁ということではない。かつて福祉国家を評して「ゆりかごから墓場まで」という喩えがあったが，まさに行政法は，人が生まれる前（母子健康手帳の交付→母子保健法）から学校教育（就学校の指定→学校教育法施行令），労働者の保護（労働基準法等），消費者の保護（食品添加物の基準設定→食品衛生法等）などを経て，老後（老人保健法等）に至るまで，およそ市民の一生涯に密着して存在している。加えて，公共の安全の確保（警察官職務執行法等），生活環境の整備（建築基準法等），経済運営（独占禁止法等），さらには地球環境の保護（地球温暖化対策推進法等）等，行政法の網は張り巡らされている。行政法は，市民生活を取り囲んでいるが普段は意識しないという意味で，ここではなく，いわば「そこにある」法である。

行政法の
「基本法」？

それでは，なぜ行政法はみえにくいのだろうか。ひとつには，憲法典，民法典，刑法典のような体系的法典がないということがあろう。法典のある法律の場合は，問題に応じて法典の中の条文を読むことで少なくとも手がかりは得られるのに，行政法の場合はそれができない。もちろん，行政法にも柱となる基本法はある。行政法は伝統的に行政組織法，行政作用法，行政救済法の3領域（次頁**図**1）からなるといわれてきた。つまり，まず，行政の担い手をつくり出し（組織法），権限を与え（作用法），必要な場合に市民を救済する（救済法）。この3つの領域には，それぞれ，組織法

2

ならば内閣法や国家行政組織法，作用法ならば行政手続法や情報公開法，救済法ならば行政事件訴訟法や国家賠償法といった具合に基本となる法律があり，その解釈適用は行政法の重要な部分を占める。しかし，行政法の場合，それ以外に数多くの法令が，特に作用法として存在する。行政法は，そのような多くの法令を学説によって寄せ木細工のように組み立てた所産であり，法令の解釈適用の指針をつくり出している体系は，不文法としての学説法なのである。

図1 行政法の3領域

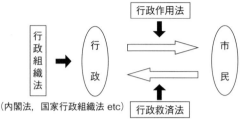

（行政手続法，情報公開法 etc）
行政作用法

行政組織法 → 行政 → 市民

（内閣法，国家行政組織法 etc）
行政救済法
（行政事件訴訟法，国家賠償法 etc）

　行政法の名宛人　行政法を縁遠いものにしているもうひとつの原因は，先にも触れたように，行政法が直接には行政機関を名宛人としていることが多いという事情である。たとえば，民法は市民相互の法律関係を直接規律する法律であり，お互いにどのような権利と義務をもっているかの基準となる（例：売買における商品の引渡義務と代金支払義務）。また，刑法は市民生活において社会倫理上許されない行為が何か（例：殺人）を市民に対して直接に指示する。いずれも市民生活において市民の行為規範となるものである。

　これに対して，行政法は行政機関と市民との法律関係を規律し，行政機関が市民に対して行う行為の権限を与え，そのあり方を制約する。市民の側からみれば，行政法によって自らの一定の行為が規律（規制や誘導）されることがあるが，行政機関の行為の前提要件をなすにすぎず，積極的に市民生活に内在した行為規範となっているわけではない。たとえば，建物を建築しようとする市民は建築計画を建築基準法に合わせなければならないが，それは，そうしないと行政から建築確認をもらえないからであって，行政から監視されなくても建築基準法に合わせるのが普通の市民だとはいいにくい現状がある。このような事情は，行政法に対して市民が受け身に構えることの要因となろう。

3

「行政」とは

行政法をとらえにくくしている3つ目の要因に，行政法が対象とする行政という存在がとらえにくいということがある。「行政」と聞いて何をイメージするかは人によってさまざまであろう。それは役所かもしれないし，国の省庁かもしれない。また，国家権力かもしれない。このように，人が「行政」に対してもつイメージが一定しないという事情は，「行政」以外の国家作用にはあまり当てはまらない。「立法」といえば，国会の法律制定，「司法」といえば，裁判所の紛争処理と答えるのは比較的たやすい。

そこで，「行政」とは何かという問いに対して，行政を積極的に定義することをやめて，国家作用から定義しやすい立法作用と司法作用を除いたものというとらえ方が多くの支持を得てきた。これが消極説と呼ばれる考え方である。これに対して，この定義では行政の内容が不明で，結局は行政を肥大化させることにつながっているとして，積極的に定義しようとする試みも行われてきた。また，「行政」と区別された「執政」の概念を立て，法律の機械的執行に止まらない政治部門の作用をとらえようとする考え方も示されている。

しかし，これまでのところ，いずれも正確な概念の確立までには至っていない。むしろ，行政法学の対象を考える場合には，内閣を頂点とする諸々の行政機関が現実に行っているまたは行うべき作用（形式的意義における行政）に着目して，その統制を考えるべきではないかとして，実質的意義における行政の定義にあまりこだわらない見解が強まりつつあるといえる。この見解によれば，人が「行政」としてイメージする国の省庁や役所の仕事はすべて行政法の対象になるととらえられよう。となると，やはり行政法を確たるものとして理解することは難しいのである。

行政法の由来

それでは，行政法はどのようにして生まれてきたのだろうか。行政法のルーツはモデルとしての近代国家に求められる。近代国家のモデルは，自然状態における万人の万人に対する闘争を克服するための装置として成立した近世の国家が強大となり，市民の権利を侵害するに至ったことから，国家権力を抑制する仕組みとして成立した。つまり，力をつけた市民社会の自律的な活動を確保するために，国家には，市民社会の自律

性を前提にして，市民社会の枠を守る作用（治安維持＝警察作用）のみが許される（夜警国家観）。そして，国家作用の限定は議会が制定した法律または裁判所の判決，つまり行政法によって行われる。このような理解を国家と社会の二元論と呼んでおり，近代立憲国家の成立原理のひとつとされる。

行政法の特徴　行政法が成立したこのような経緯は，行政法を3つの意味で特徴づけている。ひとつは，行政法が近代憲法原理に強く影響されているという点である。近代国家は，国家の市民社会への介入を抑制するが，それは市民の人権が憲法によって保障されたことに基づいている。つまり，近代憲法がもつ国家作用に対する抑制的な基調（防御権の体系）が，典型的な国家作用としての行政作用を規律する行政法の基本的性格を形づくったのである（大橋Ⅰ10頁）。裏を返せば，近代憲法では国家に給付を求める権利（例：生存権）が保障されていないことから，行政作用を促進する要素（例：生活扶助を求める権利）が行政法に反映してこなかったことを意味する。この事情は，現在においても，行政法が基本的には行政作用を抑制するバネとしてはたらくことにつながっている。

もうひとつは，行政法が自律的でなく他律的な法規範として成立したという点である。自律が認められた近代の市民社会においては，市民が相互に平等であることを前提

コラム①　建築確認

市民が建築を行う場合，建築計画が法令に適合していることを確認してもらう建築確認の手続を踏むことになる。建築確認を経ないで建築工事を行うことは違法である。建築基準法によれば，建築確認申請は地方自治体の建築主事あるいは民間の指定確認検査機関に対して行う（6条・6条の2）。建築計画が建築基準法等の建築基準を定める法令に適合していれば，確認済証が交付され，建築工事を開始できる。建築工事が特定工程まで進んだ段階の中間検査（7条の3），建築工事が完了したときの完了検査（7条）を建築主事または指定確認検査機関から受けて，最終的に完了済証が交付されると，建築物の使用が可能になる。建築確認は，建築計画が建築基準法等に適合していることを確認するだけで，民法等他の法令に適合していることまで行政が認めるわけではない。また，地方自治体の指導要綱（132頁のコラム⑦参照）に合致していることは，建築確認の要件ではない。

として，市民相互間の意思（合意）が自律的ルールとして機能する。これは私的自治の原則と呼ばれ，私法の基本原理である。これに対して，行政の市民に対する介入を抑制する行政法は，行政と市民の間で自律的につくられたルールではなく，行政と市民が対等ではないことを踏まえて，議会または裁判所が他律的なルールとして行政に課すものである。たとえば，市民間の契約関係においては，当事者間の合意の解釈がまず探求される。これに対して，行政と市民の関係（例：建築確認申請の拒否処分）においては，行政あるいは市民が意図したことよりも，行政作用が客観的に法律の規定に合致しているかどうか（例：建築確認またはその拒否が建築基準法に合致しているか）が探求されるのである。

　3つ目は，国家と社会が二元的に対峙し，国家の社会に対する干渉が法治主義によって規律される反面，国家内部は法律によって規制できない内部領域であるという観念が生まれたことである。国家と社会（市民）の関係は外部法としての行政法が規制するが，国家内部においては，国家（行政）が法律から自由に決める内部法が通用するとされたのである。

　[行政作用の拡大]　モデルとしての近代において成立した行政法は，近代から現代への国家活動の展開過程に応じて発展している。近代国家は，国家と社会の二元論に基づいて消極国家とされた。ところが，19世紀から20世紀にかけて，世界的に資本主義経済の発達とともに市民間の貧富の差が広がり，市民社会の自律性という前提は崩れていき，保護を必要とする弱者が生まれてきた。これに対応して，現代国家は，市民社会への介入を質量ともに増大させる積極国家と位置づけられる。つまり，それまでモデルとしては国家（行政）作用が消極的な治安維持に限られていたのに対し，中小企業保護，労働者保護のような市民間の法律関係への介入や，社会的弱者の保護（社会扶助等）や公教育が始まり，さらに，20世紀を通じて，行政の守備範囲は，公共事業を通じた産業生活基盤の整備，経済情勢のコントロール，社会保障（社会福祉，社会保険），消費者保護，環境保護等へと拡大する（サービスの担い手としての行政）。このような行政国家への展開過程において，行政は市民社会に対し，近代の警察作用にみられたように，局所的かつ事後的に介入するだけにとどまらず，包括的かつ予防的に，つまり問題が発生する前に，問題発生を抑

制するために予め基準をつくっておくなどの形で介入する場面が生じてくる。また，介入の手法についても，警察作用に典型的な命令・強制だけでなく，契約，補助金交付，指導といった非権力的な手法や，計画という目標と手段をセットにした手法も使われる。

行政法の変化 こうした行政作用の展開を受けて，行政法は多様に変化している。

①　行政作用の促進　まず第1に行政法の基本的性格が変わった。近代国家モデルにおける行政法は，消極国家観に裏打ちされて，行政作用により不利益を受ける相手方の立場に立って，不利益をできる限り抑制することに力を注いできた。行政行為と呼ばれる特定の一方的な行政作用について，予め根拠法律が制定されることを求め，行政行為の効力あるいは行政行為の強制的実現を限定し，違法な行政行為に対して裁判的救済の途を開くという伝統的な行政法の根幹的な体系はすべて，必要悪としての公共の福祉を実現する行政行為の相手方保護の観点から組み立てられていた（法律―行政行為―行政強制―行政裁判）。これに対し，現代国家における行政法は，積極国家観を受けて，行政作用によって不利益を受ける相手方だけでなく，利益を受ける第三者の立場からも行政作

> **判例1** 東京都公営住宅事件〈最判1984（昭59）・12・13【百選Ⅰ-7】〉
> 　X（東京都）所有の公営住宅に入居するYがXに無断で敷地内に増築したうえ，割増賃料を支払わず，増築建物の収去・原状回復および割増賃料支払の催告にも応じなかったため，公営住宅法22条1項（現行32条1項）所定の明渡請求事由に該当するとして，Xは使用許可を取り消し，明渡しを請求した。第1審判決が公営住宅の使用関係の性質は基本的に私法上の賃貸借契約であり，一般法である民法および借家法の適用があるとして，信頼関係の法理が適用されるとしたのに対し，第2審判決は，公営住宅の入居者はもっぱら住宅に困窮する低額所得者から決定され，信頼関係の相手方にふさわしい者を選択する自由はないとの理由から，公営住宅の使用関係に私人間の賃貸借関係に用いられる信頼関係理論を持ち込むことはできないとした。
> 　最高裁は，公営住宅の使用関係は基本的に私人間の家屋賃貸借関係と異ならず，原則として一般法である民法および借家法，さらに信頼関係の法理の適用があるとし，公営住宅の明渡請求事由に該当する場合でも，信頼関係を破壊するとは認めがたい特段の事情があるときには，明渡しを請求できないとした。

用をとらえる傾向にある。この場合，行政法の体系は行政作用を抑制するだけ
では不十分で，行政作用を促進する機能をもつことが必要になる（原田80頁）。
たとえば，人体に有害な添加物を使った食品を規制する行政作用は，食品メー
カーの経済的自由の規制であるだけでなく，消費者の安全を保護する機能をも
もっていなければならないのである。

② 民法との接近　　第2に行政作用の手法が警察作用の場合に典型とされた命
令・強制に加えて，契約や指導のような相手方の同意や協力が必要な手法が登
場するに至ると，行政法は対等でない関係，民法は対等の関係を規律するとい
う図式は通用しない。そうなると同じように対等の関係でありながら，一方は
自律的内在的ルールが適用され，他方は法律あるいは裁判所の判決が他律的な
ルールとして適用されるという事態は合理的に説明しにくい。ここに行政法と
民法の接近ないし融合がみられることになる。たとえば，**判例1** にみられるよ
うに，民間の賃貸住宅についての賃貸借関係と公営住宅の使用関係は本質的に
同質だから，基礎となる考え方は同じであってよいという見方が出てくるので
ある。この見方をさらに進めれば，民法と異なる規律がなぜ必要かが逆に問われ
る（行政の公共性をゼロベースから論証しなければならない）といってもよいであろう。

③ 市民の参加と協働　　第3に，このような行政法の自律的ルール化の傾向
は，第1の変化からも生じている。行政法は元来，行政権による権力の濫用を
抑制し市民の権利を保護するため，議会や裁判所から行政権に課される他律的
規範という性質をもってきた。しかし，行政が抽象的な公共の福祉の観点か
ら，市民社会の枠組みを確保するにとどまらず，市民間の法律関係に入り込ん
で具体的な利害の調整を行う役割を引き受けるに至ると，行政法と民法はその
限りで同じ土俵に立つことになる。たとえば，売買における消費者保護の観点
から適正な表示を行う義務が行政法によって課された場合，表示義務規定に反
する表示を行った業者は，行政機関によって是正措置を受けると同時に，取引
相手の消費者から損害賠償を求められる可能性が出てくる。その場合，利害調
整が真に市民間で適正なものとなるには，行政法上のルールに対しても，民法
と同様に自律的ルールの要素を加えることが要請される。こうして，行政法の
生成過程は，法律と判例法のみの他律的なものから，利害関係人や市民の参加

と協働を得て自律的な要素を加えるに至る（例：表示ルール制定における消費者団体の意見表明）。

④ 行政内部と外部の相対化　第4に，かつて外部法とは妥当する法が異なるとされた国家内部の領域についても，憲法原理の転換に伴い，法律による規律が行われ，基本的人権の妥当性の承認や地方自治の尊重が進むことにより，行政内部と外部の違いは相対化しつつある。このような傾向は，次に述べる行政改革によりさらに推し進められ，公と私の区別の相対化につながっていく。

行政改革と行政法　世界史的傾向としての積極国家化により，国家の財政支出が増大し行政機構が肥大化するに至ると，財政収支の慢性的な赤字の弊害が指摘され，また，20世紀の終わり頃から過剰な行政介入による非効率や市民の自律的な活動を促すインセンティブの欠如が問題とされるようになってきた。そのために，行政改革が世界共通の合言葉となり，行政機構のスリム化，規制緩和による行政介入の縮小，行政機構への競争原理の導入と効率化・透明化，行政作用の民間化・民間委託，行政と民間の協働が時代の要請となってきた。このような傾向が行政法の体系にどのような影響を与えるかは，まだ議論の蓄積を待たねばならないが，上記4つの変化すなわち，現代においては，状況に応じて行政作用の抑制だけでなく促進も求められること，行政法と民法の垣根が低くなりつつあること，行政過程における市民の参加と協働が求められること，行政内部と外部としての社会の区別が益々相対化しつつあること，に即してその影響の行方を検討していくことが，行政法学のさしあたりの課題といえよう。

補論：公私協働の展開と行政法　このような行政改革のうち，行政法の体系からみて，特に問題となることが少なくないのは公私協働といわれる現象であろう。

公私協働は，公的部門と私的部門の間で，業務の分担がどのように行われるかという広い意味で考えた場合，独立行政法人の導入，公企業等の経済活動に対する規制（の緩和），行政活動（認証，基準定立等）への民間の参入，行政活動の民間への委託（アウトソーシング）等を広く含めてとらえられうる。このようにとらえた場合は，公私協働といわれる現象と，伝統的に国や地方自治体とは

異なった組織形態で行われてきた行政活動（特殊法人，公社等の外郭団体の活動）あるいは特許（行政権限を委ねること）により行われる活動との違いが不明確になり，その異同が問われることになる。とりわけ，国，地方公共団体の公的部門と私的部門の中間形態において担われるべき公共性の内実が異なってきたのか，新たな現象が何を目的として導入されたのか，新たな現象によってどのような結果が生じてきたのかが検討されなければならない。

　他方で，公私協働（PPP：パブリック・プライベート・パートナーシップ）は，行政活動を国や地方自治体が実施していくさいに，私的部門の参加ないし協力を得ることをさして語られることも少なくない。この場合，私的部門の参加ないし協力は，資金的・経営的な関与であることも（PFI：プライベート・ファイナンス・イニシアティブ），手続に対する参画であることも（各種協議会，審議会における公募委員・公開制等），専門家または業界団体，非営利団体（NPO）やボランティア活動による人的・専門的な参加ないし協力であることもある。また，私的部門の参加ないし協力の制度化の形態と程度もさまざまである（指針・内規の作成と行政によるその承認，法令執行・遵守への協力，情報の共有と相互利用，法令違反に対するサンクションの引き受け等）。逆に，私的部門の活動に対して，公的部門が制度的，資金的，人的な支援や専門的な助言を行うことも公私協働に含められよう。このような公私協働については，どのような行政目的から，どのような効果を期待して，私的部門の参加ないし協力が目指されているのか，どのような結果が得られたのかという角度からの分析と整理が必要であろう。

　上述のような公私協働に共通して，行政法体系の観点から問題とされるべきことは，そのような公私協働はそれにふさわしい正統性を得られているのか，公私協働に対する法的な統制の仕組みが組み込まれているのか，利害関係人に対する利益救済の仕組みは明確になっているのか，公私協働の結果に対して行政はどのような責任を担うのか，といった事柄である（公私協働の結果に対する行政の責任に関連して，最決2005（平17）・6・24【百選 I - 5】）。したがって，具体的な公私協働の形態に即して，その存在理由，法的形式と法的根拠，制度化にあたっての情報公開と適正手続，公私協働の実施に際しての利害関係人の保護のあり方，結果の検証等が論じられなければならない（公共サービスの民間化の

法的規律として，いわゆる市場化テスト法がある）。

　このような問題を考えるにあたっては，公私協働の現象がとらえられるべき分析枠組を明らかにしておかなければならないであろう。この点はさまざまに答えられようが，行政法の体系の観点からみたひとつのとらえ方としては，公私協働は，問題となる業務の公共性がどれほど認められるかという観点と，当該業務が誰によって担われるべきかという観点を組み合わせて分析されえよう。業務の公共性（サービス性）の観点は，公共性の対極にある経済的合理性（営利性）との対比において，当該業務において，競争原理（経済的自由）という変数がどのように位置づけられるかによって決定されよう。つまり，競争原理が重視されればされるほど，経済的合理性（営利性）において行われる（市場化される）べきもので，競争原理がはたらくべきでないものであるほど，公共性（サービス性）において行われるべきものである。また，業務の担い手の観点は，行政組織と私人を対極において，当該業務の影響度評価（業務を実施することあるいは実施しないこと，実施のあり方が社会に及ぼす潜在的または顕在的な影響の評価）という変数により決定されよう。つまり，当該業務の影響度が大きければ大きいほど，行政組織によって担われるべきもので，公法的（行政的）・集権的・一元的・階層秩序的に，閉じられた空間において正当化されるべきものである。逆に，当該業務の影響度が小さければ小さいほど，私人によって担われうるもので，私法的（司法的）・自治的・多層的・機会平等原理的に，開かれた空間において正当化されるべきものである。

　この分析枠組を図示すると，次頁**図2**のように描かれうる。競争原理の比重が小さく，業務の影響度が大きい第1象限に位置する固有の行政主体（「固有の資格」における国や地方公共団体），競争原理の比重が大きく，業務の影響度が大きい第2象限に位置するそれ以外の行政組織，競争原理の比重が大きく，業務の影響度が小さい第3象限に位置する民間企業，競争原理の比重が小さく，業務の影響度が小さい第4象限に位置する市民的公共性の担い手の間の業務の協力，移動，関与ないし逆方向への復帰（民間化または（再）公共化）が，公私協働の問題としてとらえられる現象であるということができる。

　縦軸と横軸のそれぞれの変数の決定は，国または地方公共団体によって行わ

図2　公私協働のイメージ図

縦軸：業務の担い手についての公と私　　　　　　横軸：業務の性質についての公と私

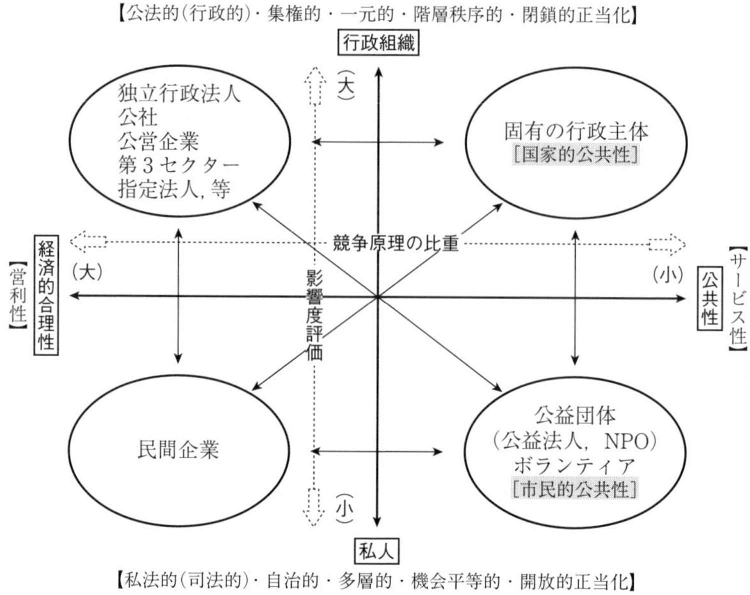

【公法的（行政的）・集権的・一元的・階層秩序的・閉鎖的正当化】

【私法的（司法的）・自治的・多層的・機会平等的・開放的正当化】

れる。公私協働が行われるべきかどうか，どのような形態で行われるべきかについての決定においては，参照される情報の質と量，その公開性が重要な意味をもち，利害関係人はもちろんのこと，広く市民一般の手続参加が望ましいが，最終的に決定を担うのは，国家社会の基本的なあり方の決定については民主主義原理が優越性を有することからいって，理性的なパブリック・フォーラムとしての議会（国会または地方議会）であるべきである。ただし，その際，公法的（行政的）な規整と私法的（司法的）な規整の整序がなされなければならないし，市民の法的な権利・利益がかかわる限りにおいては，裁判的統制の機会が奪われてはならない。そして，業務の影響度を過度に評価することによって，関係者間の私的自治に委ねるべき利益調整について行政の関与を優先させすぎてはならないし，競争原理（効率性）を過度に重視して，公的な利益調整ができなくなることも避けなければならない。

2 法治主義

1 法律による行政の原理

法律による
行政の原理とは

行政法は，近代において国家の干渉を制限するための法として成立した。その場合の法のあらわれ方は，大陸法系諸国と英米法系諸国とで異なっている。前者においては，行政を統制する法は第1次的に議会の制定する法律としてとらえられ，後者においては，第1次的には裁判所の判決にあらわれる法としてとらえられる。前者が法律による行政の原理（法治主義）であり，後者は法の支配と呼ばれる。わが国の行政法学は，明治憲法がドイツ公法学の影響のもとに制定されたこともあって，伝統的に大陸法圏に属するドイツ法の強い影響を受けてきた。そのため，行政法の基本原理としてドイツにおいて成立した法律による行政の原理が伝統的に説かれている。まずは，この法律による行政の原理の内容をみておこう。伝統的な法律による行政の原理は，法律の優位，法律の法規創造力，法律の留保の3原則からなる。

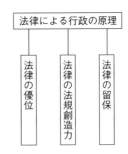

図1　法律による行政の原理

法律による行政の原理

- 法律の優位
- 法律の法規創造力
- 法律の留保

① 法律の優位　法律の優位は，行政作用のあり方を定める法律に行政は従う義務があるというものである。これは，権力分立原則から導かれる当然の命題である。もっとも，法律の優位は，行政を統制する法律があれば行政は従わなければならないとするだけで，積極的に行政を統制する法律がなければならないとするわけではない。

② 法律の法規創造力　法律の法規創造力は，法規を定めることができるのは

法律のみに与えられた力であるとする命題である。ここで法規が何かが問題となるが、さしあたり、通説に従って、国民の権利義務にかかわる一般的法規範と解しておこう。そうすると、この命題が意味するのは、国民の権利義務にかかわる一般的規範は法律という形式をとらなければならないということである。行政との関係に置き直すと、この命題は、行政が法律から離れて独自に国民の権利義務にかかわるルールをつくってはならない、あるいは、行政が国民の権利義務にかかわるルールを制定する場合は、予め法律に基づかなければならないという命題であるといえる。ここから、この第2の原則は、行政が独自に制定するルールである行政立法（法規命令）の制限に関する原則であることがわかる。日本国憲法41条が、国会が「唯一の立法機関」であるとし、同じく73条では、内閣の職務としての政令の制定は執行命令と委任命令の形式をとらなければならないことが定められている。これらの規定は、法律の法規創造力のルールを確認するものであると考えられる（内11条、行組12条1項参照）。

❸ 法律の留保 　法律の留保は、一定の行政作用を行うには予め法律によって権限が与えられていなければならないという命題である。さて、ここでいう、法律によって権限が与えられているとはどのような意味だろうか。行政が何らかの行政作用を行う際の法的規律を考える場合、何よりもまず、作用を行う行政が法的に存在しなければならない。そのためには、一定の作用を行う行政組織をつくる規範が求められる。このような規範を組織法という。

　組織法によってつくられる行政組織は、一定の作用を行うことを予定されている。これは組織法的授権と呼ばれる。このような組織法において行政作用が予定されることは、およそ行政組織が行う作用一般に当てはまる。というのは、ある作用の法律効果が、それを行った個人ではなく個人が属する組織に帰責されるためには、当該作用と組織を結びつけるという意味での組織法が必要だからである。しかし、組織法においてある行政組織について一定の作用が予定される場合、通常、その組織が行うべき作用の大まかな範囲を示すだけで、どのような場合にどのような作用が行われるべきかまでは規定されない。

　実際に行政組織の誰がどのような作用を行うべきかを示す規範を作用法といい、作用法によって行政機関に一定の権限が与えられることを作用法的授権と

いう。例として，警察を取り上げよう。警察法は警察という組織に「公共の安
全と秩序の維持に当ること」（警2条）という責務を与えている。これが組織法
的授権である。これにより，警察は公共の安全と秩序の維持に当たるためにつ
くられた組織であることがわかるが，これだけでは警察が具体的にどのような
作用を行うことができるかは明らかになっていない。これを明らかにするのが
作用法的授権であり，たとえば，警察官職務執行法は，警察官に対して一定の
要件のもとに種々の作用を行うという権限を与えている（例：2条による「質
問」）。法律の留保の原則によって，法律により権限が与えられなければならな
いというのは，このような作用法的授権が必要であるという意味である。法律
の留保が及ぶ作用について作用法的授権がない場合，行政は組織法的授権のみ
に依拠して作用を行うことは許されない。この意味で，法律の留保原則は，行
政権の発動を強く制約する原則であるといえる。そこで，この原則がどの範囲
で認められるかが大きな論点となってきた。

$\boxed{\text{法律の留保論争}}$ 明治憲法時代の通説が市民の権利を侵害し義務を課すよ
うな行政作用についてのみ法律の根拠を要するとする侵
害留保説をとっていたのに対して，現在の通説は，侵害留保説を基礎としてよ
り広く，本来的な自由に対する規制を内容とする行為と権力的な行政作用（命
令・強制のように相手方市民の意向にかかわらず一方的に行われる作用）について，
法律の根拠がなければならないとする権力（行使）留保説の立場を採用してい
る（原田88頁）。

　これに対して，学説の中では，私経済作用（物品の購入のように行政が市民と
まったく同じ立場で行う行為）を除く公行政作用一般について，法律の根拠がなけ
ればならないと説く全部留保説ないし授権原則説も有力に唱えられている。権
力行使留保説と全部留保説の論争は，民主主義体制において行政にどれだけの
柔軟性（自由）が許されるか，非権力的な行政作用（相手方市民の同意を要件とし
て行われる作用）が法律に基づかずに行われてよいかという点をめぐって行わ
れている。権力行使留保説は，民主国家においては行政も一定の民主的正当性
を有すること，非権力的な行為については法律によって相手方を保護する必要
はないこと，法律によってすべてを予想し尽くすことはできないから，緊急事

態に対応できるだけの柔軟性が行政に与えられていなければならないこと，等を主張する（原田86頁）。これに対して，全部留保説は，民主国家においてはすべての公行政作用について国民の代表である議会による正当性が与えられなければならないこと，非権力的な行政作用についても公正・平等の確保の観点から法律で定める必要があること，等を主張する（諸説につき，芝池〔読本〕53頁以下）。

このような議論が続くなか，最近，有力になってきた重要事項留保説は，重要な事柄について法律で規定されなければならないとする。この考え方は，基本権の保障と民主的正当性の確保の観点から，本質的な事柄が議会に留保されなければならないとする本質性理論が，ドイツでは通説となりつつあることを参考にして主張されてきたものである（阿部 I 102頁）。いわば，全部留保説が権力行使留保説に対して行う批判を取り込みながら，行政に一定の柔軟さを残す考え方であり，重要な事柄を明確にし，不十分な規定を摘示していくことが，今後の課題であるといえよう（国民健康保険の保険料徴収につき，租税法律主義の適用が争われた例として，最大判2006（平18）・3・1【百選 I -19】）。

2 実質的法治主義と法の支配

形式的法治主義と
実質的法治主義

これまでみてきた法律による行政の原理は，ドイツを範とするもので，特に議会が制定する法律による行政の統制に焦点を当てている。このように法律という統制手段のひとつのみに重きを置くと，法律自体が憲法に実質的に違反している場合にも，法律に合致しているということだけで行政作用が正当化されるという事態を招きかねない。第二次世界大戦前のドイツにおいてナチスが権力を獲得したのは授権法という法律によってであったことや，第二次世界大戦前の日本において，治安維持法をはじめとする法律の下で人権侵害が行われたことを重視し，法律という形式を軸とする法律による行政の原理は形式的法治主義であるとし，法治主義は，その目的である人権の保障からもとらえられる実質的法治主義でなければならないとする見方が，特に1960年代以降，ドイツおよび日本において有力化した。実質的法治主義と形式的法治主義の差は，前者が後者の法律による行政の

原理に加えて，行政を統制する法律自身が憲法，特に人権保障規定に違反していてはならないとする点と，行政作用が法律に違反してはならないだけでなく，憲法，特に憲法原則にも違反してはならないとする点にある。

　法治主義と法の支配の違いは？　という問いは，現時点で考える限り，このように法治主義をとらえ直したうえで答えられなければならない。この問題は，わが国では第二次世界大戦後，日本国憲法は法治主義ではなく英米型の法の支配を採用したという見解をきっかけに提起されたものであるが，法治主義を実質的法治主義と解する限り，最終的に裁判所において憲法に基づき行政を統制する基準となる法が決定されるという意味では両者に大きな違いはないというべきであろう（実質的法治主義と形式的法治主義の違いを厚い法の支配と薄い法の支配と表現する考え方もある）。行政改革と司法改革を契機にして，行政による事前規制から司法による事後的統制へ移行することが法の支配原理に沿うという見方が出されているが，議会制定法による行政の規律は，今日，大陸型の法治主義を採用する国であれ，英米型の法の支配を採用する国であれ，重要な行政のコントロール手段となっている。行政救済の仕組みとしても，裁判所が最終的な判断を下す前に行政的な救済が置かれうる点で，両者の違いは縮小してきていることに留意すべきである。

**法律と法による
拘束**　現在の法治主義ないし法の支配の理解によれば，行政は伝統的な意味における法律による行政の原理に服するだけではない。伝統的な法治行政原理は，本来的に自由な行政を前提にしてこれに一定の範囲で規律を加えるというものだったが，現在の理解では，本来的に自由な行政はなく，代わりに行政国家現象のもとで増大した行政の専門的な判断を法律と法により積極的に統制していく必要が出てきている。ここでは，法律の留保原則によって要求される行政作用の授権だけではなく，行政過程のあり方を議会が積極的に規律すること（羈束法律ないし規制法律の制定）が求められている。この点については，行政による立法過程を含めた行政の作用が複雑化専門化し，議会が統制できる範囲が狭まるにつれて，特に行政の作用がどのように行われるべきかという手続面での法律による拘束が重要になってきている。行政手続法はそのような要請に応える重要な法律といえる。また，羈束・

図2 法治主義（法の支配）の構造

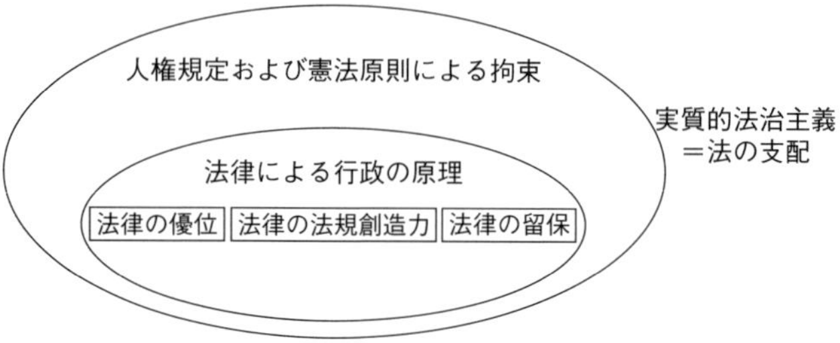

規制法律による拘束は法律の留保原則が及ぶ範囲に限られるものではない。む
しろ，法律による授権を超える範囲まで法律による拘束は及びうる。たとえ
ば，行政が私人と同様の立場で行う私経済的作用（例：行政機関の物品購入契約）
についても，会計法，財政法，国有財産法，地方自治法等の財務会計規定が存
在する。もっとも，授権法律・羈束ないし規制法律の違反があった場合に，必
ずこれが裁判によって是正されうるとは限らない。裁判による是正は，原則と
して，違法な行政の作用によって市民が権利と法的に保護された利益に影響を
受ける場合に限定される。特に，私経済的作用を規律する法律との適合性は，

判例2 〈最判1987（昭62）・10・30【百選I-20】〉

　Xは，税務署退職後，実兄かつ養父のAが営む酒類販売業を事実上運営するよう
になり，1971年分以降の事業所得についてはそれまでのA名義ではなくX名義で青
色申告を行い，税務署長Yもそれを受理してきたところ，1976年に至ってXの青色
申告承認申請がなかったことを理由に，Yは1973年分および1974年分について白色
申告とみなして更正処分と過少申告加算税賦課処分を行ったため，Xが信義則に反
するとしてその取消しを求めた。

　最高裁は，租税法律主義の原則がある租税法律関係においては，納税者間の平
等，公平という要請を犠牲にしてもなお納税者の信頼を保護しなければ正義に反す
るような特別の事情がある場合に，信義則の法理が適用されうるとし，要件とし
て，税務官庁が納税者に対し信頼の対象となる公的見解を表示したことにより，納
税者がその表示を信頼したところ，後に表示に反する課税処分が行われ，そのため
に納税者が経済的不利益を受けることになったこと，納税者が税務官庁の表示を信
頼したことについて納税者の責めに帰すべき事由がないことが不可欠であると判示
した。

地方公共団体の場合と国の場合では事情が異なっている（前者については住民訴訟が可能であるが，後者ではこれに対応する訴訟がない）。

　実質的法治主義ないし法の支配は，先に述べたように，行政の作用の授権法律が合憲であることとともに，行政の作用が直接に憲法原則に拘束されることを求める。後者の点については，明治憲法下で条理法として語られていたものが現在では憲法原則として構成されうる点に注意しておくべきであろう。そのような原則の中で特に重要なものに，比例原則，平等原則，信頼保護原則（信義則）等（客観的原則としては，公正性，効率性，政教分離等もある）がある。比例原則は，行政の作用の目的とそのための手段が比例することを求めるものであり，憲法13条ないし各基本的人権の保障規定にその根拠が求められる。また，平等原則は同条件の場合は対等に，異なる条件の場合は異なって扱うことを求めるものであり，憲法14条がその根拠である。また，信頼保護原則は行政作用により生じた私人の正当な信頼が保護されることを求めるものであり，民法上の信義則と同様の機能を果たすが，憲法上の根拠は各基本的人権の保障規定ないし法治主義そのものである。

　判例2 は，信義則が適用される要件を明らかにしている。この判例で課されている信義則適用の厳格な要件は，租税法律関係では法律による行政の原理と信義則が鋭い緊張関係に立つことを表している。それは，法律による覊束がより緩やかな場面においては（判例21 本書145頁），異なる要件で信義則が適用されていることからも理解できる。なお，これらの原則は特に行政裁量の統制の場面で問題となるが，この点は後述する（本書176頁以下参照）。

3　行政法の法源

　ここで，行政法の法源，すなわち行政法の存在形式を整理しておこう。法律による行政の原理は，行政法の法源について重要な基準を提供しているが，その際，行政作用の根拠法と覊束法を分けて考察しなければならない。

行政法の成文法源

① 憲 法 まず，成文法源として，憲法が法源となりうるかどうかを考えよう。法律による行政の原理の中の法律の留保原則により，一定の行政作用については法律にその根拠が定められていなければならない。このことは，憲法自身が法律の留保にかかる行政作用の根拠法の意味での法源となりえないということを意味する。しかし，行政の作用の羈束法の意味では，憲法も法源となりうる。この意味での法源として，前項で述べた憲法原則（比例・平等・信頼保護原則等）がある。また，行政法の基本原理である法治主義ないし法律による行政の原理自体も，憲法に直接の明文規定はないものの，人権保障規定や権力分立原則等の憲法構造全体から導かれる憲法原則であるということもできよう。個別的には，たとえば，前述した法律による行政の原理のうちの法律の法規創造力について，憲法41条および73条6号がこれを定めているということができる。また，65条，66条，72条は行政組織法制の基本的性格を，32条，76条1項および81条は行政裁判制度の基本的性格を，それぞれ決定している規定ということができる。

　憲法のうちの人権保障規定も，各々の人権を尊重した行政作用を要求するという意味で，行政作用の羈束法ということができる。特に行政法の体系上も重要な羈束法としては，行政作用にあたって適正な手続をとることを求める憲法上の適正手続の法理がある。その具体的な根拠は，後にみるように解釈が分かれているが（本書183頁），憲法に根拠が求められることに争いはない。これに対して，行政作用の根拠法としては，法律による行政の原理の観点から，人権規定もまた，少なくとも権力的な行政作用を求める根拠法とはならないというのが通説的な理解である。ただし，生存権規定（憲25条）について具体的権利説をとる場合は，この規定が生存権を確保するための行政作用の根拠となるといえる。また，非権力的な行政作用（例：行政指導）については，通説によれば法律の根拠は必要ないから（本書135頁），人権規定は，それぞれの人権保障の確保のために必要な作用を求める根拠となりうる。例外的に直接に請求権の根拠となることが通説・判例により承認されているものが損失補償の規定（憲

29条3項）であり，法律に補償規定がなくても，この規定に基づいて必要な補償を裁判所に求めうる。

② 法律　法律による行政の原理に基づき，行政作用の根拠法および覊束法としての法源の中核をなす。

③ 命令　法律に基づく行政権（内閣，大臣，外局の長等）の立法（政令，内閣府令，省令，規則）であり，一般に法令という場合は，法律とともに命令も含まれる。ただし，その効力は法律に劣っており，内容上および形式上，法律に違反する命令は無効である。法律に根拠がある場合は，命令も行政作用の根拠法および覊束法としての法源となりうる（命令につき，本書80頁参照）。

④ 地方公共団体の自主法　地方公共団体の自主法のうち，地方議会が制定する条例は，法律の範囲内という制限はあるが（憲94条，地自14条），法律と同様に法規となることができるから，根拠法および覊束法となりうる。これに対して，長が定める規則は，行政立法の一種ではあるが，直接に公選される地方公共団体の長は地方議会と同等の民主的正当性を有すると考えられるという理由から，国の場合と異なり，独自の法規を定めうるかどうかが論じられている（たとえば，補助金交付規則）。ただし，法律の明文または解釈上，条例で定めなければならない場合（例：権力的な行政作用）は，根拠法にはなりえない（本書58頁-59頁参照）。

⑤ 条約　条約も，公布施行により法源となりうるが，自動執行型の条約の場合，法律を待たずに行政作用の根拠法となりうるかという点については，憲法と同様に消極的に考えられよう（条約優位を規定する例：郵便11条，関税3条）。しかし，条約も，行政作用の覊束法としての法源としては重要でありうる（例：人権A規約・B規約，女子差別撤廃条約，児童の権利条約）。

行政法の不文法源　法律による行政の原理は，行政法の法源について成文法中心主義がとられることを求め，不文法源については補充的な役割のみが与えられうる。

① 慣習法　法律による行政の原理のため，慣習法が法源（根拠法）となることは原則としてないといえるが，例外も認められている。たとえば，法律の官報登載による公布等がその例であり，慣習法に基づく公水利用権のような覊束

法源となるものもある。これに対して，行政慣行は行政組織内部で事実上の拘束力をもちうるが，法令と適合していることが前提であり，行政作用の根拠法となることはありえない。行政慣行の例として，閣議の全会一致方式が挙げられる。この関連で，行政規則（訓令・通達，要綱）が法源となるかどうかが問題となる。行政規則は行政が制定するルールのうち法規ではないものをさすから，それだけで根拠法としての法源となるものではない。しかし，行政規則も行政組織内部においては拘束力を有し，これに違反する行政作用については指揮監督権に基づく取消しがありえ，行為者に対しては内部的なサンクション（懲戒罰）が科されうる。その意味で，行政規則も行政内部的な覊束法の意味では法源として機能することが認められよう。しかし，行政規則は行政を一方的に拘束するだけで，国民に対する効力はないから，通常は，行政作用が行政規則に違反しても裁判を通じて違法となることはない。ただし，行政規則に基づく行政慣行が形成されている場合は，例外的に信頼保護原則および平等原則と相まって違法となることもありうる。詳しくは行政の規範定立の箇所で説明する（本書82頁以下参照）。

②　判例法　　行政法は一般法典がないために，行政法の法原理が成文でないものも多い。そのため，学説によって形成された重要な法原理が裁判所の判決に受け入れられて通用力を得ることが少なくない（例：公法関係における民法177条の適用問題，行政行為の重大明白な瑕疵による無効）。この場合，裁判所の先例によって形成される判例法は，最高裁判所の判決が下級審判決に対して有する事実上の拘束力を通じて，覊束法の意味における法源となりうる。もっとも，最高裁判所判例の下級審に対する統制が強くはたらきすぎて，判例が硬直化し学説との乖離が問題となった場合もある（例：取消訴訟の対象となる行為）。

③　条理法（法の一般原則）　　学説において説かれる法原理が条理法として行政作用に対する覊束法となることもある。たとえば，伝統的に警察作用について説かれてきた比例原則がその典型例であるが，今日では，条理法は憲法原則として解釈し直されるものも少なくない。

　社会通念は，社会一般において受け入れられている不文の規範をさし，覊束法の意味においては，行政もそれに従うことが求められる。裁判例において

も，とりわけ行政裁量の統制基準として，内容を具体化された社会通念との合致が問題とされることが少なくない（本書179頁）。

3 行政法と私法秩序

1　公法と私法

公法と私法の
区別の意味
　伝統的な行政法学においては，行政法は公法ととらえられてきた。このことの意味を考える場合，まず，公法と私法の区別がどのような意味で用いられてきたのかを理解しておかなければならない。

　公法と私法を区別するという思考自体は，ローマ法にまで遡る歴史をもっており，普遍的なものであるということができる。つまり，具体的な法制度のあり方自体を論じることとは別に，理論的に法の分類として公法と私法を区別すること自体は，どのような国家あるいは法制度についても考えうるものである（例：司法試験科目の分類としての「公法」）。そのような理論的な意味における公法と私法の区別については，これまで多くの指標が挙げられてきたが，特に主体説，権力説，利益説という3つの基準が比較的よく言及される。主体説とは，当事者の一方または双方が公法人である法を公法，私人相互間の法を私法とするものである。また，権力説は，当事者の一方に優越的な地位を与える権力関係に関する法を公法，当事者が対等である対等関係に関する法を私法とする。利益説は，公益を規律目的とする法を公法，私益を規律目的とする法を私法とする考え方である。

　これに対して，このような理論的な意味における公法と私法の区別が具体的な法制度のあり方に反映している場合，これを制度的意味における公法と私法ということができる。制度的意味における公法と私法の区別は，どのような法制度についても妥当するということはできない。制度的な意味における公法と私法の区別があるかどうかについては，特に裁判制度のあり方が問題になる。伝統的に，大陸法系諸国においては，行政事件のみを扱う行政裁判所が通常裁

判所とは別系列で設置され（「行政国家」），英米法系諸国においては，そのような行政裁判所は置かれず，大陸法系において行政事件とされるような事件も通常裁判所において審理される（「司法国家」）。行政裁判所を置く仕組みにおいては，行政裁判所で適用される法が公法，通常裁判所で適用される法が私法という形で，公法と私法の区別が制度化されているということができる。

わが国における制度的区別　それでは，わが国においては，このような制度的意味における公法と私法の区別があるといえるだろうか。

　明治憲法においては，明治憲法61条が行政官庁の違法処分による権利侵害にかかる訴訟は行政裁判所の管轄であるとし，行政国家体制がとられていたから，公法と私法の制度的な区別があったということができる。その場合，「処分」という概念のもとで権力的行為である行政行為が念頭に置かれていたから，区別の基準としては権力説が採用されていた。

　日本国憲法においては，憲法76条2項により行政裁判所が廃止され，最高裁判所を頂点とする通常裁判所のもとで行政事件も審理されることになったが，間もなく，行政事件に関しては特別の手続が規定された（行政事件訴訟特例法）。その後，行政事件について特別の訴訟手続を整備した行政事件訴訟法が制定されるに至って，わが国の行政裁判の仕組みは，行政国家とも司法国家とも異なる訴訟手続上の行政国家ともいうべき体制が定着したということができる。

　この仕組みにおいては，「公権力の行使（処分）に関する不服の訴訟」（抗告訴訟）が主たる行政訴訟の形態として法定されており，これは明治憲法下の行

図1　行政裁判の仕組み

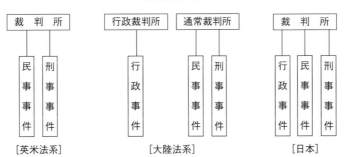

政訴訟と同様に，権力説に基づく公法の理解を採用しているとみることができる。行政事件訴訟法はこのほかに4条後段で「公法上の法律関係に関する訴訟」（当事者訴訟）を規定している。この規定は，伝統的な理解によれば，権力関係以外の一切の公法関係の受け皿として機能するものである。つまり，主体説あるいは利益説に基づいて公法関係と理解される法律関係を対象とすることが予定されているといえる。しかし，このような理解にもかかわらず，最近に至るまで，当事者訴訟には期待されたような発展はみられなかった。それは，当事者訴訟に関する規定が乏しく，抗告訴訟に関する若干の規定（職権証拠調べ，行政庁の参加，判決の拘束力等）が準用されるにとどまっていたため，実務上，民事訴訟とは別の類型の当事者訴訟として構成する意味があまり見いだされなかったからである。その後，学説においては，権力関係でも通常の市民間の民事関係でもないような領域について当事者訴訟を活用する意見が出されたが（国営空港の管理は民事訴訟によっては争いえないとする **判例50**（本書285頁）をきっかけとしている），民事訴訟によって対処できないような問題領域は明確にされないまま今日に至っている。したがって，従前の扱いでは，当事者訴訟は公務員の勤務関係，租税賦課に基づく不当利得返還請求等の限られた領域にみられるにとどまっており，抗告訴訟と並ぶほどの公法と私法の制度的区別が明らかになっているわけではなかった。

　ところが，2004年の行政事件訴訟法改正において，4条後段の当事者訴訟として「公法上の法律関係に関する確認の訴え」が明示された。これは，行政行為（処分）以外の行政作用に関する法律関係の訴訟上の受け皿として機能することが期待されたためである。抗告訴訟以外の救済ルートが機能することは市民の裁判を受ける権利を具体化するうえで望ましいが，従来の学説における抗告訴訟で扱うべき事件と民事訴訟で扱うべき事件のふるい分けに関するこれまでの議論を踏まえた，市民の裁判を受ける権利を充実させる方向での解釈論が必要である（詳細は，本書339頁以下）。

実体法上の公法と私法　それでは，現行法上は，訴訟手続上の公法と私法の区別が認められるとして，そこから，それぞれの訴訟手続において適用されるべき法が公法と私法に分かれるという意味で，実体法上の公法と

私法の区別があるといえるだろうか。

　この点について，伝統的見解は，訴訟法上の区別の存在は実体法上の区別の存在を前提とするとして，行政上の法律関係を公法関係と私法関係に分け，行政の規律対象である行政法関係は公法関係であるとする（田中上70頁）。この理解によると，公法関係たる行政法関係は本来的公法関係である権力関係（支配関係）と，伝来的公法関係である非権力関係（管理関係）に分けられる。そして，前者には期間の計算（民138条以下）のような技術的規定を除いて民法は適用されず公法のみが適用され，権力関係をめぐる紛争は抗告訴訟において審理される。これに対して，非権力関係には原則として民法が適用されるが，公益のため公法規定により適用が排除されうる。この関係をめぐる紛争の解決は当事者訴訟によることになる。また，公法関係ではない行政上の法律関係に私経済的作用（行政機関における物品の購入契約等）にかかわる法律関係があり，私法関係として民法が適用され，民事訴訟において処理される。

　このように，行政上の法律関係を公法関係と私法関係に分け，適用すべき法律と受け皿となる訴訟形式を指定する考え方に対しては，訴訟法上の区別から実体法の区別を論証するのは論理が逆だとして，公法と私法の区別がア・プリオリ（先験的）に存在すると考えず，具体的場合にどの法律を適用すべきかは，実定法規定に基づいて個別的に検討すべきであるとする批判が出された。この批判説は，当事者訴訟が不活発であったという事情も加わって，次の**2**でみるように今日の通説的理解となっている。

2　行政法と私法秩序

　行政作用に私法規定は適用できるか？　先にみたように，伝統的な見解によれば，公法関係には私法規定は原則として適用されない。この点が議論されてきた素材として，次のような問題がある。

① 民法177条の適用問題　民法177条は，不動産物権の対抗要件として登記制度を規定する。伝統的立場を踏まえると，権力関係には民法177条も当然適用されないことになる。最大判1953（昭28）・2・18民集7巻2号157頁は，この

立場に立って自創法に基づく権力的手段たる農地買収処分には民法177条は適用されないとし，農地買収処分は登記簿に依拠するのではなく真実の所有者に対して行われなければならない旨を述べる。

　ところが，その後，同じく典型的な権力的行為である租税滞納処分が問題になった事件において，最判1960（昭35）・3・31【百選Ⅰ-9】は，租税滞納処分による法律関係には民法177条は適用されるとし，国は登記簿に従って租税滞納処分を行いうるが，必要な調査を行えば真実の所有者が判明したはずの場合には，国は177条にいう「第三者」（善意の第三者）ということはできないとした。

　この2つの最高裁判決は，権力関係への民法177条の適用について，一方は適用を排除し，他方は適用を認めるという対照的なアプローチを行っているが，登記簿上の所有者とは異なる真実の所有者を調査する義務を行政庁に課すという点では一致している。民法177条の枠組みを権力関係にも当てはめながら個々具体的な妥当性を得ることに成功している1960年判決のアプローチは，多くの学説の支持を獲得しており，権力関係にも民法177条は適用されることで，この問題は決着がついたといえよう。

② 公物への取得時効の適用問題　伝統的見解は，行政目的に供されている公物である国公有財産について，民法162条に基づく時効取得が成立するには明示の公用廃止が必要であるとしてきた（大判1929（昭4）・12・11民集8巻914頁）。これに対して，最判1976（昭51）・12・24【百選Ⅰ-28】は，公の目的が害されることなく市民の平穏かつ公然の占有が継続し，黙示の公用廃止の成立が認められる場合，公共用財産についても取得時効の成立を認める。これも，伝統的見解を覆す形で公法関係への民法の適用が承認された例である。

> **行政法規の**
> **適用範囲**

伝統的見解は，公法と私法の峻別の論理から，私法規定が公法関係に適用されないことの裏返しとして，公法規定は公法関係についてのみ適用され私法関係には適用されないとした。特に問題となったのは，会計法30条が定める国の債権・債務の短期消滅時効の規定がどの範囲で適用されるかという問題である。伝統的見解が短期消滅時効は公法上の債権債務についてのみ適用されるとするのに対して，近時は，短期時効の目的

判例3 自衛隊車両整備工場内事件〈最判1975（昭50）・2・25【百選Ⅰ-22】〉

1965年Ａが自衛隊車両整備工場で同僚隊員の運転する大型自動車にひかれて死亡した。1969年になってＡの両親Ｘらが国家公務員災害補償金とは別に自動車損害賠償保障法に基づく損害賠償をＹ（国）に求めたが，第１審判決は時効の抗弁を容れて請求を棄却した。控訴審においてＸらは安全配慮義務違反に基づく損害賠償請求を追加したが，控訴審判決は，時効について第１審判決を維持し，債務不履行については特別権力関係を理由に損害賠償義務を否定した。

最高裁は，自賠法に基づく損害賠償請求については時効により否定したが，特別な社会的接触の関係において信義則上認められる安全配慮義務は，国と公務員の間でも認められるとし，会計法30条が定める金銭の給付を目的とする国の権利義務に関する５年の消滅時効は，国の権利義務を早期に決済する必要などの行政上の便宜を考慮したことによるから，安全配慮義務違反による損害賠償義務のように偶発的で多発するものではなく，行政上の便宜を考慮する必要のないものについては適用されず，消滅時効期間は民法167条１項により10年であると判示した。

である行政上の法律関係の早期確定の必要性を個々の法律関係ごとに検討し，短期時効の適用の可否を決定すべきであるとする見解が有力になった。最高裁判所も，この見解を採用したが（**判例3**），2019年改正民法166条は，債権の消滅時効を５年間に改めたので，**判例3** のこの点に関する意義はなくなった。

行政法規に違反する私法上の行為の効力　公法と私法を峻別する伝統的見解は，公法規定に違反して行われた市民の私法上の行為の効力について，次のような類型的解答を示した。すなわち，公法規定を警察取締法規と経済統制法規に区別し，警察取締法規の場合は，警察法規の目的は公益であって私法規定とは法目的が異なるから，警察法規に違反しても私法上の取引の効力とは無関係であり，効力は否定されないとする。反対に，経済統制法規の場合は，私法上の取引を規制する目的で定められたものであるから，行政法規は私法上の強行規定（民91条）を構成し，統制法規に違反する私法上の行為は無効であると説く。最高裁の判例においても，食品衛生法は取締法規にすぎないから食肉販売業の許可を受けない者の食肉取引も有効であるとした例（最判1960（昭35）・3・18民集14巻４号483頁）や，臨時物資需給調整法・加工水産物配給規則は無資格者による指定物資（煮乾いわし等）の取引の効力を認めない強行法

規であるとして，取引の無効を認めた例（最判1955（昭30）・9・30民集 9 巻10号1498頁）がみられる。

このような考え方に対して，近時，特に民法学において，公法と私法の二元的対比を前提とする取締法規と統制法規の区別を批判し，憲法秩序において，両者は人権の相互調整という同じ目的に仕える制度であるととらえる見方や，行政法規の目的が取引と密接な関連を有するかどうかを契約正義の実現という観点から判断しようとする見方が注目されている。これらの見方によれば，行政法規の執行（目的実現）の必要性が民法90条の公序良俗の解釈に取り込まれて，私法上の行為の効力否定が必要かどうかが決定されることになる。公法と私法という概念的区別から直接に解答を導くのではなく，個別具体的な妥当性を可能にする考察方法のひとつといえよう（建築基準法違反の建物建築請負契約を公序良俗に反し無効とする最判2011（平23）・12・16【百選Ⅰ-10】も参照）。

　　　　　　　　このような考え方は，行政法規に違反する私法上の行為の
行政規制と
私的救済　　効力について考え直すことを迫るだけでなく，行政法令の
執行確保について，私法的救済が役割を果たしうるという見方にもつながっている（関連する判例として，公道を違法に占有した者に対して，第三者の自由通行権の侵害を理由として民法不法行為法に基づく妨害排除請求権を承認した最判1964（昭39）・1・16【百選Ⅰ-13】）。実定法上も，行政法令の違反の是正を行政による摘発のみに委ねるのではなく，関係する私人自らが訴訟を提起するによって是正することを認める例がある（たとえば，消費者契約法12条，特定商取引法58条の18，食品表示法18条，消費者裁判手続特例法等：（特定）適格消費者団体，暴力団員不当行為防止法32条の 4 ：適格都道府県暴力追放運動推進センター）。これは，行政法令の執行を行政が民事的執行を通じて確保しようとする考え方（Ⅲ-**8**参照）にも通じるものがあり，注目されよう（私法的救済と行政規制の関係については，判例64 も参照）。しかし，そこからさらに進んで，環太平洋パートナーシップの ISDS（Investor-State Dispute Settlement）条項のように，外国の投資家が国内法上の規制を協定違反であるとして国際投資仲裁により解決できる道を開くことは，行政的規制が国際協定と国内の規制にかかる利害関係者がかかわらない国際仲裁によって覆されることを意味するから，正当性の根拠が問われよう。

4 行政過程における市民の法的地位

1 市民の法的地位の特色

　法治主義ないし法の支配による拘束を受けながら，行政は，制度または事業の立案のための調査過程，法律・命令・条例・規則・要綱等に具体化される制度・事業案の準備過程，策定された制度・事業を具体化する基準または手順の設定過程，制度・事業の具体的執行としての市民に対する行為，制度・事業の実効性確保のために必要な措置，等々の作用を行っている。これらの作用が行われる過程（行政過程）において，市民はどのような法的地位をもっているのであろうか。その特色を概観しておこう。

　市民が行政に対してもつ法的地位については，伝統的

〔権利・法的利益と反射的利益〕

に権利（公権）と反射的利益（事実上の利益）の対比が論じられてきた。権利とは行政法令の適用により受ける市民の利益のうち裁判所において実現されうるものをさし，反射的利益（事実上の利益）とは裁判所において実現されえず，法令が適用されることの反射にとどまるものをさす。この区別は，実際上は行政事件訴訟法上の抗告訴訟の原告適格を基礎づける法律上の利益（行訴9条）の範囲と関連して議論されてきた。詳細は法的地位の保護の章で取り上げるが，最高裁判例によれば，原告適格を基礎づける法律上の利益は，上述の伝統的な区別のように権利のみにとどまるのではなく，法律上保護された利益も含むが，個人的利益として特定しうるものでなければならず，公益一般に解消される利益は含まれない。たとえば，ジュース飲料の表示に関する一般消費者の利益は公益に解消しうるために法律上の利益とはいえないが（**判例49** 本書268頁），**判例4** にみるように，公衆浴場法上の新規許可の距離制限によって受ける既存業者の営業上の独占利益は，権利とはいえないものの法的利益として原告適格を基礎づける（詳細は，本書305頁以下参照）。

判例4 京都府公衆浴場事件（最判1962（昭37）・1・19【百選Ⅱ-164】）

　訴外Aに対して，Xの公衆浴場から208m離れた地点に公衆浴場の営業許可がY（京都府知事）により与えられたが，京都府公衆浴場法施行条例1条は，各公衆浴場の最短距離を250m間隔としていたため，XがAに対する営業許可の無効確認を求めた。

　最高裁は，公衆浴場法が許可制を採用したのは国民保健および環境衛生という公共の福祉の見地からであると同時に，無用の競争により経営が不合理化することのないように，濫立を防止する意図を有するものであることは否定できないとし，適正な許可制度の運用によって保護されるべき業者の営業上の利益は，単なる事実上の反射的利益にとどまらず，公衆浴場法によって保護される法的利益であるとして，Xの原告適格を承認した。

　池田裁判官の補足意見は，既設業者の利益は事実上の利益であるとしながら，具体的個人的利益に対して，直接かつ重大な損害をこうむった場合は原告適格が認められるとした。

　以上の考え方をもとにすると，①行政法令の解釈上，市民の特定されうる利益が考慮されるべきことが読みとれる場合には，市民の権利または法的利益が認められる。行政が市民の権利または法的利益の適切な考慮を誤れば，市民は裁判により救済されうる。②そうでない場合は市民の利益の考慮は行政の裁量に委ねられ，裁量行使が違法でない限りは，利益の考慮の仕方に不服があっても市民は裁判による保護を受けられない。ただし，市民の利益を考慮することが法令上可能であれば，裁量的考慮の仕方に裁量権の逸脱濫用に当たる違法が認められる限りにおいて救済されることはありうる。反対に，市民の利益を考慮することが法令上許されない場合（他事考慮に当たる場合）は，当該法令の解釈上，そのような利益を法的利益とはいえない。③法令ではなく，要綱等の行政の内部基準に基づく行為（例：補助金交付要綱に基づく交付金）については，それにかかわる市民の利益は事実上のものにとどまり，行政が要綱に違反しても，市民は裁判により救済されない。④憲法上の人権であっても，憲法29条3項に基づく補償請求権のように憲法に直接基づいて請求することが認められているものを除くと，法律に具体化されていない限り，行政過程における権利または法的利益であると解釈されるとは限らない。

市民の権利の態様と
発現形態

市民の権利または法的利益が認められる場合，その態様は，防御権，請求権，参加権，裁判的救済請求権に分けられる。防御権は自己の権利または法的利益に対して行政が違法な不利益を与えることを防ぐことができる法的地位をさす。請求権は法的に保障された積極的利益を行政から受けることができる法的地位をさす。参加権は行政過程に関与しその内容を知りうる法的地位をさす。裁判的救済請求権は，以上の権利・利益が侵害されたときに裁判所により救済を受けることができる法的地位をさす。これらの権利・法的利益が行政過程においてどのような形で現れるかを概観しておこう。

① **制度・事業の立案段階**　この場合，制度・事業の必要性を裏付ける調査が行われるのが普通であるが，ここでは調査により違法に市民の権利・利益（特に個人のプライバシーや企業の営業上の利益）が侵害されないことを防御権が要求する。また，調査の内容に関する情報を知ることができることを参加権（情報開示を求める権利または自己情報コントロール権）が要求する（**図1**）。

図1　立案段階の行政過程

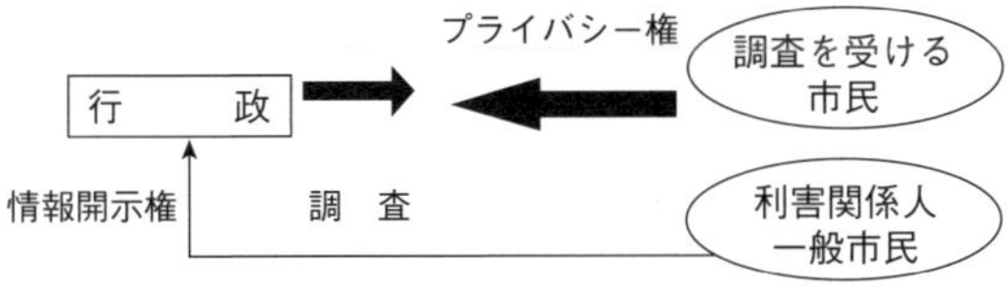

プライバシー権
行　政　→　調査を受ける市民
情報開示権　調　査　利害関係人一般市民

② **制度・事業案の策定段階**　ここでは，参加権により審議会等における審議検討への参加ないし傍聴あるいは制度・事業案への意見表明の機会が与えられることが求められる。行政立法等の制定にあたっては，行政手続法により意見公募手続が義務づけられる。また，この段階でも，参加権に基づく情報開示権がはたらきうる。この段階においては，制度・事業案の公共性が問われるので，市町村のような比較的狭い領域の場合には，住民投票やワークショップのようなより直接的な市民の関与が適切でないかが検討されなければならないであろう（**図2**）。

図2 策定段階の行政過程

③ **制度・事業の執行段階** この場合，相手方となる市民および利害関係を有する市民は，自らの権利・利益が執行にあたって正当に考慮されること（比例原則）を防御権，請求権または参加権により求めうる。また，それぞれの地位に応じた手続上の権利（例：聴聞を受ける権利，理由を知る権利，公聴会に参加する権利）も防御権，請求権，参加権から生じうる。参加権に基づく情報開示権も同様にはたらく。この段階では，具体的な行政作用が市民間の利害を調整する内容である場合（例：市民間の建築紛争の調整），市民相互間で認められうる私法上の権利義務との関係も問題となることがある（**図3**）。

図3 執行段階の行政過程

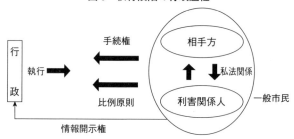

> 市民の権利の
> 特色

① **権利の性質** 伝統的に行政法関係における市民の権利（公権）については，一身専属性（相続の対象にならない），不融通性（譲渡・担保の対象にならない），義務付随性（権利行使に義務を伴う）等の私権とは異なる特質があると説かれてきた。このような公法と私法の区別を前提とする見解に対して，現在は，行政に対する市民の権利にア・プリオリの特質はなく，実定法上個別的に特別の内

容が与えられているかどうかを判断すべきであるとする考え方が有力になっている。恩給金受領の委任契約は可能としながら、契約解除権の放棄は無効とする最判1955（昭30）・10・27民集 9 巻11号1720頁、生活保護受給権は一身専属の権利で相続の対象たりえないとする最大判1967（昭42）・5・24（朝日訴訟）民集21巻 5 号1043頁（なお、被爆者援護法に基づく認定の申請がされた健康管理手当の受給権が相続の対象となりうるとする最判2017（平29）・12・18【百選 I -12】も参照）、地方議会議員の報酬請求権は経済的価値として譲渡可能であるとする最判1978（昭53）・2・23民集32巻 1 号11頁等の最高裁判例は、この有力説と異なる趣旨ではないと解される。

②　裁判による救済の特質　　法的に保障された市民の権利・利益が侵害された場合、市民には裁判による救済の途が開かれる。ただし、行政に対する権利・利益については、特殊な制約が存在する。それは、伝統的に、行政作用のうち行政行為と呼ばれる権力的行為については、公定力という特殊な効力が認められてきていることにかかわっている。この効力は、行政行為は正当な権限を有する機関が取り消さない限り、原則として有効であり、行政行為の効力を否定するためには、出訴期間（ 6 か月以内、行訴14条 1 項）の制限がある取消訴訟という特別の訴訟形式を選択する必要があるというものである。詳細は行政行為の項で説明するが、市民の側からみれば、行政行為が行われたことによって自らの権利利益が侵害された場合は、自ら取消訴訟を提起しなければならないということを意味する（ただし、行政行為がまだ行われていない段階では、取消訴訟以外に義務付け訴訟または差止訴訟の提起が可能である。行訴37条の 2 - 37条の 4 ）。これに対して、行政行為以外の行政作用については、このような制約はない。しかし、取消訴訟以外の裁判的救済の途は実際は限られているのがこれまでの状況であり、行政行為以外の行政作用についても、取消訴訟の提起ができるかどうかが問題とされてきた。2004年改正行訴法 4 条において、公法上の当事者訴訟としての確認訴訟が明示されたことが、この点を改善できるかどうかが問われる。詳細は、それぞれの行政作用の項で説明するほか、市民の法的地位の保護**2**の章（*Ⅶ-4*）で扱う。

　行政作用を直接攻撃するほかに、市民には損害賠償と損失補償といった金銭

図4　市民の権利利益の主張方法

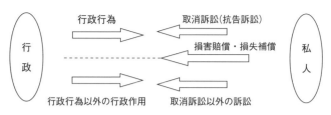

的補塡も認められる。前者は，市民の権利利益の侵害が不法行為となる場合であり，後者は，法令上許された権利利益への侵害に対する補塡である（**図4**）。

市民の義務と その特色　市民が行政との関係で負う義務には，何らかの行為を義務づけられる作為義務（例：違法建築物除却義務），不作為義務（例：営業停止義務），受忍義務（例：健康診断受診義務），給付義務（例：納税義務）がある。一般的には，市民がこれらの義務を履行しなかった場合，市民には罰則が科され，間接的に義務履行が求められることがある。それ以上に行政が義務履行を強制しようとすれば，市民法の原則によると，自力で強制するのではなく，裁判所に訴えて勝訴判決を得てから裁判所の力で強制しなければならないはずである。行政が市民間の法律関係における権利者と同様の地位に立つ場合についてはこの原則が当てはまる。しかし，行政上の義務の中には，これと異なる仕組みが認められることがある。それは，法律または行政行為によって課された作為義務の中で他人が代わってなすことのできる代替的作為義務と金銭給付義務で，これらについては，行政は裁判所を経由することなく自力で市民の義務履行を強制的に実現することが一般的に認められている。詳細は行政強制の項で説明する（*III-8*参照）。

市民の行為の 法的性質　市民が行政との関係において行う行為については，伝統的には私人の公法行為としてその特色が論じられてきた。現在は，このような公法と私法の区別に基づく議論の立て方ではなく，市民間の関係の場合と比べて，個々具体的に異なりうるかどうかが論じられている。

①　権利能力・行為能力　市民の権利能力・行為能力は，問題となる法律関係の目的に照らして，特別に承認または制限されることがある。特別の承認例と

> **判例5**〈最判1959（昭34）・6・26【百選Ⅰ-124】〉
> 　村立小学校講師Xが，55歳以上の教員に勇退を求める方針に従い退職願を提出したが，55歳以上の教員にも退職しないものがあることを知り，退職願の撤回を申し出たところ，村教育委員会がXの解職の辞令を交付したため，Xは解職処分の取消しを求めた。第1審判決が公法関係では特別の事情がない限り意思表示の撤回は許されないとしたのに対し，第2審判決は，私人の公法行為はそれに基づく行政行為が有効になされるまでは撤回できるとした。
> 　最高裁は，退職願の提出者に対し免職処分が有効に成立した後は，退職願を撤回する余地がないが，その前においては撤回することは原則として自由であるとしながら，免職辞令の交付前においても，退職願を撤回することが信義に反すると認められるような特段の事情がある場合には，撤回は許されないとした。

して，法人格のない社団・財団につき不服申立てを行うことが認められる（行審10条）。制限の例としては，外国人の選挙権の否定がある（公選9条）。また，未成年者の行為能力が認められうる（例：自動車運転免許の申請）。

②　意思表示・代理の瑕疵　市民の行為が錯誤によるものだから取り消すとの主張（民95条）は，法定の変更手続が存在する場合，許されない（更正手続のある所得税確定申告の錯誤について，最判1964（昭39）・10・22【百選Ⅰ-122】）。代理に親しまない行為につき代理が行われた場合，当該行為が無効となることがある（代理による国籍離脱届について，最大判1957（昭32）・7・20民集11巻7号1314頁）。

③　意思表示の撤回　市民の行政に対する意思表示は，原則として，行政行為がなされるまでは撤回可能でそれ以後は不可能とするのが通説であるが，行政行為の前でも信義に反する特別の場合は，撤回は許されない（**判例5**　参照）。

2　特殊な行政法関係

特別権力関係論とその批判　法治主義の項で説明したように，日本国憲法の実質的法治主義ないし法の支配の下では，本来的に法（律）から自由な行政の領域は認められない。しかし，明治憲法の下では，国家と社会が二元的に対峙し，国家の社会に対する干渉が法の規制を受けるという理論枠組の裏面として，国家内部は法の規制を受けない領域とされていた。そし

て，国家内部領域を構成する要素として行政組織権と特別権力関係が挙げられた。特別権力関係論は，国家（君主）と特別に強い結びつきがある者について法治主義の適用を否定する考え方で，官吏の公勤務関係について認められた後，営造物（国公立大学・図書館のように行政目的に供用される人的手段・物的施設の総合体）の利用関係，公共組合や特許企業に対する監督関係に，適用範囲が広げられてきた。特別権力関係にある者については，法治主義による保護が否定される結果，基本的人権が当該関係の目的に応じて制限され，司法的救済も認められない。さらに，明治憲法は，官吏の公勤務関係については天皇の大権を定めることにより，法律から自由な特別権力関係の承認を基礎づけていた（明憲10条）。

しかし，日本国憲法の下では，国民主権原理に基づく議会制民主主義が憲法原理とされるとともに法治主義が貫徹された結果，法（律）から自由な国家内部領域の存在も否定される。もちろん，明治憲法10条のような法律による規律を妨げる規定も存在しない。そこで，理論的にも特別権力関係論を否定する考え方が次第に通説化し，これまで特別権力関係とされてきた関係についても，国家公務員法等の法律による規律が認められるとともに，司法的救済の可能性も認められるようになってきた。最高裁判例においても，特別権力関係が救済を拒否する理由とされることは現在ではない。しかし，その代わりに，最高裁判例においては，次頁の例にみられるように，かつて特別権力関係とされてきた関係について部分社会を形成しているとの理由から司法審査を行わないとされることや（ 判例6 ），行政に広い裁量が認められる結果，救済が認められないことがある（国家公務員に対する懲戒処分について， 判例26 本書178頁参照）。

また，行政作用が行われる場合の手続を規制する行政手続法や，行政作用に対する行政不服審査を認める行政不服審査法においては，特別権力関係とされてきた関係について適用除外が認められ，独自の手続的規律の余地が承認されている（行手3条1項7号-9号，行審7条1項8号・9号）。このように，特別権力関係論は否定されたものの，特別権力関係とされてきた関係については，行政と市民の特別の結びつきのゆえに，依然として通常の行政と市民の関係とは異なる規定や扱いが存在することは否定できない。他方で，そのような結びつきの強さゆえに，行政には特別の配慮も義務づけられうる。最高裁判例（ 判例3

判例6 富山大学事件〈最判1977 (昭52)・3・15【百選Ⅱ-141】〉

　国立富山大学経済学部生Xらは A 教授担当の授業を受講していたが，経済学部長 Y は A 教授に対し教授会出席停止および授業担当停止の措置を相次いでとり，学生には代替授業の履修を指示したところ，Xらは A 教授の授業受講を続け A 教授実施の試験を受けて，A 教授はXらの合格判定の成績票を Y に提出した。しかし，Xらに対しては大学による単位認定が行われなかったため，Xらが Y の単位不認定等の違法確認を求めた。

　最高裁は，大学は，国公立，私立を問わず学生の教育と学術の研究という目的を達成するために必要な事項を学則等により規定し，実施することのできる自律的，包括的な権能を有し，一般市民社会とは異なる特殊な部分社会を形成しているとし，単位認定は，一般市民法秩序と直接の関係を有する特段の事情のない限り，大学内部の問題として大学の自主的，自律的な判断に委ねられ，司法審査の対象にはならないと判示した。

本書29頁）において公務員の勤務関係について認められた安全配慮義務（公務遂行にあたって公務員の生命および健康等を危険から保護するよう配慮すべき義務）は，在学関係における学生や刑務所における服役者の安全確保等についても類推されるべきものであろう。最高裁判例は，未決勾留による拘禁関係について，未決勾留は刑訴法の規定に基づき逃亡または罪証隠滅の防止を目的として，被疑者または被告人の居住を刑事施設内に限定するものであって，勾留の裁判に基づき被勾留者の意思にかかわらず形成され，法令等の規定に従って規律される関係であることを理由に，当事者の一方または双方が相手方に対して信義則上の安全配慮義務を負うべき特別な社会的接触の関係とはいえず，国家賠償法1条1項に基づく損害賠償責任を負う場合がありうることは別論であるとする（最判2016 (平28)・4・21民集70巻4号1029頁）。この判例がとる考え方は，債務不履行責任としての安全配慮義務の射程を契約関係あるいはそれに類似した関係に限定する見解に沿うものであり，安全配慮義務を自由意思によらずに強制的に成立する法律関係に対して拡張する可能性は認められていない。しかし，契約関係であれ強制による関係であれ，当該法律関係の内容・目的・性質等に照らして，安全を自ら十分に確保できない環境に置かれることを受忍する立場にある者に対して，当該法律関係においてそのような受忍を求め，かつ安全を

確保できる立場にある者には，衡平の見地から，当該法律関係に基づき必要な範囲の安全を補完する義務が付随的に認められると考えるべきである。それは，不法行為責任とは別に，安全配慮義務や信義則の射程にかかわらず，共通して承認されるべき義務であろう（なお，大阪高判2012（平24）・10・25判時2175号23頁参照）。

行政組織上の法関係と市民　行政組織権は，特別権力関係と同じく国家内部領域を形成するとされ，明治憲法の下では天皇の大権事項とされて（明憲10条），法律による規律が認められない領域であった。しかし，日本国憲法においては，議会制民主主義と法治主義が確立した結果，法律から自由な行政組織権は認められず，内閣法，国家行政組織法，地方自治法等の法律により行政組織は規律されている。これにより，行政組織内部においても法が及ぶことから，行政組織上の関係も法関係になったということができる。

　しかし，このことは行政組織上の関係が行政と市民の関係と同じ性質のものということを意味しない。行政組織上の関係は，行政と市民の関係とは異なり，権利義務の関係ではなく，市民に認められる裁判所による権利利益の救済も，行政組織には一般に認められない。したがって，通説・判例によれば，行政組織上の関係について当事者が裁判所に訴えることができるのは，法律により特別に認められた場合（例：地自251条の5以下に規定される国または都道府県の関与に係る訴訟）に限られる（行訴6条）。また，行政組織が自ら追求する，市民には認められない行政目的を訴訟によって確保することも，最高裁判例によれば，法律で認められた場合でなければ許されない（**判例51** 本書288頁参照）。

　このような行政組織に特有の性質ゆえに，行政組織相互間の行為は直接に市民の権利義務とは関係がない。したがって，市民が行政組織相互の行為について訴訟を提起するための法律上の構成は，特別の工夫を要する。この点は，通達や行政組織間の許認可について問題になる（**判例7** 本書44頁，**判例11** 本書83頁参照）。従来は，抗告訴訟の枠組みを便宜的に用いること（「形式的処分」論，本書304頁参照）が考えられてきたが，2004年の行訴法改正後は，差止訴訟，義務付け訴訟あるいは公法上の確認訴訟の適用可能性が問われることになる。詳細は，行政組織および行政の規範定立の項で説明する（*II-1*，*III-2*参照）。

II 行政のしくみ

デジタル庁 スタート

読売新聞 2021.9.1

Introduction

　2021年9月1日，デジタル庁が発足した。そのきっかけとなったのは，新型コロナウィルス感染症対策において，手続の煩雑さから特定給付金の申請が滞るなど行政のデジタル化の遅れが明らかになり，デジタルの活用による行政の効率化・迅速化が我が国の行政の喫緊の課題となったことである。デジタル庁は，この課題に対応し，さらにはデジタル社会の形成のための施策を推進するために内閣に設置された行政機関であり，復興庁と同様に国家行政組織法は適用されない。デジタル庁では内閣総理大臣が同庁の長および主任の大臣となり，内閣総理大臣を助け，同庁の事務を統括するデジタル大臣と各省の事務次官にあたるデジタル監が置かれている。デジタル大臣は，国務大臣が充てられ，関係行政機関の長への勧告権が付与され，この勧告に対する尊重義務も定められており（デジタル庁設置法8条5項），強力な総合調整機能権限が付与されている。このようにデジタル庁は行政のデジタル化の推進のための司令塔としての役割が期待されている。現在，同庁はマイナンバーカードの利用による市民サービスの向上などの施策を進めている。第II部では，このような行政組織についての基本的な考え方，国と地方の行政組織や国と地方との関係，さらには行政組織を支える公務員制度について学ぶ。

1 行政組織の基礎概念

1 行政主体と行政機関

行政主体 行政主体とは，行政を行う権利と義務の主体となるものをいい，まず国，地方公共団体がその核となる存在である。他の行政主体としては，公共組合（例：土地区画整理組合），特殊法人（例：日本中央競馬会），独立行政法人（例：大学入試センター）などがある。このうち独立行政法人とは，行政業務の効率的運用を図るために，各府省から分離させた一定の業務を担う独立した法人格を与えられた組織であり，その設置は独立行政法人通則法および個別法に基づく。

行政機関の種類 行政主体が実際に活動する際には，その手足が必要となるが，その手足になるのが行政機関である。この行政機関は，行政庁，補助機関，執行機関，参与機関，諮問機関，監査機関に分類される。

行政庁とは，行政主体のために意思決定を行い，それを外部に表示する権限を有する機関をいう。各行政処分について行政庁がどの行政機関になるかは個別法によって規定されており，たとえば，市民への自動車の運転免許の付与は道路交通法に基づいて行われるが，同法によれば，この免許処分を行う行政庁は都道府県の公安委員会である（道交84条）。行政庁には，各省大臣や地方公共団体の長のように独任制のものと内閣や教育委員会のように合議制のものがある。

補助機関とは，行政庁の意思決定の行使を補助する機関であり，副大臣，事務次官，副知事・副市町村長や職員一般がこれに該当する。

執行機関は，市民に対して実力を行使する権限を有するもので，警察官，消防職員等がその例である。なお地方自治法においては，法律や条例を執行する

という意味において地方公共団体の長や委員会を執行機関と呼んでおり，ここにいう執行機関とは概念が異なる。

　参与機関と諮問機関は，いずれも行政庁の意思決定に関与する機関であるが，両者の相違は，参与機関はその関与が行政庁を拘束するものになるのに対し，諮問機関の関与は行政庁を拘束しない点である。参与機関の例としては電波監理審議会，検察官適格審査会があり，諮問機関の例としては中央公害対策審議会，地方制度調査会がある。

　監査機関は，他の行政機関の事務処理や会計処理について監査を行う機関であり，例としては会計検査院，地方公共団体の監査委員が挙げられる。

2　行政機関相互の関係

(1)　指揮監督関係

　行政機関は行政主体のために活動するものであるが，行政機関ごとの活動に矛盾や衝突があれば，全体としての統一性を保つことはできない。そのため行政組織はピラミッド型の階層組織をとり，上級行政機関が下級行政機関に対して指揮監督権限を行使することにより，その統一性を維持している。この指揮監督権限には以下のものがある。

　監　視　権　監視権とは，上級行政機関が，下級行政機関の職務を把握するために，下級行政機関に対して報告を求めたり，帳簿書類を閲覧したり，事務執行の実際を視察する権限である。

　許　認　可　権　許認可権とは，下級行政機関がある活動を行おうとする際に，上級行政機関がその活動の承認を与える権限である。ただし，この許認可権は，行政機関が市民に対して行う行政作用上の許認可権とは異なり，行政内部関係における監督手段としての承認である。**判例7**は，この承認の取消しが争われた事例であるが，最高裁は，このような承認は抗告訴訟の対象にならないと判断した。

　訓　令　権　上級行政機関は，下級行政機関に対してその権限行使を指図する権限を有する。この命令を訓令といい，それを書面

> **判例7**　成田新幹線事件〈最判1978（昭53）・12・8【百選Ⅰ-2】〉
> 　運輸大臣（当時）は，全国新幹線鉄道整備法に基づいて成田新幹線の基本計画を決定し，日本鉄道建設公団（以下，「鉄建公団」）に建設を指示した。そこで鉄建公団は，工事の実施計画を作成し，運輸大臣に同計画の認可を申請し，認可された。これに対して江戸川区や付近住民が，環境権の侵害等を理由にして，認可の取消しを求めて出訴した。
> 　最高裁は，「本件認可は，いわば上級行政機関としての運輸大臣が下級行政機関としての日本鉄道建設公団に対しその作成した本件工事実施計画の整備計画との整合性等を審査してなす監督手段としての承認の性質を有するもので，行政機関相互の行為と同視すべきものであり，行政行為として外部に対する効力を有するものではなく，また，これによって直接国民の権利義務を形成し，又はその範囲を確定する効果を伴うものではない」と述べて，本件認可処分は抗告訴訟の対象となる行政処分には当たらないと判断した。

の形式にしたものを通達という。下級行政機関は，上級行政機関の訓令に従う義務がある。ただし，下級行政機関が従わない場合でも法律の特別の根拠がなければ，上級行政機関に代執行権は認められないと解されている。なぜなら，上級行政機関に代執行権を認めることは，法律上付与された下級行政機関の権限を奪うことになるからである（塩野Ⅲ42頁）。

　訓令は，公務員法上の観念である職務命令と類似している。訓令は行政機関を名宛人とするものであるが，その地位を占めている公務員個人も拘束するものであり，職務命令としての性質も有している（訓令的職務命令）。逆に職務命令は常に訓令としての性格を有しているとは限らない。訓令は行政機関としての意思を拘束するものであり，その構成員が変わっても，拘束力は消滅しない。他方，ある公務員に対する出張命令はその公務員を拘束するものであるが，当該公務員がその地位を退けば，この出張命令は効力を失う。出張命令は，行政組織間の指揮監督権の行使として発せられるものではなく，訓令的性質を有していない（非訓令的職務命令）。このように職務命令は，訓令的職務命令と非訓令的職務命令に区別される（宇賀Ⅲ497頁）。

　違法な訓令に下級機関の職員が従わなければならないか否かについては争いがある。学説は，下級機関の職員は訓令の形式的要件についてのみ審査するこ

とができ，実体要件について審査できないとする形式要件説，下級機関の職員が従う必要がない場合は訓令に重大明白な瑕疵があることを必要とする重大明白説，その瑕疵が明白であればよいとする明白説，違法な訓令は当然に無効になるから下級機関の職員に服従義務がないとする違法=無効説がある（詳細については，宇賀Ⅲ58-61頁参照）。

取消し・停止権 上級行政機関は，違法または不当な下級行政機関の活動を取消し・停止できる権限を有する。通説は，この権限には法律の根拠は不要であるとするが，取消し・停止は代執行に等しいといった批判や，行政活動の相手方の市民にも影響を及ぼすことを理由にして，法律の根拠が必要であるという見解も主張されている（大橋Ⅰ405頁参照）。

主管権限争議決定権 行政機関相互間で権限に関する争いが生じた場合には，上級行政機関はこれを決定する権限を有する。たとえば，主任大臣の間で権限争議になった場合には，内閣総理大臣が閣議にかけて裁定する（内7条）。

(2) 行政機関の協働

　行政機関相互の関係については，上述した行政機関の縦の関係である指揮監督関係のみならず，対等な行政機関間の横の関係も存在する。たとえば，ある権限行使が複数の行政機関の権限に関係する場合の行政機関相互間での協議制度や権限行使の要請ないし勧告の制度が認められている。前者の例としては，国土交通大臣は河川の水利用の許可等を行う際には関係行政機関の長と協議しなければならない（河35条1項）。後者の例としては，都道府県知事は，自動車の排気ガスによる大気汚染が環境省令で定める限度を超える場合には，都道府県公安委員会に必要な措置を講ずるように要請することができるし（大気汚染21条1項），また環境大臣は，関係行政機関の長に対し環境保全上の重要事項に関して勧告することができる（環境省設置法5条2項）。

3　権限の委任と代理

　行政機関の権限は法律によって各行政機関に割り当てられるものであり，権

限はその行政機関によって行使されるのが当然の原則である。しかし実際には，そのような行使が不可能であったり，適切でない場合があり，その場合には権限の委任や代理によって，他の行政機関がその権限を代行することになる。

> **権限の委任**　権限の委任とは，行政機関がその権限の一部を他の行政機関に委譲し，これを行わせることをいう。この場合，受任行政機関は，この権限を自己の権限として自己の名と責任において行使することになる。また委任行政機関と受任行政機関に上下関係がある場合には，委任行政機関は，当然委任した権限の行使について受任行政機関に対して指揮監督権を有することになる。実務上，権限の委任は上下の行政機関の間，または上下関係ではないが指揮監督関係が創設されている行政機関の間で行われている。

　権限の委任は，法律上定められた権限の所在の変更であり，法律上の明示の根拠とともに，その公示も必要となる。また権限の委任は，行政機関の権限の一部についてのみ認められるものであり，権限の全部を委任することは行政機関に権限を割り当てた法律の趣旨を没却するものであり，許されない。権限の委任の具体例としては，国家公務員の任命権限の委任（国公55条2項）などが挙げられる。

> **権限の代理**　権限の代理とは，行政機関の権限の全部または一部を他の行政機関が代わって行使することをいう。この代理行為による法効果は被代理機関の行為として生じ，権限の委任のように権限を代行した行政機関の自己の行為になるものではない。権限の代理には授権代理と法定代理がある。

①　授権代理　行政機関の授権により代理関係が生じる場合を授権代理という。授権代理については，法律の明文の規定が置かれている場合もあるが（例：地自153条1項），行政機関の権限が代理機関に移動しないから，法律の根拠は必要でないと解されている。実際には授権代理は，ほとんど行われていない。

②　法定代理　被代理機関の授権ではなく，法定事実の発生（事故や病気等）に

よって生じる代理関係を法定代理という。法定代理には，法定事実の発生に
よってすでに法定されている行政機関との間で代理関係が生じる狭義の法定代
理と，法定事実の発生の後に被代理機関または他の行政機関の指定行為によっ
て代理関係が生じる指定代理がある。前者の例としては，地方公共団体の長に
事故があった場合の副知事または副市町村長の職務の代理があり（地自152条1
項），後者の例としては，副知事や副市町村長に事故があるときや欠けたとき
に，当該地方公共団体の長が指定する吏員による職務の代行がある（同条2
項）。法定代理における指定行為は，法定事実の発生以前に予めなされる場合
もある（内9条）。

専決・代決 専決は，法律上権限を有する行政機関が補助機関に決裁の
権限を委ねるものであり，行政実務上，常時行われている
ものであり，代決は，本来の決済権者が出張や休暇等で不在の場合，一時的に
補助機関が代わって緊急を要する案件を決裁することをいう。これらは，対外
的には法律上権限を有する行政機関の行為としての効果を生じるものになる
が，行政内部の事務処理の方法であるので，法律の根拠は必要ない。

2 国の行政のしくみ

1 内閣・内閣府

　憲法65条は「行政権は，内閣に属する」と定め，内閣を行政権の主体として位置づけており，国の行政は内閣を頂点とした行政組織によって行われている。内閣の組織と職務は，内閣法，憲法によって規定されている。まず内閣の組織は，内閣総理大臣と国務大臣によって構成される合議体である。国務大臣の数は14人以内とされるが，場合によって3人まで増員することができる（内2条2項）。また無任所大臣を置くこともできる（同3条2項）。

　次に内閣の職務は，法律の誠実な執行や外交関係の処理など憲法73条が列挙するもののほかに，個々の法律によって内閣に委ねられている事務を行うことである。これらの職務は内閣の閣議の決定により行われる。閣議は全員一致による決定が慣習法とされており，持ち回り閣議も可能である。各大臣は，案件の如何を問わず，閣議を求めることができる（同4条3項）。内閣総理大臣は，この閣議を主宰し，閣議決定に基づく行政各部の指揮監督権限を有している（同6条）。さらに，各省大臣間の権限争議についての裁定権限（同7条）や行政各部の処分を中止させ内閣の処置を待つことができる権限を有している（同8条）。また内閣総理大臣は，内閣の重要政策に関する基本方針などの案件の閣議における発議権を有する（同4条2項）。

　このような内閣を補佐する機関としては，従前より内閣官房が置かれていたが，行政改革の動きの中で内閣機能の強化の必要性が主張され，2001年に内閣府が設置された。内閣府は，「内閣の重要政策に関する内閣の事務を助けること」（内閣府3条1項）を職務とし，内閣の重要政策の最高・最終の企画立案，総合調整を助ける，いわば内閣の知恵袋としての機能を果たすことが期待されている。したがって内閣府は，他の省よりも一段上位の組織として位置づけら

図1 国の行政組織

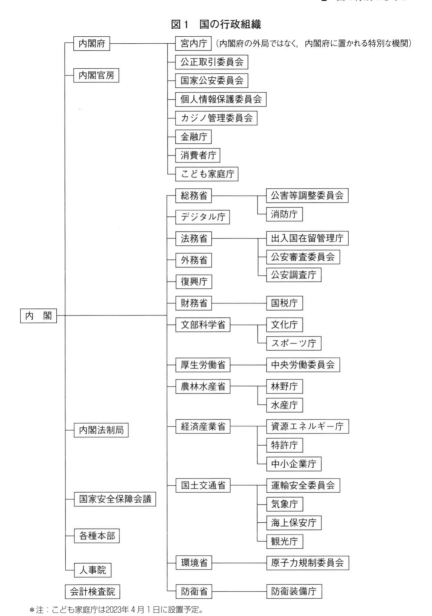

＊注：こども家庭庁は2023年4月1日に設置予定。

れており，国家行政組織法の適用を受けない（行組1条）。ただし内閣府は，内閣総理大臣を主任の大臣とする行政事務を担っており（内閣府3条2項），その部分については各省と同格であり，内閣の統轄下の行政機関という性格も有する。内閣府には企画立案，総合調整を行う機関として，経済財政諮問会議，中央防災会議，男女共同参画会議など5つの合議機関が設置されている（同18条）。さらに，縦割り行政の是正を目的にして，内閣総理大臣は内閣府に特命担当大臣を置くことができる。この特命担当大臣は，関係行政機関に対して，必要な資料の提出や説明を求めたり，勧告をし，勧告に基づいてとった措置について報告を求めることができ，また勧告した事項について内閣総理大臣が行政各部に対する指揮監督権を行使するように意見を具申することができる（同9条-12条）。

　内閣官房には，内閣官房副長官と内閣官房副長官補が各3名，内閣危機管理監，内閣情報通信政策監，内閣広報官，内閣情報官が各1名，上限5名までの内閣総理大臣補佐官などが置かれる（内13-15・17-19・21条）。また内閣官房のスタッフは，各省庁からの順送り人事の慣行は廃止され，内閣総理大臣が直接選任する。なお内閣官房長官には国務大臣が充てられる（同13条）。

2　行政各部

　国家行政組織法は，内閣の統轄のもとに，省，庁および委員会を置いて，行政事務を分担管理させている（3条）。国の行政組織は，2001年の中央省庁再編以前は，1府22省庁体制であったが，この再編により1府12省庁体制となった。なお国家行政組織法は，「省」，「庁」，「委員会」を「行政機関」の名称で呼んでいる。これは「行政機関」を一定の事務配分の単位としてとらえているものであり（3条2項），先に述べたような行政主体と市民との法律関係を明らかにすることを目的とする行政庁中心の伝統的な行政機関概念とは異なるものである。伝統的な行政機関概念は作用法的見地から行政機関をとらえるものであり，ドイツの行政官庁概念の流れを汲むものであるのに対し，国家行政組織法の行政機関概念は，アメリカ流の行政機関概念が戦後わが国に持ち込まれた

ものといわれている。

省　各省の長は各省大臣（内3条にいう「主任大臣」）であり，国務大臣が充てられる。各省には，複数の副大臣と大臣政務官および秘書官が置かれる（行組16条・17条・19条）。また，各省に採用された公務員の頂点のポストである事務次官が1名置かれる（同18条1項）。各省の設置や所掌事務に関する基本的事項は，各省設置法で規定さ

れている。国家行政組織法は，これらの基本的事項は法律事項とし（3条2項），各省の内部部局（官房・局・部，課など）の設置，所掌事務の範囲は政令事項としている（7条4項・5項）。

庁　庁は，その事務量が膨大であったり，特殊専門的なものであるため，省の内部で処理することが不適当である場合に，省から職務上独立させて当該事務を分担管理させるために設けられる組織である。これらの庁は府・省の外局として位置づけられるが，東日本大震災からの復興を目的として設置された復興庁（2031年3月31日までに廃止）は内閣に置かれ，府・省に並ぶものと位置づけられている。

委員会　委員会は，その事務の性質上，政治的中立性や専門的技術的知識を必要とする分野であるため，内閣から独立して権限行使する必要性から設置されるものである。したがって，委員会は職務上の独立を保障され（例：公正取引委員会に関する独禁28条），主任の大臣の所轄に属

するものの，その権限行使につき大臣からの指揮監督権に服しない。行政委員会は，法の執行などの行政的機能のほかに，規則の制定という準立法的機能や審査裁決といった準司法的機能を有していることにその特色がある。例として，公害等調整委員会，中央労働委員会等がある。なお国家公安委員会は，警察行政の政治的中立性の維持のために設けられた委員会であるが，政府の治安責任と政治的中立性との調和を図るために，委員長は国務大臣が充てられることになっている（警6条）（宇賀III 198頁）。

附属機関　　国家行政組織法は，3条で定める省，庁，委員会といった行政機関（3条機関）のほかに，その附属機関として，審議会等の合議制機関，施設等機関，特別の機関を，これらの3条機関に附置することを認めている（8条・8条の2・8条の3）。具体例としては，まず審議会等の合議制機関として，環境省の中央環境審議会，金融庁の証券取引等監視委員会，施設等機関として法務省の刑務所，総務省の自治大学校，特別の機関として国家公安委員会の警察庁，法務省の検察庁等がある。なお，附属機関として証券取引等監視委員会のように委員会という名称が付されている機関もあるが，国家行政組織法3条で設置される行政委員会とは区別される。

地方支分部局　　国の行政機関は，その所掌事務を分掌させるために，地方支分部局を置くことができるが，その設置は法律事項とされている（行組9条）。これは，地方支分部局がいわゆる国の出先行政機関であるので，濫設による地方分権の妨げにならないように，その設置を必要最小限のものにする趣旨である。地方支分部局の具体例としては，法務省の法務局，国税庁の国税局等がある。地方分権改革推進委員会の第2次勧告（2008（平成20）・12・8）は，地方支分部局の事務については住民に身近なものが多く，地方公共団体との二重行政の弊害等の問題点があることを指摘し，2007年に政府に設置された行政改革推進委員会は，これまで累次の勧告において，その見直しを提言してきており，地方支分部局の事務，権限の地方委譲を求めている地方公共団体もある。

3 会計検査院・人事院

　会計検査院は，憲法に基づいて設置され，内閣から独立した地位を付与されている機関である（憲90条，会検1条）。会計検査院は，3人の検査官からなる検査官会議と事務総局によって組織されている（会検2条）。この3人の検査官は，内閣が両議院の同意を経て任命し，会計検査院の長は，検査官のうちから互選された者を内閣が任命する（同3条・4条1項）。会計検査院は，国の収入支出の決算を検査するほか，国の会計職員の懲戒処分の要求（同31条），違法または不当な会計処理に関する是正改善の処置要求（同34条），法令・制度・行政に関する改善の意見表明または処置要求の権限（同36条）等を有し，さらには会計検査に関する規則制定権を有する（同38条）。

　人事院は，国家公務員の人事行政を行う機関であり，内閣の所轄のもとに置かれているが，その権限行使について独立性が保障されている（国公3条）。人事院は3人の人事官によって構成されるが，この3人の人事官は，内閣が両議院の同意を経て任命し，うちの1人が総裁に命じられる（同4条・5条）。人事院は，給与その他の勤務条件の改善・人事行政の改善に関する勧告（同3条2項），試験の実施や研修計画の作成等の行政的機能のほかに，広範囲にわたる人事院規則の制定（同16条）といった準立法的機能，さらには職員の不利益処分に対する不服申立ての審査などの準司法的権限（同90条）を有している。したがって，実質的には行政委員会といえるが，国家行政組織法の適用を受けず（同4条4項），同法の3条機関には当たらない。なお2014年に，国家公務員の人事管理に関する戦略的中枢機能を担う組織として，内閣人事局が内閣官房に設置され（内20条），国の幹部職員人事の一元管理に関する事務を担うとともに，これまで人事院や総務省が担当していた人事管理に関する制度についての企画立案や国の行政組織の機構・定員管理および級別定数に関する事務が内閣人事局に移管されている。

3 地方の行政のしくみ

1 地方自治の保障

わが国の地方自治は憲法によって保障されている。すなわち憲法は，第8章において「地方自治」の章を設け，その基本原則を定めている。なかでも憲法92条は，「地方公共団体の組織及び運営に関する事項は，地方自治の本旨に基づいて，法律でこれを定める」と規定しており，地方の政治制度が法律事項であることを明確にしている。ここにいう「地方自治の本旨」とは，住民自治と団体自治を意味すると解されている。住民自治とは，地域の住民が自己の意思に基づいて地域の事務を処理することであり，団体自治とは，国から独立した地域団体が，他の団体の干渉を受けることなく，その団体の責任において地域の事務を処理することである。この住民自治と団体自治こそ地方自治の本質であるといえる。

図1　地方公共団体の種類

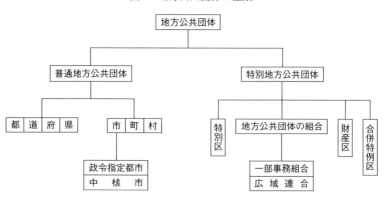

2　地方公共団体の種類

　地方自治法は，地方行政の担い手である地方公共団体を，普通地方公共団体と特別地方公共団体の2種類に大別している（1条の3第1項）。

(1)　普通地方公共団体

　普通地方公共団体は市町村と都道府県の2種類がある（地自1条の3第2項）。

> 市　町　村

市町村は，住民の生活に直接かかわる行政を担当し，住民にとって最も身近な「基礎的な地方公共団体」（同2条3項）である。市町村の区別については地方自治法が規定を設けており，市になるためには人口5万以上といった一定の要件が定められているが（同8条），市町村相互間にその性質上の差異はない。また市については，その規模に応じて政令指定都市，中核市の制度があり，その権限の範囲に差を設けている。

> 都 道 府 県

都道府県は，「市町村を包括する広域の地方公共団体」（同2条5項）である。都道府県のうち，府と県は沿革上の区別による呼称の差以外，実質的な区別はない。都については，市と県との機能を併せ持ち，特別区を有している。道については，警察組織についての特例（警46条・51条）があり，地域開発のために国土交通省に北海道開発局が設置されている。

> 市町村と
> 都道府県の関係

市町村と都道府県との関係は長い間，上下関係・監督関係ととらえられていたが，現在は，両者は対等な関係のものと位置づけられている。ただし都道府県は市町村を包括する広域の地方公共団体であることから，都道府県に調整的機能が認められている。たとえば都道府県は，市町村の廃置統合について，関係市町村の申請に基づき当該都道府県の議会の議決を経て決定することができ（地自7条），また市町村（および特別区）は，当該都道府県の条例に違反してその事務を処理してはならず，これに違反した行為は無効とされる（同2条16項・17項）。

(2)　特別地方公共団体

　特別地方公共団体には，特別区，地方公共団体の組合，財産区のほか（同1

条の３第３項），市町村の合併に際して時限的に設置される合併特例区がある（市町村合併27条）。このうち財産区は，市町村および特別区の一部の地域において山林や温泉など財産の管理等のために設置される団体である（地自294条１項）。また合併特例区の設置については，合併関係市町村が協議により規約を定め，都道府県知事の認可を受けなければならない。（市町村合併28条１項）。以下では，特別区と地方公共団体の組合を取り上げる。

特別区とは，東京都の23区をいう（地自281条１項）。特別区

| 特 別 区 |

は，指定都市における行政区とは異なり，法人格を有する行政主体である。特別区の区長の選出方法については，当初は直接公選制であったが，区議会が都知事の同意を得て任命する区長選任制がとられるようになり，憲法93条２項の規定する直接公選の原則との関係が問題になった。言い換えれば，特別区が憲法上の地方公共団体といえるか否かという問題であるが，最高裁は，「特別区は，東京都という市の性格をも併有した独立地方公共団体の一部を形成している」ものにすぎないと判示し，特別区は憲法上の地方公共団体ではないと判断した（最大判1963（昭38）・３・27刑集17巻２号121頁）。しかし，その後，1974年の地方自治法の改正により，特別区の区長の直接公選制が復活した。また現在は，特別区には基本的には市の規定が適用されていて（同283条），実質的には普通地方公共団体としての性格を有している（同281条２項）。

| 地方公共団体の組合 |

地方公共団体の組合とは，複数の地方公共団体が事務を共同処理するために設けられる独立の法人格を有する組合であり，一部事務組合，広域連合がある。（同284条１項）。一部事務組合の例としては，消防組合，病院組合があり，広域連合としては介護保険や廃棄物処理について設置されているものが多い。2010年に設立された関西広域連合は，現在，関西の８府県と域内の４つの政令指定都市が参加し，救急医療の連携や広域防災対策などの取組みや国の出先機関の受け皿づくりが進められている。

3　地方公共団体の事務

地方公共団体の事務は，従来，公共事務，団体委任事務，行政事務の３種類

に分けられていた。さらに，これとは別に，国の権限に属する事務を地方公共
団体の長などの執行機関に委任して，国の指揮監督権のもとに行わせるという
機関委任事務も存在していた。現在は，これらの事務区分はすべて廃止され，
地方公共団体の事務は，自治事務と法定受託事務の2種類に区分されている。

自治事務とは，「地方公共団体が処理する事務のうち，法定
受託事務以外のものをいう」（地自2条8項）。このように控
除的に定義しているのは，自治事務の中には多様なものが含まれ，積極的に定
義することが困難であることによる。自治事務には，法律または政令により実
施が義務づけられている事務とその実施が地方公共団体の任意に委ねられてい
る事務がある。前者の例として一般廃棄物処理施設の設置許可，介護保険の実
施等があり，後者の例としては，各種助成金の交付や公共施設の管理等があ
る。

法定受託事務は，法令により地方公共団体が処理する事務
のうち，国が本来果たすべき役割に係るものであって，国
においてその適正な処理を特に確保する必要があるものとして法令に特に定め
るもの（第1号法定受託事務という）と都道府県が本来果たすべき役割に係るも
のであって，都道府県においてその適正な処理を確保する必要があるものとし
て法令に特に定めるもので，市町村または特別区が処理するもの（第2号法定
受託事務という）とに区分される（同2条9項1号・2号）。これらの法定受託事
務は，地方自治法の規定（298条・299条）および別表（第1・第2）と地方自治
法施行令（223条・224条）に具体的に列挙されている。

4 地方公共団体の自治立法権

地方公共団体が，その事務を執行するためには法令の執行だけでは十分でな
く，地方の実情に合致した法規範を制定する必要がある。そこで，憲法は地方
公共団体の議会に条例制定権を認めている（94条）。さらに自治立法として，
普通地方公共団体の長や委員会が制定する規則がある（地自15条・138条の4第
2項）。

| 条　　例 | 普通地方公共団体は，法令に違反しない限り，地方公共団体の事務に関し，条例を制定できる（同14条１項）。この地方 |

公共団体の事務とは，「地域における事務」と「法律又はこれに基づく政令により処理することとされる」事務を意味する（同２条２項）。したがって，自治事務のみならず法定受託事務も条例制定権の対象になる。また，普通地方公共団体が住民に義務を課し，または権利を制限する場合（同14条２項）や公の施設の設置・管理・廃止については条例で定めなければならない（同244条の２第１項）。地方自治法は，このような条例の実効性を担保するために罰則制度を設け，一定範囲で刑罰や過料を科することができると規定している（同14条３項）。

　条例制定は，「法律の範囲内で」（憲94条），「法令に違反しない」（地自14条１項）ものでなければならず，条例制定権の限界が問題になる。この限界については，かつては法律先占論によっていた。この説は，法律がすでに規制している領域については，法律と同一目的を達成するために条例で規制を加えることは許されず，条例で規制できるのは法律が規制していない領域のみであると解するものである。しかし，今日では，法律が全国一律の均一的内容の規制を規定している場合（最大限規制立法）には，条例で法律よりも厳しい規制を行うことは許されないが，法律が全国の最低基準の規制を規定しているのにすぎない場合（最小限規制立法）には，条例が法律よりも厳しい規制を行うことは許されると解されている。判例も，法律が「全国的に一律に同一内容の規制を施す趣旨ではなく，それぞれの普通地方公共団体において，その地方の実情に応じて，別段の規制を容認する趣旨」である場合には，より厳格な条例規制を認めている（徳島市公安条例事件判決・最大判1975（昭50）・9・10【百選Ⅰ-40】）。また実定法上も，法律の基準を上回る厳しい条例を許容するものがみられるようになっている（例：大気汚染４条，水質汚濁３条３項）。

| 規　　則 | 普通地方公共団体の長は，「法令に違反しない限り」，「その権限に関する事務に関し」，規則を制定することができる |

（地自15条１項）。ただし，法令の規定により条例で規律することとされている事項や議会の議決を要する事項については，長は単独で規則を制定することが

できない。規則と条例の関係は，原則として，その効力に優劣はないと考えられるが，条例を執行するための施行規則や条例の委任事項を定める規則については，条例が優位する。また各種の行政委員会にも個別法に基づいて規則制定権が認められている（例：地方教育行政法14条に基づく教育委員会規則，地自138条の4第2項）。規則には，違反行為に関して5万円以下の過料を科す旨の規定を置くことができる（同15条2項）。

5 地方公共団体の組織

(1) 基本原理

首長主義　地方公共団体においては，長は住民の選挙によって選出され，直接住民に対して責任を負う首長主義が採用されている。これは，長と議会が対等の関係に立ち，力の均衡を保つことによって，地方行政の安定を図るためである。ただし現行の制度では，議会による長の不信任議決とこれに対する長の議会解散権が認められており，議院内閣制に類似する制度がとられている。したがって，長と議会は相互に完全に独立しているわけではない。

画一主義　地方公共団体の組織については組織法定主義がとられ，一定の行政機関の必置や議会の委員会の種類と数が法定されているなど，地方公共団体の組織は法律によって画一的に規定されている。ただし地方自治法は，議会の議員定数（90条・91条）や副知事または副市町村長の設置（161条）など，一定の範囲で地方公共団体の自治組織権を認めている。

執行機関の多元主義　地方自治法は，執行機関として，長以外に委員会および委員を認めており（138条の4），執行機関の多元主義を採用している。これは，地方公共団体の事務の中には，政治的中立の確保や専門技術的判断の必要性から，長から職務上独立した他の機関に担当させることが望ましいものがあるという考え方に基づいている。教育委員会，選挙管理委員会，人事委員会，監査委員等がこれに当たる。

(2)　地方公共団体の機関

地方公共団体の主たる機関として議事機関と執行機関がある。

議事機関　普通地方公共団体には議事機関として議会が置かれる（地自89条）。議会の議員は住民の直接選挙で選出され，議員の任期は4年である。議会は各種の権限を有しているが，なかでも最も重要なものが議決権である。地方自治法は，条例の制定・改廃，予算の決定，決算の承認など議決権の対象となる議決事件を規定している（96条）。この中には，地方公共団体が行う重要な契約の締結や公の施設の独占的利用権の付与など行政的な意思決定の権限も含まれている。

執行機関　執行機関たる普通地方公共団体の長として，都道府県には知事が，市町村には市町村長が置かれる（同139条）。長は住民の直接選挙によって選出され，任期は4年である（同140条）。広く人材を求める趣旨から，長は住民である必要はない。長は地方公共団体の統括代表権（同147条），事務の管理執行権（同148条），指揮監督権（同157条）等を有する。長が担当する事務は議案提出，予算の調製・執行，地方税の賦課徴収等，地方自治法に列挙されているが（149条），これらは概括例示されたものと解されている。また2017年の地方自治法の改正により，都道府県知事および政令指定都市の長は，事務の適正な管理執行の確保のために内部統制指針を定め，当該方針に基づいて必要な体制を整備することが義務づけられ（地自150条1項・6項），政令指定都市以外の市および町村の長には，これらの措置を講じる努力義務が課せられた（同条2項）。

委員会および委員については，委員会は合議制の執行機関であり，委員は独任制の執行機関である。地方公共団体が設置する委員会または委員は法律で定めるという執行機関法定主義がとられているが（同138条の4第1項・180条の5），その組織，権限が地方自治法で定められているもの（例：選挙管理委員会，監査委員）と個別法によって定められている機関（例：土地収用法に基づく収用委員会，警察法に基づく公安委員会）がある。この執行機関法定主義により，条例で法定外の執行機関を設置することはできない。

(3) 長と議会の関係

地方自治法は首長主義を採用していることから，原則として，長と議会は相互に独立してそれぞれの職務を担当することになる。しかし，地方行政の円滑な運営を確保する

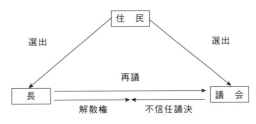

図2 地方公共団体の長と議会の関係

ためには，両者の権限行使を抑制し，その均衡と調和を保つことが必要である。そこで地方自治法は，以下のような制度を設けている。

再議制度　地方自治法は，長が議会の議決について異議がある場合には，議会に再議を求める制度を定めている。この再議制度は長の拒否権とも呼ばれているが，長に異議があれば，理由を付して再議に付すことができる一般的拒否権（地自176条1項）と議会の議決・選挙が議会の権限を超えまたは法令もしくは会議規則違反であると認めるときは，長は理由を示して再議に付し，または再選挙を行わせなければならない場合など，再議が義務づけられる特別的拒否権（同176条4項・177条1項）がある。

不信任議決と解散権　議会は長に対して不信任議決を行うことができ，これに対して長は議会の解散権を有する。不信任議決については，議員数の3分の2以上の者の出席とその4分の3以上の者の同意が必要である（同178条1項・3項）。不信任議決が成立した場合には，長は，議長から通知を受けた日から10日以内に議会を解散しなければ，失職する。また長が議会を解散した後，解散後初めて招集された議会で再度の不信任議決があった場合には，長は再度議会を解散することができず，議会から通知を受けた日に失職する（同178条2項）。この場合の不信任議決については，議員数の3分の2以上の者の出席とその過半数以上の者の同意が必要となる（同条2項・3項）。

長の専決処分　長は，議会を招集する時間的余裕がない時など一定の場合に，本来議会が議決すべき事案を，議会の議決を経ずに自ら処分を行い，議会の議決と同様の法効果を生じさせることができる。この専決処分には，法律の規定に基づく法定代理的専決処分（同179条）と議会が議決

> **判例8** 〈最判1995（平7）・2・28重判平成7年20頁〉
>
> 　韓国籍で永住資格を有する在留外国人であるＸらは，1990年，居住地の各選挙管理委員会に対して選挙人名簿に登録することを求める異議申立てを行ったが，却下されたため，この却下決定の取消しを求めて出訴した。
>
> 　最高裁は，「公務員を選定罷免する権利を保障した憲法15条1項の規定は，権利の性質上日本国民のみを対象とし」たものであり，また住民に地方選挙権を保障した憲法93条2項にいう「住民」とは，「地方公共団体の区域内に住所を有する日本国民を意味する」ものであり，外国人に同規定の保障は及ばないと判示した。ただし最高裁は，「我が国に在留する外国人のうちでも永住者等であって，その居住する区域の地方公共団体と特段に密接な関係を持つに至ったと認められるものについて」は，法律によって選挙権を付与する措置を講じることは憲法上禁じられていないとの判断を示した。

により予め指定したものに関する任意的専決処分（同180条）がある。

(4)　住民の権利

　住民は，「その属する普通地方公共団体の役務の提供をひとしく受ける権利」（地自10条2項）を有しており，地方自治法が別に定めている公の施設の利用権（244条1項）もこれに含まれる。他にも住民は以下の権利を有している。

　選挙権と被選挙権　満18歳以上の日本国民で引き続き3か月以上市区町村に住所を有する者は，その属する普通地方公共団体の議会議員および長の選挙権を有する（同18条）。被選挙権については，都道府県議会議員および市区町村議会議員は，その選挙権を有する満25歳以上の者，都道府県知事は満30歳以上の者，市区町村長は満25歳以上の者が有する（同19条）。なお外国人にも地方公共団体の長，その議会の議員の選挙権を法律で付与することは憲法に反しないという見解が有力であるが，**判例8**において最高裁は，定住外国人に限定して，この見解を支持している。

　直接請求　地方自治法は，住民に，条例の制定改廃請求（12条1項・74条-74条の4），事務の監査請求（12条2項・75条），議会の解散請求（13条1項・76条-79条），議員・長・長以外の役職員の解職請求（13条2項・3項・80条-88条）の4つの直接請求制度を認めている。また市町村合併特例法は，合併協議会設置の直接請求制度を定めている（4条）。

　これらの請求が成立するには一定数の署名が必要である。また請求の効果は請求の種類によって異なり，議会の解散請求，議員・長の解職請求が成立すると，住民投票に付され，過半数の同意があれば解散，解職が行われる。これに対し，条例の制定改廃請求，長以外の役職員の解職請求については，その最終判断は議会に委ねられる。また合併協議会設置の請求については，従来は，その設置が議会の最終判断に委ねられていたが，否決されることが多かったため，2002年の法改正により住民投票制度が導入され，合併請求市町村の議会が否決し，他のすべての合併対象市町村の議会が可決したときは，合併請求市町村の長は住民投票を請求でき，また，この請求がされない場合には，当該市町村の有権者は，その総数の6分の1以上の連署をもって住民投票を請求できることになった（市町村合併4条10項・11項）。

住民投票　住民投票は，地方公共団体が意思決定を行う場合に住民の投票によって直接住民の意思を聴く制度である。法制度としては，議会解散請求および議員・長の解職請求の住民投票，市町村合併特例法に基づく住民投票，「大都市地域における特別区の設置に関する法律」に基づく住民投票（大阪府において大阪市を廃止し，5つの特別区を設置するといういわゆる大阪都構想の是非を問う住民投票が同法に基づいて2015年5月7日と2020年11月1日に実施されたが，結果は，いずれも反対票が賛成票を上回り，大阪都構想は否決された）と憲法によって要請される住民投票がある。後者については，国会が地方自治特別法を制定する場合に，当該地方公共団体の住民投票により，その過半数の同意が必要であることが定められている（憲95条。地方自治特別法の例として広島平和記念都市建設法がある）。

　また法制度として予定されていたものではないが，近時，重要案件について住民の意思を問うために住民投票条例を制定し，住民投票を実施する地方公共団体が増えている。わが国で初めて住民投票条例に基づいて住民投票が実施された事例は，1996年8月4日に新潟県の巻町で実施された原子力発電所の建設の是非をめぐる住民投票である。その後，各地で，住民投票条例に基づいて，産業廃棄物処理施設の設置や米軍施設，公共施設の建設の是非等の問題について住民投票が実施されてきた。

　これらの住民投票条例は，個々の政策が問題になった場合に，その都度条例を制定してその是非を問うものと，住民投票の案件を限定せず，地方公共団体の運営上の重要事項について随時，投票が可能な常設型のものがある（例：広島市住民投票条例）。ただし，このような住民投票の結果が地方公共団体の長を拘束することになれば，長や議会の権限を全面的に奪うものになり，地方行政について基本的な政治形態として憲法が予定している間接民主制に反するおそれがある。したがって，地方公共団体が住民投票条例を制定する場合には，長は決定につき住民投票の結果を尊重または参考にすると定める，いわゆる諮問型住民投票制度を採用するのが通例となっている。

住民監査請求・住民訴訟　地方公共団体の住民は，当該地方公共団体において，違法もしくは不当な財務会計行為があると認められるときは，監査委員に対し監査を求め，当該違法・不当な行為の防止，是正，損害賠償等の措置を行うことを請求することができる（地自242条1項）。監査委員は，監査の結果，請求に理由があると認めるときは，執行機関または職員に期間を示して必要な措置を講じることを勧告し（同242条4項），請求住民に対して請求のあった日から60日以内に監査結果を通知しなければならない（同242条4項-6項）。この監査結果に住民が不満な場合には，住民訴訟を提起できるが，財務会計行為の不当性については住民訴訟で争うことはできない。住民訴訟については，かつて最高裁は「地方自治の本旨に基づく住民参政の一環」として位置づけていたが（最判1978（昭53）・3・30【百選II-208】），外国人や法人も提起できることから，財務行政の適正化を求める「住民の能動的権利の一つ」（塩野III238頁）として位置づけるべきであろう（詳しくは，本書344頁-345頁参照）。

4 国と地方との関係

地方自治法は，国と地方公共団体の役割分担を定めている。すなわち国の役割は，①「国際社会における国家としての存立にかかわる事務」，②「全国的に統一して定めることが望ましい国民の諸活動」に関する事務，③「地方自治に関する基本的な準則に関する事務」，④「全国的な規模で若しくは全国的な視点に立って行わなければならない施策及び事業の実施」を担うことであり（地自１条の２第２項前段），その他「住民に身近な行政はできる限り地方公共団体にゆだねることを基本」（同１条の２第２項後段）にしている。この役割分担の原則は，国の地方公共団体への関与を限定し，国と地方公共団体の関係の透明化を目指したものである（塩野Ⅲ254頁）。

関与の仕組み　憲法が規定している「地方自治の本旨」の要素のひとつである団体自治を実現するためには，普通地方公共団への国または都道府県の関与は，できる限り排除することが望ましいが，行政の統一性，適法性等を確保するためにまったく否定することはできない。そこで地方自治法は，関与の基本原則を定め，関与を「必要最小限度のもの」にし，「普通地方公共団体の自主性及び自立性に配慮しなければならない」と規定している（245条の３第１項）。また同法は，「普通地方公共団体は，その事務の処理に関し，法律又はこれに基づく政令によらなければ，普通地方公共団体に対する国又は都道府県の関与を受け，又は要することとされることはない」（245条の２）という関与の法定主義を定めている。さらに関与について，行政手続法にならって書面の交付や許認可の審査基準，標準処理期間の設定，公表等，詳細な手続が定められ（地自247条-250条の５），その公正・透明化が図られている。

国または都道府県の関与の類型は，対象が自治事務か法定受託事務かによって異なる。まず自治事務については，「助言又は勧告」，「資料の提出の要求」，「是正の要求」，「協議」の４つが基本的関与類型となる（同245条１項・２項）。

これらの手段は，「是正の要求」以外は，地方公共団体に対する法的拘束力の
ない非権力的関与であり，自治事務については原則地方公共団体の自立的判断
を尊重する立場がとられている。その例外が「是正の要求」である。是正の要
求とは，各大臣が，その担当する事務について，都道府県の事務処理が法令に
違反しているまたは著しく適正を欠き，かつ明らかに公益に害していると認め
るときに，都道府県知事に対して，違反の是正または改善のための必要な措置
を講じることを求めるものである（同245条の5）。同様に市町村の自治事務に
ついては，各大臣の指示に基づき，都道府県知事が是正の要求を行うことがで
きる（同245条の5第2項・3項）。

　次に法定受託事務については，上記の「助言又は勧告」，「資料の提出の要
求」，「是正の要求」，「協議」に「同意」，「許可，認可または承認」，「指示」，
「代執行」という権力的手段を加えた8つの手段が関与の基本類型となってい
る（同245条1項）。このうち「代執行」については，都道府県知事の法定受託
事務の管理執行に違法や怠慢がある場合，各大臣は，都道府県知事に是正の勧
告を行い，それに従わない場合には是正の指示を行い，それでも従わない場合
には，その執行を求める裁判を高等裁判所に提起することができる（同245条の
8第3項）。裁判の結果，都道府県知事にその執行を命じる判決が下されても，
都道府県知事がその執行を行わない場合は，各大臣が都道府県知事に代わっ

図1　国と地方公共団体間の係争処理の仕組み

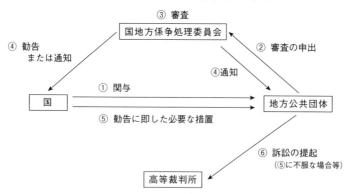

て，その執行を行うことができるという手続である。この代執行は，他の方法では是正が困難で，かつその放置が著しく公益を害することが明らかな場合のみ認められる。市町村の法定受託事務の管理執行に違法や怠慢がある場合についても，同様の手続による都道府県知事の代執行が認められている（同245条の8第12項）。

紛争処理手続　地方自治法は，地方公共団体が国からの権力的関与に不服がある場合には，国地方係争処理委員会に審査の申出を行うことができることを定めている。同委員会は，一定の審査手続を経て，国の関与に違法，不当がある場合には，国の行政庁に対し必要な措置をとることを勧告し，その勧告内容を当該地方公共団体に通知

コラム③　辺野古違法確認訴訟

　沖縄県知事は，2015年10月13日，同県の米軍普天間飛行場の同県名護市辺野古への移設のために公有水面埋立法に基づき前知事が沖縄防衛局に付与した埋立承認処分を取り消した。そこで沖縄防衛局が行政不服審査法上の審査請求・執行停止の申立てを行い，国土交通大臣が執行停止決定を行った。また国は，本件取消処分の取消しの勧告・指示を経て代執行訴訟を提起した。これに対し同県知事は，執行停止は違法であるとして審査の申出を行ったが，国地方係争処理委員会は，当該執行停止決定は審査の申出の対象となる国の関与に該当しないとして，申出を却下した（2015月12月28日）。そこで同県知事は，同委員会の却下処分を不服として，国土交通大臣の執行停止決定による関与の取消訴訟を提起したが，その後国と沖縄県がそれぞれ訴訟を取り下げ，国は埋立工事を停止し，今後は地方自治法に基づく是正の指示の手続に従って，本件を解決することを内容とする和解が成立した（2016年3月4日）。この和解に基づき国土交通大臣は，同県知事に対して埋立承認取消処分の是正の指示をしたが，同県知事は再度，国地方係争処理委員会に審査の申出を行った。これに対して国地方係争処理委員会は，国の是正の指示が適正であるか否かを判断せず，国と沖縄県が真摯に協議することが問題解決の最善の道であるとの見解を示した（2016月6月20日）。同県知事は，この決定に従い国との協議を進めることにしたが，国からの是正の指示に従わなかったため，国土交通大臣が同県知事の不作為の違法確認訴訟を提起した。最高裁はこの違法を認め，沖縄県の敗訴が確定した（最判2016（平28）・12・20重判平成29年53頁）。

し，これを公表しなければならない（同250条の14）。この紛争処理手続が用いられた初めての事例は，横浜市が可決した勝馬投票券発売税を新設する条例に対して総務大臣が同意しなかったことから，同市が審査の申出をした事例である。国地方係争処理委員会は，2001年7月24日に，総務大臣と同市との間で十分な協議がなされていないとして，総務大臣は再度十分な協議をもったうえで判断すべきであるとの勧告を行った。また近時の審査例としては，泉佐野市がふるさと納税制度の不指定について審査の申出を行い，2019年9月3日に，国地方係争処理委員会は同市の主張を認め，国に対して再度の検討を行うように勧告をした事例がある。

　市区町村に対する都道府県の関与についても，地方自治法は自治紛争処理委員制度を設け，国地方係争処理委員会と同様の紛争処理手続を定めている（同251条の3）。これらの紛争処理手続において，普通地方公共団体の長その他の執行機関は，①国地方係争処理委員会や自治紛争処理委員の勧告に不服がある場合，②その勧告に従った国や都道府県の行政庁の措置に不服があるとき，③国地方係争処理委員会や自治紛争処理委員が審査または勧告を行わない場合，④国や都道府県の行政庁が勧告に従って措置を講じないとき，高等裁判所に関与の取消訴訟または不作為の違法確認訴訟を提起することができる（同251条の5・251条の6）。他方，2012年の地方自治法の改正により，地方公共団体の長やその他の執行機関が是正の要求等に応じた措置をとらず，審査の申出もしない等の場合には，是正の要求等を行った国等は地方公共団体の不作為の違法確認訴訟ができるようになった（同251条の7・252条。この訴訟の初めての事例として，**コラム③**参照）。このように地方自治法は，国，都道府県，市区町村は対等であることを前提に相互の紛争処理は第三者機関や裁判所に委ねるという仕組みを採用している。

5 公　務　員

1　公務員の概念と種類

　行政主体が行う行政活動は，行政機関によって行われるが，その行政機関の地位を占めるのは自然人である公務員である。公務員という概念は，その機関としての立場を離れて，行政主体に対して一定の権利義務関係を有する独立の人格をもつものとしてとらえたものである。公務員は，一般職と特別職に分けられる。特別職とは，内閣総理大臣，地方公共団体の長などの政治的な任用職にある公務員などのことをさし（国公2条3項，地公3条3項），それ以外の公務員が一般職であり，この一般職にのみ公務員法が適用される（国公2条5項，地公4条）。また国・地方公共団体の企業経営等の非権力的な業務に従事する現業公務員とそれ以外の非現業公務員の種別もある。以下では，公務員の任用・権利・義務について公務員法の規定を概観する。

2　公務員の任用

　任用とは，特定の者を公務員としてのある職につけることを意味し，採用，昇任，降任，転任の4種類がある（国公35条，地公17条1項）。公務員法は，受験成績，人事評価，またはその他の能力の実証に基づいて任用を行うことを規定している（国公33条1項，地公15条1項）。採用は，原則として競争試験による（国公36条，地公17条の2）。試験の結果に基づいて採用候補者名簿が作成され，この名簿に記載された候補者の中から採用されることになる（国公50条・51条，地公21条）。職員の採用はすべて条件附のものであり，その職員が6か月間勤務し，その間良好な成績で職務を遂行したときに正式採用となる（国公59条1項，地公22条）。公務員としての採用の内定の法的性質について，最高裁は，内定通

69

知は採用行為の準備段階にすぎず，公務員として採用し，その地位を取得させることを目的とした意思表示ではなく，したがって，これを取り消しても内定者の法律上の地位に何らの変更を生じないから，内定通知は取消訴訟の対象にならないと判断している（最判1982（昭57）・5・27民集36巻5号777頁）。

3　公務員の権利

(1)　身分保障の権利

　公務員は，法定の事由以外で，その意に反して，降任，休職，または免職されることはない（国公75条1項，地公27条2項）。但し，転任，配置換え等には身分保障は及ばない。

(2)　財産上の権利

　公務員は，まず給与を受ける権利を有する。給与は，民間の労使関係においては当事者間の契約によって定められるが，公務員の給与については，法律または条例に基づき支給される給与法定主義がとられている（国公63条，地公24条6項）。ほかにも公務員は，退職金，退職年金，公務災害補償等の給付を受ける財産上の権利を有する。これらの権利については，国家公務員法および地方公務員法が基本原則を定め（国公62条以下・107条，地公24条以下・43条），個別の法律で具体的に規定されている（例：国家公務員退職手当法）。

(3)　労働基本権

　公務員も憲法28条にいう「勤労者」に該当するが，その職務の公共性から，公務員の労働基本権は大幅に制約されている。まず争議行為は禁止されており（国公98条2項，地公37条1項），争議権は認められていない。団結権については職員組合を結成し，加入する権利は認められており（国公108条の2第3項，地公52条3項），団体交渉権については勤務条件等の団体交渉を行うことはできるが（国公108条の5第1項，地公55条1項），団体協約締結権は認められていない（国公108条の5第2項，地公55条2項）。なお警察職員，消防職員，海上保安庁または刑事施設において勤務する職員には，団結権，団体交渉権も認められていない（国公108条の2第5項，地公52条5項）。

⑷ 保障請求権

措置要求権 公務員は，給与等あらゆる勤務条件に関して，人事院または人事委員会・公平委員会に対し，適当な措置をとることを要求することができる（国公86条，地公46条）。これらの人事機関は，この要求に対して当該事案を判定し，一定の措置が必要と認めるときは，自らそれを実行するか，その実行を当局に勧告しなければならない（国公87条・88条，地公47条）。この制度は公務員の労働基本権制約の代替措置としての性格を有する。

不服申立権 公務員は，分限処分，懲戒処分などその意に反する不利益処分について，人事院または人事委員会・公平委員会に対して審査請求をすることができる（国公90条，地公49条の2）。この審査請求に対して，上記人事機関は処分の承認，修正，取消しの判定を行うが，これに不服があるときは，裁判所にその裁決の取消訴訟を提起することができる。ただし，審査請求前置主義がとられている（国公92条の2，地公51条の2）。

4　公務員の義務

公務員には，服務の宣誓（国公97条，地公31条），職務専念義務（国公96条・101条，地公35条），法令および上司の命令に従う義務（国公98条1項，地公32条），信用失墜行為の禁止（国公99条，地公33条），秘密保持義務（国公100条，地公34条），私企業等への従事制限（国公103条1項，地公38条），争議行為等の禁止（国公98条2項，地公37条1項），政治的行為の制限（国公102条，地公36条）といった義務が課せられているが，以下では，これまで学説や判例で争われてきた主要な3つの義務を取り上げる。

⑴　法令および上司の命令に従う義務

公務員は，その職務を遂行するについて，法令および上司の職務上の命令に忠実に従う義務がある（国公98条1項，地公32条）。

違法な職務命令 職務命令は訓令的職務命令と非訓令的職務命令に分けられるが，非訓令的職務命令の服従義務については（訓令的職務命令については，本書44-45頁参照），非訓令的職務命令は公務員個人を名宛

人とするものであるから，違法な職務命令が発せられ，公務員個人の権利や利益が侵害された場合には，公務員個人がその違法を争う方法を認められるべきであろう（芝池〔読本〕20頁）。その方法としては，職務命令に従わなかったことによる懲戒処分の取消訴訟等においてこれを争いうるが **判例66** ，職務命令それ自体に対して何らかの抗告訴訟を提起することができるとする見解もある（塩野Ⅲ348頁）。

(2)　争議行為の禁止

公務員は同盟罷業，怠業，その他の争議行為が禁止されている。また争議行為を企て，または共謀し，そそのかし，あおる行為も禁止されている（国公98条2項，地公37条1項）。これらの違反には罰則がある（国公111条の2第1号，地公62条の2）。

コラム④　国家公務員倫理法

1990年代後半，官僚の接待汚職事件が相次ぎ，国家公務員の職務に係る倫理を保持し，公務に対する国民の信頼を確保するために，1999年に国家公務員倫理法が制定された。同法は，本省課長補佐級以上の職員に対して一定限度以上の事業者等からの贈与等の報告，本省審議官級以上の職員に対しては株取引や所得等の報告を課し，これらの報告書の閲覧を認めるなど，国民の疑惑や不信を招く行為の防止を図っている。また同法に基づいて国家公務員倫理規定（政令）が制定され，利害関係者から供応接待を受けることの禁止等，職員が遵守しなければならない事項を具体的に定めている。同法に違反した公務員については罰則はないが，国家公務員法上の懲戒処分の対象となる。ただし，この懲戒処分を行うに際しては，人事院内に設置された国家公務員倫理審査会の承認を得なければならない。

公務員の労働基本権

このような争議行為の全面禁止は，公務員の労働基本権の重大な侵害になるのではないかとの論議を呼び，判例でも公務員の権利を尊重する立場がみられたが（最大判1969（昭44）・4・2刑集23巻5号305頁，最大判1969（昭44）・4・2刑集23巻5号685頁），最高裁は全農林警職法事件で争議行為の一律全面禁止を合憲と認め（最大判1973（昭48）・4・25刑集27巻4号547頁），その後の最高

裁の判例もこれを踏襲している。しかし，争議行為の一律全面禁止について
は，公務員の労働基本権が十分に考慮されていないとの批判が強い（塩野Ⅲ354
頁参照）。

(3) 政治的行為の制限

　国家公務員は，政治的寄付金への関与，公職への立候補など全面的に政治的
行為が禁止され，その禁止制限される政治的行為の内容は人事院規則に委任さ
れている（国公102条1項）。この禁止規定に違反した場合には，刑事罰が科せ
られる（同111条の2第2号）。

　　| 合　憲　性 |　このような政治的行為の禁止または制限については，職務
の種類や勤務時間の内外を問わず，一律に市民の基本的人
権である政治的行為を制限していることの合憲性が問題になる。この合憲性に
ついては，政治的行為の制限が画一的な制限であることから，違憲論が有力で
ある（塩野Ⅲ324頁-325頁）。最高裁は，猿払事件において，「公務員の政治的中
立性を維持し，行政の中立的運営とこれに対する国民の信頼を確保するという
国民全体の共同利益」を強調して，政治的行為の制限の合憲性を認めたが（最
大判1974（昭49）・11・6刑集28巻9号393頁），その後，最高裁は堀越事件（最判
2012（平24）・12・7刑集66巻12号1337頁）と世田谷事件（最判2012（平24）・12・7
刑集66巻12号1722頁）において，公務員の政治的行為の制限について，「公務員
の職務の遂行の政治的中立性を損なうおそれが実質的に認められる」行為のみ
を刑事罰の対象とする限定解釈を行い，それが「認められるかどうかは，当該
公務員の地位，その職務の内容や権限等，当該公務員がした行為の性質，態
様，目的，内容等の諸般の事情を総合して判断するのが相当である」との判断
基準を示し，実質的に猿払事件最高裁判決の判例変更を行っている（宇賀Ⅲ488
頁参照）。なお地方公務員については，地方公務員法それ自体が制限する政治
的行為を規定しているが，これらの制限は当該職員の属する地方公共団体の区
域に限定されている（地公36条2項）。また違反については，国家公務員のよう
に刑事罰が科せられることがなく，制裁は懲戒処分に限定されている。

III 行政活動の諸形式

条例違反者氏名公表制度が拡大

京都新聞 2022.5.17

京都府・府内4市で確認

自治体	違反行為	ネット公開	未成年者の公表
府関係	駐車時、アイドリングストップ（エンジン停止）しない運転手		可能性あり
	"新型コロナウイルス感染拡大期、休業や時短営業などの要請に従わない事業者		個人名公表はない
京都市	ごみ屋敷の居住者	あり	可能性あり
	管理不全の空き家所有者	あり	可能性あり
	緊急輸送で道引き待を行った人や沿線	あり	20歳未満は公表せず
	ごみを分別しない事業者	未定	
地域団体	プラスチック新しい袋を受に固民した事業者、経営者	未定（議会で検討）	未定（議会で検討）
長岡京市	管理不全の空き家所有者	あり	未定
宇治市	違反広告物の設置者、管理者	未定	未定

Introduction

　近年，国や自治体が行政指導に従わなかったり，法律や条例に違反した市民や事業者名を公表する制度を導入し，実施することが増えている。その背景として，公表は行政処分ではなく非権力的な事実行為と考えられるので，その利用に関する制約が少ないことや，行政上の義務履行確保手段として行政刑罰よりも低コストで利用でき，相手方に服従を強制できない行政指導についても，行政指導の不服従者の公表は相手方にとって間接的な圧力となり，行政指導によって行政目的を達成したい行政側にとっては効果的な措置となっていることが指摘できる。このような公表は，従来，報道機関への発表や，官報，自治体の広報での掲載などの方法によって行われてきたが，現在は行政機関のウェブサイトによってインターネット上でも行われるようになっており，長期間，市民の実名や事業者名がネット上にさらされることによって権利侵害がもたらされる恐れもあり，公表制度のあり方が問われている。第III部では，このように行政機関が行政目的を達成するために用いるさまざまな行政手法を取り上げ，これらの行政手法を行政の活動形式として位置づけ，それぞれの活動形式の法的特徴について学ぶ。

1 行為形式の多様化

　伝統的な行政法学において，行政活動の行為形式のうち中心的位置を占めていたものは行政行為であり，この行政行為を中心に伝統的な行政法学が構築されてきたといってよいであろう。これは，伝統的な行政法学が行政過程を法律→行政行為→強制行為という三段階モデルでとらえていることによる（藤田上21頁-22頁）。したがって，行政活動の中には，行政指導のような非権力的事実行為という行為形式も以前から存在していたのであるが，これは法的効果の生じないものであり，長い間行政法学の対象の埒外に置かれていた。また行政主体が私人と対等な立場で締結する私法上の契約は，私法関係の問題であり，行政法学の対象領域ではないとされてきた。

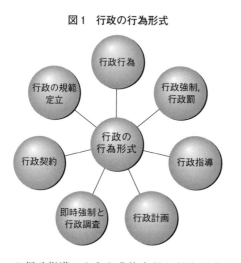

図1　行政の行為形式

　しかし，わが国が自由国家から福祉国家に変貌をとげ，社会も高度に産業化が進んでいる現代社会において，行政が市民の権利自由の保障という責務を果たしていくためには，さまざまな手段を用いて行政目的を達成しなければならなくなっている。とりわけ，これまであまり注目されてこなかった行政契約や行政指導のような非権力的な行為形式が広く用いられるようになっている。また行政計画は，現代の行政活動を特徴づける行為形式といえる。行政が，今後の行政活動に一定のビジョンを示すことによって，将来の市民生活に予測可能性を与え，そのビジョンに基づいて市民を誘導していくことも，現代行政の極めて重要な責務といえようが，その手段として行政計画が用いられている。

この行政計画は，他の行為形式と同一に論じることはできないが，行政指導，行政行為など複数の行為形式を連結させる機能を有し，総合的な視野に立った行政をすすめていくための不可欠な手段となっており，法律上も行政実務上も頻繁に利用されている。このように現代行政の用いる行為形式は著しく多様化しており，その行為形式に認められている行政裁量をいかにコントロールするかが現代行政法学の重要な課題になっているといえる。

　また伝統的な行政法学では，市民との関係において，最終的な行政の意思決定である行政行為のみが注目され，それに至るまでの過程については，市民との関係では法的意味のないものとして，行政法学の対象としてはほとんど取り上げられてこなかった。しかし，今日，行政過程を動態的にとらえ，最終局面である行政行為に至る個々の段階に着目して，その段階ごとの法的統制を検討する行政過程論が注目されるようになっている。たとえば，行政機関が不利益処分を行うまでには，その具体的な処分基準の策定から始まり，調査，通知，聴聞，場合によっては審議会への諮問といったプロセスを経て，最終的な処分に至る。このように，行政過程の各段階においてとられる行為形式について，いかなる法的統制を及ぼすことが望ましいか，行政過程全般の中で検討することが行政過程論の観点から要請されている。

　さらには，これまでの行政の行為形式論を拡充した活動形式論を構築する必要性が指摘されている。これまでの行為形式論は，市民生活への危険を排除するための規制を念頭に置いて構築されてきたものであるが，規制のみならず，補助金のような経済的手法や公表のような情報的手法によって行政が市民を一定の方向に誘導するといったことが現代行政の顕著な特色となっている。そこで，こういった活動形式の統制の法理を検討することも，現代行政法学の重要な課題になっているといえよう。

2 行政の規範定立

1 行政の規範定立の概念と必要性

　行政の活動については，法律による行政の原理に基づいて，行政は法律を執行することが任務となるが，法律が行政活動に必要なすべての規範を制定しておらず，行政機関自ら，その活動のために法条の形式で一般的・抽象的な法規範を定立することがある。この法規範には，市民の権利義務に影響を与える法規たる性質を有する法規命令と，法規たる性質を有しない行政規則がある。従来は，この両者を合わせて行政立法と整理されてきたが（田中上158頁），厳密にいえば，法規命令のみが行政機関による実質的な意味での立法行為であり，行政規則については法規ではないので立法行為とはいえず，行政立法という整理の仕方は正確ではない（芝池〔読本〕84頁）。

　このような行政機関の規範定立の必要性は，議会がすべての将来の状況を予想して法律を制定することは困難であり，また複雑専門化してきた行政に対応できるだけの十分な専門技術的な判断能力を議会が有していないことを考えれば，行政が状況に応じて柔軟に対応しなければならない事項や細部的・技術的な事項は，行政の判断に委ねることが妥当であるということに求められる。

図1　行政の規範定立の種類

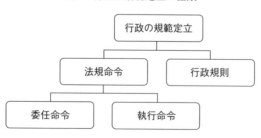

2 法 規 命 令

法規命令の
種類と形式

法規命令には，委任命令と執行命令がある。委任命令とは法律の委任により市民の権利義務を定めるものをいう。たとえば，国家公務員法102条1項に基づいて制定された人事院規則14-7は，国家公務員の政治的行為の制限の内容を定めているが，この人事院規則と国家公務員法との関係がその例である。他方，執行命令とは，市民の権利義務の内容を実現するための具体的な実施細目を定めたものをいう。例として，法律で申請・届出が義務づけられているとき，その申請・届出の様式を定めるものなどがある。したがって，委任命令については法律の法規創造力の原則から法律の根拠が必要となり，執行命令については市民の権利義務の内容を定めるものではないので，法律の根拠は不要とされるが（執行命令について包括的な委任条項を置いている例として，行組12条，情公26条），両者の区別は明確ではないとの疑問も提起されている（宇賀 I 302頁）。

法規命令については，その制定権限の所在によって，以下のように分類される。すなわち，内閣が制定する政令（憲73条6号，内11条，行組11条），内閣府が制定する内閣府令（内閣府17条3項），各主任大臣が制定する省令（行組12条1項），各外局の長が制定する外局規則（行組13条，独禁76条，警12条等），会計検査院が制定する会計検査院規則（会検38条），人事院が制定する人事院規則（国公16条1項），さらに，地方公共団体については長，各委員会が制定する規則（地自15条1項，警38条5項等）がある。

また法規命令が告示の形式をとることもある。告示とは，行政機関がその決定事項やその他の事実を広く一般に公示する方式をいう（行組14条1項，内閣府58条6項）。その法効果はさまざまで，行政規則としての性格を有するものもあるが，生活保護基準や都市計画決定のように一般的な法規範が告示によって示される場合もある。判例9は，告示によって示された学習指導要領の法規性を認めた判決である。

> **判例9** 伝習館高校事件〈最判1990（平2）・1・18【百選Ⅰ-49】〉
> 　福岡県立伝習館高校の社会科教諭のXら3人は，担当科目の授業において教科書を使用しなかったり，学校新聞などにより生徒に対して特定思想の鼓吹をはかったりしたため，高等学校指導要領違反などを理由に懲戒免職処分を受けた。そこでXらは，その取消しを求めて出訴した。第1審，第2審ともXは敗訴したが，他の2人の懲戒免職処分は取り消された。そこでY（福岡県教育委員会）が，これを不服として上告した。
> 　最高裁は，本件学習指導要領は，「文部大臣が，告示として，普通教育である高等学校の教育及び方法についての基準を定めたもので，法規としての性質を有するものということができる」との原審の判断を前提に，Xらの行為は学習指導要領に明白に違反するもので，その「法規違反の程度は決して軽いものではない」と判示して，Xら3人の懲戒免職処分を支持した。

委任立法の根拠と限界　委任命令については，法律の根拠が必要であることはすでに述べたが，国会が制定した立法ではない委任命令が，法律の委任があるとしても，なぜ市民の権利義務の内容を定めることができるのか，その法的正当化の根拠が問われる。この点については，実際上の必要性および立法技術上の要請から条理上当然に承認されるべきもので，憲法73条6号の規定からも，憲法も委任立法の存在を予定していると説明されている。ただし，法律による行政の原理からすれば，委任の目的，対象，範囲を明確にしていない包括的な委任は許されないといえよう。最高裁は，国家公務員の政治的行為の制限の内容を人事院規則に委ねていることが問題になった猿払事件において，明確な理由を示すことなく，この委任の合憲性を認めている（最大判1974（昭49）・11・6刑集28巻9号393頁）。しかし，この委任は白紙委任でないかとの批判が強く（塩野Ⅰ96頁），違憲論が有力である。

　このような包括的委任の禁止は立法者に課せられた限界であるが，委任命令を制定する行政機関にも，委任の範囲を超えて，委任立法を制定することは許されないという限界が存する。これまで最高裁が委任立法を違法と判断した判例として，強制買収農地の旧所有者への売払いの認定基準について定めた農地法施行令16条を農地法80条の委任の範囲を超えたものとして無効にした例（最大判1971（昭46）・1・20【百選Ⅰ-44】），在監者の接見の自由を制限した監獄法施

> **判例10** 監獄法施行規則事件〈最判1991（平3）・7・9【百選Ⅰ-45】〉
>
> 　Xは，爆発物取締罰則違反等の罪名で起訴され，死刑判決を受け東京拘置所に未決勾留中であった1983年に，死刑廃止運動にかかわっていたAの養子になった。Xは1984年にAの孫Bとの面会の許可を拘置所長に申請したが，14歳未満の者については在監者との接見を禁止している監獄法施行規則120条に基づいて不許可になった。そこでXは，この規則は違法であることを理由に国家賠償請求を行った。第1審，第2審ともXの請求の一部を認容したため，国が上告した。
>
> 　最高裁は，監獄法50条は接見に関する制限を命令で定めることができるとしているが，「面会の立会，場所，時間，回数等，面会の態様についてのみ必要な制限することができる旨を定めている」にすぎないのであって，被勾留者と幼年者との接見を原則禁止している当該規則は，「被勾留者の接見の自由を著しく制限するものであって，法50条の委任の範囲を超えるもの」と判示した。なお監獄法施行規則120条は1991年に削除され，監獄法はその後改正され，2006年に「刑事収容施設及び被収容者等の処遇に関する法律」に改められた。

　行規則120条が監獄法50条の委任の範囲を超えているとした例（**判例10**），父から認知された婚姻外懐胎児童を児童扶養手当の支給対象児童から除外した児童扶養手当法施行令1条の2第3号括弧書部分が児童扶養手当法4条1項5号の委任の範囲を逸脱したとして無効とした例（最判2002（平14）・1・31重判平成14年37頁），公務員が地方議会議員の解職請求代表者になることを禁止している地方自治法施行令の関係規定（108条2項・109条・113条・115条）について，解職請求代表者の資格を制限した部分は，地方自治法85条1項に基づく政令の定めとして許される範囲を超えたとして無効とした例（最大判2009（平21）・11・18重判平成22年44頁），一定の医薬品の郵便販売を禁止した旧厚生労働省令が薬事法による委任の範囲を逸脱した違法なものとして無効とした例（**判例68** 本書342頁）などがある。さらに最近の判例として，改正地方税法により導入されたふるさと納税指定制度の指定の基準等を定めた総務省告示の規定のうち過去の寄付金募集の実績に基づいて地方団体を不指定とする旨を定めた部分が，同法37条の2第2項の委任の範囲を逸脱した違法なものとして無効であるとされた例（最判2020（令2）・6・30【百選Ⅰ-48】）がある。他方，最高裁が委任立法の適法性を認めた判例としては，銃砲刀類所持等取締法14条1項の登録の対象となる刀

剣類を日本刀に限定した銃砲刀剣類登録規則4条2項は同条5項の委任の趣旨を逸脱していないとした例がある（最判1990（平2）・2・1重判平成2年35頁）。

3　行政規則

　行政規則は，行政機関の定立する定めであるが，法規たる性質を有するものではないので，行政機関は法律の根拠なく定めることができる。行政規則は，省令，規則の形式をとることもあるが，訓令，通達，告示等の形式が通例である。行政規則としては，解釈基準，裁量基準，要綱，営造物の利用規則といったものがある。

解 釈 基 準　解釈基準とは，行政組織内部において，法令の文言の解釈が分かれている場合に，その解釈を統一するために，上級行政機関が下級行政機関に対して示達する基準である。たとえば，ある税法の解釈で各税務署長が異なる解釈をとった場合には，税務署ごとで納税義務者に対する課税の取扱いが異なり，平等原則に違反する場合が考えられる。このような場合には，国税庁長官が各税務署長に通達を出し，統一的な解釈の基準を示し，税務行政の統一性・一体性を確保している。このように，解釈基準は通達という形式で示されることが多い。通達は，訓令を書面の形式にしたものであり，行政の内部的規範であるので，下級行政機関が通達に従わなかった場合には，下級行政機関の職員が懲戒処分を受けることはありうるが，市民に対して法的拘束力をもつものではない。国家行政組織法は，行政機関に訓令・通達を発する権限を規定しているが（14条2項），訓令・通達の発出については，行政の統一性・一体性を維持するために行政機関に当然認められるものであり，法律の根拠は不要であると解されている。また通達は官報に掲載されることもあるが，公示はその効力要件ではなく，秘密通達もある。

　通達は，機能的にみれば，法律の解釈や行政の方針を変更するものが多く，市民生活に重大な影響を及ぼすものになっており，わが国の行政は，「法律による行政」ではなく，「通達による行政」であると揶揄されるほどである。このような通達の現実的な機能に着目すれば，これまで市民との関係からみて法

> **判例11** パチンコ球遊器事件〈最判1958（昭33）・3・28【百選Ⅰ-51】〉
> 物品税法は，物品税の課税対象として「遊戯具」を挙げていたが，パチンコ球遊器は明記されておらず，約10年間非課税の取扱いが続けられていた。しかし，1951年に税務当局が通達によってパチンコ球遊器は遊戯具であるとの解釈を示し，それ以降はパチンコ球遊器も課税されるようになった。そこで，この通達を契機に課税されることになったパチンコ球遊器の製造業者Xらが，その物品税賦課処分の取消しを求めて出訴した。
> 最高裁は，パチンコ球遊器は物品税法上の遊戯具に該当すると判断したうえで，「本件の課税がたまたま所謂通達を機縁として行われたものであっても，通達の内容が法の正しい解釈に合致するものである以上，本件課税処分は法の根拠に基づく処分と解する」ことができると判示して，Xの主張を退けた。

的に無意味であるとされていた通達に，何らかの外部的な効果を認める必要があろう（原田41頁）。最高裁は，通達それ自体を取消訴訟で争うことはできないとし（最判1968（昭43）・12・24【百選Ⅰ-52】），通達には裁判規範性がないと判断している（**判例11**）。

 ただし，下級審の裁判例の中には，ある種の処分が通達に従って大量かつ統一的に実施されている場合に，特定の事案においてのみ通達に反して行われた処分が平等原則に違反する違法な処分とされた事例がある（大阪地判1970（昭45）・5・12行集21巻5号799頁）。さらに，「通達そのものを争わせなければその権利救済が全うからしめることができないような特殊例外的な場合に」，通達の取消訴訟を認めた事例もある（東京地判1971（昭46）・11・8行集22巻11＝12号1785頁）。

裁量基準　行政機関は，機械的に法令を適用して行政処分を行うのみならず，いかなる場合にどのような処分を行うかについて裁量権を行使して，行政処分を行う場合も少なくない。このような場合には行政機関が恣意的判断を行うおそれがあり，予め裁量の基準を設定し，市民に予測可能性を付与するために，それを公表することが望ましい。最高裁は，個人タクシー事件（**判例29** 本書187頁）において，法律上の根拠がなくとも裁量基準の策定を行政機関に要求したものの，その公表までは求めなかったが，同判決以後に制定された行政手続法は，行政機関に，裁量基準として，申請に対する

コラム⑤　法令適用事前確認手続

　政府は2002年3月27日に「行政機関による法令適用事前確認手続の導入について」閣議決定を行い，同手続が現在各省庁で実施されている。これは，民間企業等が事業活動を行うさいに，事前に当該行為が法令の適用対象となるか否かを所轄する行政機関に確認を求め，それに対して当該行政機関が回答するとともに，その回答を公表する手続である。この制度はアメリカに範をとったものであり，日本型ノーアクションレター制度と呼ばれている。この制度に基づく照会内容と行政機関の回答の公表は，行政機関による恣意的判断を防ぎ，行政運営の公正化・透明化に役立つ裁量統制の有効な手法のひとつであるといえる。ただし本制度は，一般私人からの事前照会や地方公共団体が国の法令に基づいて行う処分については対象外としている点など，いくつかの課題が残されている。

処分の審査基準，不利益処分についての処分基準，行政指導指針の策定を義務づけ（5条1項・12条1項・36条），さらに審査基準について公表義務を課し（5条3項），不利益処分の基準については公表の努力義務を課している（12条1項）。裁量基準は行政内部の規範にすぎず，裁判所はこれに拘束されない。しかし，行政機関によって策定された裁量基準に従ってなされた行政処分の適法，違法が訴訟で争われた場合には，裁判所は，まず裁量基準の合理性を審査することになるので，裁量基準は一定の限度で外部的効果を有するものといえる。また行政機関が，裁量基準と異なる処理をして，市民に対し不利益処分を行った場合に，このような処分が違法になるかという問題がある。この点について最高裁は，裁量基準に違反した処分は当不当の問題にとどまり，当然に違法となるものではないと判断していたが（**判例25** 本書176頁），近時，裁量基準が公表されている場合は，特段の事情のない限り，裁量権の逸脱・濫用に当たると判断している（最判2015（平27）・3・3【百選Ⅱ-167】）。裁量基準と異なる処分を行う場合は，その合理的理由が求められるといえよう（塩野Ⅰ118頁）。

要　綱　要綱とは，国や地方公共団体において内部的に定められている規範のことをいい，法的拘束力を有するものではない。ただし，実際には法規に近い機能を果たしている。要綱の代表的な例として，資金助成要綱や宅地開発指導要綱がある。まず資金助成要綱は，地方公共団体

において中小企業に補助金を給付する場合などに広く用いられてきたものである。このような要綱に基づく補助金交付決定は，法律上の制度に基づくものでないことから，一般的には取消訴訟の対象たる「行政庁の処分」にならないが，その処分性を認めた事例もある（最判2003（平15）・9・4【百選Ⅱ-152】）。次に宅地開発指導要綱は，地方公共団体が秩序あるまちづくりの観点から宅地開発業者に対して行う行政指導の基準であるが，このような要綱に基づいて，行政指導に従わない者について水道などを給付しないといった制裁措置を定めることができるか問題になるが，法的拘束力のない要綱によって相手方に対して不利益的行為を行うことは，法律による行政の原理からすれば問題があろう（塩野Ⅰ120頁）。

営造物利用規則　公立の学校，図書館，病院などの公共施設の利用に関する規則は，従前は行政規則と考えられていた。これは，これらの営造物の利用関係は特別権力関係とされ，その関係の内部者には，法律の根拠なしに，その利用を制限できると説明されてきたからである。しかし今日，特別権力関係論は克服されており，公共施設の利用関係は基本的には非権力的な契約関係と考えられるようになっている。したがって，営造物利用規則は利用者の権利義務を定めるものと解すべきであろう（原田92-93頁）。

4　行政の規範定立に対する法的統制

　行政の規範定立の手続については，個別法で審議会の諮問や公聴会を経ることを要求している例はあるが（前者の例：食品7条4項，後者の例：労基113条），長い間，一般的な手続を定めた法律は存在せず，整備されていなかった。行政手続法の制定に際しても，行政の規範定立手続の整備は時期尚早として今後の課題とされた。行政の規範定立は，国会の開かれた立法手続に比べれば，通常は官僚により一方的に制定されるという閉鎖的な手続であることを考えれば，この規範定立の策定過程に民意を反映させる手続を整備する必要性は高い。政府も，このような必要性を認識し，1999年に「規制の設定又は改廃に係る意見提出手続」（いわゆるパブリック・コメント手続）の導入を閣議決定した。これ

は，国の行政機関が規制の設定または改廃に伴い政令・省令等を策定する際に
は，行政機関がその案を公表し，広く市民から意見を募り，それらを考慮して
行政機関が最終決定を行うという手続である。この手続は，行政の規範定立に
対する市民の参加手続として有用なものといえようが，閣議決定によるもので
法律上の制度ではないこと，手続の対象が規制に関する規範定立に限定されて
いるなどの問題点が指摘されていた。そこで，これらの問題点を解消するため
に，パブリック・コメント手続は，2005年の行政手続法の改正に際して「意見
公募手続」として法制化された。この意見公募手続においては，行政機関は，
寄せられた市民の意見を十分に考慮し，その結果を公表しなければならず（行
手42条・43条），行政機関に応答義務を課すものになっている（本書191頁参照）。

　また，行政の定立した規範の司法的統制については，この規範それ自体を争
うことができる訴訟形式は存在しない。しかし，行政の定立した規範の中には
直接市民に不利益を及ぼすものもある。そのような場合には，行政の規範定立
行為を行政処分に準じたものと考えて，取消訴訟の対象として認めるべきであ
ると思われる。最高裁は，このような行政処分概念の拡大には消極的である
が，下級審の裁判例の中には，通達の処分性を認めたものや（本書83頁参照）
告示による規範定立行為について処分性を認めたものがある（東京地決1965（昭
40）・4・22行集16巻4号708頁参照）。他にも，行政の規範定立によって市民に生
じる不利益の排除を求める確認訴訟（行訴4条）を提起することにより，その
規範の違法性を争う途もある（東京地判2006（平18）・9・21判時1952号44頁参照）。
さらには国賠訴訟において通達の違法性が争われ，その違法性が認められた事
例もある（最判2007（平19）・11・1【百選Ⅱ-214】）。

3 行 政 行 為

1 は じ め に

　行政の行為形式として，行政法学において伝統的に最も重要とされ，また他の行為形式と比して特色をもつとされてきたのが行政行為という行為形式である。本章では行政行為について説明する。

　行政行為がどのような特色をもつ行為であるかは，以下で詳しく説明していくが，最初に指摘しておくことは，行政行為が非常に多様な中身をもっているという点である。行政行為とされる行為の例を挙げると，日常的なものでいえば，自動車の運転免許や建築確認，あるいは各種営業許可，課税処分，公務員の免職処分などがあるし，あまり身近ではないものとしては原子炉設置許可なども行政行為の一種である。行政行為という概念は，行政が行うこれらさまざまな行為をまとめて把握し，特徴を抽出し，かつその理解をしやすくするため立てられたものなのである。

　近年は，行政手続法の制定に伴って，行政行為が行われるための事前手続も行政行為論に含めて検討されることが多いが，本書では，行政手続については*IV-2*を参照されたい。

2 行政行為の概念

　行政行為を考えるうえでまず注意しておかなくてはならないのは，行政の活動がすべて行政行為となるわけではなく，行政行為とは行政の行う活動の中で，ある一定の特色を備えているもののみをさすということである。つまり，「行政行為」と「行政の行為」はイコールではないのであり，行政行為と，本章で紹介されているような行政行為以外のさまざまな行為形式を明確に区別し

> **判例12** 東京都ごみ処理場事件〈最判1964（昭39）・10・29【百選Ⅱ-143】〉
> 　東京都がごみ処理場を建設しようとしたところ，建設予定地周辺に住む住民らがごみ処理場の建築は違法であるとして，抗告訴訟を提起した。
> 　最高裁は，行政処分とは，「行政庁の法令に基づく行為のすべてを意味するのではなく，公権力の主体たる国または公共団体が行う行為のうち，その行為によって，直接国民の権利義務を形成しまたはその範囲を確定することが法律上認められているものである」として，ごみ処理場の建設は「処分」には当たらないと判断した。

なければならない。

　では，行政の行う活動のうちどのようなものを行政行為と呼ぶのか。一般的に，行政行為は，行政機関が国民に対して行う具体的な法行為で権力的な性格を有するものと定義することができる。判例も，**判例12** のように，行政行為ではなく，後述する行政処分の定義としてではあるが，ほぼ同様の定義を行っている。

　また，ここでいう「行政行為」という概念は，法律上の根拠をもつ概念ではなく，後述するように，講学上の概念，つまり行政法学という学問上の概念であり，以下の特色を備えている行為をあくまでも学問的に行政行為と呼んでいるにすぎない。

　行政行為の特色　行政行為の定義は，普通，上のように考えられているが，それぞれの特徴を他の行為形式と比較しながらやや詳しくみると，以下のように整理することができる。

① 行政機関が行う行為である　行政行為は，行政機関が行う行為に限定され，国会の行う立法に関する活動や司法機関である裁判所の下す判決などは行政行為ではない。都道府県知事・市町村長や各省大臣などのように，その名前で行政行為が行われる行政機関のことを「行政庁」と呼ぶ（本書42頁参照）。また，法律の定めがある場合には，民間の団体が行政処分を行うことがある。

② 法的効果をもっている　行政行為は，法的な効果をもっており，市民の権利義務を変動させる。したがって，法的な効果をもたない行為（「事実行為」と呼ばれる），たとえば，後述する行政指導（Ⅲ-5）や行政強制（Ⅲ-7, **8**）といっ

た行為形式は通常は行政行為には当たらないとされる。

③ 外部的行為である　行政行為は，行政外部の市民に対して行われる行為である。行政内部で，上級機関から下級機関に対して行われるさまざまな指揮監督権の行使が，後述するような行政行為と同じ名称をもつことがあるが（例：上級機関が下級機関の行為に対して行う「認可」，本書43頁参照），これらは内部的な行為にすぎないので，行政行為には含まれない。

④ 具体的な行為である　行政行為は，抽象的な規範を定立するものではなく，具体的な内容を有する行為である。この点で，権力的な性格をもっていても，抽象的な行為形式である法規命令などとは区別されることとなる（法規命令について，本書79頁参照）。

　もっとも，具体的な行為としても，なかには，完成した道路を一般市民が使えるようにする行為である道路の供用開始行為のように，不特定の者を対象とする一般処分と呼ばれる行政行為もある。

⑤ 権力的な行為である　行政行為は，民法上の契約のように対等当事者間の同意によって成立し権利義務関係を変動させるのではなく，相手方の同意なしに行政庁が一方的に行うものである。この点で，民法などの私法関係においては最も基本的な行為類型とされている契約とは異なるものである。もちろん，行政も契約を締結することはあるが，それらは行政行為には含まれない（行政契約について，本書119頁以下参照）。

　なかには公務員の任命行為などのように，本人の同意が必要とされる行為もみられる。これらも，講学上行政行為の一種と考えられ，契約ではなく，「同意を要する行政行為」と呼ばれている。

　以上の特色を図にまとめたも

図1　行政行為の特色

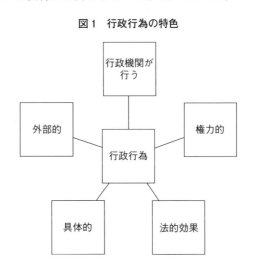

のが**図1**である。

> **処分と行政行為**

行政法上の概念の多くがそうであるが，すでに述べたように，「行政行為」という言葉も講学上の概念であり，個別の法律が規定しているものではない。法律が実際に使用している言葉は，むしろ「処分」の語である（例：行訴3条，行手2条）。これらの語の解説はそれぞれの法律の箇所でふれられるので，ここでは詳細には立ち入らず，「行政行為」との関係で注意すべき点にのみふれることとする。

「処分」は，多くの場合ほぼ「行政行為」と同じような意味を有すると考えて誤りではないが，それぞれの法律での独自の解釈があるため，必ずしも講学上の概念である行政行為と同一の内容を示すとは限らないので注意が必要である。たとえば，行政事件訴訟法が取消訴訟の対象として使っている「処分」の語は，訴訟上の観点からその内容が確定されるため，両者はほぼ同一であるものの，場合によっては本節で解説する「行政行為」と一致しないことがありうるのである（取消訴訟における処分概念について，本書297頁参照）。

> **行政行為の成立と効果の発生**

行政行為は，行政庁が行政内部で意思決定を行っただけでは成立せず，これを外部に表示することによって成立する。しかし，適法に成立しただけでは行政行為は効力を発生させることはなく，原則として当該行政行為が相手方に到達したときに効力が発生することとなる。もちろん，相手方が行方不明の場合や，不特定多数であるときは，公示によることがありうる。

3　行政行為の効力

すでに**2**でみたように，行政行為の概念はかなり詳細に考えられている。このように行政行為の特色が詳しく決められているのは，行政行為には，契約やあるいは他の行政作用法上の行為形式にはみられない特殊な効力が認められているからにほかならない。

以下では，行政行為の効力として論じられてきた代表的なものを解説していくが，すべての行政行為が以下の効力を必ず有しているわけではない点には注

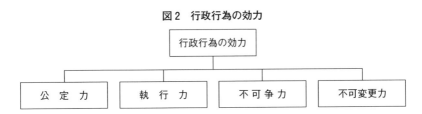

図2 行政行為の効力

```
              ┌─────────────┐
              │ 行政行為の効力 │
              └──────┬──────┘
      ┌───────────┬──┴──┬───────────┐
 ┌────────┐  ┌────────┐ ┌────────┐ ┌────────┐
 │ 公 定 力 │  │ 執 行 力 │ │不可争力 │ │不可変更力│
 └────────┘  └────────┘ └────────┘ └────────┘
```

意が必要である。

(1) 公 定 力

　行政行為は，権限ある機関が取り消さない限り，たとえ違法であっても有効なものとして通用するとされているのだが，そのような効力を公定力と呼んでいる。公定力は，たとえ行政の活動であっても，他の行為形式がとられるときにはみられない行政行為独自の効力であり，かつ，私法上の法関係ではみることのできないもので，行政行為の効力として挙げられるもののうち，最も代表的なものといってよいであろう。

公定力の内容
——私法と比較して

公定力の定義は簡単に述べると上のようなものであるが，これだけではわかりにくいため，民法上の法関係と比較して，公定力があるということはどのようなものか，例に則して解説することとする。

　まず，第1に民法上の契約が問題となるようなケースを考えてみる。たとえば，AがBに対して売上金として100万円の債権をもっているとする。AがBに対して，債務を履行し100万円支払うよう要求したが，Bはそのような債権は，たとえば法的に違法無効であって支払う必要はないと考えているとする。このとき，原則として，AとBは法的には対等の関係にあり，そのいずれが正しいかは裁判所の確定判決によって決められるまでわからない。したがって，Bは判決が出るまで債務を履行するよう強制されることはない。

　次に，行政行為の場合をみてみよう。国がBに対して課税処分を行い100万円の税金を支払うよう要求してきたとする。Bは，当該課税処分には，たとえば課税要件が充たされていないなどの瑕疵があって違法であり，法的に納税する必要はないと考えている。このとき，上記の民法が適用される場合と異な

り，Bは自ら取消訴訟を起こして裁判所に課税処分を取り消してもらうなどしない限り（上記の公定力の定義でいう「権限ある機関が取り消さない限り」とはこの点をさす），たとえ課税処分が違法であるとしても支払を免れないし，もし納税を拒めば強制徴収という手法で強制的に税を徴収されることとなる。仮に，Bが課税処分は違法であるから気にする必要はないと考えて放置していればどうなるか。後述する不可争力という効力によって取消訴訟を起こすことができる期間は限定されており，その期間を過ぎれば取消訴訟を起こすことはできなくなる。そうすると，たとえ違法な課税処分であっても，Bには当該課税処分を法的に争う手続が残されておらず，したがって，Bは違法な課税処分のとおりに税金を支払うしかないこととなる（国家賠償による救済は別途考えられる。93頁参照）。

　以上のように，公定力は行政行為に私法関係ではみられない強力な効果を与えているということができる。しかも，公定力は，当事者，すなわち，行政行為を行った行政庁と相手方である市民だけではなく他の行政機関など当事者以外の者も尊重しなくてはならないとされている。

　公定力の根拠　わが国の法律には公定力を明文で認めた規定が存在しないが，それではなぜ公定力のような効力が行政行為には認められるのであろうか。戦前には，国家の行為には国家権力の権威から当然に公定力が認められるとする考え方もみられたが，現在では取消訴訟という訴訟手続が存在することが公定力を根拠づけると考えられている。

　というのは，こういうことである。行政事件訴訟法は取消訴訟という制度をつくり上げており，行政行為（もっとも行政事件訴訟法の条文は「処分」の語を使用しているのはすでにみたとおりである）は，取消訴訟によって取り消されることになっている。法律ははっきり書いているわけではないが，このような制度が存在することは，その背景に，「行政行為は取消訴訟によってしか取り消されない」という考え方があると考えられる。そうでなければ，取消訴訟以外のさまざまな手段（例：民事訴訟）によって行政行為の効力を否定することができることになり，取消訴訟という制度を法律によってわざわざつくった意味がなくなるからである。このように「行政行為は取消訴訟によってしか取り消され

ない」とする考えを「取消訴訟の排他的管轄」と呼んでおり，この「取消訴訟の排他的管轄」という考え方があるため，事実上行政行為には公定力という特別な効力があるようになるのだと考えられている。

もちろん，取消訴訟以外にも「権限ある機関」が行政行為の効力を否定することはありうる。後述するように，行政庁が自ら瑕疵ある行政行為を取り消す職権取消や（本書109頁参照），取消訴訟と類似した制度であるが，行政不服審査法に基づく審査請求などによって行政行為が取り消される場合（本書262頁以下参照）である。しかし，これらを除くと，市民が自らイニシアティブをとって行政行為の効力を否定することができるのは，取消訴訟を提起して裁判所によって行政行為を取り消してもらう場合だけであり，それ以外の手段で行政行為の効力を否定しようとしても，それは原則として認められないのである。

公定力の限界 　行政行為に公定力，すなわち「取消訴訟の排他的管轄」が認められているのは，もし，市民が自由に行政行為の効果を否定することができることとすると，行政運営が停滞し混乱するなどして行政行為の信頼性が低下してしまい，公益に反する結果を招くこととなることもありうるだろうからこれを防ぐために，行政行為の効力を否定するルートを1本に絞ろうとしているからであると考えられよう。

言い換えると，これらの公益に反するような問題が発生しないのであれば，公定力には一定の限界を設けても差し支えないと考えることもできるだろう。以下では，行政行為の公定力に限界が認められる主要な場合を紹介する（詳細な分析として，宇賀 I 366頁以下）。

まず第1に，違法な行政行為によって損害をこうむったことを理由とする国家賠償請求訴訟（本書217頁以下参照）においては，公定力は及ばない。したがって，このような国家賠償請求訴訟は民事訴訟の一種であるが，国家賠償請求をする前にまず取消訴訟を提起して行政行為を取り消す必要はない（最判1961（昭36）・4・21民集15巻4号850頁）。国家賠償請求訴訟は，こうむった損害の賠償を請求するにすぎず，行政行為の効果そのものを消滅させるわけではないことがその理由とされる（したがって，国家賠償請求訴訟で勝訴して賠償を得ても違法な行政行為の効果がなくなるわけではない）。もっとも，課税処分のように金銭

の支払を命じる行政行為の場合には，このような考え方が当てはまらないのではないかとの指摘がなされていた。というのは，支払うべき金額を損害として国家賠償請求訴訟を提起して勝訴すれば，金銭のうえでは，当該行政行為の取消訴訟で勝訴した場合と同じ結果を生じることとなり，公定力や取消訴訟の排他的管轄に反すると考えることもできるからである。しかし，判例は，金銭の支払を求める行政行為の場合であっても，当該行政行為によって生じた損害を国家賠償で請求することができることを認めている（最判2010（平22）・6・3【百選Ⅱ-227】）。

　第2に，行政行為によって課せられた義務違反に対しては，法律によって行政刑罰という刑事罰が予定されていることが少なくない（行政刑罰については，本書164頁参照）が，このような行政行為に違反すると刑事罰が与えられ，刑事訴訟となることがある。この刑事訴訟において，当該行政行為が違法であると主張するためには，前もって取消訴訟によって当該行政行為を取り消す必要はないと一般的に考えられている。刑事被告人の地位を不利にしないためと，刑事訴訟では刑事法独自の判断で行政行為の違法性が評価されるためであると考えられている（塩野Ⅰ169頁以下参照）。

　第3に，公定力は，行政行為の内容に応じた限界をもっている。たとえば，他人が自分の土地に勝手に建築確認を得て建築工事を開始した場合，土地所有者は民事訴訟で建築の差止めなどを求めることができる。このような場合，事前に建築確認の取消訴訟を起こして建築確認の取消しを求める必要はないと考えられている。というのは，建築確認は民事上の権利関係を証明するものではないため，所有権に基づいて民事訴訟を提起することは建築確認の公定力によって妨げられないからである。

　また，後述する（本書103頁以下）公定力をもたない無効の行政行為という類型もみられる。

⑵　執　行　力

　私法関係においては，自力救済は禁止されており，権利関係について争いがあるときは，裁判所の確定判決などを得て民事上の強制執行によって権利関係の実現が図られることとなる。しかし，行政行為によって市民に一定の義務が

課せられ，かつ，市民が当該義務を履行しないときには，行政は裁判所に訴え判決を得ることなく，自ら執行することができることがある。このような行政行為の効果が行政行為の執行力あるいは自力執行力と呼ばれるものである。

しかし，戦前と異なり，戦後のわが国では，このような効力はすべての行政行為に認められているわけではない。たとえ，行政行為によって課せられた義務の不履行があっても，行政行為を授権する法律の他に行政強制を認める法律の規定がなければ，行政は自力執行を行うことはできない（行政上の強制執行について，詳細は，本書157頁参照）。つまり，現在では執行力はすべての行政行為に認められるものではないのである。

(3) 不可争力

行政行為は，上記のように公定力を有しており，取消訴訟の排他的管轄のもとにあるが，取消訴訟や行政上の不服申立ては出訴期間という訴訟や不服申立てを起こすことができる期間が定められている。したがって，この期間を経過すると，たとえ違法な行政行為であっても取消訴訟を起こすことはできなくなる。たとえば，行政事件訴訟法14条によると，取消訴訟は処分または裁決があったことを知った日から6か月（2004年改正前は3か月以内）を経過したときは提起することができず，また，行政不服審査法18条によると，処分に対する審査請求は処分があったことを知った日の翌日から起算して3か月を経過したときは，することができない（2014年の行政不服審査法の改正前は60日以内）。この期間を過ぎると，取消訴訟や審査請求をすることはできない。また，不可争力は形式的確定力と呼ばれることもある。

(4) 不可変更力

行政庁が自ら瑕疵ある行政行為を取り消すこと，すなわち，職権取消は不可争力の影響を受けず，たとえば取消訴訟の出訴期間が経過してからも行政庁は職権取消を行うことができる。しかし，たとえば，行政不服審査法に基づく審査請求に対して行われる裁決のように，紛争を解決するために行われる行為は，裁判所が判決を下すのに類似した慎重な準司法的手続によって行われることもあることから，処分行政庁が後になって瑕疵の存在に気づいても職権取消などの変更を加えることができない。このような効力を不可変更力と呼び，上

記のような性格を有する特定の行政行為にのみ認められている効果である（さらに進んで実質的確定力と呼ばれる効力が認められるかについては，宇賀Ⅰ386頁参照）。

　以上の主要4つの効力のほかに，行政行為が法的な効果をもって行政機関や当事者を拘束する効力が拘束力と呼ばれて，行政行為の効力のひとつとして取り上げられることがある（芝池〔読本〕110頁）。

4　行政行為の類型

　行政行為概念が行政法において重要性をもつに至ったのは，すでにふれたように，行政が行うさまざまな行為であって，かつ民法など私法にはみられない特別な行為を統一的に把握し説明するためであったと考えられる。行政行為とされるものの例には，普通自動車の運転免許から，原子炉の設置許可やあるいは海面の埋め立て免許など多様なものがある。これらのバラバラの行為を行政行為というひとつの概念によって把握することによって，それらのバラバラの行為がもつ共通の性格を浮かび上がらせ，より法制度の把握を容易にするということが，行政行為という概念がたてられた目的のひとつであったろう。

　しかし，行政行為はそれでも多様であり，さまざまな特色をもった行政行為がある。それらを類型化し，より行政行為を具体的に把握して法解釈に役立てることができるようにするのが行政行為の類型論の目的である。類型論は，どのような基準で行政行為を分類するかによっていくつかの例が考えられるが，本節では，主として伝統的な行政行為の類型を紹介し解説することとする。

行政行為の類型論の性格　行政行為の伝統的な類型論は，数多くの行政行為を，まずは行政行為の法効果という基準に着目して分類しているものということができる。

　伝統的な類型論の具体的な内容に入る前に，行政行為の類型論について注意すべき点を指摘しておく。第1に注意すべき点は，以下の類型論で使われている用語はすべて講学上の概念にすぎないのであり，具体的な法律で使用されている言葉とは異なるということである。たとえば，よくいわれるように，行政行為の類型論でいう「特許」は日常的に使われる特許法上の「特許」とはまっ

たく別のものである。

　第2に注意すべき点は，類型論はあくまでもひとつの典型例を説明するにすぎないということである。したがって，現実の法律に存在するさまざまな行政行為に当たる行為が必ず類型のひとつに当てはまるわけではない。ある行為が，仮にいずれかひとつの類型に該当するとしても，その類型の説明がすべてその現実の法律が規定する行為に当てはまるわけではない。

　結局，類型論は法解釈を行ううえで一定の方向性を示すにすぎないのであり，現実の行為がそれぞれどのような性質をもつかは，それぞれの行為を規定している個別の法律を参照しながら，個別具体的に検討を行う必要があるのである。

伝統的な
行政行為の類型

　表1は伝統的な行政行為の類型論が採用してきたものである（田中上121頁）。現在ではこれは，基準の一貫性などいくつかの理論的な問題点を指摘され，学説上批判が行われてきている（この点について詳細なものとして，藤田上211頁以下）。そのため，現在の行政法の体系書の多くは，伝統的な類型をある程度修正し，あるいは新たな類型を示して解説しているが，ここでは，学説上の議論にはあまり立ち入らずに，少なくとも議論の枠組みを理解するために必要と考えられる限度で伝統的な類型論を説明することとする。

　また，行政行為の類型論は以下のものだけではなく，いかなる基準で類型分

表1　行政行為の類型

法律行為的行政行為	命令的行為	下命・禁止
		許可・免除
	形成的行為	特許・剝権
		認　可
		代　理
準法律行為的行政行為		確　認
		公　証
		通　知
		受　理

けを行うかに従って複数の行政行為の類型が存在する。その中には，利益的
（授益的）行為と不利益的（侵害的）行為という類型分けがある。前者は，市民
の利益になるような行為でたとえば許認可を与える行為であり，後者は，市民
の権利を侵害したり市民に義務を課したりするような，市民にとって不利益と
なる行為である。この類型分けは，行政行為の職権取消・撤回や行政手続法に
関して重要な意味をもつ。

(1)　法律行為的行政行為と準法律行為的行政行為

　伝統的な行政行為の分類論は，行政行為をまず法律行為的行政行為と準法律
行為的行政行為とに分ける。現在の目から見るとやや古く，わかりにくい言葉
だが，以下では例を挙げて説明することとする。

　<ruby>法律行為的<rt></rt></ruby>**法律行為的行政行為**　伝統的な行政行為論の理解によると，法律行為的行政行為
とは，行政庁が，法律に基づいて，一定の法効果を発生さ
せようという意思を表示し，それに基づいて法効果が発生する行為のことをい
う。たとえば，飲食店等の営業許可を考えてみよう。これらは後述する講学上
の許可に該当するが，特定の者に対して行政庁が一般的な禁止を解除しようと
いう意思表示を行いそれに伴って法効果が発生するということである。また，
法律行為的行政行為の法効果は行政庁の意思に基づくので，行政行為を行うう
えで，行政庁にはある程度裁量の余地が認められると考えられてきた（裁量に
関する用語については，本書174頁参照）。

　準法律行為的行政行為　準法律行為的行政行為とは，法効果の発生が行政庁の意思
に基づくのではなくて，一定の事実認識や判断などを行政
庁が示し，それに対して法律が一定の法的効果を結びつけているものをいう。
たとえば，準法律行為的行政行為の通知の例とされる行政代執行法における戒
告（代執3条）を例にとろう。行政代執行についての詳細は後述するが（本書
161頁参照），たとえば，違法建築をどけるよう（「除却」と呼ばれる）行政が建築
物の所有者Aに命じたところ，Aは従わなかったとする。この場合，行政は行
政代執行としてAに代わって当該建築物を除却できることがあるのだが，代執
行の前に戒告ということを行うよう行政代執行法によって規定されている。戒
告は，Aが一定の期限までに義務を履行しないなら，行政が代執行を行うこと

をAに通知するものである。これは，新たにAに義務を課すものではなく，し
たがって，行政庁の新たな意思表示があったわけではない（義務は当初の除却の
命令によって課せられている）。戒告は，単にAが義務を履行しないなら行政は代
執行するということをAに知らせているにすぎない。しかし，戒告が行われる
ことによって行政は代執行をするための手続を踏んだこととなり，その後は行
政代執行に取りかかることができるという法効果が戒告には結びつけられてい
る。その意味で，代執行の戒告は意思表示ではないから法律行為的行政行為に
は当たらないが，しかし法律によって一定の法効果が結びつけられていること
から，準法律行為的行政行為とされているのである。

　また，準法律行為的行政行為の法効果は行政庁の意思に基づかないので裁量
の余地はないものとされ，裁量に基づく附款などを付すことはできないと考え
られてきた。

(2)　法律行為的行政行為

a：命令的行為

　命令的行為とは，以下で説明する許可が典型例であるが，市民が本来有して
いる自由を制限したりあるいは制限した自由を解除したりする行為をさす。後
に紹介する形成的行為と比較して裁量の余地が狭いと解されてきた。

> 下命・禁止

　下命は，「一定の行為をしなくてはならない」という義務す
なわち作為義務を（例：納税の義務），禁止とは「一定の行為
をしてはならない」という義務（例：営業停止命令）すなわち不作為義務を市民
に課するものである。

> 許可・免除

　許可とは，一般的な禁止を特定の場合に解除する行為をさ
し，免除とは，それとは逆に義務を解除することをその法
効果の内容とするものである。

　この定義だけではわかりにくいので，許可を例にとって説明すると，次のよ
うなものである。たとえば，飲食店などの営業許可を例に考えてみよう。本来
は憲法に基づく営業の自由があるのでどのような職業を行おうと国民の自由で
ある。しかし，飲食店などをまったく自由に委ねてしまうと，なかには衛生上
問題があるなど悪質な店舗が営業を始めてしまい，市民に被害を発生させるか

もしれない。そこで，法は飲食店などの営業を一般的に禁止するという網をかぶせ，自由に営業することができなくして，営業を希望する者の店舗の衛生状態などをチェックして問題がなければ，許可を与えることによって，禁止を解除し本来の自由を回復し営業ができるようにしているのである。

　この例からもわかるように，許可は，市民の自由に属する行為を公益的な理由によって制限し一定の場合にそれを解除するものと考えられる。なかでも，伝統的に警察許可と呼ばれてきたもので，市民の安全や公共の秩序の維持のためのものが典型例である。

　また，無許可営業を行ってもそれによって私法上の行為には必ずしも影響は及ばず，私法上の行為が無効となるものではない。もっとも，通常は無許可営業などの違反行為に対して行政刑罰などを認める規定が置かれていることが多い。さらに，許可を与えるかどうかについては行政裁量の余地は狭く，伝統的には覊束裁量であると考えられている。

ⓑ：形成的行為

　形成的行為とは，以下で説明する特許がその典型例であるが，市民が本来は有しない権利や地位を市民に与えたり，あるいは逆にそれを剝奪する行為のことである。上で解説した命令的行為に比して裁量の余地が比較的広いと考えられてきた。

　　特許・剝権　特許とは市民が本来有しない権利や能力を市民に設定することである。許可が，いわば本来市民がもっている権利を回復することであったのとその点で異なる。特許の例として分類されているのは，地下の鉱物を採掘する能力である鉱業権の設定（鉱5条）や海面の埋め立てを認める公有水面埋め立ての免許（公有水面埋立2条）などである。

　また，電気・ガス・鉄道などの公企業の事業免許は特許の例であり，かつては特別権力関係と考えられるなど，行政から包括的な監督を受けると考えられてきた。この背景には，これらの公企業は本来国家活動の一部であり，国が独占的に行うものであるとの考え方が存在した。つまり，これらの事業は，本来は国の活動で（したがって，本来は市民が行うことではない）それを特別に一定の公企業に行わせるというものである。しかし，近年の規制緩和政策の推進に代

表されるように，これらの公企業の事業免許の性格はかなり変化し，許可と特許の境界線はかつてほど明確ではなく相対化してきているということができるであろう（原田173頁参照）。なお，剥権とはいったん市民に与えた特別な権利や能力を奪うことをさしている。

また，特許は，市民の本来の自由には属しないというその性格上，たとえば，許可などよりは裁量の余地が広く，伝統的には自由裁量行為であると考えられてきた。もちろん現在では自由裁量行為であっても司法審査の対象となりうることはいうまでもない（本書174頁以下参照）。

| 認　　可 | 認可とは，行政が市民間の法行為の効力を完成させる行為である。たとえば，認可の例とされている農地の権利移転 |

の「許可」を例にとると（農地3条），市民AとBとの間で，たとえば売買などの権利移転の契約を結んだだけでは当該契約は効力をもたない。行政が権利移転を認可して，当該行為を完成させることによって初めて効力をもつようになる。すなわち，無認可の行為は私法上の法効果を生じないこととなるのであり，認可とは行政が市民間の法行為の成立を直接的にコントロールするための手段であると考えられる。したがって，許可と異なり無認可の行為は法的に効力をもたず無効である。もっとも，認可は単に法行為の効力を完成させる行為であるので，他の理由で法行為が無効な場合は，仮に行政から認可が行われてもやはり無効のままであり，認可は無効な行為を有効にすることはできない。

| 代　　理 | 代理とは，本来他の法主体が行う行為を行政機関が代わって行うことをさす。たとえば，**コラム⑥**にあるような土地収 |

用における裁決がその例であるとされる。すなわち，土地収用の損失補償額を土地所有者でも起業者でもない第三者である収用委員会が当事者に代わって収用裁決によって決定するからである。

(3) 準法律行為的行為

準法律行為的行政行為に分類されている行為は，以下の4つである。

① 確　認　確認とは行政庁が，一定の法関係や事実認識を対外的に示し，それに対して一定の法効果が結びついているものをさす。たとえば，建築基準法に基づく建築確認，所得税の更正処分，恩給の裁定，公害病の認定などがその

例とされている。公害病の認定を例にとると，医学的に一定の公害病に罹患している事実を行政が確認することによってそれと一定の公害病被害者救済制度などさまざまな法的効果が結びつくのである。

②　公　証　特定の法関係や事実の存在を公のかたちで証明する行為をさす。たとえば，土地の権利関係を示す不動産登記が典型的な例と考えられている。その他選挙人名簿への登載などがある。

③　通　知　通知とは特定の行政庁の判断や事実を市民に対して了知させる行為であって，それに対して法律によって一定の法効果が結びつけられているものをいう。通知の例としては，すでに紹介した行政代執行法における戒告などが挙げられる。

④　受　理　受理とは，市民が提出した届出などの行為を有効なものとして行政が受領する行為のことをさす。単なる届出や申請書類の受付ではなく，それに対して一定の法効果が結びつけられているものが受理である。

コラム⑥　土地収用について

　行政が，道路建設など公益的な事業を行うために土地を必要とすることがある。このような場合，必要な土地の所有権を強制的に取得し，土地所有権者に金銭的な補償を与える制度を土地収用といい，詳細は土地収用法に規定されている（なお，損失補償については，本書244頁参照）。もちろん，公益的な事業を行うための土地取得でも，民間企業のように任意取得で行われるのが普通である。任意取得で土地を取得できないときに土地収用が行われることとなる。土地収用手続はおおむね以下のような2つの手続で行われる。

①　事業認定　事業認定とは当該事業が土地収用という手法を使えるような公益的な事業であることを認定する手続である。起業者（事業を行う主体）が知事あるいは国土交通大臣に事業認定申請を行い，土地収用法20条が定める要件，たとえば「事業計画が土地の適正且つ合理的な利用に寄与するものであること」「土地を収用し，又は使用する公益上の必要があるものであること」といった要件に該当していれば事業認定が行われる。

②　収用手続　次に行われるのは実際に土地を収用し，その補償額を確定させるための手続である。収用手続では，起業者から収用委員会に対して申立てが行われる。収用委員会がそれに応じて権利取得裁決と明渡裁決を行い，それに基づいて起業者が権利を取得することとなる。

5 行政行為の瑕疵

　行政行為の瑕疵（＝きず）とは，行政行為に何らかの欠陥があることをさす。瑕疵ある行政行為には，行政行為がその根拠となっている法律や命令，あるいは憲法に違反しているようなもの，すなわち違法の行政行為もあれば，違法とまではいえないが公益に適合していないようなもの，すなわち，不当な行政行為もある。本節では，以上のうちから，無効の瑕疵ある行政行為を中心に行政行為の瑕疵に関する論点を解説することとする。

(1) 無効の行政行為

a：概　　論

無効の瑕疵ある
行政行為　法治主義の考え方を徹底するとすれば，違法という瑕疵ある行政行為は，一切効力をもたないはずである。しかし，すでに解説した公定力のはたらきによって，たとえ瑕疵ある行政行為であっても権限ある機関によって取り消されるまでは有効なものとして扱われるし，また，不可争力の存在によって，取消訴訟を起こすなどの市民の側から違法の瑕疵ある行政行為を攻撃することができるのは，一定期間に限定されている。したがって，その期間を過ぎてしまえば，たとえ違法な行政行為であっても，市民は違法の瑕疵ある行政行為の効力を争うことができなくなってしまう。

　このような事態が発生することは，行政行為の公定力という制度を認める以上は，当然のことであり，たとえ違法な行政行為が存続しても仕方がないことだともいえるだろう。けれども，いかなる瑕疵ある行政行為であっても，たとえば，処分の要件がまったく欠如しているような行政行為であっても，このような扱いを認めることは，法治主義の観点からみてあまりにも不合理であるし，市民にとって酷であると考えられる。そこで，瑕疵ある行政行為は，瑕疵の程度がはなはだしい「無効の行政行為」と瑕疵の程度がそれほど大きいものではない「取り消しうべき瑕疵ある行政行為」の2つに区別されており，前者の「無効の行政行為」については，公定力が存在せず，「取消訴訟の排他的管

「轄」にも縛られないとされている。したがって，出訴期間が経過してからも，市民から訴訟によって無効の行政行為を攻撃することができるとされている。このような無効の行政行為という類型を認めることは，一定程度公定力という制度から生ずる不都合を修正しているということができる。

無効の行政行為の沿革　無効の行政行為という類型は，戦前から認められてきた。しかし，戦前と戦後とで無効の行政行為の意義は異なる。

戦前のわが国では行政裁判所制度が存在しており，行政行為に関する訴訟は基本的に行政裁判所で審理されることとなっていた（戦前の行政訴訟制度については，本書286頁以下参照）。一方，無効の行政行為とされると，行政裁判所ではなく司法裁判所で審理されることとなっていた。すなわち，無効の行政行為は司法裁判所でそれ以外の行政行為は行政裁判所で審理されていたのであり，無効かどうかによって管轄する裁判所が異なっていたのである。

戦後は行政裁判所が廃止され裁判所は一元化された。したがって，無効の行政行為かどうかによって裁判所が異なることはなくなった。戦後における無効の行政行為の大きな意義は公定力を有さず「取消訴訟の排他的管轄」に縛られないことである。したがって，無効の行政行為は取消訴訟以外の訴訟手続で争うことができる。すなわち，訴訟手続が異なるということが無効の行政行為の重要な意義ということになる。具体的には，無効の行政行為は，取消訴訟以外の訴訟形式，主として民事訴訟，あるいはそれ以外の訴訟，たとえば当事者訴訟や無効等確認訴訟で争うことがありうる。もっとも当事者訴訟や無効等確認訴訟についてはそれぞれ独自の訴訟要件があるので詳細は行政訴訟に関する箇所で解説することとする（本書328頁・339頁参照）。

結局，現在の無効の行政行為とは時間的な制約なしに訴訟でその違法性を争うことができる行政行為であるということができるであろう。

b：無効の行政行為の基準

重大明白説　これまでの説明では無効の行政行為とは瑕疵の程度がはなはだしいものという曖昧な表現で説明してきた。しかし，それだけでは不十分であり，どのような瑕疵が無効の瑕疵なのかを決定するた

> **判例13** ガントレット事件〈最大判1956（昭31）・7・18民集10巻7号890頁〉
> 　英国人であった原告X（ガントレット氏）は，日本で生まれ生活していたが，第二次世界大戦により，英国が日本と戦争状態に入ったことから，日本に帰化申請を行い帰化の許可を受けた。しかし，戦前の日本では，帰化に伴って自動的に従来有していた外国籍を失うことを必須の要件としていたが，英国法では交戦中敵国に帰化しても英国籍を失わないとされており，原告の帰化はわが国の法律との関係ではその要件が欠けていた。そこで，終戦後，Xは，当該帰化は無効であるとして，日本国籍を有しないことの確認を求めて出訴した。
> 　最高裁は，いったん行政庁が条件を具備するものとして帰化を許可した以上，たとえその認定に過誤があり客観的に条件を具備しない者に帰化を許したとしても，取消しの問題を生じることは別として，少なくとも法律上当然無効となることはない，というのは，行政行為はたとえ違法であってもその違法が重大かつ明白である場合以外は無効とはならないからであるとした。

めの基準を定めることが重要であると考えられる。どのような瑕疵があれば無効の行政行為であるかを決定するための基準として，通説判例は「重大明白な瑕疵」という基準を立てており，このような考え方は，重大明白説と呼ばれている。

　判例が重大明白説を採用することを明確にしたのは，**判例13**によってである。

　瑕疵の明白性　上記のように判例は重大明白説を採用しており，この点はその後の判例でも維持されていると考えられる。けれども，瑕疵が重大明白であるというだけでは，具体的にどのような場合に瑕疵ある行政行為が無効となるのかという問いへの答は必ずしも明らかではないし，**判例13**も具体的な点については明確にはしていなかった。そのため，具体的にどのような違法が重大明白なのかが問題となったが，主として判例上争いのあったのは，明白性についてであった。

　最高裁の判例がとる立場によると，明白さとは，次のように考えることができるとされている。まず，第1に，行政がその怠慢などにより充分な調査を行わなかったなどにより調査すべき資料を見落としたかどうかは，瑕疵が明白であるかどうかを判断するうえでは関係がないということである。したがって，

行政が一定の調査などを行えば，その誤りに気づくことができたというような場合には瑕疵が明白であるとはいえない。もっとも，下級審判決の中には，行政庁が一定の調査を行えば，判断を誤って瑕疵ある行政行為を行わなかったであろう場合も明白な瑕疵がある場合に含めるという調査義務説という立場をとるものもみられる（東京地判1961（昭36）・2・21判例入門6-8）。しかし，少なくとも最高裁レベルの判例はそのような立場をとってはいない。

次に，明白さとは，誰がみても当該行政行為が一見して違法性があるものだとわかるものでなくてはならない。すなわち，判例によると，瑕疵が「特に権限のある国家機関の判断をまつまでもなく，何人の判断によつても，ほぼ同一の結論に到達しうる程度に明らか」でなくてはならない（最判1962（昭37）・7・5民集16巻7号1437頁）。明白性がこのようにとらえられるのは，公定力やあるいは特別な手続でのみ行政行為の違法性が争うことができるという取消訴訟の排他的管轄は，行政がかかわる法関係の安定性を維持したり，あるいは行政行為の適法性を信頼した第三者を保護するためであるから，誰がみても違法とわかるものであれば，特にそのような保護をする必要がないと考えられるからである。

重大明白説の役割　以上のように，通説判例は，重大明白な瑕疵ある行政行為を無効の行政行為であるとしているが，通説判例が採用した重大明白説は，どのような役割を果たすものと考えられるのであろうか。

重大明白説が通説として採用された理由は，重大明白という基準が，公定力のない行政行為という，いわば例外的な存在を説明するうえで説得的であるという点だけではなく，重大明白説が，基準としては，内容的にみてかなり抽象的で曖昧な内容を含むため，裁判所が行政行為の無効を判断する際，具体的な事案に応じて，ケースバイケースで個別の事案に応じた適切な判断を行うことができる基準であるということを指摘することができるだろう（原田182頁）。特に，最高裁の判例が重大明白説を採用した理由のひとつはこの点にあると考えてよいであろう。

しかし，以上のように考えるのであれば，重大明白な瑕疵というのは一種の

> **判例14**〈最判1973（昭48）・4・26【百選Ⅰ-80】〉
>   Xらは，同居していた親族Aに知らない間に勝手に不動産の登記を変更され，登記簿上は不動産を入手しその後譲渡したことになっていた。そこで，税務署長Yは登記の情報に基づいて，Xらに譲渡所得があるものとして課税処分を行った。これに対して，Xらが課税処分の無効を主張して争ったのが本件である。なお，高裁判決は，課税処分の違法性は重大であるが明白ではないから無効ではないとしてXらの請求を認めなかった。
>   最高裁は，課税処分についても例外的に無効となることはありうるとし，「課税処分が課税庁と被課税者との間にのみ存するもので，処分の存在を信頼する第三者の保護を考慮する必要ないこと等を勘案すれば，当該処分における内容上の過誤が課税要件の根幹についてのそれであって，徴税行政の安定とその円滑な運営の要請を斟酌しても」，被課税者に，「不利益を甘受させることが，著しく不当と認められるような例外的な事情がある場合には」課税処分が無効となりうるという一般論を述べ，これに照らして，本件の場合は無効となりうるとした。

ミニマムの基準にすぎないのであり，状況によっては，上記のように行政上の法関係の安定性を損なったり，あるいは第三者に悪影響を与えることがないのであれば，必ずしも行政行為の瑕疵が重大明白でなくても，たとえば瑕疵の重大性のみを理由として，無効の行政行為であると判断してよい場合もありうると考えられるであろう。**判例14**がその例である。

判例14は，必ずしも重大明白説を放棄したとは考えられないが，第三者の保護が必要ないなど一定の要件が充たされれば，たとえ明白性がなくても，行政行為の違法性が非常に重大であれば行政行為が無効と判断されるというものである。このような考え方は，明白性を補充的な要件とする説で「明白性補充要件説」と呼ばれることがある（塩野Ⅰ181頁）。

(2) 行政行為の瑕疵に関するその他の問題

　行政行為の瑕疵については伝統的にいくつかの問題点が指摘されている。これらの中には必ずしも行政行為に関する記述で扱わないほうがよいと考えられるものもあるが，本書では伝統的な整理に従って行政行為の瑕疵論として扱うこととする。

瑕疵の治癒・転換　瑕疵の治癒とは，たとえば行政行為が法律で要求された手続を経ることなく行われたが，後になってから手

続をやりなおしたなどの事情で瑕疵がなくなることをさす。通常，理由付記が
欠けていたなどの（本書183頁以下参照）手続的な瑕疵や形式的な瑕疵が瑕疵の
治癒の対象となることが多い。

　瑕疵の転換とは，行政行為には瑕疵があって違法であるが，別の行政行為と
しては有効なものとして維持できるときに，元の行政行為とは別の行政行為と
してその効力を残そうというものである。たとえば死者に対する行政行為をそ
の相続人に対する行政行為に切り替えるというようなものが考えられる。

　これらはいずれも行政の効率やその無駄を防ぐために考えられたものである
が，このような転換や治癒を安易に認めることは，行政手続の軽視などの悪影
響が考えられるため，慎重にすべきであると考えられる。

違法性の承継　行政の過程で複数の行政行為が連続して行われ，このと
き，先に行われる行為（先行行為）を前提として次の行為
（後行行為）が行われることがある。たとえば，税金の賦課処分と賦課された税
を支払わないことによる滞納処分がその例である。このとき先行行為に無効の
瑕疵があるときは別として，いったん出訴期間が切れるなどすれば市民が先行
行為を取消訴訟で争うことはできなくなる。このとき「先行行為が違法だから
それを前提としている後行行為は違法である」という主張を後行行為の取消訴
訟において行うことはできない。というのは通常は違法性は先行行為から後行
行為に承継されないと考えられているからである。

　このように違法性の承継が通常は認められないのは，先行行為の出訴期間が
切れるなどして，いったん確定した先行行為の法的な安定性を守るためと考え
られる。しかし，これも場合によっては，市民に対して重大な不利益を与える
ことがあることから，例外的に違法性の承継が認められることがある。そし
て，先行行為と後行行為がひとつの法効果の発生という目的で一連の手続を構
成している場合には，違法性の承継が認められると考えられ，土地収用におけ
る事業認定と収用裁決がその例であるとされる（詳細は，宇賀Ⅰ377頁以下参照）。
また，判例には，先行行為の段階では，手続的な保障が充分ではないため，市
民が先行行為の段階で訴訟を提起して争うことが困難であるという事情を，違
法性の承継が認められるための根拠とするものもみられる（最判2009（平21）・

12・17【百選 I -81】)。

6　行政行為の取消し・撤回

(1)　職権取消と撤回

　適法に成立した行政行為はたとえば期限の到来（本書116頁参照）などによっ
て，その効力を終了することがあるが，期限が到来する前にその効果を消滅さ
せられることがある。たとえば，行政行為を行った行政庁が，後になって当該
行政行為の違法性に気がついて自ら取り消す場合や，いったん許認可などを受
けた相手方に何らかの違法行為があったのでそれに対する制裁の意味で与えた
許認可を消滅させるような場合（例：道路交通法違反に基づく運転免許の「取消
し」）が考えられる。もちろん，取消訴訟によって裁判所が行政行為を取り消
す場合も考えられるが，これについての詳細は*VI*-*3*に譲ることになるので，
ここでは行政庁が行政行為の効果を消滅させる場合を解説することとする。

　　　　　　　　まず，職権取消とは，いったん成立した行政行為が成立当

職 権 取 消　初から瑕疵をもっているときに，行政庁がこの瑕疵を理由
としてその効力を消滅させることである。このとき，取消しの効果は遡及効と
いって，当該行政行為の成立時点に遡るとされる。すなわち，職権取消が行わ
れると，行政行為は，法的にははじめから存在しなかったこととなるのであ
る。はじめから行政行為がなかった状態にしなければならないのであるから，
たとえば金銭を市民に給付するような利益的な行政行為であれば，それが職権
取消によって消滅すると金銭などを受給していた市民は受け取った金銭を行政
に返却するなどの必要性が出てくることがある。

　次に，職権取消を行うことができるのは誰かという問題がある。この点につ
いて，行政行為を行った処分庁たる行政庁が職権取消を行うことができること
については争いがない。しかし，処分庁の上級庁が職権取消を行うことができ
るかについては，学説上争いがある。かつての通説は，上級庁も職権取消を行
うことができると肯定的に解していたが（田中上151頁），現在では反対説も有
力である。いずれにせよ，上級庁は下級庁である処分庁に対して行政行為の職

権取消をするよう命じることはできるので，実質的には，両説にはそれほど大きな違いはないとも考えられる。

 次に，撤回とは，いったん有効に成立した行政行為をその後になって発生したさまざまな事情を理由として，その行政行為の効力を消滅させることである。職権取消が問題となる場合と異なり，撤回は当該行政行為の成立時点での瑕疵を問題にするものではない。むしろ，成立時点では瑕疵のない行政行為として成立した行政行為が対象となる。さらに，職権取消と異なり，撤回の効果は遡及せず将来効といって将来に対して効果を有する。すなわち，撤回が行われた時点より後についてのみ，行政行為の効果が消滅するのであり，職権取消のように遡って効果が消滅することはないのが原則である。

撤回が行われる具体的な例は，たとえば次のような場合である。ある医薬品が法律に基づいて製造承認（薬14条）を得ていたとする。しかし，当該医薬品は，承認時点での科学的水準ではわからなかったが，後になって，人の生命身体等に対して有害な副反応をもつことが明らかになった。このような場合には，承認時点では当該承認は違法ではなかったが，行政庁はこの後発的事情により行政行為を撤回しなければならない（薬74条の２）。後になって，許可の要件（すなわち，医薬品の安全性）が欠けていることが判明したからである。

その他，撤回は違反行為に対する制裁のひとつとして行われることもあれば（例：道路交通法違反に対する運転免許の「取消し」），後になって事情が変更して，行政行為が公益に適合しないことがわかったという場合にも行われうる。

また，撤回を行うことができるのは行政行為を行った行政庁に限られると解されており，職権取消と異なって上級庁が行うことはできない。

以上述べてきた職権取消と撤回の違いを簡単に整理すると，**表2**のようになる。

表2　職権取消と撤回の違い

	理　　由	効　　果	誰が行うか
職権取消	元からある瑕疵	遡及効	処分庁，（上級庁）
撤　　回	後発的な事情	将来効	処分庁

(2) 行政行為の職権取消

争訟取消と
職権取消

本節で主に扱うのは行政庁が行政行為の効果を消滅させる
場合であるが，職権取消については争訟取消と比較するの
が適切と考えられるので，この点をみていくこととする。

　まず，職権取消と争訟取消の共通点としては，いずれも，行政行為が成立し
た当初からの原始的瑕疵があったことを理由として，行政行為を原則としては
じめに遡ってその効力を消滅させるという点が挙げられる。この点については
争訟取消も職権取消も違いはない。

　次に，両者の相違点を挙げていく。まず，指摘できるのは，誰がどのように
して行うのかという点である。争訟取消は取消訴訟によるものと行政不服申立
てによるものがあるが，いずれも，行政行為の内容に不満をもつ市民が，裁判
所あるいは行政不服申立てを担当する行政機関（審査庁）に争いを起こし，そ
れを契機として裁判所あるいは行政機関が特別な手続で行政行為の適法性を審
理し取り消すものである（あるいは審理の結果，適法として取り消さないこともあり
うる）。また，この取消しの請求を行うことができる市民の資格は限定されて
おり（原告適格），請求ができる時間的な制約もある（出訴期間）。このような制
限がある反面，これら一定の要件を充足していれば，市民が争訟取消を請求す
ることができるのは権利として保障されている。それに対して，職権取消は市
民の請求によって行われるものではなく，あくまでも行政機関が，すなわち，
通常は行政行為を行った行政機関が，その職権に基づいて行うものである。ま
た，職権取消には，争訟取消と異なって，出訴期間の定めはなく，一定の場合
を除いて職権取消は行政行為の不可争力の影響を受けない。

　これらを整理すると，**表3**のようになる。

表3　争訟取消と職権取消の違い

	どのようにして行うか	誰が取り消すか	期間の制限の有無
争訟取消	取消訴訟による	裁判所	有（行訴法14条）
	行政不服申立てによる	行政機関	有（行服法18条）
職権取消	行政機関の職権による	行政機関	無

　また，取消訴訟で対象となる行政行為の瑕疵は違法の瑕疵に限定されるが，行政不服申立てまたは職権取消で対象となる行政行為の瑕疵は，不当の瑕疵を含みうる。

職権取消と法律の根拠　まず，問題になるのが，行政行為の職権取消には，行政行為を授権する法律とは別個に，職権取消を授権する法律の規定が必要かということである。たとえ，違法であるなど瑕疵ある行政行為であっても，行政庁の行った行政行為を基礎にしてさまざまな法関係が成立していることは充分に考えられることであり，職権取消によって行政行為の効果が遡及的に消滅することによって，行政行為を信頼していた市民の生活に大きな影響を与えることは想像に難くない。このように市民生活に大きな影響を与えるものには法律の根拠が必要ではないかという論点がありうるのである。

　この点について，通説は職権取消には行政行為を授権する法律とは別個の法律の授権は必要ないと解している。特に，違法の瑕疵ある行政行為についていえることであるが，法治主義の観点からは違法の瑕疵ある行政行為はむしろ取り消されるべきなのであり，このような必要性から職権取消については法律の根拠は不要であると考えられている。

　しかし，すでに述べたように，いったん成立した行政行為が遡及的にその効力を失う以上，行政行為を信頼した市民に影響が及び，行政行為の信頼性に不安定さが生じ，市民に何らかの損害が発生しうることは避けられない。行政行為に対する信頼の保護と法治主義による違法な行政行為を取り消すという要請をどのように調整するのかというのがここでの主要な問題となり，特に後述する利益的な行政行為の職権取消で問題となる。

不利益的な行政行為と職権取消　市民に対して義務を課したりその権利を侵害したりするような，不利益的な行政行為については，もしそれに瑕疵があるなら職権取消によって取り消されることにそれほど問題はない。法治主義の観点からはもちろん，それだけではなく行政行為の相手方たる市民の保護という観点からも不利益的な行政行為を職権取消することには障害はないと考えられるからである。むしろ，そのような行政行為を取り消すのは行政庁の義務であると考えることもできる。もちろん，行政行為によって

は，たとえ行政行為の相手方にとっては不利益的行政行為であっても，第三者にとっては利益となるようなものもないわけではないのであり，常に上のようなことがいえるかは疑問なしとはしないが，不利益的な行政行為の場合は，原則として職権取消は自由であると考えてよいであろう。

利益的な行政行為と職権取消の制限 むしろ問題となるのは利益的な行政行為の職権取消である。この場合は，法治主義による瑕疵ある行政行為を取り消す必要性と行政行為を信頼した市民の保護の調整をどのように図るかという問題が明確になるからである。

わが国の通説判例は，利益的行為についての職権取消は制限されると解しており，相手方の信頼の保護を図っている。もちろん，たとえば相手方が虚偽の申請を行って金銭やサービスを詐取しようとしたような場合のように，相手方の責めに帰すべき事情がある場合に職権取消ができるのは当然であるが，それ以外の場合には，相手方の利益を害しても，瑕疵ある行政行為を「取り消さなければならない特段の公益上の必要がある場合でない限り」（最判1958（昭33）・9・9民集12巻13号1949頁)，利益的な行政行為の職権取消は認められないと解されている。

そして，具体的にどのような場合に，法治主義の要請が市民の行政行為への信頼保護に優先するかは，職権取消に伴う市民への影響の緩和措置がどのくらいとられたかや，あるいは瑕疵の程度（違法性の程度が高いのかあるいはそれほどでもないか）など個別具体的な事情が考慮されて決定されることなる（芝池〔読本〕121頁以下。また，個別法の趣旨から利益衡量を行って判断している例として，最判2021（令3）・6・4【百選Ⅰ-85】)。

(3) 行政行為の撤回

撤回はすでに述べたように，公益的な事情の変更など後発的な事情によって，たとえば，いったん瑕疵なく成立した行政行為の効力を消滅させることであり，職権取消よりも独立した行為としての性格が強いものである。

利益的な行政行為と撤回 撤回についても，不利益的な行為を撤回することについては，職権取消で述べたように，それほど大きな問題は生じない。問題となるのはやはり利益的な行政行為の撤回である。

　とりわけ撤回の場合は，職権取消よりも独立した行為という性格が強いこともあり，そもそも利益的な行政行為の撤回には法律上の根拠が必要かどうかという点が議論の的となってきた。大別して法律の授権を必要とする説と不要とする説に分けることができるが，以下では，それぞれを必要説および不要説と呼んで解説する。

不要説　通説判例のとる立場である。この説によると，公益上の要請など，撤回の必要性があれば，撤回には個別の法律上の授権は不要と解している（塩野Ⅰ192頁）。もっとも，不要説によると，一定の場合には撤回によって発生した損害は損失補償によって救済されるべきであるとされるが，この点についての具体的な説明は損失補償の項目に譲る（本書250頁）。

　また，判例も **判例15** のように，撤回には法律上の授権は不要だとしている。

> **判例15** 実子あっせん事件〈最判1988（昭63）・6・17【百選Ⅰ-86】〉
> 　産婦人科医Ｘは，妊娠中絶を行うことができる医師として指定されていたが，中絶を望む妊婦に出産させ，その子を，別の夫婦に実子として届け出るよう斡旋する行為を行い，医師法違反で有罪判決が確定した。そこでＸが所属する医師会は上記の指定を撤回し，Ｘはこれに対し撤回に法律上の根拠がないことなどを理由としてその取消しを求めて出訴した。
> 　最高裁は，Ｘが指定医師の適格を欠くことが明らかとなったことから，指定医師の指定の撤回によって，Ｘが「被る不利益を考慮しても，なおそれを撤回すべき公益上の必要性が高いと認められるから，法令上その撤回について直接明文の規定がなくとも」，医師会は指定を撤回できるとした。

必要説　学説上は必要説も有力な立場であるといえる。特に，利益的な行政行為の撤回は市民にとっては不利益的な行為としてはたらくから，法治主義における侵害留保の原則から法律の根拠が必要であり，また戦後制定された法律の多くは撤回を法律に規定していることが必要説の根拠となるとされる（たとえば，すでに挙げた道交法による運転免許の「取消し」がある）。もちろん，必要説に立っても，常に法律の根拠がなければまったく撤回は認められないと考えられるわけではない。必要説によっても，後述する

撤回権の留保が附款としてある場合などは法律の根拠なしに撤回が認められるとしている。あるいは，行政行為の基幹的な事実が消滅した場合が挙げられることもある（芝池〔読本〕129頁）。

　この最後の事例は，前節で挙げた医薬品の危険性が後になってわかったというようなケースを典型的な例として考えることができる。かつての薬事法（現在では名称が変更されている）はいったん与えられた医薬品の製造や販売の承認に対して撤回を認める規定をもっていなかった。だが，いったん承認された医薬品が後になって危険性が判明することがありうる。このようなときに，必要説によっても法律上の根拠がないからといって撤回を認めないということにはならないとされる。というのは，医薬品は危険性がないことがその承認の前提であり，その前提要件が崩れてしまった以上，承認という行政行為はその要件がなくなってしまっているのだから，もはや行政行為を維持することはできないと考えられるからである。

7　行政行為の附款

　附款を定義すると，行政行為の主たる意思表示に付加された従たる意思表示のことであるとされる。例として，自動車運転免許の事例を考えてみよう。運転免許はすでに述べたとおり講学上の「許可」に該当する。したがって，運転免許の主たる意思表示とは，「一般的な禁止を解除して自動車を運転することができるようにする」ということである。一方，運転免許には運転の条件がさまざまに記載されている。たとえば，「眼鏡等を着用のこと」などである。このように付加されている意思表示が従たる意思表示であり，附款と呼ばれるものである。

(1)　附款の類型

　附款にはさまざまな類型があり，主として以下のようなものがみられる。ただし，これらもまた講学上の概念であり，法令上の用語と一致しているわけではない。したがって，法律が「条件」という語を使用していても，それは必ずしも講学上の「条件」となるわけではない。

| 期　　限 |

期限とは，行政行為の効果の発生あるいは消滅を将来到来することが確実な事実にかからせることをさす。すなわち，たとえば〇年〇月〇日などのように将来到来することが確実な日付に行政行為の効果をかからせることである。

期限にはその日付から行政行為の効果が発生するとする始期とその日付で行政行為の効果が消滅する終期の2つの類型がある。また，日付が確定している確定期限（例：上記のように〇年〇月〇日を終期とする場合）と不確定期限（例：営業開始日から1年など，将来到来することは確実だが営業をいつ開始するかにより期限の到来時期が異なるため，行政行為の時点で確定していない場合）という区別もある。

期限で問題になるのは著しく短い終期が設定されているような場合である。たとえば，何らかの営業許可などに短期の期限が付され，その期間内では投入した投資を回収できないなどの理由で当該事業の営業は現実的には不可能ということがありうる。このような期限は，その期間が経過したからといって，自動的に期限の到来により行政行為が消滅すると考えるべきではなく，一種の見直し時期と考えるべきであろう（原田176頁）。

| 条　　件 |

条件とは，行政行為の効果の発生あるいは消滅を将来発生することが不確実な事実にかからせることをさす。たとえば，飲食店の営業許可を与えるが，開業するまでに一定の衛生設備を整備することを条件として付けるような場合が考えられる。条件には，それを充足すれば法効果が発生する停止条件と法効果が消滅する解除条件がある。

条件に関して問題になるのは，上記の飲食店の例にみられるように，相手方に一定の義務を課するような条件である。条件は行政行為の効果発生の前提であるため，もし，相手方が条件として課せられた義務を履行しないと当該行政行為の効果は消滅してしまう。また，相手方に義務を課する条件は後述する負担との区別が難しいため注意が必要である。

| 負　　担 |

負担とは，相手方に特別の義務を命じる附款である。上記の条件は必ずしも義務を命じるものではないが，負担は必ず義務を課するものである。本節のはじめにふれた運転免許に眼鏡着用を命じ

116

るような負担がその典型的な例である。

　負担は，いわば独立した義務を課する行為のようなものであり，条件と異なって，行政行為の効果発生の前提となっているわけではない。つまり，負担の不履行は行政行為の効果を自動的に消滅させるものではない。したがって，負担に定められた義務を相手方が履行しない場合，行政庁は義務を履行させるために，別個に当該行政行為を撤回するなりあるいは法律に基づいて行政罰を科することとなる。

　さらにすでにふれたように，附款が，相手方に義務を課する内容をもっているとき，それが負担であるのか条件であるのかを区別することが難しいことがありうる。法令の規定やその趣旨からいずれであるかが決定することができる場合はともかく，負担か条件かの区別が困難である場合は，相手方への影響のより少ない，負担として解釈するのが妥当とされる。

　撤回権の留保とは，許認可などの利益的な行政行為を行う際に，一定の場合に当該行政行為を撤回する旨の附款を付けることをさす。ただし，撤回権の留保があるからといって，行政庁に自由に撤回が認められるわけではない。撤回が，法令の規定等から一定の合理的な内容をもっている必要があると考えられる。

　以上の主要な類型のほかに，行政行為の法効果の一部除外という類型もあるとされる。たとえば，公務員に対して出張を命じながら規定に基づくその旅費を支給しないなどのケースがあるとされている。

（2）　附款に対する法的統制

　以下では，附款に対する法的な統制をみていくこととする。

　まず，以上のような附款を行政庁が付すことが法的に認められるのはどのような場合なのか，という問題がある。

　附款には法律が附款を付することを認めているものがあり，法定附款と呼ばれている。たとえば，上記の運転免許に付される眼鏡着用という附款は，法定附款の一種であり，道路交通法が附款を付すことを明文で認めているものである（道交91条参照）。もちろん，法律が附款を付すことを認めているからといって行政庁は無制限に附款を付すことができるわけではなく，あくまでも附款を

認めている法律の目的に適合するものでなくてはならないのはいうまでもない。

【裁量に基づく附款】　法定附款以外に，附款には法律の規定が必ずしもないものが存在しうる。これらは裁量に基づく附款であり，行政に裁量の余地があるときに限って附款を付することができ，しかも附款の内容は裁量の範囲内でなくてはならない。裁量の濫用に当たるような附款，たとえば，行政行為の根拠法の法目的とはまったく別個の目的で附款を付するようなことは認められない。

【違法の附款】　附款が，たとえば裁量の踰越濫用などにより違法となるとき，附款だけを独立して訴訟で争うことができるのか，あるいは主たる行政行為と附款は併せて違法性が判断されるのかという問題がある。これについては，附款が行政行為と切り離すことができるような場合には，附款のみの取消しを求めることができると考えられている。この場合，附款だけの取消しを求めると，附款だけが取り消され，附款のない行政行為が効果をもつこととなる。しかし，附款が行政行為と不可分一体のものと考えられるような場合は附款だけの取消しを求めることはできないと考えられている（参照，芝池〔読本〕106頁以下）。

4 行 政 契 約

1 行政契約の意義

　行政主体と市民との法律関係の発生，変更または消滅は，処分によって行われるだけでなく，契約によってなされることも少なくない。国や地方公共団体は，道路等の建設のために業者と請負契約を締結したり，市民と水道水の供給契約を締結するなど，さまざまな場面で契約手法を用いている。

　伝統的な考え方　伝統的な行政法学は，行政契約を私法契約（建設請負契約など）と公法契約（報償契約など）に二分し，前者では民事法が適用されるのに対し，後者ではその公共的性格のゆえに民事法の適用の全部または一部が排除され，それに関する争いは行政事件訴訟法上の公法上の当事者訴訟（行訴4条。本書339頁以下）により解決が図られるとして，後者のみを考察の対象としてきた。

　今日の考え方　しかし，公法と私法の区別の基準自体が不明確であり，公法上の当事者訴訟には若干の規定（行訴39条-41条）を除いて，民事法の規定が適用されることから，公法契約と私法契約の二分論も疑問視されるようになった（公法と私法の区別については，本書24頁以下）。そこで，最近では，契約が公法上のものか私法上のものかにとらわれず，行政主体が一方の当事者となり行政目的を達成するために締結する契約を行政契約とみなし，個別にその法的統制のあり方を検討すべきとする見解が有力である。さらに，今日では，行政主体が一方の当事者となる契約だけでなく，市民相互間の契約であってもその締結に行政が深く関与する契約をも行政法学の考察対象とする傾向にある。

2　行政契約の法的規制

法律の根拠　行政契約は，当事者間の合意に基づく法行為であり，法律
の根拠は必要ではないとするのが一般的な理解である。し
かし，行政契約も行政目的を達成するための行政上の行為形式のひとつであ
り，公益的な観点から憲法原則（平等原則，比例原則，適正手続原則等）の拘束を
受け，また，法律により実体的・手続的に規制されることが少なくない。これ
とは逆に，法律上の特別な定めがなければ，民法等の規定が適用されることに
なる。たとえば，市が博覧会を準備・開催運営するために協会（財団法人）を
設立したが，協会の収支が赤字になることを回避するために，市長が，市と自
らが代表者である協会の双方を代理して協会が博覧会で使用した施設・物品の
売買契約を締結したところ，それが不要な施設等を高額で購入する違法な行為
に当たると主張して，住民が住民訴訟で争った事案で，最高裁は，当該契約に
双方代理を禁止する民法108条が類推適用されるが，市議会が予算の議決等を
通じて市長の無権代理行為を追認したときには，民法116条が類推適用され，
当該契約の法律効果は市に帰属するとしている（最判2004（平16）・7・13【百選
Ⅰ-4】）。

　行政契約にはさまざまな種類があるため，法律による規制のあり方も個別に
検討する必要がある。行政契約の整理の仕方は，論者により異なるが，ここで
は，相互に重複する部分があるものの，行政が関与する市民相互間の契約も含
めて**図1**のように区分し，その典型例と法的規制のあり方をみてみることにし
よう。

図1　行政契約の形態

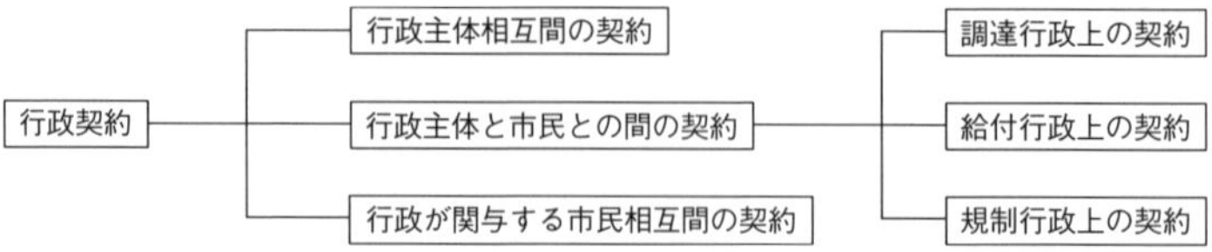

行政契約	行政主体相互間の契約	調達行政上の契約
	行政主体と市民との間の契約	給付行政上の契約
	行政が関与する市民相互間の契約	規制行政上の契約

(1) 行政主体相互間の契約

行政主体相互間で締結される契約の例として，地方公共団体相互間の事務の委託，国有財産の地方公共団体への売却などがある。地方公共団体相互間の事務の委託は，法律により与えられた行政上の事務処理権限の変動を意味するため，法律の根拠が必要である（地自252条の14）。また，国公有財産（国財2条，地自238条1項）は，公用または公共用に供される行政財産とそれ以外の普通財産に分けられるが（国財3条1項-3項，地自238条3項・4項），前者の売払や貸付等は原則禁止され（国財18条1項，地自238条の4第1項），その目的外の使用には許可（いわゆる行政財産の目的外使用許可）が必要とされる（国財18条6項，地自238条の4第7項）ものの，後者には基本的にそのような制限はなく地方公共団体への売却や貸付が可能である（国財20条1項，地自238条の5第1項）。もちろん，事務の委託や普通財産の売払等は市民に対しても行われる。

(2) 行政主体と市民との間の契約

a：調達行政上の契約

行政を行うために必要な物品等をとりそろえる調達行政（または準備行政）のための契約の例として，公共工事の請負契約，物品の納入契約，製造の請負契約，公共用地の買収契約，普通財産の売払契約などがある。これらの契約には基本的に民事法の規定が適用されるが，特別な規定も設けられている。

入札制度 国・地方公共団体が，売買，貸借，請負その他の契約を締結する場合，競争性，透明性，公正性，経済性などの観点から一般競争入札に付して契約の相手方を決めるのが原則である。一般競争入札は，国等が入札参加資格等の入札情報を公告して入札参加者を募り，その競争に付して国等にとって最も有利な条件をもって申込みをした者と契約を締結するものである（会29条の3第1項，地自234条1項-3項）。この方式では，原則として入札価格によって落札者が決まることになる。しかし，調達の内容によっては，入札参加者の技術力などの評価を行うことが重要である場合がある。そこで，価格以外の要素と価格とを総合的に評価し，最も評価の高い者を落札者として決定する総合評価（落札）方式による一般競争入札が認められている（会29条の6第2項，予算決算及び会計令91条2項，地自令167条の10の2）。

これに対して，国等が指名した者同士による競争に付して契約者を決める指名競争入札や国等が競争入札によらず任意に決めた相手方と契約を締結する随意契約などは，法令で決められた例外的な場合にのみ認められる（会29条の3第3項・4項，地自234条2項）。しかし，法令の規定が抽象的であり，その基準が曖昧であることから，指名競争入札や随意契約が用いられることも多く，また，それが数々の業者間の談合や公務員の汚職を生み出す原因にもなった。そこで，2000年に入札契約適正化法（「公共工事の入札及び契約の適正化の促進に関する法律」）が制定され，入札・契約の過程や契約内容の透明性の確保が図られることになった。また，発注者側（公務員）の入札に関する不正については，2002年に制定された官製談合防止法（「入札談合等関与行為の排除及び防止並びに職員による入札等の公正を害すべき行為の処罰に関する法律」）が規制している。

入札制度との関連では，競争入札参加資格またはその等級（ランク付け）の決定や指名の回避・停止をめぐる紛争が裁判に発展するケースがある。裁判例は，ある業者が水道メーターの競争入札に参加するため，物品買入れ等競争入札参加資格審査の申込みをしたところ，東京都水道局が等級Cとする決定を行ったため，その取消しを求めた事案で，本件等級の決定は，あくまでも契約の相手方選定に係る普通地方公共団体内部における契約の準備的行為にすぎないというべきであり，また，そもそも相手方は東京都と契約を締結する権利ないしはその機会を与えられる権利を当然に有しているものではない，として等級決定の処分性を否定している（東京地判2000（平12）・3・22判例地方自治214号25頁）。また，市から指名停止措置を受けた業者がその執行の停止を申し立てた事案でも，指名停止は，その期間中当該業者を入札参加者として指名しない包括的な措置という性質を有することからすると，契約の相手方選定に係る普通地方公共団体内部における契約の準備的行為の性質を有するものであって処分とはいえないとしている（名古屋地決2005（平17）・3・2判例集未登載）。ただ，指名回避措置等は，国家賠償法1条1項でいう公権力の行使に当たり，それが違法になされれば，国または公共団体の国家賠償責任が問われうる（最判2006（平18）・10・26【百選Ⅰ-91】）。

さらに，法令上一般競争入札で契約を締結しなければならないにもかかわら

ず，随意契約でそれを行った場合，当該契約の効力が問題になる。この点，最高裁は，かかる違法な契約であっても私法上当然に無効になるものではなく，随意契約によることができる場合として法令の規定の掲げる事由のいずれにも当たらないことが何人の目にも明らかである場合や，契約の相手方において随意契約の方法による当該契約の締結が許されないことを知りまたは知り得べかりし場合のように，当該契約の効力を無効としなければ随意契約の締結に制限を加える法令の規定の趣旨を没却する結果となる特段の事情が認められる場合に限り，私法上無効になるとしている（最判1987（昭62）・5・19民集41巻4号687頁）。このほか，たとえば2000年に成立したグリーン購入法（「国等による環境物品等の調達の推進等に関する法律」）により，国や地方公共団体等が物品等を購入する場合には，環境への負荷がより少ない製品を購入するよう義務（努力義務）づけられている（同3条1項・4条）。

❺：給付行政上の契約

上水道の利用に関する給水契約，公営バスの利用に関する運送契約，私人に対する補助金等の交付や貸付に関する契約，国立大学法人と学生の在学契約など，給付行政の領域でも契約が多用されている。しかし，公の施設やサービスの利用関係についても，法律が特別の規定を設けている場合が少なくない。たとえば，普通地方公共団体が設置する公の施設の設置・管理に関する事項は条例で定めなければならず（地自244の2第1項），普通地方公共団体は，施設の利用について，正当な理由がない限り，利用を拒んではならず，また不当な差別的取扱いをしてはならない（同244条2項・3項）。

水道事業を例にとりより具体的にみてみると，この事業は，原則として市町村が経営することとされている（水道6条2項）が，水道事業の施設は公の施設（地自244条1項）に当たるため，水道料金等の水道の供給条件（供給規程）は条例で定める必要があり（水道14条1項，地自244条の2第1項），その条件のもとで水道を供給する水道事業者（基本的に市町村）と給水を受ける利用者（住民）との間で給水契約を締結することになる。そのさい，水道事業者には水道料金の原価主義（料金が，能率的な経営の下における適正な原価に照らし公正妥当なものであること。水道14条2項1号），差別的取扱いの禁止（同項4号，地自244条3項），

判例16 志免町給水拒否事件〈最判1999（平11）・1・21民集53巻1号13頁〉

　人口が急増している福岡県志免町において，マンション建築予定の不動産会社X
が，水道事業者としての志免町Yに対し420戸分の新規の給水契約の申込みをした
が，Yは給水能力を超えるなどの理由でこれを拒否した。そこで，Xは，給水契約
申込みの拒否理由が，水道法15条1項の「正当の理由」に当たらないなどとして，
給水契約申込みに対する承諾等を求めて出訴した。1審は，Xの請求を認容した
が，2審がこれを棄却したため，Xが上告した。

　最高裁は，水不足が確実に予見される地域では，第1にそれに対処する措置を執
るべきであるが，それによってもなお深刻な水不足がさけられない場合には，水道
事業者が需要の抑制施策のひとつとして，需要量が特に大きい新たな給水契約の締
結を拒否し，急激な需要の増加を抑制することは，水道法上の「正当の理由」に当
たるとして，Xの上告を棄却した。

給水契約の申込みに対する契約締結義務（水道15条1項）といった制限が課さ
れる。これらは，水道事業の公共性に由来する契約自由の原則に対する制限と
いえる。なお，これに関連して，最高裁は，町営水道事業の水道料金を改定す
る条例のうち，基本料金につき住民と別荘所有者との間に大きな格差を生じる
ように改定した部分が差別的取扱い（地自244条3項）に当たり無効であるとし
ている（最判2006（平18）・7・14【百選II-150】）。また，水道法15条1項は，正当
の理由がなければ水道事業者は水道の給水契約締結を拒否できないと定めてい
るが，最高裁は，宅地開発指導要綱に従わなかったことのみを理由とする給水
契約締結の拒否は許されないとしている（最決1989（平元）・11・8【百選I-89】）。
他方，水需要の逼迫という特別な事情がある場合には，給水契約締結の拒否も
認められるとする判例がある（**判例16**）。

契約方式と処分方式　　給付行政の領域では，契約方式の推定がはたらく
（塩野I211頁）が，法律の規定により行政処分により
給付関係が発生または消滅したり，行政処分と契約が組み合された法的仕組み
がとられることも少なくない。たとえば，補助金の交付は，贈与契約とみるこ
とができるが，国の補助金の交付決定は，補助金適正化法（「補助金等に係る予
算の執行の適正化に関する法律」）により行政処分とみなされている（6条・25条
等。本書130頁・297頁以下）。また，介護保険法の下では，まず要介護認定とい

う行政処分を受けたうえで（同27条），要介護者がサービス提供者との契約に基づいて各種のサービスを利用することになる。

　これに関連して，公立保育所への入所決定（児童24条）の法的性質については，これを申請に対する処分とみるか契約（申込みに対する承諾）とみるか争いがある。行政実務は，保育所の不承諾決定と保育実施の解除決定を処分とみているものの，入所決定については，1997年の児童福祉法の改正により，従来の措置（処分）方式から市町村と保護者との間の利用契約方式に改められたものと理解している。しかし，裁判例の中には，公立保育所の民営化が争われた事案で，1997年改正後も，市町村長は，申込みがされた児童について，保育所入所要件該当性の判断・審査と選考をその権限と責任において行わなければならないのであるから，このような入所決定を当事者の自由意思に基づく合意とみることは困難であるとし，その処分性を認めたものがある（大阪高判2006（平18）・1・20判例地方自治283号35頁）。

┌──────────────┐
│ 公共サービス等の │
│ 民間委託 │
└──────────────┘
民間への業務委託は，従来から委託契約に基づいて行われていたが，近時，行財政改革の一環として新たな法的仕組みが設けられている。2006年に成立した公共サービス改革法（「競争の導入による公共サービスの改革に関する法律」）は，市場化テスト法ともいい，国の行政機関等または地方公共団体が自ら実施する公共サービスに関し，民間事業者の創意と工夫が反映されることが期待される業務を選定し，それを官民競争入札または民間競争入札（いわゆる市場化テスト）に付することにより，公共サービスの質の維持向上および経費の削減を図ることを目的としている（1条）。対象となる公共サービスについて，入札の結果，当該サービスの質の維持向上および経費の削減を実現するうえで有利な申込みをした民間事業者があった場合は，国等にとって最も有利な申込みをした民間事業者が落札者となり，そうした民間事業者が存在しなかった場合には，国の行政機関等が当該サービスを実施することになる（同13条1項・2項）。民間が行う場合には民間委託の契約が締結される（同20条1項）。また，公共サービス改革法による法律の特例により，処分に当たる業務も（特定）公共サービスの対象になりうる（同2条4項2号・5項）。さらに，官民競争入札等の透明性，中立性および公正性を確保する

ため，総務省に官民競争入札等監理委員会が置かれている（同37条）。

PFI

また，PFI（Private Finance Initiative）は，イギリス行財政改革の手法であり，民間の資金や経営上のノウハウ等を活用して公共施設の建設，維持管理，運営等を行わせるものである。わが国では，1999年に成立した民間資金等の活用による公共施設等の整備等の促進に関する法律（PFI法）が，この手法を用いている。従来，公共施設の設置や管理は，個々の契約により分断的に行われてきたが，この手法では，設計から管理に至るまで，民間業者に一括して委ねることを念頭に置いている点に特徴がある。公共施設等の管理者等（各省庁の長，地方公共団体の長，独立行政法人など。同2条3項）は，この手法で行う事業を選定（選定事業。同7条）し，公募等の方法で民間事業者を選定（選定事業者。同8条）し，管理者と選定事業者が締結する事業契約（同5条2項5号）に従って事業が実施されることになる（同14条1項）。選定事業者には，特例的に行政財産の貸付等が認められたり（同69条-72条），物権としての性格をもつ公共施設等運営権（公共施設等運営事業を実施する権利。同2条7項・24条）が設定されうる（同16条）。2011（平成23）年のPFI法改正により，利用料金の徴収を行う公共施設について，施設の所有権を公共主体が有したまま，施設の運営権を民間事業者に設定する方式は，コンセッション方式とも呼ばれる。この公私協働（本書9頁以下参照）の手法は，増加傾向にあり，たとえば，宮城県のように「水道用水供給事業」，「工業用水道事業」，「流域下水道事業」の3事業を一体的に行うものも登場している。

指定管理者制度

2003年の地方自治法の改正により，普通地方公共団体が，公の施設の管理をその指定する指定管理者に委託できる指定管理者制度が導入された（地自244条の2第3項）。指定管理者の指定手続，管理基準，業務の範囲その他必要な事項は条例で定める必要がある。指定管理者の指定により，公の施設の使用許可権限が指定管理者に委ねられることになるため，指定行為は処分と解される（公立保育所の指定管理者として社会福祉法人を指定した行為の処分性を認めたものとして，横浜地決2007（平19）・3・9判例地方自治297号58頁がある）。また，「表現の不自由展かんさい」の開催のため大阪府立労働センターを管理する指定管理者から利用承認を受けた後，利用承認の

取消処分等を受けた者が，これら処分の取消しの訴えの提起とともに，本件取消処分等の執行停止（効力の停止）の申立てについて，それを認めたものとして，大阪高決2021（令3）・7・15判タ1490号85頁がある。

　指定管理者制度ができる以前の管理委託制度では，公の施設の管理運営の委託先が地方公共団体の出資法人や公共的な団体等に限定されていたが，この制度の対象者は法人その他の団体に拡大され（地自244条の2第3項），民間業者もこれに含まれる。しかし，個人は従来と同様に対象外である。

　このほか，2009年に公共サービス基本法が制定され，公共サービスに関し，基本理念（3条），国等の責務（4条-6条），公共サービスを委託した場合の役割分担と責任の明確化（8条）などを定めている。

c：規制行政上の契約

公害防止協定　規制行政上の契約の典型例として公害防止協定がある。これは，地方公共団体が，法律の不備を補い，公害を防止するために事業者と締結する取決めである。協定の法的性質をめぐっては，かつて協定に法的拘束力を認めない紳士協定説（または行政指導説）も唱えられたが，今日では，協定の中に事業者に具体的な義務を課す取決めがあれば，契約

判例17〈最判2009（平21）・7・10【百選Ⅰ-90】〉

　県知事から廃棄物の処理及び清掃に関する法律（以下，「廃棄物処理法」）に基づく産業廃棄物処分業の許可を受けているYは，旧A町との間で本件処分場について公害防止協定を締結し，旧A町の地位を合併により承継したX市は，本件土地に本件処分場を設置しているYに対し，旧A町とYとの間の公害防止協定で定められた本件処分場の使用期限が経過したと主張して，本件土地を本件処分場として使用することの差止めを求める民事訴訟を提起した。第1審はXの請求を認容したが，控訴審は知事の専権である許可の本質的な部分にかかわる施設使用期限条項を協定に盛り込むことは同協定の基本的な性格・目的から逸脱するものであるとして，期限条項の法的拘束力を否定し，X市の請求を棄却した。そこで，X市が上告した。

　最高裁は，「処分業者が，公害防止協定において，協定の相手方に対し，その事業や処理施設を将来廃止する旨を約束することは，処分業者自身の自由な判断で行えることであり，その結果，許可が効力を有する期間内に事業や処理施設が廃止されることがあったとしても，」廃棄物処理法に抵触するものではないとし，請求を棄却した原判決を破棄し，原審に差し戻した。

として法的拘束力が認められるとする行政契約説が多数説である。最高裁も，産業廃棄物処分場を設置している産業廃棄物処理業者と地方公共団体との間の公害防止協定で定められた処分場の使用期限に関する条項の法的拘束力を認めている（**判例17**）。なお，公害防止協定の中には，市民も当事者として参加するものや市民と事業者との間で締結されるものもある。

　公害防止協定では，事業者に法律よりも厳しい内容の義務を課すことが少なくない。本来，市民の権利自由を制限する規制行政の領域では，法律による行政の原理からして行政処分が用いられるべきであり，行政契約はなじまないはずである。しかし，地方公共団体が，協定という手法により，市民の生命や健康を守るために，事業者の同意のもとにその経済活動の自由（営業の自由）を制限することは可能だと考えられている（原田219頁以下，塩野Ⅰ214頁参照）。ただ，公権力を創出することは，法律または条例の専管事項であるから，協定の内容として，協定違反に刑罰を科したり，実力行使を伴う立入検査権を認める条項を定めることはできず，協定の実効性は，**判例17**のように民事的方法によってのみ担保される（塩野Ⅰ214頁）。

原子力安全協定　このほか，原子力施設の安全確保については，国が監督権等を有しているが，原子力施設を受け入れている地方公共団体やその隣接地方公共団体が，地域住民の安全を確保するため原子力事業者と独自に原子力安全協定を締結することが一般化している。協定ごとにその内容は必ずしも同じではないが，放射線量の測定，異常時等の通報義務，立入調査などを地方公共団体に認めるのが通例である（例：「東京電力株式会社福島第二原子力発電所周辺地域の安全確保に関する協定書」（昭和51年4月1日から実施））。

違法車両事務の民間委託　2006年の道路交通法の改正により，違法駐車対策強化のために，これまで警察が行ってきた違法車両確認事務の業務を民間法人に業務委託できることになった。民間法人がこの業務を受託するためには，都道府県公安委員会に申請し放置車両確認機関として登録を受けなければならず（同51条の8第1項2項・51条の12第1項），また，この業務にあたる放置車両確認機関の従業員は，公安委員会が認定する駐車監視員の資格が必要である（同51条の13第1項）。警察署長は，入札を経て放置車両確認機関と

業務委託契約を締結し，業務を委託することになる。駐車監視員ができる業務
は，放置車両の確認と確認標章の取付けに限定されている（同51条の8第1項）。
この確認事務は事実行為であり，公権力の行使には当たらないと解されてい
る。ただ，放置車両確認機関の役員と駐車監視員は，業務を行っているとき
は，刑法その他の罰則の適用に関して，法令により公務に従事する職員とみな
されるため（いわゆる「みなし公務員」。同51条の12第7項），たとえば確認業務を
行っている駐車監視員に対し暴行や脅迫を加えた場合には，公務執行妨害罪
（刑95条1項）が成立することになる。

(3) 行政が関与する市民相互間の契約

| 緑地協定・建築協定等 |

緑地協定は地域の緑地保全のために，建築協定は住環境の
保全などのために，それぞれ市民相互間で締結される契約
である（都市緑地45条，建基69条）。しかし，通常の民事上の契約とは異なり，
協定の締結等に市町村長（または特定行政庁）の認可が必要とされ（都市緑地45
条4項等，建基70条1項等），協定締結後に区域内の土地所有者等になった者に
も協定の効力（第三者効）が及び（都市緑地50条，建基75条），さらに，認可のさ
いに公告・縦覧，意見書の提出または公開での意見聴取といった市民参加手続
が用意されている（都市緑地46条，建基71条・72条1項）。ここでの認可は，行政
行為の類型でいう認可に当たる（本書101頁）。このほかも，景観法に基づく景
観協定（景観81条以下）などがある。

3 行政契約と救済

　行政契約をめぐる争いは，民事訴訟または公法上の当事者訴訟により解決が
図られることになるが，前述のように両者にはほとんど違いはなく，法律に特
別な規定がない限り民事上のルールが適用されることになる。
　行政契約をめぐる紛争は，主に一方の当事者が義務を履行（債務を弁済）し
ないときに生じる。そして，この債務不履行に対抗する手段としては，契約の
解除（民540条以下），民事上の強制履行（民414条など），損害賠償請求（民415条）
などが考えられる。これらが契約をめぐる一般的な民事上の救済手段である

が，さらに行政契約については，いくつか留意すべき点がある。

行政契約と裁量　行政契約の内容は，当事者の自由な意思決定に委ねられるが，行政契約に関連してしばしば裁量権の逸脱濫用（行訴30条参照）が問題になっている。

　たとえば，公共工事等の契約に関する入札につき，最高裁（最判2006（平18）・10・26【百選Ⅰ-91】）は，村外業者に当たることのみを理由として，他の条件いかんにかかわらず，一切の工事につき村外業者を指名せず指名競争入札に参加させない措置を採ったとすれば，「それは，考慮すべき事項を十分考慮することなく，１つの考慮要素にとどまる村外業者であることのみを重視している点において，極めて不合理であり，社会通念上著しく妥当性を欠くものといわざるを得ず，そのような措置に裁量権の逸脱又は濫用があったとまではいえないと判断することはできない」，と判示している。

　このほか，地方公共団体の補助金交付の公益上の必要性をめぐって，裁量権の逸脱濫用が問題になっている（最判2005（平17）・11・10判時1921号36頁，最判2004（平16）・7・13【百選Ⅰ-4】等）。

補助金をめぐる問題　国の補助金の交付決定は，前述のように補助金適正化法により行政処分として構成されているために，これについては抗告訴訟で争うことができる（本書124頁・297頁以下）。しかし，補助金適正化法が適用されない補助金，特に地方公共団体が交付する補助金については，このような一般的な規定がないため，しばしばその法的性質が問題になる。裁判例は，補助金交付の性質を贈与契約とみなしているものの，それが条例により行政処分として構成されている場合には，処分性（本書297頁以下参照）を認め抗告訴訟の対象になるとしている（札幌高判1969（昭44）・4・17行集20巻4号459頁）。他方，要綱に基づく補助金交付については，処分性を否定している（札幌高判1997（平9）・5・7行集48巻5＝6号393頁）。

協定をめぐる問題　公害防止協定などでは，法律にはない各種の規制措置が定められることが少なくない。しかし，協定に違反したからといって，行政上の強制執行をすることはできず，民事上の強制履行や損害賠償により救済が図られることになる。この点，市と会社との間で締結

された地下水の汲上げの禁止等を定めた環境保全協定につき，その法的拘束力を認め，同協定が定める義務のうち内容が明確であるものについて会社が違反したときは，市が当該義務の強制履行を裁判所に請求することができるとした，大阪高判2017（平29）・7・12判例地方自治429号57頁がある。

【住民訴訟】　地方公共団体の違法な財務会計上の行為については，住民が住民監査請求（地自242条）を経て住民訴訟（同242条の2）を提起でき，行政契約の締結・履行に関するものもその対象とされているため，契約当事者でない住民であっても，この訴訟により行政契約の違法性を問うことが可能である（判例18）。

判例18〈最判2008（平20）・1・18【百選Ⅰ-92】〉

　市が，周辺の町と共同で設立した土地開発公社との間で土地の先行取得の委託契約を締結し，これに基づいて公社が取得した当該土地の買取のために売買契約を締結したことについて，同市の住民が，当該土地は取得する必要のない土地であり，その取得価格も著しく高額であるから，委託契約は地方財政法等に違反して締結された違法なものであると主張して，地方自治法242条の2第1項4号（2002年改正前のもの）に基づき，本件売買契約時に市長の職にあった者に対し，売買契約代金相当額の損害賠償を求める住民訴訟を提起した。

　最高裁は，①委託契約を締結した市の判断に裁量権の範囲の著しい逸脱または濫用があり，委託契約を無効としなければ地方自治法2条14項，地方財政法4条1項の趣旨を没却する結果となる特段の事情が認められる場合には，委託契約が私法上無効になり，また，②委託契約が私法上無効ではないものの，これが違法に締結されたものであって，市がその取消権または解除権を有している場合や，委託契約が著しく合理性を欠きそのためその締結に予算執行の適正確保の見地から看過しえない瑕疵が存し，かつ，客観的にみて市が委託契約を解除することができる特殊な事情がある場合であるにもかかわらず，市の契約締結権者がこれらの事情を考慮することなく漫然と売買契約を締結すれば，その締結は財務会計上の義務に違反する違法なものになるとし，本件を住民の請求を棄却した原審に差し戻した。

5 行 政 指 導

1 行政指導の概念

　行政指導は，行政手続法において「行政機関がその任務又は所掌事務の範囲内において一定の行政目的を実現するため特定の者に一定の作為又は不作為を求める指導，勧告，助言その他の行為であって処分に該当しないものをいう」（2条6号）と定義されている。行政手続法が制定されるまでは，行政指導なる言葉は法令用語でも学問上の用語でもなく，マスコミや行政実務上の用語として使われてきた。しかし，この行政指導がわが国において果たしてきた役割は極めて大きいものといえる。実際，経済的規制の分野において法律の不備を補って，関係の業界や企業に対し臨機応変に適切な政府の行政指導が行われ，経済危機の回避に役立ったり，公害行政や消費者行政といった社会的規制の分野においてもキメ細かい指導が行われ，市民生活の保護に貢献してきたことは事実である（原田201頁）。また地方公共団体においても要綱行政（**コラム⑦**参照）

コラム⑦　**要 綱 行 政**

　1960年代からの高度経済成長による都市人口の増加は，都市の乱開発をすすめ，環境の悪化をもたらした。そこで地方公共団体は，日照紛争調整要綱や宅地開発指導要綱に基づいて，宅地開発等を都市計画法や建築基準法よりも厳しく規制してきた。これらの要綱は行政内部の規範であり，法的拘束力を有するものではないが，通例，建築に際して建築主に法律の基準を上回る規制への協力を求めたり（規制条項），近隣住民の同意（同意条項）や公共施設用地の提供（負担条項）等の内容を含んでいるものである。このような要綱に基づく行政指導は開発許可や建築確認と組み合わせて用いられてきたため，開発・建築の規制に大きな力を発揮し，地方の健全な街づくりに貢献してきたが，その行き過ぎも指摘され，現在は法治主義の観点から要綱の条例化が進んでいる。

が展開され，行政指導が重要な役割を果たしてきた。行政指導は，それ自体法的効果を有しない事実行為であるにもかかわらず，このような重要な役割を果たしてきた背景としては，わが国の官尊民卑の思想やインフォーマルな手段を好む土壌がある。

しかし，行政指導の効用とともに，その弊害も大きく，事実行為として従来は法外的手段として法的統制の枠外に置かれていた行政指導の法的統制の必要性が認識されるようになった。同時に，行政行為，行政強制といった行政の行為形式のひとつとして，これらの行為形式に代替する，あるいは付随するものとして用いられる普遍的なインフォーマルな行政手段としての位置づけがなされるようになっている（塩野Ⅰ201頁）。

2　行政指導の種類

行政指導は，その機能面からみて以下の3つに分類される。

規制的行政指導は相手方の市民の権利自由を規制する目的で行われるものである。たとえば，建築業者に対して建築確認の条件として近隣住民の同意を得ることを要請する行政指導や企業に対して料金の値上げを抑制するような行政指導である。

助成的行政指導とは，市民の活動を助成する目的で行われるものである。税務署が行う申告相談や中小企業に対する経営指導などがある。

調整的行政指導は，私人間の紛争の解決のために行われるものである。一例として，建築主と近隣住民との間の建築紛争の解決のための行政指導がある。

以上のように行政指導は分類できるが，建築紛争の解決のための行政指導は建築主にとっては規制的行政指導となるが，近隣住民にとっては助成的行政指導となるように，これらの分類は相互に排斥的なものではない（塩野Ⅰ222頁）。

3　行政指導の効用と弊害

　まず行政指導の効用としては，行政の臨機応変性と円滑化機能を挙げることができる。行政の臨機応変性とは，これまで行政指導は任意的な行政手段であるから，法律の根拠が必要ないとされてきたため，緊急の行政需要が発生し，これに対処する法律がなく，立法的措置を待っていたのでは手遅れになってしまうような場合に，行政指導を用いればこのような事態に臨機応変に対応できるというメリットである。言い換えれば法治行政の補完的機能である。次に行政の円滑化機能とは，行政行為は権力的な行為であるため相手方に対するインパクトが強いが，行政指導はいわば協力要請であるので，相手方にとってソフトな措置として受け入れやすく，硬直的で対立的になりがちな法治行政の欠点を補って，行政と市民の関係の潤滑油として，行政の円滑化に資するというメリットである（原田201頁）。

　反面，行政指導の弊害も指摘されている。まず第1に事実上の強制力の問題である。行政機関は，通常，行政指導の相手方に対して許認可権限を有しており，相手方は，行政指導に従わない場合に江戸の仇を長崎で討たれることを恐れて，不本意ながら指導に従わざるをえない状況になる。第2に責任の不明確さである。行政手続法が制定されるまで，行政指導についての形式や手続は行政機関に委ねられていて，多くは口頭で行政指導が行われ，証拠が残らず，誰の責任で行政指導を行ったのか，その責任が不明確であった。第3は法治行政の空洞化である。行政指導は法律の根拠が不要であることから，行政機関は権力的規制の代替手段として手軽に行政指導を利用してきた側面があるが，行政指導が事実上の強制力をもつ点を考慮すれば，これは法治行政を空洞化しているものといってよい。

　このように行政指導の功罪は相半ばしているし，また効用と弊害は，法治行政の補完的機能とその空洞化のように表裏一体の関係にあるものもある。

4　行政指導の法的統制

法律の根拠 　まず行政指導を法的に統制する際に，行政指導に法律の根拠を求めて，これを法律の留保の対象にすることが考えられる。この点について，非権力的公行政についても法律の根拠が必要であるという立場から，原則として行政指導に法律の根拠が必要であると主張する学説もある。しかし，行政指導に一般的に法律の根拠を求めることは，行政の臨機応変性と円滑化機能というメリットを失わせてしまうことになり，実効的な議論ではない。判例も，法定外の指導であっても，指導内容が法令に違反せず，また実質上強制に等しい不当な手段を用いない限り，許されると判断している（東京高判1980（昭55）・9・26判時983号22頁）。ただし，あらゆる行政指導に法律の根拠が不要であるといえるか否かについては疑問視されており，近時，行政指導の機能に応じて法律の根拠の要否を論じる見解が有力になっている。すなわち，助成的行政指導については法律上の根拠は不要であるが，規制的行政指導については，その実態が権力的規制に近く，相手方の任意性が客観的に期待

判例19 品川区建築確認留保事件〈最判1985（昭60）・7・16【百選Ⅰ-121】〉
　Ｘは，マンション建設のため建築確認の申請をＹ（東京都）に行ったが，付近住民からの本件マンション建設反対の陳情書を受けたＹは，Ｘに対して付近住民との話し合いによる円満解決を指導し，Ｘはこの指導に従い付近住民との十数回の話し合いをもったが，解決には至らなかった。その後もＹはさらに付近住民と話し合いを進めるように勧告したが，ＸはＹの行政指導にはもはや従わないことにし，建築審査会に建築確認申請の不作為の違法に対する審査請求を行った。その後Ｘは，最終的に付近住民と金銭補償による紛争解決に至り，審査請求を取り下げ，Ｙから建築確認を得たが，Ｙに対して行政指導により建築確認が留保されている期間中の工事遅延による損害賠償を求めて訴訟を提起した。
　最高裁は，建築主が行政指導に応じていると認められる場合は，確認処分を留保しても違法ではないが，建築主が行政指導にもはや協力できないという意思を真摯かつ明確に表明し，行政指導への不協力が社会通念上正義に反するような特段の事情がない場合には，それ以上の行政指導を理由とする確認処分の留保は違法となると判示した。

できないような場合には，法律の根拠を必要とする見解である（塩野Ⅰ229頁，芝池〔読本〕163頁）。

　なお，個別法において行政指導の根拠を定めているものもある。たとえば，保護の実施機関による被保護者に対する必要な指導（生活保護27条1項），主務大臣による企業の合理化を促進するための指導（企業合理化促進法11条），市町村長による工場等の騒音防止のための勧告制度（騒音12条1項）などがある。

| 行政手続法
による統制 | 行政手続法は，行政指導に法律上の根拠は要求していないが，以下のように行政指導を実体的かつ手続的に統制している。 |

　第1に行政手続法は，「行政指導の内容があくまでも相手方の任意の協力によってのみ実現されるものであることに留意しなければならない」（32条1項）と規定し，行政指導が任意的な手段であることを確認している。したがって，任意の限界を超えた行政指導は違法なものとなるが，そのことは，申請に関連する行政指導について，「申請者が当該行政指導に従う意思がない旨を表明したにもかかわらず当該行政指導を継続すること等により当該申請者の権利の行使を妨げるようなことをしてはならない」とする規定（行手33条）にも現れている。この規定は，判例19 で最高裁が示した法理を条文化したものである。

　第2に行政手続法は，行政指導は当該行政機関の任務または所掌事務の範囲を逸脱してはならないと規定している（32条1項）。所掌事務は各省の設置法によって定められており，こうした組織規範が行政指導の制約要素となる（大橋Ⅰ278頁）。

　第3に，2014年の行政手続法の改正により，行政指導に携わる者は，当該行政指導をする際に，行政機関が許認可等をする権限または許認可等に基づく処分をする権限を行使しうる旨を示すときは，その相手方に対して，①当該権限の根拠となる法令の条項，②この条項が規定する要件，③当該権限の行使がこの法令上の要件に適合する理由，を示すことが義務づけられた（行手35条2項）。

　第4に行政手続法は，これまで行政指導の方式については定めがなく，口頭で行われることが多かったため，行政指導を行った者の責任が曖昧なものに

なってきた問題に対処するために，行政指導の方式についての規定を置き，行政指導の相手方に対して，当該行政指導の趣旨および内容ならびに責任者を明確にしなければならないと定めている（35条1項）。また，行政指導が口頭でなされた場合に，相手方が上記の事項を記載した文書の交付を求めるときは，特別な支障がない限り，これを交付しなければならない（同35条3項）。

　第5に，複数の者に対し同一の行政目的を実現するためになされる行政指導については，行政機関は予め行政指導指針を策定し，支障のない限り，これを公表しなければならない（同36条）。この行政指導指針の策定には行政手続法上の意見公募手続が適用される。

　第6に，2014年の行政手続法の改正により，市民は法律上の根拠がある行政指導に限って行政指導の中止等と行政指導を求めることができるようになった。まず行政指導の中止等を求める手続については，法令に違反する行為の是正を求める行政指導の相手方は，当該行政指導が当該法律に規定する要件に適合しないと思料するときは，当該行政指導をした行政機関に対し，その旨を申し出て，当該行政指導の中止その他の必要な措置をとることを求めることができる。ただし，弁明その他の意見陳述手続を経てされた行政指導は除外される。（同36条の2第1項）。次に行政指導を求める手続については，何人も，法令に違反する事実がある場合に，その是正のためにされるべき行政指導がされていないと思料するときは，権限を有する行政機関に対して，その旨を申し出て，行政指導をすることを求めることができる（同36条の3第1項）。いずれの手続においても，申出を受けた行政機関は，必要な調査を行い，申出が行政手続法の定める要件に合致する場合には，当該行政指導の中止等や行政指導を行わなければならないが（同36条の2第3項・36条の3第3項），当該行政機関に申立人に対する応答義務が課されているものではないと解されている。

　行政指導は，以上のような行政手続法による統制に服するのみならず，行政機関の公的活動として行われるものである以上，平等原則，比例原則，信頼保護原則といった行政法の一般原則にも服する。

5　行政指導に対する救済

　まず違法な行政指導に対する救済手段としては，取消訴訟を考えることができるが，その対象となるためには，行政指導が行政事件訴訟法３条にいう「行政庁の処分」でなければならない。この点について最高裁は，これまで取消訴訟の対象を講学上の行政行為に限定し，行政指導はこれに当たらないと判断していたが（最判1963（昭38）・6・4民集17巻５号670頁），近時，医療法に基づく病院開設中止勧告について，任意にこれを従うことが期待されている行政指導であるとしながらも，関連法令の仕組み全体を分析して，中止勧告自体の取消訴訟を認めている（**判例53** 本書301頁）。このように行政指導に処分性が認められると，取消訴訟を提起することが可能になる。次に，当事者訴訟を活用して，当該行政指導に従う義務のないことの確認訴訟や行政指導それ自体の違法確認訴訟を提起できる可能性もある。さらに違法な行政指導を受けて損害をこうむった者については，国家賠償請求が可能である。国家賠償法の対象となる「公権力の行使」については，取消訴訟の対象となる行政処分概念よりも広くとらえられており，行政指導のような非権力的な事実行為も含まれると解されている。ただし，訴訟においては，行政指導に従うか否かは本来は任意であり，同意は違法性を阻却すると考えられ，行政指導と損害発生との因果関係が問題になろう。この点については，指導要綱に基づいて開発協力金や教育施設負担金の寄付を求める行政指導を事実上の強制とみなして損害賠償を認めた裁判例がある（大阪地堺支判1987（昭62）・2・25判時1239号77頁，最判1993（平５）・2・18【百選Ⅰ-95】）。また行政指導を信頼して行動した結果，損害をこうむった場合，信頼保護の観点から不法行為責任を認めた裁判例もある（**判例21** 本書145頁）。他にも行政指導に従わないことにより不利益処分が課されるおそれがある場合や，行政指導によっていわれのない申告義務が求められた場合には，予想される不利益処分の差止訴訟（行訴３条７項）や申告義務の不存在確認訴訟（同４条）を提起できると考えられる（原田205頁）。

6 行 政 計 画

1 行政計画の意義と分類

行政計画の意義
行政計画とは，行政が行政活動を計画的に行うために目標を設定し，それを達成するために必要な手段を総合的に示すことをいう。今日においても行政計画の定義について一致した見解があるわけではないが，行政計画が行政活動を行うさいの目標の設定と手段の総合的提示という 2 つの要素をもつということについては共通の認識があるといえる（塩野 I 234頁）。

行政機能が拡大し，行政が市民生活に積極的かつ継続的に関与するようになると，行政目的を円滑に達成するために，その計画的遂行がますます必要になる。行政計画は，いまや行政領域全般にわたって多用されており，現代行政の重要な手法になっている。しかし，行政計画といっても，行政内部における指針的意味しかもたないものや市民の行為を規制するものなど，その性格はさまざまである。また，計画の実施過程においてとられる行為形式も，行政行為，行政の内部行為，行政指導など多様である。したがって，行政計画の全体像を的確に理解するためには，行政計画そのものの性質のみならず，それが実施される過程を含めて総合的に考察し，その法的統制のあり方を検討する必要がある。

行政計画の分類
行政計画は，時間（長期計画，中期計画，短期計画），地域（全国計画，都道府県計画，市町村計画），段階（基本計画，実施計画），分野（福祉計画，道路建設計画）などさまざまな観点から分類することができるが，行政法学上重要であるのは，法律の根拠の有無および法的拘束力の有無による分類である。

行政計画に法律の根拠があるものを法定計画といい，それがないものを事実

上の計画という。また，行政計画のうち市民の権利を制限したり義務を課した
りするものを拘束的計画といい，そうでないものを非拘束的計画という。市民
の権利行使の制限のためには法律の根拠が必要であるから，拘束的計画は必ず
法定計画であり，事実上の計画は非拘束的計画である（芝池〔読本〕174頁）。

2　行政計画と法的規制

法律の根拠　前述のように，市民の法的地位に影響を与える拘束的計画
については法律の根拠が必要である。これに対し，非拘束
的計画あるいは指針的意味しかもたない計画については見解が分かれる。法律
の根拠を不要とするのが通説的見解であるが，今日ではむしろ法的規制の必要
性を説く見解が有力である。たとえば，国土開発計画のように，将来の国土の
あり方を全体として方向づけ規定する計画にも法律の根拠を要するとする見解
（塩野Ⅰ237頁）や，市民を法的に拘束すると否とを問わず，行政計画は実質的
に民間活動を指導・誘導する機能を果しているとして，その法的統制の必要性
を説く見解（原田124頁以下）がある。

計画策定手続　長期的展望のもとに目標を設定する行政計画の性格からし
て，その内容を法律で事細かに規定することには限界があ
り，行政の計画裁量を認めざるをえない側面がある。

　そこで，行政計画の内容の適正化を図るためには，計画策定手続の民主的コ
ントロールが要請されることになる。ちなみに，行政手続法（1993年制定）を
めぐる議論の中で，行政計画策定手続もそれに盛り込むべきとする意見があっ
たものの，これについては今後の課題とされている（本書185頁以下参照）。した
がって，現在，計画策定手続についての一般的なルールは存在せず，個別の法
律により公聴会の開催や審議会への諮問など一定の手続が定められているにす
ぎない。都道府県が定める都市計画を例にとると，おおよそ図1のような手続
を経て計画が決定されることになる。

　しかし，形式的にこれらの手続を踏んだことが，むしろ行政の責任回避の手
段に利用されているとの批判があり，手続の形骸化が指摘されている。また，

図1　都市計画の決定手続

```
┌──────────────────┐
│ 都市計画案の作成 │
└──────────────────┘
        │  必要があると認めるときの公聴会の開催等による住民の意見の反映（都計16
        ▼  条1項），利害関係人の意見の聴取（同条2項）
┌────────────────────┐
│ 都市計画案の公告・縦覧 │
└────────────────────┘
        │  都市計画案の公告と公衆の縦覧（同17条1項），関係市町村の住民・利害関
        ▼  係人からの意見書の提出（同条2項）
┌──────────────┐
│ 都市計画の決定 │
└──────────────┘
        │  関係市町村の意見聴取・都道府県都市計画審議会の議を経て都市計画を決定
        ▼  （同18条1項），一定の都市計画については国土交通大臣の同意（同条3項）
┌────────────────────┐
│ 都市計画の告示・縦覧 │
└────────────────────┘
           都市計画を決定した旨の告示（同20条1項）・公衆の縦覧（同条2項），告示
           日から都市計画の効力発生（同条3項）
```

　たとえば公聴会の開催や意見書の採択・不採択が行政機関の判断に委ねられるなど，計画策定手続（過程）においても行政機関の広範な裁量が問題になっている。

　もちろん，計画裁量といっても無制限に認められるわけではなく，一定の限界がある。この点，小田急線連続立体交差化事業事件（**判例56** 本書306頁）の上告審本案判決（最判2006（平18）・11・2【百選Ⅰ-72】）は，都市計画決定（または変更）のさいの行政庁の広範な裁量を認めたうえで，都市計画決定が，「その基礎とされた重要な事実に誤認があること等により重要な事実の基礎を欠くこととなる場合，又は，事実に対する評価が明らかに合理性を欠くこと，判断の過程において考慮すべき事情を考慮しないこと等によりその内容が社会通念に照らし著しく妥当性を欠くものと認められる場合」には，裁量権の範囲を逸脱しまたはこれを濫用したものとして違法になるとしている（ただし，本件では違法性はないとして上告を棄却した）。

　このほか，計画策定手続との関係では，計画間の調整も問題になる。都市計画と公害防止計画との整合性が争点となったものとして，最判1999（平11）・11・25【百選Ⅰ-53】がある。

3　行政計画と救済

抗告訴訟　行政計画と救済の問題は，とりわけ拘束的計画である都市計画の決定が抗告訴訟の対象となる処分（行訴3条。本書299頁以下参照）といえるかどうか，という形で議論されてきた。それは，都市計画が決定され，それが公告されると，計画区域内での開発や建物の建築等が制限され，市民の法的地位に少なからず影響を及ぼすことになるからである。

　都市計画法によれば，都市の健全な発展と秩序ある整備を図ることを目的とする都市計画には，①土地利用に関する計画，②都市施設の整備に関する計画および③市街地開発事業に関する計画がある（都計4条1項）。①は計画のみが定められ，計画に基づく事業（都市計画事業）が予定されていないため，完結型，事業非遂行型の都市計画，②と③は計画が定められたのちに都市計画事業が予定されているため，非完結型，事業遂行型の都市計画などともいわれる。①の例として，市街化区域（すでに市街地を形成している区域およびおおむね10年以内に優先的かつ計画的に市街化を図るべき区域）と市街化調整区域（市街化を抑制すべき区域）（同7条）や用途地域（同8条1項1号）に代表される地域地区（同8条）がある。②は，道路，河川，公園，水道，ごみ焼却場などの都市施設（同

コラム⑧　土地区画整理事業

　土地区画整理事業とは，都市計画区域内の土地について，公共施設の整備改善および宅地の利用の増進を図るために，土地の区画形質を変更したり，公園や道路などの公共施設を整備することをいう（区画整理2条1項）。この手法は，都市計画の母とも呼ばれ，全国的に利用されているものであり，地方公共団体，土地区画整理組合などによって行われることもあれば，宅地所有権者または借地権者が単独または共同で（個人施行者）行うこともある（同3条-3条の4）。この事業は，事業計画の決定・公告，換地計画の策定，仮換地の指定，換地処分，減価補償金・清算金の支払という手続で行われる。この一連の手続は，公用換地ともいわれる。土地区画整理後の土地の面積は狭くなるが，従来の土地よりも整理改良され，新たに公園，道路，下水道などの公共施設が整備されることになる。

11条）を整備するための事業に関するものをさし（同11条），③の事業の典型例
として，土地区画整理法による土地区画整理事業や都市再開発法による市街地
再開発事業がある（同12条1項）。

非完結型都市計画 行政計画あるいは都市計画の法的性格に関するリー
ディング・ケースとされてきた青写真判決（最大判
1966（昭41）・2・23民集20巻2号271頁）は，土地区画整理事業計画の決定（ないし
その公告）の処分性について，事業計画が事業の青写真たる性質を有するにす
ぎないこと，公告によって事業施行区域内の不動産所有者等が受ける建築等の
制限は付随的な効果にとどまること，事業計画の決定・公告の段階では紛争の
成熟性を欠くこと，を理由に処分性を否定した。しかし，近時，最高裁は，こ
の判例を変更し，その処分性を認めた（判例20）。

最高裁は，都市再開発法に基づく第二種市街地再開発事業計画の決定につい
て，事業計画決定は，その公告の日から土地収用法上の事業認定と同一の法律
効果を生じ，市町村は同法に基づく収用権限を取得するとともに，事業施行区

判例20 浜松市土地区画整理事業計画事件〈最大判2008（平20）・9・10【百選Ⅱ-147】〉
　浜松市は，A駅の高架化と併せてA駅周辺の公共施設の整備改善等を図るため，
A駅周辺土地区画整理事業を計画し，所定の手続を経て事業計画を決定・公告し
た。これに対し，本件事業の施行地区内の土地所有者であるXらは，本件事業は公
共施設の整備改善および宅地の利用増進という法所定の事業目的を欠くなどと主張
して，事業計画決定の取消訴訟を提起した。1審は青写真判決を踏襲しその処分性
を否定して訴えを却下し，2審もその判断を支持したため，Xらが上告した。
　最高裁は，施行地区内の宅地所有者等は，事業計画の決定により，建築制限等の
規制を伴う土地区画整理事業の手続に従って換地処分を受けるべき地位に立たされ
ることになり，その意味で，その法的地位に直接的な影響が生ずるというべきであ
り，また，宅地所有者等は，事業計画の違法を主張してその後の具体的処分（換地
処分等）を対象として取消訴訟を提起することができるが，その主張が認められた
としても，当該換地処分等を取り消すことは公共の福祉に適合しないとして事情判
決（行訴31条1項）がされる可能性が相当程度あるのであり，実効的な権利救済を図
るためには，事業計画の決定がされた段階で，これを対象とした取消訴訟の提起を
認めることに合理性があるというべきである，として事業計画決定の処分性を肯定
した。

域内の土地所有者等は，自己の所有地等が収用されるべき地位に立たされ，し
かも契約または収用により市町村に取得される当該宅地等につき，その対償の
払い渡しを受けるか，これに代えて建築施設の部分の譲受け希望の申出をする
かの選択を余儀なくされるとの理由で，その処分性を認めている（最判1992
（平4）・11・26民集46巻8号2658頁。本書300頁）。同じく都市再開発法に基づく第
一種市街地再開発事業計画の決定の処分性についても，判例20 の後に出た下級
審判決は，当該判例を引用し，一般論として，事業施行地内の宅地所有者等
は，事業計画等の認可（決定）がされることによって，建築制限を伴う第一種
市街地再開発事業の手続に従って権利変換処分を受けるべき地位に立たされる
ことになり，その意味で宅地所有者等の法的地位に直接的な影響を及ぼすとし
て，事業計画等の認可の処分性を肯定している（東京地判2008（平20）・12・25判
時2038号28頁）。

　これに対して，同じく非完結型（事業遂行型）の都市計画であっても，都市
施設の整備に関する都市計画については，計画決定の段階ではなく，都市計画
事業の実施段階での事業認可の処分性を認めている。大阪地判2011（平23）・
2・10判例地方自治348号69頁は，都市施設である道路の整備に関する都市計画
決定の処分性が問題となった事案で，都市計画決定がされても，事情の変化等
により計画自体が変更されることもあり，都市計画事業のための土地等の収用
等との関係でも，事業の認可等（都計59条）がなされて初めて，都市計画事業
を土地収用法3条に掲げる事業に該当するものとみなし，その認可等を事業認
定に代えるものとしていること（都計69条・70条1項）も考え併せれば，都市計
画決定がされた段階では，それによって直ちに都市計画施設の区域内の土地所
有者や居住者の法的地位に影響を与えるものではなく，都市計画事業の認可等
がされた段階でその認可等を対象とする抗告訴訟の提起を認め，そこで都市計
画決定の違法を理由とする認可等の処分の取消しを認めれば救済手段として不
足するところはないとし，判例20 の射程が本件のような都市施設を定める都市
計画決定には及ばないことを明言している。

| 完結型都市計画 | 他方，完結型の都市計画決定のひとつである，都市計画区域内における工業地域（都市計画法8条1項1号にいう |

用途地域のひとつ）の指定（決定）は，当該決定が告示されて効力を生ずると，当該区域内の土地所有者等に建築制限を課すことになるが，かかる効果は新たに法令が制定された場合と同様に不特定多数の者に対する一般的抽象的なものにとどまるとの理由でその処分性を否定し，用途地域の指定の違法性は後の計画実施段階で行われる処分（たとえば，建築確認申請に対する拒否処分）を争う中で主張すればよいとしている（最判1982（昭57）・4・22【百選Ⅱ-148】）。

損害賠償と損失補償　行政計画は将来を予測し目標を設定するものであるため，政治情勢あるいは経済情勢などの変化により，計画が変更，廃止されることは認められなければならないが，一定の状況のもとでは計画の変更・廃止により市民のこうむった損害や損失を塡補することが必要になる。これは，ドイツではいわゆる計画担保責任の問題として論じられているものである。

裁判例では，市長の市営住宅団地の建設計画に協力し，団地予定地に公衆浴場の建設を進めていた業者が，計画の突然の廃止により損害をこうむった事例につき，計画の廃止自体は適法であるが，代償的措置のない計画の廃止は，業者の信頼を著しく損なうものであるとして，市に対し損害賠償の支払を命じて

判例21 工場誘致施策変更事件〈最判1981（昭56）・1・27【百選Ⅰ-21】〉

Ｙ村の議会は，製紙会社Ｘの工場を誘致し村有地を工場敷地の一部として譲渡する旨の議決を行い，当時の村長もＸに全面的に協力することを言明し，実際に一定の協力的な措置をとった。また，Ｘも村有地耕作者らへの補償料の支払など工場設置のための準備を完了した。ところが，その後の村長選挙で工場進出に反対する住民の支持により当選した新村長は，住民の反対を理由にＸの提出した工場の建築確認申請に不同意である旨の通知をした。そこで，Ｘは，Ｙ村の非協力のために工場の建設等が不可能になり損害をこうむったとして，民法709条に基づく損害賠償請求訴訟を提起したが，1審，2審ともに請求を棄却したため，上告した。

最高裁は，自治体が施策を決定した場合でも，事情によってそれが変更されることは当然であるが，企業がその誘致施策に期待をかけて資本等を投下したのちの施策の変更は，当事者間に形成された信頼関係を不当に破壊するものとして違法性を帯び，Ｙ村の不法行為責任を生ぜしめるとしながらも，Ｙ村による工場建設への非協力がやむを得ない事情に基づくものかどうかについて審理を尽くす必要があるとして，原判決を破棄し事案を原審に差し戻した。

いる（熊本地玉名支判1969（昭44）・4・30判時574号60頁）。また，最高裁も，地方公共団体の工場誘致施策の変更が信頼関係を不当に破壊するものだとして不法行為責任を認めている（ **判例21** ）。

　学説は，これらの判決におおむね好意的である。しかし，判決が，計画の廃止を適法としながらも，不法行為責任の問題として処理している点に関しては，むしろ適法行為に基づく損失補償（本書244頁以下）の問題として扱うべきだとする見解がある（原田132頁）。

　このほか，都市計画決定による都市計画事業が長期にわたって施行されないために建築制限を課されつづけた場合に，それにより受けた損失につき補償請求ができるかどうかも問題になるが，最高裁は，土地所有者らが受けた建築制限による損失は一般的に当然に受忍すべきものとされる制限の範囲を超えて特別の犠牲（本書246頁）を課されたものとはいえないとしてこれを否定している（最判2005（平17）・11・1【百選Ⅱ-248】）。

防災計画と損害賠償　　1961年に制定された災害対策基本法は，国土ならびに国民の生命，身体および財産を災害から保護するため，国，地方公共団体に防災計画の作成，災害予防，災害応急対策，災害復旧など，必要な災害対策をとるよう定めている。国は防災基本計画，都道府県・市町村は地域防災計画の策定が，それぞれ義務づけられており（同34条・40条・42条），それに基づいて各種の災害対策が行われることになる。災害のさいに特に問題になる緊急避難場所や避難所の指定（同49条の4第1項・49条の7第1項），避難の勧告・指示（同60条1項），災害拡大防止のための応急措置（同62条1項）など多くの権限は，基本的に市町村長が有する。

　2011年の東日本大震災後の津波による被害について，しばしば地域防災計画上の権限の不行使による地方公共団体の国家賠償責任が争われている。たとえば，市の地域防災計画に定められた情報提供等を行わなかったことを理由に市の損害賠償責任（国賠1条1項）が問われたものとして，仙台地判2018（平30）・3・30判時2396号32頁がある（本書215頁参照）。

7 即時強制と行政調査

1 即 時 強 制

即時強制とは，事前に義務を課すことなく強制的に（実力
で）行政目的を実現する行為をいう。即時という言葉から
は義務を課すいとまもなく緊急にというイメージがあるが，そのような場合だ
けでなく，義務を予め課すことなく直接にという趣旨である。したがって，義
務を予め課していたのでは行政目的が達成できない場合を含んでいる（例：警
職法3条に基づく泥酔者の保護）。この点で，即時強制は後述する行政上の強制執
行（予め課された義務を強制的に履行させる行為）とは区別される（Ⅲ-**8**）。即時強
制はまた，情報収集の性質を併せ持つときは，**2**の行政調査とも重なる（例：
児童虐待防止法9条の3の臨検）。行政調査は，これまで即時強制とされてきたも
のの中に，同意なくして実力行使が認められないものがあることを明確にする
ために，即時強制から分離して独立した行為手法として扱われるようになった
という経緯があるので，即時強制から行政調査を除いた概念として即時執行と
いう用語を用いる論者もある（塩野Ⅰ277頁）。しかし，実定法上，行政機関に
実力行使を授権する規定が権限行使に相手方の同意を要する趣旨であるかどう
かを判断するためには，権限行使の実効性を担保するための罰則の有無や権限
行使により実現される公共の福祉の内容，相手方に与える影響の程度等を総合
的に考量する必要があるから，強制的な実力行使としての即時強制は，情報収
集の性質をもつかどうかにかかわらず，ひとつのまとまりとして考察する意味
がある。ここでは，行政調査と重なるものも含めて即時強制の意義を説明して
おこう。

　即時強制はさまざまな分類が可能であるが，一般的には次項でみるように，
対象によって分けられる。

即時強制の例

①　身体に対する強制　警察官職務執行法に基づく警察官による保護（警職3条），避難等の措置（同4条）および犯罪の制止（同5条），出入国管理法に基づく外国人の収容（出入国39条），感染症予防法に基づく強制健康診断（感染症17条）等がある。また，最判1978（昭53）・9・7刑集32巻6号1672頁は，警職法2条の質問に付随して行われる所持品検査について，捜索に至らない程度の行為は，所持人の承諾がなくても，個人の法益と公共の利益との権衡などを考慮し，具体的状況のもとで相当と認められる限度で許容されうるとするから，同意なく許容される限りで，一般に即時強制を認めた規定ではないとされるにもかかわらず，警職法2条1項は即時強制を認める規定と解されうる余地を含んでいることになる（なお，自動車の一斉検問について，判例22本書149頁参照）。

出入国管理法に基づく不法滞在の外国人に対する退去強制令書の執行は，即時強制の一例とみることもできるが，法律上在留資格のない滞在が禁止されていることをとらえて法律上の退去義務が存在するとみることもでき，その場合は，強制執行の一例と解されることになる（177頁の**コラム⑩**参照）。

②　財産に対する強制　消防対象物等の使用・処分・制限（消防29条1項-3項），銃砲刀剣類の一時保管（銃砲24条の2），食品等の検査・収去（食品28条1項）等がある。また，家屋に対する強制として，国税通則法132条や出入国管理法31条に基づく臨検，警察官職務執行法に基づく立入（6条），消防法に基づく立入調査（4条），食品衛生法に基づく臨検（28条1項）等がある。これらの権限については，相手方が従わない場合に罰則を賦課して実効性を確保しようとするもの（消防法上の立入調査につき同44条，食品衛生法上の臨検・検査・収去につき同75条1号）と，罰則の規定を置かないもの（国税通則法，出入国管理法，警職法，消防法29条に基づく権限）に分けられる。罰則を担保とするものは相手方が同意しない場合に実力行使を認めない趣旨であると考えれば，それは間接的強制にとどまり，即時強制ではないことになる。

道路交通法上の駐車違反車両の移動・保管（51条5項）も，即時強制とみることができるが，法律上の不作為義務の強制執行とみる余地もある。

なお，旅券法25条等が定める「没取」は，付加刑としての「没収」（刑法19条，覚せい剤取締法41条の8等）とは異なり，法令上所持が許されないものの所持を所有者から剥奪する行為であり，即時強制の一種ということができる。

即時強制と法治主義

①法律の根拠　即時強制は権力的行為であるから，通説（権力留保説）に照らしてみても作用法の根拠は当然に必要であることになる。しかし，実定法上の権限について，先にみたように，相手方の同意なくして一定の有形力の行使を認める趣旨かどうか解釈の余地がある場合がある。先に扱った所持品検査の判例とならんで，判例22においては，警職法2条の質問に関連して，次の自動車の一斉検問の適法性が問題となった。

この例のような判断は，実質的な考慮の要請の前に形式的な法律の根拠の要請を後退させるものであって，適用は慎重であるべきであろう。

判例22 一斉検問事件〈最決1980（昭55）・9・22【百選Ⅰ-104】〉

2名の警察官が，午前2時45分頃から午前5時15分まで，飲酒運転の多発地点において交通違反取締りを目的として通過車両すべてに停止を求める方法で自動車検問を行ったところ，合図に応じて停止した者のうち，被告人Xを含む5人が酒気帯び運転で検挙された。Xの検挙は，走行に不審な点はなかったものの，運転免許証の呈示にさいして酒臭がしたので，降車と派出所への同行を求めたところ，Xが応じ，同所での飲酒検知により酒気帯び運転の事実が確認されたことによるものであった。Xは検問は法的根拠がなく違法であるとの主張をしたが，第1審判決，第2審判決ともに，Xの主張を受け容れなかった。

最高裁は，警察法2条1項が「交通の取締」を警察の責務としていることから，交通の安全・交通秩序の維持に必要な警察の諸活動は，強制力を伴わない任意手段による限り，一般的に許容されるべきものであるとし，自動車の運転者は，公道において自動車を利用することを許されていることに伴う当然の負担として，合理的に必要な限度で行われる交通の取締りに協力すべきものであること等を考慮すると，交通違反多発地点において通過自動車に対して走行上の不審な点の有無にかかわりなく停止を求めて，質問をすることは，相手方の任意の協力を求める形で，自由を不当に制約することにならない方法，態様で行われる限り，適法なものと判示した。

② 法および法律の羈束　即時強制は，実力を行使するものであるから，刑事手続に準じた厳格な法および法律の羈束を受ける。特に問題となりうるのは憲法35条の捜索・押収に関する令状主義の適用である。現行法上，即時強制と解されるものについて，緊急状況における即時強制とみる余地のあるもの（警職4条-6条等）は別として，裁判官からの令状取得を要件としているものがあるのは（税通132条1・3項，出入国31条，児童虐待9条の3，警職3条3項等），憲法35条の具体化とみることができよう。最大判1955（昭30）・4・27刑集9巻5号924頁は，旧国税犯則取締法3条に基づく令状によらない差押えについては，憲法33条（現行犯逮捕の例外）により正当化されるとしている。

　また，即時強制は警察作用（公共の安全と秩序の維持）であることが多いから，特に，警察法に由来する比例原則による羈束が重要である（警職1条参照）。したがって，行為の必要性，行為の目的適合性，選ばれた行為と目的の比例性の諸点について，厳格に審査が行われなければならない。

即時強制に対する救済　一般的に，即時強制に対する司法的救済は限られている。即時強制は事実行為であるため，権力的法行為である行政行為の取消しを目的として制度化されている取消訴訟は機能しにくい。理論的には，即時強制を下命行為と執行が合成されたものとみた場合，取消訴訟の対象とすることが可能になるが，すでに行われてしまった事実行為について取消しを求めても意味は乏しい。

　ただし，継続的に行われる強制行為の場合（人の収容，物の留置）については，違法確認の意味における取消しが意味をもっており，2016年改正前の行政不服審査法2条1項は，これらの行為を不服申立ての対象としての「処分」に含めていた。改正行審法からはこのような規定は削除されたが，継続的権力的事実行為が「処分」の中に含まれうることは当然と考えられている。そして，取消訴訟についても，これらの行為について対象とすることに争いはない（詳細は，本書266頁参照）。また，外国人に対する収容や退去強制のように，収容令書や退去強制令書の執行の形式をとる場合は，収容令書や退去強制令書の発付に対して取消訴訟を提起することはできる（退去強制令書発付処分の収容部分の取消しを承認した例として，東京地決2003（平15）・6・11判時1831号96頁参照）。

　2004年の行訴法改正では，事前の差止訴訟および仮の差止めが実定化された（3条7項・37条の5第2項）。重大な損害のおそれという要件を充たす必要はあるものの，とりわけ継続的に行われる即時強制に対する救済方法の拡大として，今後の裁判例が注目される（要件の詳細は，本書336頁以下参照）。

　そのほか，違法な即時強制が行われた場合，国家賠償請求が求められうる。また，即時強制に対して補償が認められることもある（消防29条3項）。なお，地下道を占拠する段ボール小屋の強制撤去に対する妨害行為の可罰性が問われた事案として，最決2002（平14）・9・30【百選Ⅰ-99】がある。

2　行 政 調 査

行政調査の法的位置
　行政調査とは，行政目的の達成のために必要な情報を収集する行為をいう。行政調査は，もともとは，特に税法上，即時強制とされていたものの中に，相手方の同意のない実力行使を認めない類型（質問検査）が含まれていたことから，即時強制から分離されて独立の手法とされたという経緯がある。そこで，行政調査は，即時強制と同様に事実行為であって，一方的な実力行使を伴わないものと位置づけられることがある。しかし，即時強制との分離にとらわれず，情報を収集する行為という観点から包括的にとらえた場合，その中には非権力的な行為にとどまらないものもあり，また事実行為に限られるわけでもない。したがって，独立した活動形式としてとらえる以上，行政調査は，行政計画と同様にひとつの行為形式に収まりきらないものとして位置づけるのが正当であろう。

行政調査の分類
　行政調査は，対象の面から，一般的調査と個別的調査に分けられる。一般的調査は政策立案のための基礎資料収集を目的として不特定人に向けられた調査であり，個別的調査は個別具体的な権限行使のために特定人に向けられた調査である。一般的調査の例としては，都市計画に関する基礎調査，公害状況の調査などが挙げられる。法律の根拠に基づく必要のない事実行為として行われるのが通例である。個別的調査の例としては，帳簿検査，サンプル収去，資料提出命令などが挙げられる。治安に問

図1　行政調査の類型

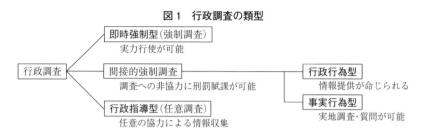

題のある地点で街頭にビデオカメラを設置して監視する行為や速度違反多発地点でカメラにより違反を記録する行為は，不特定人に向けられたものではあるが，犯罪制止・摘発や処分等の具体的な権限行使のためのものでもあり，匿名化された統計的情報の収集に止まらず，特定個人の識別が可能である限り，個別的調査に含まれるといえよう。

　行政調査はさらに，相手方への作用の仕方により，強制調査，罰則を担保とする調査，任意調査に分けられる。強制調査は実力行使が認められるものであり，相手方の同意を要しない。たとえば，国税通則法に基づく犯則事件に係る臨検（税通132条）がこれに当たり，法的性質としては即時強制（権力的事実行為）と重なっている。罰則を担保とする調査は，相手方が協力しない場合に刑罰が科されうるものであり，間接的強制調査とされるが，不協力の場合は実力行使は認められない。国税通則法上の税務署職員の質問検査権（税通74条の2-74条の14）がその例である。任意調査は，相手方の任意の協力により調査が行われるものであり，法的性質としては行政指導と同視できる非権力的行為といえる。国土利用計画法上の不動産取引価格の調査（国土12条10項）がその例である。さいごに，間接的強制調査は，実力行使を伴う事実行為としての調査と，実力行使を伴わない法行為としての調査に分けられる。後者は相手方に情報提供義務を課すものであり，資料提出命令のような行政行為の形態をとる（例：消防4条）（**図1**参照）。

行政調査と
法治行政原理　以上の行政調査に法律の根拠が必要かどうかについては，行政調査の法的性質に応じて，場合を分けて考える必要がある。まず，強制調査と罰則を伴う調査は権力的行為といえるから，通説の権

力（行使）留保説によっても，法律上の根拠が必要である。これに対して，任意調査については，非権力的行為であるから，通説の立場では法律の根拠は必要でないが，全部留保説では法律の根拠を要することになる。相手方が自発的に協力するものであればともかく，協力を強いたり，街頭ビデオカメラ監視により相手方が拒否できない形で情報を収集したりする場合は，法律の根拠を要すると考えるべきであろう。

　次に，法による覊束として，憲法（原則）による覊束がある。前記のとおり行政調査にはさまざまな性質のものがあり，調査にあたってどのような手法を選択するかについて，選択可能性が認められることがある。この点において，比例原則による覊束がはたらく余地があり，行政目的の達成が可能な範囲で相手方にとって打撃の弱い手段の選択が求められることになる。また，行政調査による情報の収集については，個人情報である限り，個人情報保護制度による覊束と，次に述べるように，刑事手続に直結する場合は，証拠収集に関する原則による覊束（憲35条・38条）がはたらく。

> **判例23** 川崎民商事件〈最大判1972（昭47）・11・22【百選Ⅰ-100】〉
> 　食肉販売業を営む川崎民主商工会員Ｘの所得税確定申告に過少申告の疑いをもった税務署収税官吏がＸの自宅店舗に赴き，旧所得税法63条（現行法234条に相当）に基づき帳簿書類等の検査をしようとしたところ，Ｘが検査を拒んだため，70条10号（現行法242条8号に相当）に規定する検査拒否罪でＸが起訴された。第1審判決，第2審判決ともに有罪を認めた。
> 　最高裁は，憲法35条1項について，当該手続が刑事責任追及を目的とするものではないとの理由のみで，その手続における一切の強制が当然に憲法35条の保障の枠外にあると判断することは相当でないとしながら，旧所得税法の検査拒否に対する罰則は，収税官吏の検査を正当な理由がなく拒む者に対し，間接的心理的に検査の受忍を強制しようとするものであり，かつ，行政上の義務違反に対する制裁として必ずしも軽微なものとはいえないにしても，その作用する強制の度合いは，相手方の自由な意思を著しく拘束して，実質上，直接的物理的な強制と同視すべき程度にまで達しているものとは認めがたく，令状主義を要件としない本件検査が憲法35条の法意に反するとはいえないとし，憲法38条1項については，実質上，刑事責任追及のための資料の取得収集に直接結びつく作用を一般的に有する手続にも及ぶとしながら，もっぱら所得税の公平確実な賦課徴収を目的とする本件検査は「自己に不利益な供述」を強要するものとはいえないとした。

行政調査の手続的統制　行政調査の多くは何らかの実力行使を伴う事実行為であり，それ自体が相手方に不利益を与えるばかりでなく，それに続く何らかの不利益措置や刑罰賦課に結びつく場合があることから，事前手続の保障が重要となる。この場合，特に，刑事手続における捜索・押収に関して令状主義（憲35条）と供述拒否権（憲38条）の適用問題が論じられてきた。まず，強制調査については，法律上，すでに令状主義を定める規定が存在する（税通132条1・3項，出入国31条等）。これに対して，罰則を伴う調査の場合は，実定法上は令状の取得を要件とする規定が存在しないことから，憲法35条との適合性が問題になる。争点は事実行為型の間接的強制調査の権力性（刑事手続との類似性）をどの程度みるかであるが，この点に関する最高裁判例が，**判例23**である（その他，税関における国際郵便物の令状によらない開披検査を合憲とする最判2016（平28）・12・9刑集70巻8号806頁，車両に令状なく秘かにGPS端末を取り付けるGPS捜査は令状なく行うことができない強制処分であるとする最判2017（平29）・3・15刑集71

コラム⑨　運輸安全委員会

運輸安全委員会は，航空・鉄道事故調査委員会を改組し，海難審判庁から海難審判所において海難審判により行われる懲戒機能を除く事故原因調査機能を分離し，航空事故・鉄道事故・船舶事故に関する事故調査機能を一元的・専門的に担う組織としてつくられた，国家行政組織法3条2項に基づく国土交通省の外局である。委員会の調査は，関係者に対する質問，報告徴収，物件の提出等により行われ，検査・物件提出の実効性は罰則により担保されるが，質問に対する回答と報告徴収の拒否については，黙秘権の保障がないことから，罰則による担保がない。調査の報告書は，国土交通大臣に提出され公表される。委員会の調査は犯罪捜査の目的で行われるものではないが，委員会の報告書と収集資料等が，刑事訴訟においてどのように利用されうるかが，委員会による専門的な調査と警察による捜査との連携のあり方と併せて問題である。事故調査報告書の公表は，法的根拠があるため関係者の同意なく可能であるが，刑事訴訟・民事訴訟・行政処分手続において直ちに報告書の証拠能力を認めることは，委員会の調査に際して関係者の協力を妨げるおそれがあり，慎重に検討されるべきであろう（関連して，海難原因解明裁決に関する最大判1961（昭36）・3・15民集15巻3号467頁参照）。

巻 3 号13頁も参照）。

　また，税務調査によって得られた資料を用いて国税犯則調査が行われた事件について，最決2004（平16）・1・20【百選Ⅰ-102】においては，旧法人税法上の質問検査の権限は，犯罪の証拠資料を取得収集し，保全するためなど，犯則事件の調査あるいは捜査のための手段として行使することは許されないとしつつ，違法性は認められなかったが，手続保障の差異が問われえよう。任意調査によって得られた供述・帳簿その他の資料を犯則手続で利用することは，犯則手続において適用される手続的保障（令状主義，黙秘権の保障等）を無意味にすることになるだけでなく，任意調査の相手方が刑事訴追につながることを恐れて必要な供述・情報の提供を行わないおそれを生む。任意調査によって得られた資料の任意調査の目的外の利用にさいしては，法的根拠を設けること，目的外利用によって不利益を受ける者の同意を要件とすること等の手続の手当てが検討されるべきであろう。

　さらに，事前の告知が罰則を担保とする調査には必要ではないかという点についても，最決1973（昭48）・7・10（【百選Ⅰ-101】荒川民商事件）によれば，旧所得税法234条に基づく質問検査について，質問検査の範囲，程度，時期，場所等は，相手方の私的利益との衡量において社会通念上相当な限度にとどまる限り，税務職員の合理的な選択に委ねられ，実施の日時場所の事前通知，調査の理由および必要性の個別的，具体的な告知のごときは，法律上一律の要件とされているものではないとされた。しかし，2011年に改正された国税通則法において，所得税法等に定められた質問検査の手続が一括して規律されることになり，調査の日時，場所，対象物件等の事前通知を行うことが定められ，納税義務者が合理的な理由を付して調査日時等の変更を求めた場合には，協議するよう努めることとされた（税通74条の9）。ただし，違法または不当な行為を容易にし，正確な課税標準等または税額等の把握を困難にするおそれその他調査の適正な遂行に支障を及ぼすおそれがあると税務署長等が認める場合には，通知を要しないものとされている（同74条の10）。また，調査において提出された物件を留め置くことができる（同74条の7）。さらに，調査の終了に際して，更正決定をすべきと認められない場合には，その旨を通知し，更正決定等をすべ

きと認められる場合には，更正決定をすべきと認めた額とその理由を含む調査結果の内容を説明することも定められた（同74条の11）。

　このような規定の新設により，前述の荒川民商事件における最高裁判決の説示は，税務調査にかかわる限り妥当しなくなったといえるが，事前通知を要しない場合に当たるかどうかについては，解釈の余地が残されている。

　なお，行政手続法は，弁明の機会の付与や理由の提示といった行政調査にも意味のある手続類型を設けているが，行政手続法は，調査目的の処分および行政指導を適用除外としている（3条1項14号）。したがって，行政行為型の行政調査と任意調査には行政手続法による保護は及ばない。

行政調査に対する救済　行政調査のうち行政行為型のものは取消訴訟の対象となるが，それ以外のものは，取消訴訟の処分性の要件を充たさないことが多い。また，多くの行政調査は実力行使を伴う完結型の事実行為であり，行為の効力が問題になるものではないため，取消訴訟による事後的な救済は機能しにくい。最も効果的な救済は事前の差止訴訟であるが，「処分」に該当し，かつ，重大な損害のおそれという要件が充たされなければならない（詳細は，336頁参照）。

　行政調査に続いて処分が行われる場合に，調査そのものではなく，違法な調査に基づく処分の取消訴訟において，処分の違法性として調査の違法性を主張するという形で，救済が図られる理論的可能性は存在する（芝池〔読本〕196頁）。

　行政訴訟以外の救済としては，国家賠償請求訴訟において，事後的に損害賠償を求めることは可能である。

8 行政の実効性確保手段

1　行政上の強制執行

(1)　行政上の強制執行

行政上の強制執行とは

近代市民法においては，市民平等の理念のもとで実力行使は国家に独占され，市民が自力救済により自己の権利利益を実現することは禁止されるのが建前である。つまり，市民は自己の権利利益を他の市民に対して強制的に実現したいと考えるならば，裁判所に訴えて債務名義を得て，民事執行の手続を踏まなければならない。これに対して，行政主体が法令上または法令に基づく行政行為により課された行政上の市民の義務を強制的に実現したいと考える場合，裁判所に訴えることなく，行政主体が自ら義務の強制を図ることができることがある。これが行政上の強制執行と呼ばれるものである。

　行政上の強制執行は市民の行政上の義務を強制的に実現するものだから，市民の義務がなければならない。市民の義務は，作為義務，不作為義務，給付義務，受忍義務に大別され，作為義務はさらに他人が代わって行いうる代替的作為義務と他人が代わって行いえない非代替的作為義務に分けられる。それぞれの義務の例としては，代替的作為義務について違法建築物の除却義務（建基9条），非代替的作為義務について明渡義務（土収102条），不作為義務について営業停止義務（食品55条），給付義務について納税義務（所税5条），受忍義務について災害時の施設使用受忍義務（災害基71条）が挙げられる。行政上の強制執行として，これらの市民の義務に対応した執行手段の体系が考えられる。

行政上の強制執行と法治主義

以上のような行政上の強制執行の手法は，しかしながら，無条件に正当化されるわけではない。明治憲法下と現行憲法下では，この点についての考え方が大きく異なっている。明治憲法

図1 執行手段と市民の義務

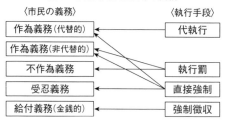

〈市民の義務〉　　　　　〈執行手段〉

作為義務（代替的）	代執行
作為義務（非代替的）	
不作為義務	執行罰
受忍義務	直接強制
給付義務（金銭的）	強制徴収

下においては，行政行為には本来的な効力として執行力が備わっており，市民の行政上の義務を基礎づける行政行為の授権には，義務を強制することの授権も含まれると考えられていた。さらに，行政執行法は即時強制，代執行，執行罰，直接強制という行政強制の手段を一般的に授権しており，強制徴収については国税徴収法が一般法の役割を果たしていた。この結果，理論的にも実定法上も，行政上の強制執行の体系が一般的に存在することが認められていた。

　これに対して，現行憲法下においては，市民に行政上の義務を課すことと義務の強制的な実現は別個の不利益を相手方に課すものであるとして，行政行為に内在的に執行力があることを否定し，義務の強制的実現のための措置について独自の法律の根拠が必要であるとする考え方が有力になっていった。また，明治憲法の下で，特に戦時体制において行政執行法に規定された即時強制や直接強制が濫用され人権が侵害されたことから，行政執行法は日本国憲法制定後廃止され，代わって行政代執行法が制定された。この法律は行政上の強制執行として代執行のみを一般的に授権し，その他は個別法に委ねることとした。そのため，強制徴収については引き続き国税徴収法が一般法の役割を果たすものの，代執行以外の強制執行の手段については一般法による授権がない状態になった。この結果，理論的にも実定法上も行政上の強制執行の体系が一般的に存在するとはいえなくなったのである（**図1**は市民の義務と執行手段の理論上の対応を示す）。

行政上の強制執行と民事執行

　現行法上認められる行政上の強制執行は，包括的なものではなくなった結果，執行に関して欠缺が生じやすい状況が生まれている。つまり，市民が自らに課された行政上の義務を履行しない状態に対して，行政側は強制する手段をもっていない場合が多くなっているのである。それは，とりわけ，一般的な強制手段が存在しない非代替的作為義務，不作為義務，受忍義務に当てはまる。しかし，行政上の市民の義務が履

行されないまま放置されることは，行政に課された公共の福祉の実現のうえからは問題が多い。そこで，行政権が行政上の市民の義務の履行を，行政上の強制執行ではなく，裁判所を通じた民事執行を用いて確保することができるかが問題とされてきた。

　考え方としては，大きく3つに分けられる。伝統的な見解は，公法関係と私法関係を絶対的に棲み分けることから出発し，行政上の市民の義務について民事執行を行うことを一般的に認めない。これと対極をなす見解は，行政上の強制執行は行政権に付加的に与えられた特権であるとして，本来の原則としての民事執行を行政権が利用することは自由であるとする。最後に，有力説である折衷説は，行政上の強制執行が認められている場合は民事執行の利用は許されないが（バイパス論），行政上の強制執行が認められておらず執行の欠缺が生じる場合は，民事執行の利用が許されると解する（塩野Ⅰ246頁以下参照）。

　判例の立場は，これまで明確ではなかった。最大判1966（昭41）・2・23【百選Ⅰ-105】は，農業共済組合連合会が傘下の農業共済組合の組合員に対する共済掛金債権を債権者代位権により，直接組合員に対して掛金支払を求める民事訴訟を提起したことについて，掛金の強制徴収権をもつ農業共済組合が民事執行を利用することは許されないとして，訴えを認めなかった。この判決が伝統的見解の立場に立って行政権による民事執行をまったく認めないのか，折衷説の立場に立っていると理解すべきなのかは，明らかでない。これに対して，下級審裁判例においては，無許可土砂採取に対する河川法に基づく原状回復命令は代執行によらずに民事執行が可能とする例（岐阜地判1969（昭44）・11・27判時600号100頁）や，行政上の強制手段を欠く環境保全条例に基づくパチンコ店建築中止命令について民事執行が可能とする例（大阪高決1985（昭60）・11・25判時1189号39頁）等が出されていた。このような中で，地方公共団体による法令に基づかない強制作用の適法性が問われたのが，次の**判例24**である。

　この判例については，裁判所を通じた民事執行ではなく，民事法上の例外的な自力救済である緊急避難の行政権による援用が問題になったものであり，最高裁判例が折衷説の立場を認めたものかどうかは，依然として不明であった。ところが，地方公共団体が建築基準法上の規制を上回る独自の条例に基づきパ

> **判例24** 浦安ヨット係留杭事件〈最判1991（平3）・3・8【百選Ⅰ-98】〉
> 　第二種漁港の浦安漁港の区域内にある一級河川において，ヨットクラブAがヨット係留のための鉄杭を750mにわたって打ち込んだ結果，船舶航行に危険な状況になったため，浦安町からの要請により，河川管理を担当する県建設事務所がAに対して撤去を要請したが，Aは撤去を行わず，かえってヨットの係留開始を予定していたため，急拠浦安町が業者に請け負わせて鉄杭を撤去した。これに対して，浦安市（町から市に移行）の住民Xが，旧漁港法上の漁港管理規程が制定されていなかったため管理権限を有しない町長Yが撤去を行ったことは違法であり，撤去に要した費用分の損害を市に与えたとして，Yに対し市に損害賠償を行うことを求める住民訴訟を提起した。第1審判決は請求認容，第2審判決は一部認容。
> 　最高裁は，本件鉄杭は存置の許されないことが明白で，知事による漁港法上の原状回復命令を待つまでもなく，漁港管理規程に基づき撤去しうるものであるが，管理規程が制定されていなかったから，漁港法および行政代執行法上適法と認めることはできないものの，町は漁港区域内水域の障害を除去してその利用を確保し，地方公共の秩序を維持し住民および滞在者の安全を保持する（改正前地方自治法2条3項1号）という任務を負っており，Yの撤去は，船舶航行の安全を図り住民の危難を防止するため，緊急の事態に対処するためのやむを得ない措置であり，民法720条の法意に照らして本件公金支出は違法ではないとした。

チンコ店の建築禁止区域を設定し，違反者に対し建築禁止命令を出し，さらに建築工事の続行禁止を求めて提起した民事訴訟において，**判例51**（本書288頁）は，国または地方公共団体がもっぱら行政権の主体として国民に対して行政上の義務の履行を求める訴訟は法律上の争訟ではなく，特別の規定がなければ不適法であるとした。この判決の論理によれば，行政主体が民事訴訟を提起することが許されるのは，市民と同様の立場で民事上の権原を有する場合に限られ，行政権の主体として民事執行により行政上の市民の義務履行を確保することは，法律の規定がない限り認められないことになる。これは，結論的には，伝統的見解と同じ帰結をもたらすものであり，学説の傾向と大きく異なっているばかりでなく，行政主体が固有の資格（行手4条）において訴訟を提起することを，特別の法律がない限りは不適法とすることまで射程が広がりうるもので，議論を呼んでいる。その後，最判2009（平21）・7・10【百選Ⅰ-90】は，公害防止協定に基づいて，地方公共団体が産業廃棄物処分場管理者に対して提起した使用差止めを求める民事訴訟を適法とした。この判決により，**判例51**（本

書288頁）の射程が縮小したとみることもできる。

(2) 行政上の強制執行の手段

行政代執行とは，法律によりまたは法律に基づき行政庁により命ぜられた行為を市民が履行しない場合に，行政庁が自らなすべき行為を行い，または第三者にこれを行わせ，その費用を義務者から徴収するというものである（代執2条）。この場合，代執行の対象となる行為は，他人が代わって行うことのできるもの（代替的作為義務）に限られており，非代替的作為義務や不作為義務については対象とならない。もっとも，本来は対象とならない義務であっても，法技術的には，不作為状態を確保するための作為義務を課すことによって，代執行の対象としうることが指摘される（例：営業禁止義務を営業所の入口封鎖義務に置き換える場合）。また，対象となる行為は法律または法律の委任に基づく命令，規則，条例に根拠をもたなければならない。なお，行政上の強制執行の制度を独自に条例によって創設することは，行政代執行法1条により，2条との関係において排除されている。

代執行を行う要件は，他の手段によって履行を確保することが困難であることおよび不履行を放置することが著しく公益に反すると認められることである（同2条）。実際に行政代執行が行われることは極めて稀であるが，その原因のひとつは，明治憲法下における濫用に対する反省で，代執行の要件が高く設定されていることにある。ただし，特別法において要件が緩和されている場合など（例：建基9条12項），要件が充足していると考えられても，代執行を行うかどうかは行政庁の裁量に委ねられている。

代執行を行うには，定められた手続を踏む必要がある。特に重要な手続として，実際に執行に至る前に，履行期限と期限を経過した場合に代執行を行う旨が書かれた戒告が行われなければならない（同3条）（**図2**参照）。

図2　代執行の流れ

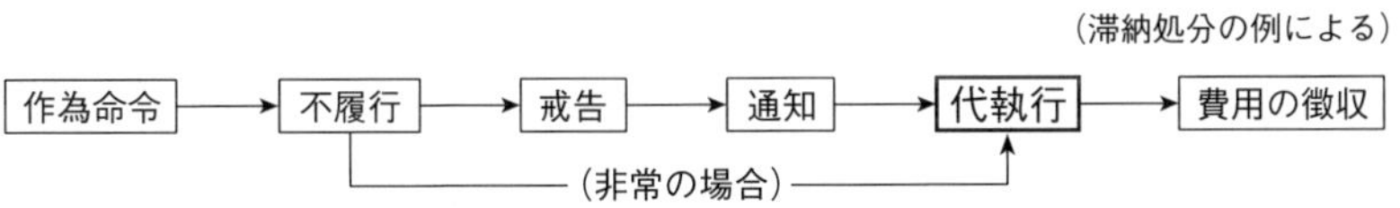

（滞納処分の例による）

作為命令 → 不履行 → 戒告 → 通知 → **代執行** → 費用の徴収

──────（非常の場合）──────

　代執行に要した費用は，義務者に納付を命じ，納付されない場合は，強制徴収が可能であるが（同6条），義務者が無資力である場合等費用の回収が不可能な場合は，費用は行政主体が負担することになる。

　代執行に対する裁判的救済として，執行の前段階における権利救済の途が開かれることが，実効的な救済になりうる。戒告と通知は手続上の行為にすぎないが，代執行を予告する効果が法律上与えられており，それゆえに取消訴訟の対象となりうる。執行行為それ自体を行政訴訟の対象とすることは，前述した即時強制の場合と同様に，処分性や法的権利義務関係を構成することが難しい等の問題があるが，事後的に損害賠償を求めることはできる。

執　行　罰　　執行罰とは，市民が行政上の義務を履行しない場合に，期限内に履行しないときは一定額の過料を科すことによって，履行を確保する間接的強制の手法である。旧行政執行法においては，非代替的作為義務と不作為義務について一般的に授権が行われていたが（5条1項2号），現在は砂防法に砂防法または砂防法に基づく命令による義務について存在するにとどまる（36条）。執行罰は，刑罰ではないので，義務が履行されるまで何回でも科すことができ，罰金との併科も可能である。しかし，現行法上の制度は，1回当たりの額が500円と低額なため実効性に乏しいとされ，利用されていない。執行罰は人権侵害の程度が高いからではなく，実効性のゆえに廃止されたとされ，1回当たりの額を高めれば，実効性を上げることもできるとして再評価の動きもある。

直接強制　　直接強制とは，市民が行政上の義務を履行しない場合に，行政庁が直接義務者の財産または身体に実力を行使して義務を履行させることをいう。旧行政執行法は，作為義務（代替的かどうかを問わない）と不作為義務について，代執行および執行罰によっては義務の強制ができないときまたは急迫の事情があるときに一般的に授権していたが（5条3項），現在は，若干の個別法の例にとどまっている（例：成田新法3条の工作物使用禁止命令に従わない場合の工作物の封鎖）。

　直接強制は，明治憲法下における濫用を教訓に，個別法のレベルでもあまり規定されていない手段であるが，即時強制との間で法技術上の互換性があるた

め，直接強制の即時強制化が問題として指摘されている。たとえば，感染症予防法19条は，必要があると認めるときに知事が感染症患者に入院を勧告し，勧告に従わない場合に入院を強制する権限を認めている。この規定は即時強制を授権したものと考えられるが，勧告ではなく命令とした場合，入院の強制は直接強制となる（大橋Ⅰ313頁）。したがって，規定の仕方を変えるだけで，本来は直接強制となる行為を即時強制として規定することができるのである（なお，入院措置について従わない者に過料の制裁が規定された。感染症80条）。

　直接強制自体に対する救済は，継続的性質を有する場合（人の収容，物の留置等）に取消訴訟を提起することができ，改正法に基づく差止訴訟も損害要件を充足すれば可能であるが，即時強制の場合と同様，基本的には事後の損害賠償によらざるをえない（詳細は，Ⅲ-**7**参照）。

強制徴収　強制徴収とは，行政上の市民の金銭給付義務（納税義務，保険料・分担金・負担金・課徴金・使用料・手数料等の納付義務）が履行されないとき，行政庁が義務者の財産を強制的に換価して義務履行を確保するものである。国税徴収法の場合を例にとると，強制徴収の手続は，納税の告知による納税額・納期限・納付場所の通知（税通36条），納期限までに完納されない場合の督促（同37条）を経て，なお完納されないとき，滞納処分の手続が開始される。滞納処分は，滞納者の財産の差押え（税徴47条），公売（同94条）または売却（同109条）による差押財産の換価（同89条），換価代金の配当（同129条）と手続が進行する。このような国税徴収法がモデルとなって，他の法律でも準用されるが（地税48条，地自231条の3，国年96条，代執5条，道交51条の4第14項等）（**図3**参照），委託業務に係る準用の限界が問題となりうる。

　なお，強制徴収手続における納税の告知および滞納処分については，取消訴訟の提起による救済が可能である。

図3　強制徴収の流れ

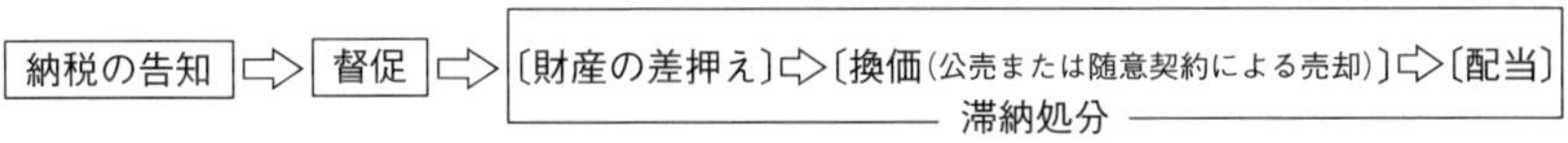

納税の告知 ⇒ 督促 ⇒ 〔財産の差押え〕⇒〔換価(公売または随意契約による売却)〕⇒〔配当〕
　　　　　　　　　　　　　　　── 滞納処分 ──

2　行　政　罰

行政罰とは　行政上の市民の義務の強制手段は，現行法上包括的ではない。そこで，市民の義務の履行（行政法令の執行）を確保するために，義務違反に対する制裁として科される間接強制としての行政罰が重要な役割を担わざるをえない状況にある。

　行政罰とは，行政上の義務に市民が違反した場合に制裁として科される罰をいう。これには，刑法に刑名の定めのある刑罰を科す行政刑罰（刑事手続上の行政罰）と刑法総則が適用されない過料を科す行政上の秩序罰がある。行政罰は過去の義務違反に対する制裁として科されるものであるから，同一の義務違反については1回限り科されうるもので，義務が履行されるまで何度でも繰り返し科すことのできる執行罰とは異なる。したがって，両者の併科も可能とされる。また，行政罰は市民の行政上の義務違反に対するものであって，行政組織の構成員に対する懲戒罰とも異なる。

行政刑罰　行政刑罰は行政法令の末尾に罰則として掲げられるのが通例であるが，刑法上の刑罰と変わりはなく，刑法の解釈に従い，行政刑罰に特殊性を認めないのが通説である。行政刑罰の特殊性として両罰規定における法人の過失犯を明文によらずに処罰しうるとする見解（田中上191頁）は，現在では否定されているものの，法人には実質的に無過失責任が科されている（なお，道交法違反について最判1973（昭48）・4・19刑集27巻3号399頁）。なお，行政刑罰は，警察組織が管轄する法令に基づくもの以外は，一般に管轄行政庁の告発を待って警察および検察による司法手続（捜査，起訴，刑事訴訟等）が始められる。管轄行政庁が告発するかどうかは裁量に委ねられていると考えられるが，租税法等の一部の分野を除くと，必ずしも利用度は高くないようである（大橋Ⅰ321頁）。したがって，行政刑罰が市民の行政上の義務履行確保のために機能するのは，限られた範囲にとどまる。

　行政刑罰が科されうる行為のうち一定のものは刑事訴訟手続の前に簡略手続が予定されている。それは，交通事件即決裁判手続と，道路交通法上の反則金

図4　交通事件即決裁判手続

| 公訴の提起＝即決裁判の請求 | ⇒ | 即決裁判 | ⇒ | 正式裁判の請求(被告人又は検察官) | ⇒ | 正式裁判 |

（検察官）　　　　　　　　　　　　　　　〔被告人の異義〕

制度および国税通則法・関税法上の通告処分である。交通事件即決裁判手続は，道路交通法第8章の罰則適用事件について，検察官の請求により，公判前に簡易裁判所における即決裁判で，50万円以下の罰金または科料を科すものである（交通裁判3条）。即決裁判の後に，被告人または検察官は刑事訴訟法による正式裁判を請求することができるが（同13条），正式裁判がないときは，即決裁判が確定判決と同一の効力を有する（同14条）（**図4**参照）。

　道路交通法上の反則金制度は，第8章の罪に当たる行為のうち一定の軽微なものを反則行為として，反則者があると認められるときに反則行為の事実等について告知し（道交126条），反則金の仮納付または反則金納付の通告の後に反則金の納付があったときは，公訴が提起されなくなるというものである（同127条-129条）。また，国税通則法と関税法上の通告処分は，同様に，犯則事件（税通157条，関税146条）について罰金に相当する金額の納付等を通告し，通告に従って金銭の納付があれば手続は終了し，公訴提起は行われないというものである（**図5**参照）。いずれの場合も，通告に不服の場合または納付がない場合は刑事手続に移行する（道交130条，税通158条，関税147条）。これらの場合，反則金納付の通告または通告処分をとらえて，取消訴訟による取消しが可能かどうかが問題になる。学説上は，反則金または科料の納付の通告は，納付がなければ刑罰が科される以上，納付命令の性質をもつとして，取消訴訟の対象とな

図5　反則金制度／通告処分の流れ

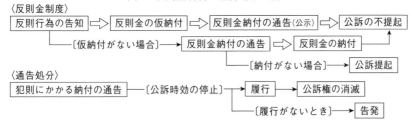

〈反則金制度〉

| 反則行為の告知 | ⇒ | 反則金の仮納付 | ⇒ | 反則金納付の通告(公示) | ⇒ | 公訴の不提起 |

└〔仮納付がない場合〕→ 反則金納付の通告 ⇒ 反則金の納付

　　　　　　　　　　　　　　　　└〔納付がない場合〕→ 公訴提起

〈通告処分〉

| 犯則にかかる納付の通告 |──〔公訴時効の停止〕→ 履行 → 公訴権の消滅

　　　　　　　　　　　　　　└〔履行がないとき〕→ 告発

ることを認める見解があるが、最判1982（昭57）・7・15【百選Ⅱ-146】は、交通反則金納付の通告について、通告を受けた者に反則金を納付すべき法律上の義務が生ずるわけではなく、任意に反則金を納付したときは公訴が提起されないというにとどまり、納付しないときは刑事手続が開始されるから、通告に対する抗告訴訟が許されると、本来刑事手続における審判対象として予定されているものを行政訴訟手続で審判することとなるとして、取消訴訟の対象とすることを認めない（最判1972（昭47）・4・20民集26巻3号507頁は、関税法上の通告処分につき同旨）。このような刑事手続を代替する効果をもつ反則金制度や通告処分の制度は、当然に法律上の根拠を要する。この点で、関税法上、犯則行為が摘発された現場において罰金相当額を賦課徴収する簡易通告処分は、明文の法律上の根拠を欠いており、問題があろう。

行政上の秩序罰　行政上の秩序罰は、比較的軽微な行政上の義務違反に対して科される制裁ではあるが、刑罰と異なり刑事訴訟手続により科されるものではない。裁判所が非訟事件として管轄し民事執行の手法で執行されるものと地方公共団体の長が処分として行うものがある。前者は、裁判所が過料事件の裁判として行うものであり、裁判にさいしては当事者の陳述と検察官の意見申述の機会が保障され、裁判に対して当事者と検察官は即時抗告をすることができる（非訟120条）。後者は、地方公共団体の条例または規則において規定される過料にかかるものであり（地自14条3項・15条2項）、長は過料の処分をするにあたって、告知し、弁明の機会を与えなければならない（同255条の3第1項）。過料の処分に対しては不服申立てができる（同255条の3第2項-4項）。また、地方公共団体の長が科す過料は強制徴収の対象となる（同231条の3）。

3　その他の実効性確保手段

これまでの叙述から明らかなように、市民の行政上の義務の履行を確保する仕組みは、強制執行であれ、行政罰による間接強制であれ、全体としてみると必ずしも十分なものとはいえない。そのため、市民の行政上の義務が履行され

ない（行政法令が執行されない）状況が生まれる可能性があり，上述の仕組み以外に，行政権が利用しやすい手段が模索されている。また，行政指導のように相手方に義務が生じない行為はそもそも強制になじまないが，行政目的を達成するために行政作用の実効性を確保する方途が探られている。ここでは，そのような手段をまとめて検討する。

行政上の制裁処分 法令または法令に基づく命令に対する違反があったとき，違反を繰り返させないための制裁として，違反者に対して利益的処分を撤回したり，不利益処分を賦課したりすることがある。たとえば，道路交通法に対する重大な違反があったとき，または違反行為関係累計点数の基準適用により，違反者の自動車運転免許を停止または取り消したり（道交103条・75条の2，同施行令26条の7），食中毒事故を起こした食品販売業者に対して営業の全部または一部を停止または禁止したり許可を取り消したりするのが（食品60条），その例である。これらは，いずれも不利益的処分であり，当然法律の根拠を要するものであるが，行政手続法では異なる手続類型としての羈束を受けている。すなわち，利益的処分の取消しについては，重大な不利益を与えるものとして正式の聴聞手続が予定され，それ以外の不利益処分の賦課は，軽微な不利益的処分として弁明手続が予定されている（詳細は，*IV*-**2**）。このことからも明らかであるが，制裁処分を行うにあたっては，比例原則により違反の程度に応じた内容の処分でなければならない。なお，このような制裁処分は行政庁が行う行政処分であるから，行政刑罰を科する刑事制裁とは異なるものであり，両者の併科は可能である。また，制裁処分は過去の義務違反に向けられたものであるから，将来に向かって義務履行を確保するための執行罰との併科も可能である。

　同じく制裁ではあるが，処分として行われるのではなく事実上の不利益を課すとされるものとして，入札資格の停止がある。これは，競争入札に際して談合等をした者や不良業者を入札から排除するものであるが（地自令167条の4第2項），不正行為を行った者の情報は，関係行政機関において共有され，それぞれの機関の基準により一定期間の入札資格の停止が行われるのが通例であるため，相手方は連鎖的な不利益をこうむる場合がある。このような場合，相手

方の救済手段や全体としての比例原則の適用が問題となろう。

課徴金・加算税　　　法令または法令に基づく義務に違反したことへの金銭的な制裁が，課徴金および加算税である。課徴金は，不当な利益を国庫に没収する制度であり，独占禁止法７条の２・８条の３や国民生活安定緊急措置法11条１項に例がある。たとえば，独禁法７条の２を例にとると，カルテルなどの不当な取引制限を行った事業者に対して，当該商品または役務について定められた基準により算定された売上高の一定利率を課徴金として国庫に納付させるものである。課徴金を納付させる場合，公正取引委員会は，事業者に意見を述べ証拠を提出する機会を与えなければならず（独禁62条４項），納付命令に不服がある者は，抗告訴訟を提起することができる（79条）。なお，課徴金は強制徴収が可能である（同69条４項）。課徴金の賦課は，刑罰としての罰金とは趣旨が異なるため，併科が可能とされるが，最高裁（最判1998（平10）・10・13【百選Ⅰ-109】）は，カルテル行為について罰金刑が確定し，カルテル行為に係る納品契約の当事者である国から不当利得の返還を求める民事訴訟が提起されている場合において，カルテル行為を理由に課徴金の納付を命じることは，憲法39条（二重処罰の禁止）に違反しないとした。これに関連して，独占禁止法63条は納付命令に係る課徴金と罰金の併科があった場合の調整を定めており，課徴金の額から，罰金額の２分の１に相当する金額を控除しなければならないとする。

　加算税は，申告納税および源泉徴収の場合の納税義務に違反した者に対する懲罰的な税金の加算である（税通65条-68条）。この場合も，違反に対する罰金が科される場合は，併科が二重処罰に反しないかが問題となるが，最大判1958（昭33）・4・30【百選Ⅰ-108】は，不正行為の反社会性ないし反道徳性に対する制裁である刑罰と，納税義務違反の発生を防止するための行政上の措置である追徴税（現行の重加算税）は異なるとして，両者の併科が憲法39条に違反しないとした。

行政上の
インセンティブ　　　行政法令の実効性を確保する手段として，違反した者に対して不利益を課すのではなく，遵守する者に対して積極的に種々の利益を与えるのが行政上のインセンティブである。このような手

法として，優遇税制，補助金，認定制度，表彰制度等がある（例：関税法上の
AEO（Authorised Economic Operators））。税制上の優遇措置は，租税法律主義の
原則から法律の根拠を要する。補助金等の事実上の利益付与とされるものにつ
いては，通説によれば法律の根拠を要せず，インセンティブ付与の拒否や撤回
等の不利益に対する裁判的救済の途も限られている。

公　　表　　情報の公表は不特定の者に対して情報を提供する非権力的
な一般的事実行為である。情報の公表は，その目的から，
①危険情報の提供のような不特定の者に対するサービス（助言ないし誘導）とし
て行われる場合，②行政上の義務履行の強制手段がない場合や行政指導等のイ
ンフォーマルな行為に従わない者に対する実効性（コンプライアンス）の確保と
して行われる場合，③法律違反を犯した者に対するサンクションとして行われ
る場合に分けられうるが，明確に峻別されうるのではなく，場合によっては重
畳的である。また，消費者に被害を与えうる製品について業者（メーカーまた
は販売者）が被害（拡大）の防止措置として，製品を回収し修理するリコール制
度の中には，業者によるリコールに際して行政庁への報告が義務づけられ，そ
れを行政が公表することにより，業者によるリコールの公表と併せてリコール
の周知が図られる場合がある（たとえば，道路運送車両法63条の3）。この場合
は，リコール制度と情報の公表を結びつけることによって，危険物の市場から
の排除という行政目的の実現が図られている。

　情報の公表は非権力的な行為であるから，通説判例がとる権力行使留保説の
立場からは法的根拠を要さないことになる。しかし，情報の提供はその目的な
いし効果が区々であり，法的根拠の要否も一律に考えるべきではないという考
え方も有力である。それによれば，上述の①のサービスとして行われる情報の
公表の場合であれば法的根拠を要しないが，②あるいは③のように，特定の者
に対するサンクションまたは制裁的な行政行為に代わるものとして行われる場
合は，法的根拠を要するとされる。しかしながら，情報の公表は，それによっ
て影響を受ける者の立場からみた場合，行政の目的如何に関係なく，情報の流
通という点において不利益を受ける可能性がある点において変わりはないか
ら，特定の者に不利益な情報の公表は，それによって影響を受ける者との関係

では常に法的根拠を要するというべきであろう（小早川上253頁参照）。情報の制裁的公表については，法令違反を行っている者の氏名等の公表についても（金融商品取引法192条の2等），法令違反を行う者に対して行った是正の行政指導（勧告）に従わない者の公表についても（児童21条の5の28第2項等），法的根拠を置く例があり，各地の条例においても，行政指導に従わない者に対する制裁として公表を定める例が少なくない（行手32条2項と同趣旨の不利益取扱い禁止原則の例外を付加する条例，京都府暴力団排除条例24条等）。

　情報の公表は，いったん行われると重大な影響を生じるから，特に公表によって不利益を受ける者が事前に意見を述べる機会を保障することが重要である。情報の制裁的公表については，個人の情報であれ法人の情報であれ，行政指導に従わない者の氏名等を公表するにさいして，とりわけ，条例においては，事前手続を置くことがすでに一般的である（上述の公表を定める行政手続条例等）。

　情報の公表が関係人に対してもちうる重大な不利益に鑑みると，公表措置をとる場合に比例原則による制限を検討することが必要である。つまり，公表の目的からみて公表を行うことが必要かどうか，公表により関係人がこうむる不利益と公表による公共の福祉との衡量を検討することが必要である（東京高判2003（平15）・5・21判時1835号77頁）。また，行政による公表以外に，関係人にとってより不利益の少ない措置の可能性，公表期間の制限等も重要である。実定法上は，情報の公表について比例原則を適用することが一般的に明確になっているとはいえないものの，情報の制裁的公表については，比例原則を適用するうえで手がかりとなる規定がある（公益上必要な場合という要件を置く例：神奈川県公共的施設における受動喫煙防止条例18条，公表に先立つ勧告に従わないことに正当の理由があることを要件とする例：京都市市街地景観整備条例55条，公表にあたっての考慮事項を規定する例：福岡県暴力団排除条例23条2項）。

　公表された情報が誤っていたときの救済として，誤った情報の公表により不利益をこうむった利害関係人には，情報の訂正請求権が認められる必要がある。個人情報に関しては訂正請求権が認められているが（個人情報保護27条），法人情報に関しては，情報の公開に関して取消訴訟の提起が可能であるだけで，行政行為として行われない情報の公表の場合には非権力的な行為として行

われるのが通常であるため，情報の公表行為をとらえて取消訴訟等の抗告訴訟を提起することは容易ではないから（健康保険法上の社会保健医療担当者に対する戒告に関して最判1963（昭38）・6・4民集17巻5号670頁，運転免許証裏面記載に関して最判1980（昭55）・11・25【百選Ⅱ-168】），確認訴訟の活用が考えられる。

　また，情報が流通することによる不利益を事前に防ぐために，公表措置に対する仮の権利保護も重要である。個人情報の場合は，利用停止請求権が法律上認められているから（個人情報保護36条），利用停止決定の仮の義務付けが考えられる。法人情報の場合，処分ではない公表行為の執行停止は認められないため，民事上の仮処分を考えるほかない。

　なお，このような相手方に不利益を与えることを前提とする公表のほかに，法令適用の有無ないし手続を事前に回答し公表することにより，法令違反行為が行われることを未然に防ごうとする仕組みもある。このような法令適用事前確認制度（84頁の**コラム⑤**参照）は，各省が行うノーアクションレター制度のほかに，国税庁の文書回答制度と移転・価格税制に関する事前確認制度，税関の事前教示制度等がある。

　　給付の留保　　給付の留保は，行政指導に従わない者に対して上水道の供給や利益的行為を留保することにより，行政指導に従わせようとする手法である。地方公共団体が開発指導要綱等において，指導に従わない者に対するサンクションとして給水拒否を規定したり，建築確認等の利益的処分を留保したりすることが法的問題となってきた。行政指導は本来任意の協力によって行われるのであるから，給付を留保することによって実現しようとすることは，それ自体背理といえる。それにもかかわらず，地方公共団体が給付の拒否を行ってきたのは，自らの施策を実効的にするためのリソースとして活用しようとしたからであった。ここには，地方公共団体が担うさまざまな任務の達成の要請と相手方の保護の要請との間の緊張関係がある。

　具体的には，建築確認等の利益的処分の留保については，行政庁に留保するだけの裁量の余地が認められるかどうかが問題となる。最高裁判例においては，地方公共団体が対立する利益の調整に当たるだけの最小限度の時間的余裕をもつことは認められうるが（時の裁量），利益的処分を拒否することは許され

ていない（最判1982（昭57）・4・23【百選Ⅰ-120】，最決1989（平元）・11・8【百選Ⅰ-89】等）。このことは，行政手続法においても確認されている（33条・37条）。

　また，上水道の供給留保については，水道法15条が，正当の理由がない場合の水道事業者の給水義務を定めており，行政指導等に従わないことが正当の理由といえるかどうかが問題となる。最判1981（昭56）・7・16民集35巻5号930頁では，建築基準法違反の建物に対する是正指導が行われていることを理由に給水申込みを受け付けなかったことについて，建築確認を受けたうえ，申込みをするよう一応の勧告をしたものにすぎず，違法に申込みの受理を拒否したとはいえないとされた。しかし，要綱違反が問題になった前掲最決1989（平元）・11・8では，水道法上給水契約の締結を義務づけられている水道事業者としては，指導要綱を事業主に順守させるため行政指導を継続する必要があったとしても，これを理由として事業者との給水契約の締結を留保することは許されないとされた。この考え方を実定化した行政手続法32条2項により，行政指導の任意性を否定するような形で給水拒否が行われることは，原則的に違法である。

　もっとも，給水拒否がまったく実効性確保の手段として使えないというわけではない。給水することが公序良俗違反を助長するような場合は，最高裁判例においても，例外的に正当の理由に当たりうることは否定されていない。人が使用するうえで危険であるような重大な建築基準法違反の場合は，公序良俗に反するとして給水拒否を認める余地があろう。また，水道事業に固有の事情（自然的条件による水不足）がある場合も，一定規模以上の開発業者に対する給水拒否が正当化されうる（**判例16** 本書124頁参照）。

　判例16 の判断には，結果的に独占的地位を保障された水道事業者の給水能力向上努力の懈怠により，開発を抑制することを可能にしかねないという問題がある。給付義務が水道事業者だけでなく，電気事業者（電気事業法18条1項）やガス事業者（ガス事業法16条1項）のような国民の生存権保障のために不可欠なサービスを提供する者について同様に規定されていることを考慮すると，通常期待できる企業努力を阻害しないような解釈や競争環境をつくり出すことによる給水能力の向上を考慮に容れる余地が求められよう。

IV 行政活動のコントロール

コロナ薬 軽症者も選択肢

軽症患者が使える抗ウイルス薬

薬名	企業	種類	対象	承認時期
ベクルリー	ギリアド・サイエンシズ	点滴薬	軽症～重症	2020年5月
ラゲブリオ	メルク	飲み薬	高リスクの軽症・中等症	21年12月
パキロビッド	ファイザー	飲み薬	高リスクの軽症・中等症	22年2月
ゾコーバ	塩野義製薬	飲み薬	軽症・中等症	22年11月

（注）ゾコーバ以外は海外動向を参考に特例承認済み

日本経済新聞 2022.11.23

塩野義製、初の国産承認

普及へ安定供給課題

塩野義製薬の新型コロナウイルス用飲み薬「ゾコーバ」が承認された。感染拡大の「第8波」の本格化が懸念される中、軽症者に使えて重症化リスクが高くない人も使える点が強み。外来中心に治療の選択肢が広がる。検査や外来の目詰まりを防ぎ、企業に薬を迅速に普及させる体制構築が欠かせない。

（1面参照）

Introduction

医薬品の製造販売の承認については，過去の薬害に対する反省から，有効性，安全性に関する厳格な審査の仕組みと問題が生じた場合の承認取消しの制度が置かれている。この仕組みにおいて医薬品の承認が得られるまでには，通常，長期間を要する。2019年に発生した新型コロナ感染症については，その原因や感染・発症メカニズムが不明で治療法も手探りであったところ，外国において開発・承認されたワクチンや医薬品について，有効性と安全性に関する審査を短縮する特例承認の制度が適用された。2022年には，国内で開発された医薬品を含めて有効性が推定される場合に適用される緊急承認制度が創設された。

行政決定は，さまざまな利害と複雑な背景が絡み合っていることが少なくない。行政決定はどのような手続で行われるべきなのか。行政はどのようなことを考慮しなければならないのか。行政は決定に際してどの程度の自由を認められるのか。行政が収集した情報は，どのように公開され，個人情報はどのように保護されなければならないのか。行政活動はどのように評価し見直されるべきなのか。第IV部では，このような問題を扱う。

1 行 政 裁 量

行政裁量とは　行政裁量とは行政活動に際して行政に認められた自由をいう。行政裁量は本来，行政作用全般に考えられるが，従来は行政行為について議論されることが多かった。その原因は，行政裁量がとりわけ裁判所による統制について問題とされたこととの関係で，裁判所による統制が行政行為に比重があったことにある。しかし，国家賠償請求訴訟において行政行為以外の作用の違法も問われ，行政手続法が行政指導と規範定立作用も規律対象に加え，さらには住民訴訟により地方公共団体の私経済的作用も財務会計上の違法が問責される現在においては，行政裁量は行政活動全般について語ることができる。加えて，そもそも行政に裁量が認められるのは法律による規律が緩い場合であるから，統治システム全体の規律責任・説明責任の観点からも，行政裁量のあり方は問われる。

　行政裁量は，理念的には，近代において法治行政原理と法律に違反する処分からの権利保護原則が確立する過程で，それまでの恣意的な前近代的行政をいかに統制していくかという課題として登場してきたということができる。つまり，近代における行政裁量は前近代の残滓としてなくすべきものととらえられうる。一方，現代化に伴って行政介入が増大し，社会が複雑になるにつれて，法律で予めすべてを予測したうえで規律することはできなくなり，裁判所も行政権の専門的判断を尊重せざるをえなくなる状況が生まれてくる。言い換えると，現代化は行政裁量を拡大する方向に作用するということができる。つまり，行政裁量の問題は，前近代的な恣意の克服を完全なものにするとともに，現代化に伴う専門的判断をいかに制御するかという課題であるということができる。

古典的理解では　行政裁量は，伝統的には行政行為の分類基準として論じられた。まず，法律により一義的に行為が決定され行政に解釈の余地がない羈束行為と法律が行政に解釈の余地を認める裁量行為が分

図1　行政裁量の古典的類型

```
羈束行為 ─────────────┐
                      ├⇨ 法律を基準とした司法審査が可能
裁量行為 ─┬─ 羈束裁量行為 ─┘
          └─ 自由裁量行為 ⇨ 法律を基準とした司法審査が不可能
```

けられ，裁量行為がさらに羈束裁量（法規裁量）行為と自由裁量（便宜裁量）行為に分けられたが，このうち羈束行為と羈束裁量行為について司法審査が及ぶと解された。司法審査が及ぶということは，裁判所が法律に基づいて適法か違法かを判断できるということである。これに対して，自由裁量行為についてはそれが適正であるかどうかの判断基準として法律は役に立たず，公益との適合性だけが問題になる。したがって，自由裁量行為については当不当の問題にとどまり，裁判所はその適否を判断できないとされてきたのである（**図1**参照）。この点で，裁量行為と同様に司法審査を排除する法理である統治行為論と特別権力関係論との異同に注意する必要がある。

　自由裁量行為か羈束裁量行為か，言い換えれば，裁判所の審査が及ぶかどうかの基準について，明治憲法時代の学説は，要件裁量説と効果裁量説に分かれた。要件裁量説（文言説）は法律の要件の定め方を基準とする見解で，法律が要件を定めないときまたは公益要件を掲げるときに裁量を認めた。これに対して，効果裁量説（性質説）は法律の要件の定め方ではなく，法律の効果（行政行為を行うべきか，どのような行為を行うべきか）について行為の性質に従って裁量を認めた。具体的には，権利を侵害し負担を命じ自由を制限する処分は羈束裁量であるが，権利利益を与える処分や直接に権利義務を左右する効果が生じない行為は原則として自由裁量とされた。

　これらの学説は，自由主義的な考え方として学説史的意義が認められるが，ともに他方の学説を排斥して単一の基準で割り切ろうとした点，類型論的な議論にとどまった点に限界があった。

[逸脱濫用の法理]　日本国憲法下においても，明治憲法下の通説（効果裁量説）を適用したとみることができる裁判例が存在するが（最判1956（昭31）・4・13【百選Ⅰ-69】），現在の通説的見解につながる田中二郎説

は，行為の性質を重要な基準のひとつとしながらもそれだけに頼らず，権限を授権している実定法の趣旨目的から政治的または技術的裁量が認められるかどうかを合理的に解釈することを説いた（田中上118頁）。裁判例においても，利益を与える処分（皇居外苑の使用許可）について自由裁量に属さないとした一方で（最大判1953（昭28）・12・23【百選Ⅰ-63】），明確に要件裁量を認めるものが登場した（最判1961（昭36）・4・27民集15巻4号928頁）。このような中で，行政事件訴訟法30条は裁量権の行使が踰越（逸脱）濫用にわたるときは違法となることを認め，この規定のもとで，従来の議論は相対化していく。つまり，自由裁量行為にも司法審査が及ぶことが認められ（自由裁量行為と羈束裁量行為の区別の相対化），法律の規定または行為の性質のみに基づくのではなく，また要件あるいは効果のいずれかのみに裁量が認められるのでもなく，司法審査が及ぶかどうか，裁量が認められるべきかどうかは，個々の法律規定の趣旨目的を考慮した具体的解釈に委ねられるべきこととされたのである。

実体的統制基準　逸脱濫用の法理のもとで，その後の学説・判例は，次のような裁量の実体的統制基準を形成していった。

① **事実誤認**　消極的な適用例として **判例25** のマクリーン事件がある。

② **平等原則**　消極的な適用例として最判1955（昭30）・6・24民集9巻7号930

判例25 マクリーン事件〈最大判1978（昭53）・10・4【百選Ⅰ-73】〉

　アメリカ人である原告が1年間の在留期間の更新を申請したところ，法務大臣は20日間のみの期間更新を認め，その経過後は原告の政治活動を理由に更新を拒否した。これに対し，原告が拒否処分の取消しを求めて出訴した。第1審は裁量権の逸脱を認めたが，控訴審は法務大臣の裁量を認めた。

　最高裁は，外国人の在留期間更新は法務大臣が「適当と認めるに足りる相当の理由があるときに限り」許可できるから，「在留期間の更新が権利として保障されているものではな」く，更新事由の有無の判断は出入国管理行政の責任を負う法務大臣の裁量に任されているとして，「裁量権の範囲をこえ又はその濫用があったものとして違法とされる場合」は「各種の処分ごとにこれを検討しなければならないが」，在留期間の更新要件の有無に関する法務大臣の判断は，「その判断が全く事実の基礎を欠き又は社会通念上著しく妥当性を欠くことが明らかである場合に限り」違法となると判示した。

頁は，米の供出割当につき事前割当の方法が通達により指示されていた場合に事前割当によらずに決定したことを違法ではないとした。また，判例45（本書240頁）は，河川管理の瑕疵は同種・同規模の河川の管理の一般水準および社会通念に照らして是認しうる安全性を備えているかどうかを基準として判断するとする。また，地方公共団体が指名競争入札において地元業者優先が行われたことにつき，機会平等の観点から問題が指摘されている（最判2006（平18）・10・26【百選Ⅰ-91】。なお，裁量基準につき，最判1999（平11）・7・19【百選Ⅰ-71】）。

> **コラム⑩　出入国管理手続**
>
> 外国人が日本に入国・滞在しようとする場合，在留資格が必要であり（出入国2条の2），在留資格の種類ごとに施行規則に在留期間が定められている。在留期間の更新（21条3項）と在留資格の変更（20条3項）は，法務大臣の裁量許可である。また，在留期間の満了前に再入国する意図をもって出国する場合，出国前に再入国の許可を得る必要がある（26条）。在留期間が経過して後も残留した場合，退去強制がありうる（24条）。不法滞在に「該当すると疑うに足りる相当の理由があるときは」入国警備官は収容令書により，容疑者を入国者収容所等に収容することができる（39条）。入国審査官が不法滞在に該当すると認定した場合，異議のある容疑者は特別審理官に対する口頭審理の請求（48条），さらに法務大臣に対する異議の申出ができるが（49条），法務大臣が異議の申出に理由がないと裁決した場合，退去強制令書が発付される。

③ **比例原則**　行為の目的と手段が比例しなければならないとする原則で，憲法13条に根拠が求められうる。具体的には，行為の必要性，行為の目的適合性，選ばれた行為と目的の比例性が審査される。元来は，必要最小限の規制を求める警察法に由来する基準であり，過剰介入の禁止として説かれてきたが，最近は，行政作用に受益を受ける者からみた過少介入の禁止も論じられている（不作為の違法の統制）。

④ **信頼保護原則（信義則）**　判例2（本書18頁）は，青色申告を否定した更正処分について前年度まで未承認のまま青色申告を受理してきたことだけでは信義則の適用を認めず，①公的見解への信頼，②信頼したことによる不利益，③信頼したことに私人の側で帰責事由がないことが必要とした。また，最判1996

（平8）・7・2判時1578号51頁は，日本人と婚姻し「日本人の配偶者」として在留資格の更新を受けていた中国人が相手方との婚姻無効訴訟中に「短期滞在」の在留資格に変更され，訴訟の勝訴確定後目的消滅を理由に在留資格更新の不許可が行われたことについて，「短期滞在」の更新をしたうえで「日本人の配偶者」としての在留資格への変更に関する公権的判断を受ける機会が与えられることが信義則上必要として違法とした。そのほか，**判例21**（本書145頁）も，地方公共団体の工場誘致施策変更に信頼保護原則を適用して，損害賠償責任を認めており，地方公共団体の時効主張を信義則により制限した最判2007（平19）・2・6【百選Ⅰ-23】もある。

⑤ 目的ないし動機の不法（他事考慮）　処分にあたって許されない考慮を行った場合に違法とする基準である。東京高判1973（昭48）・7・13（判例入門4-7日光太郎杉判決）が，土地収用法上の事業認定についてオリンピック開催に伴う交通量の増加という本来考慮すべきでない事項を重視したことを違法とした例が著名である。最高裁判例においても，最判1978（昭53）・5・26【百選Ⅰ-25】個室付浴場業事件）が個室付浴場業の開設を阻止するために児童遊園の設置許可を行ったことを違法とし，最判1981（昭56）・2・26【百選Ⅰ-57】ストロングライフ事件）が劇物取締法の設備規制に基づく護身用具の輸入業登録拒否に

判例26 神戸税関事件〈最判1977（昭52）・12・20【百選Ⅰ-77】〉

　神戸税関職員で全国税関労働組合神戸支部幹部であったXらが勤務時間にくい込んだ職場集会などの組合活動を指導したことについて，国家公務員法上の争議行為禁止，職務専念義務，人事院規則に定める勤務時間中の組合活動の禁止に違反したとして懲戒免職処分が発令されたことに対し，処分の無効確認ないし取消しを求めて出訴。第1審は免職処分が過酷にすぎるとして取消請求を認め，控訴審は結論として第1審判決を維持した。

　最高裁は「公務員につき，国家公務員法に定められた懲戒事由がある場合に，懲戒処分を行うかどうか，懲戒処分を行うときにいかなる処分を選ぶかは，懲戒権者の裁量に任されている」とし「懲戒処分は，それが社会観念上著しく妥当を欠いて裁量権を付与した目的を逸脱し，これを濫用したと認められる場合でない限り，その裁量権の範囲内にあるものとして違法とならないものというべきである」と判示した。

あたって用途規制を理由にすることを違法としている。

❻ 社会通念 行政庁の判断が社会通念に照らし著しく不合理な場合に違法とするもので，他の統制基準の正当化として用いられることも少なくない。しかし，|判例25|や|判例26|が示すように，それのみで審査される場合は，統制基準としては緩やかである。このような概括的な基準だけで実体的な審査がなされるケースについては，次項で述べる手続的・過程的統制を組み合わせることによって，統制密度を高めるべきであるという考え方もありえよう。

|手続的・
過程的統制の登場| 以上のような実体的な基準の適用に際して問題になってきたのは，裁判所がどの程度審査をすべきかという統制密度である。統制密度は，裁判所が行政庁と同一の立場に立って，処分をすべきだったかどうか，またはどのような処分を選択すべきであったかについて判断し，その結果と行政庁の処分を比較して違法適法を決する場合に最も高くなる。このような判断手法は実体的判断代置方式と呼ばれるが，最高裁判例では，前述の神戸税関事件において，公務員懲戒免職処分の審査について実体的判断代置方式の適用が明確に否定されている。たしかに，現代化に伴って行政の専門的技術的判断を尊重すべき場合が増大し，実体的基準のみによる審査が難しくなる場面が多くなることは否定できない。社会が複雑多様化するにつれて，そこに生じる紛争も複雑なものとなり，その解決を求められる裁判所は専門的な問題に対しても回答を与えなければならない。その場合，民事訴訟・刑事訴訟と行政訴訟・国家賠償請求訴訟の間には，構造的な違いがあることに注意する必要がある。前者においては，必要があれば鑑定意見等を参照することにより，裁判所は始審的に専門的問題に回答を出さざるをえない（例：医療過誤訴訟）。これに対し，後者においては，専門的な問題について行政権に第1次的な判断権が与えられているか，あるいは行政権に第1次的な判断が求められており，裁判所は行政権の判断の是非を覆審的に審査するという構造がある（行政権の第1次的判断がなされていない場合の審査方法につき，最判1993（平5）・2・16【百選Ⅱ-181】を参照）。ここに，行政裁量の裁判所による統制について，行政の判断の中身ではなく，その手続ないし判断過程を法的な基準により審査するという方式が登場する要因がある（**図2**参照）。

図2 統制密度の構造的な違い

もっとも，行政権の判断にさいして専門技術的な知見を有する専門家の機関の意見を聴くことが予定されている場合には，民事訴訟・刑事訴訟と異なって，当然に行政権の判断の手続・過程のあり方のみを審査すべきであるとはいえないことには留意すべきである。最高裁判例においても，公健法4条2項に基づく水俣病の認定申請棄却処分の取消訴訟における審査のあり方について，水俣病のり患の有無という現在または過去の確定した客観的事実を確認する行為であって，行政庁の裁量に委ねられるべき性質のものではないとして，医学的知見に基づいて定められた公害健康被害認定審査会における認定基準によることなく，裁判所において，経験則に照らして個々の事案における諸般の事情と関係証拠を総合的に検討し，個別具体的に申請者の水俣病のり患の有無を判断すべきであるとする例がある（最判2013（平25）・4・16【百選Ⅰ-75】）

① 利害関係人の手続権の尊重　手続的・過程的統制の第1は，行政過程における利害関係人の手続権が侵害されていないかどうかを審査するものである。たとえば，申請の審査基準が予め設定されていたかどうか，当事者に主張立証の機会が与えられたかどうか，不利益な処分にさいして理由が付記されたかどうか，といった点が問題となる。これらについては，行政手続の項（*IV-2*）で扱う。

② 判断過程の統制　第2は判断過程の統制であり，考慮すべき事項が考慮されたか，許されない考慮が行われていないか，代替案が考慮されたか，適用された基準は合理的であるか，調査義務は果たされているか，といった判断過程の要素を個別に審査するものである。このような統制方式は，前述の日光太郎杉判決において採用されたとみることができるが，最高裁判例においても，次頁の 判例27 において採用された。

判例27 伊方原発事件〈最判1992（平4）・10・29【百選Ⅰ-74】〉

　四国電力株式会社がＸの居住地に近い伊方発電所の原子炉設置許可申請を内閣総理大臣Ｙに行い，Ｙ（後に法改正により被告は通商産業大臣〔当時〕）が許可処分を行ったところ，Ｘが原子炉設置により生命，身体，財産等が侵害される危険が生じ，安全性の審査に手続上・実体上の違法があるとして，その取消しを求めた。第1審判決，第2審判決ともに請求棄却。

　最高裁は，行政手続に憲法31条による保障が及ぶとしても，周辺住民を原子炉設置許可手続に参加させる手続をおいていないことをもって憲法31条の法意に反するとはいえず，原子炉設置許可処分の取消訴訟における裁判所の審理，判断は，原子力委員会もしくは原子炉安全専門審査会の専門技術的な調査審議および判断をもとにしてされた被告行政庁の判断に不合理な点があるか否かという観点から行われるべきであって，現在の科学技術水準に照らし，調査審議の具体的審査基準に不合理な点があり，あるいは当該原子炉施設が具体的審査基準に適合するとした原子力委員会もしくは原子炉安全専門審査会の調査審議および判断の過程に看過しがたい過誤，欠落があり，行政庁の判断がこれに依拠したものと認められる場合には違法となるとして，原審の判断を是認した。

　このような判断過程統制方式は，その後，文部大臣（当時）による教科書検定の審査（最判1993（平5）・3・16【百選Ⅰ-76】），公立高等専門学校の校長が行った，信仰上の理由からの剣道実技不参加に基づく原級留置処分・退学処分の審査（最判1996（平8）・3・8【百選Ⅰ-78】），公立学校施設の目的外使用許可の拒否処分の審査（最判2006（平18）・2・7【百選Ⅰ-70】），林業試験場の公園区域の設定の審査（最判2006（平18）・9・4重判平成18年49頁），都市計画事業の認可の審査（最判2006（平18）・11・2【百選Ⅰ-72】）等にも適用されている。このような審査手法においては，考慮事項の考慮の適否の審査にあたって，比例原則や平等原則等の実体的基準が併用されているとみることもできる。

③ 不作為の違法の統制（裁量収縮論ないし裁量権消極的濫用論）　手続的・過程的統制の第3は，本来認められる裁量が具体的状況下において収縮し一定の行為義務が発生しうるとする裁量収縮論ないし裁量権消極的濫用論である。裁判例では，行政が必要な措置を行わなかったために損害をこうむったとする国家賠償請求訴訟で問題とされている。下級審裁判例においては，裁量収縮論をとる例もあるが（東京地判1978（昭53）・8・3判時899号48頁等），最高裁裁判例にお

いては，初期の作為義務承認例を経て（最判1982（昭57）・1・19判時1031号117頁，最判1984（昭59）・3・23判時1112号20頁），権限の根拠法令の趣旨・目的や権限の性質等に照らし，具体的事情のもとで，権限の不行使が「著しく合理性を欠く場合」に違法となるという定式（裁量権消極的濫用論）にまとめられた（**判例40** 本書230頁。詳細は，本書229頁以下）。この定式は，国家賠償請求訴訟において最高裁判例が採る相関関係論的な考慮の中に，不作為の違法の場合に問題となる被害法益の保護法益性と，裁量権の逸脱濫用の判断を組み込んだものと考えられるが，権限を適切に行使しなかったという判断の導出手法は，適切な考慮を払わなかったという意味における過程審査方式の考慮事項論と重なりうる。

また，措置をとらないという判断が違法となる場合も，一定期間，措置をとらないことは適法となりうることがある。時の裁量と呼ばれるもので（塩野I 145頁），地方公共団体が，建築紛争に際して建築主に指導を行う間，建築確認等を留保することを許す裁判例がある（**判例19** 本書135頁参照）。

2 行　政　手　続

1　行政手続の統制と適正手続の法理

適正手続の法理
　　　　　　　　　行政が行政活動を行うに際して踏む手順を行政手続とい
　　　　　　　　　う。事実としての行政手続は，時代を超えて存在するも
のであるが，手続が適正でなければならないという考え方は，わが国では比較
的最近になるまで重視されなかった。それは，わが国の行政法学に強い影響を
与えてきた大陸法系，特にドイツの行政法学が，法律による行政の原理に基づ
き，法律による行政作用の要件や効果の実体的統制に重きを置いて，行政作用
がどのような手続で行われるべきかについてはあまり注意を向けてこなかった
からである。これに対して，法の支配の原理に基づき，裁判所による行政作用
の統制に主たる関心を向けてきた英米法では，裁判手続を範として，行政作用
の結果の合理性を保障するために，行政手続も適正であることが求められてき
た。わが国においても，第二次世界大戦後，憲法がアメリカ法の強い影響のも
とに制定され，また，特にアメリカの連邦憲法の適正手続条項に表現上類似し
た憲法31条の規定が置かれたこともあって，行政手続の適正が憲法上の要請で
あることが認められるようになってきた。しかし，具体的に憲法のどの条文に
行政手続の適正を要求する根拠を見いだすべきかについては，一致がみられな
かった。

　考え方は31条説，13条説，個別的人権説，さらに手続的法治主義説に分かれ
る。31条説は，アメリカの適正手続条項に照らして，類似した31条が行政手続
の適正を要請しているとみる。これに対して，13条説は，31条は刑事手続条項
であるとして，13条が手続の適正を要求するとする。また，個別的人権説は，
各個別人権の保障が実体的な適正のみならず手続的な適正も要請しているとみ
る。これらの考え方を包括する見解として，手続的法治主義説は，人権保障を

目的とする法治主義が手続的にも人権保障を要請しているとみる。

　最高裁判例においては，最大判1962（昭37）・11・28（判時319号6頁）が関税法上の第三者所有物没収について，第三者に対する告知・聴聞の機会を欠くとして憲法31条違反を宣言したが，この事件は刑事手続に準じた手続に関するものであった。これに対し，行政手続プロパーに関しては，個人タクシー事件（**判例29** 本書187頁）で道路運送法の聴聞の規定を手がかりに手続の公正（基準の設定と証拠提出）が導き出され，群馬中央バス事件（**判例30** 本書195頁）で審議会への諮問の規定が設けられた趣旨に反するような場合は諮問を経た処分が違法となりうることが認められた。しかし，この2つの判例は，ともに憲法31条や13条を挙げず，法律の手続規定を適正手続の直接の根拠としていた（もっとも，22条の職業選択の自由は挙げられている）。学説上，行政手続の適正が憲法上の要請であることが通説化していく中で，最高裁判例が初めて憲法31条に基づく適正手続を認めたのが**判例28**である。

　このように，憲法上行政手続の適正が要請されることが認められても，そこからどのような帰結を導き出すかは一致がみられない。最高裁判例においては，具体的な行政手続のあり方が憲法に違反することが認められたことはなく

　判例28 成田新法事件〈最大判1992（平4）・7・1【百選Ⅰ-113】〉
　新東京国際空港の開港直前に過激派が管制塔に侵入し開港が延期されたことを契機に急遽議員立法により制定された新東京国際空港の安全確保に関する緊急措置法（成田新法）に基づき，運輸大臣Yが空港規制区域内にあるX所有の小屋を1年間供用禁止する処分を行い，以後処分が毎年繰り返されたことに対し，Xがその取消しと国家賠償を求めた。下級審判決ではいずれもXが敗訴した。
　最高裁は，取消請求については処分期間経過を理由に却下したが，国家賠償請求について，憲法31条の法定手続の保障は刑事手続に関するものであるが，行政手続にも及びうるとしながらも，行政処分の相手方に事前の告知，弁解，防御の機会を与えるかどうかは，行政処分により制限を受ける権利利益の程度，行政処分により達成しようとする公益の内容，程度，緊急性等を総合較量して決定されるべきもので，常に必ずそのような機会を与えることを必要とするものではないとし，事前に告知，弁解，防御の機会を与えない本件処分も，総合較量すれば31条の法意に反しないとして，請求を棄却した。

(判例28, 判例27 本書181頁），個人タクシー事件や群馬中央バス事件にみられる
ように，法律上の手続規定が手がかりとされてあるべき適正手続が語られてい
る。特に，判例28 にみられるような広範な立法裁量が認められるのであれば，
憲法上の要請を具体化する法律の手続規定の整備が必然的に求められることに
なる。

行政手続の
法典化

法律レベルの行政手続の整備については，諸外国における
法典化の動きがわが国の動向に影響を与えてきた。

　世界的にみて，最も早く行政手続の法典化を行ったのは，法段階説の影響の
もとで司法とならぶ法の適用手続として司法手続を参考に行政手続を整備した
オーストリア（1926年）であるが，より大きな影響を与えてきたのは，イギリ
スのコモン・ローの自然的正義の思想を実定化する形で連邦行政手続法を制定
したアメリカ（1946年）である。先にみたように，わが国の憲法31条がアメリ
カの連邦憲法の適正手続条項と類似していることもあって，このアメリカの手
続法典はわが国でも参照されることが多いが，さらにわが国の法典化の動きに
重要な影響を与えたのは，大陸法圏に属し行政手続の整備に対して消極的とみ
なされてきたドイツが，判例法として形成された手続原則を実定化する形で連
邦行政手続法を制定したこと（1976年）であろう。

　わが国における行政手続の法典化の立法過程は，すでに1952年の国家行政運
営法案に始まるが，立法化されることなく終わったこの法案では，事務処理基
準の確立のような行政運営的規定や権限の委任・代理等の行政組織法的規定と
ともに，聴聞規定，弁明の機会付与，申請処理遅延の理由説明といった若干の
行政手続的規定が置かれるにとどまっていた。その後，第1臨調（臨時行政調
査会）（1964年）のときに，アメリカ法をモデルとした草案（橋本草案）が公表さ
れたが，やはり立法化されることはなかった。橋本草案は，第1次行政処分手
続のみならず，事後救済手続や苦情処理手続をも規定したもので，許可基準の
設定参加手続・公表義務，聴聞の審理官主宰制・公開口頭審理制等を規定して
いた。約20年後の第2臨調（1983年）において，行政手続の統一的整備が提言
され，行政管理庁に置かれた研究会によって行政手続法要綱案が公表された
（1983年）。この要綱案は，処分手続，命令制定手続，土地利用規制計画策定手

続，公共事業実施計画確定手続，多数当事者手続，規制的行政指導手続を包括
する内容をもっており，判例法理の検討と法圏横断的な比較法研究の成果でも
あった。その後，総務庁行政管理局に置かれた研究会が第2次要綱案を作成し
たが（1989年），これは行政手続法の早期実現を目指す目的から，要綱案のうち
処分手続，行政指導手続，届出手続のみを内容とするもので，第3次行革審
（臨時行政改革推進審議会）の答申として政府要綱案となり（1991年），適用除外
規定の整備や既存手続規定との調整の後，ついに行政手続法として成立した
（1993年）。このようにして成立した行政手続法は，諸外国における法典化の経
験に学ぶとともに，わが国の行政手続にかかわる判例を実定化した成果である。

2　行政手続法

適用範囲　行政手続法は，成立当初，処分手続，行政指導手続，届出
手続を規律対象とし，行政立法手続，行政計画手続，行政
契約手続等は対象から外されていた。さらに，行政手続法自身において広範な
適用除外規定が置かれたほか，各個別法においても行政手続法の適用除外が規
定されていることがある。ただし，このうち行政立法手続については，2005年
の行政手続法改正において，それまでの閣議決定に基づくパブリック・コメン
ト手続が実定化された（本書191頁以下参照）。

　行政手続法自身が規定する適用除外は次のとおりである。まず，国の機関が
行う処分および行政指導については，行政機関以外の機関が行う処分，刑事処
分類似の処分および行政指導，特別の規律で律せられる処分および行政指導，
学校や刑務所等で行われる処分および行政指導，公務員に対する処分および行
政指導，外国人の出入国管理・難民認定等に関する処分および行政指導，学識
技能に関する専門的処分，利害調整の目的で法令に基づき行われる処分および
行政指導，公衆衛生・保安等にかかわって緊急に行われる処分および行政指
導，行政調査として行われる処分および行政指導，不服申立てに対して行われ
る処分および行政指導，行手法が定める手続において行われる処分および行政
指導がある（3条1項各号）。次に，地方公共団体の機関の自主法に基づく処分

と行政指導がある（3条2項）。これは，地方自治の尊重によるものであり，地方公共団体は自主的な手続整備が要請されている（46条）。ただし，法律に基づく地方公共団体の処分（例：建築確認）は適用除外とならない。さいごに，行政内部の処分の類型として，国の機関，地方公共団体またはその機関，特殊法人，行政事務受任者等に対する処分と行政指導，およびこれらのものが行う届出が適用除外となる（4条）。この場合，適用除外となるのは，国の機関または地方公共団体（の機関）が固有の資格（市民が有していない資格）を有する場合に限られ，市民と同様の立場に立って行う事業については適用がある（例：学校の設置認可，一般旅客自動車運送事業の認可）。また，適用除外となる処分の相手方となる法人は，特殊法人や独立行政法人（2項1号）のほか，認可法人（同項2号），指定検査機関（3項）である。以上の適用除外事項については行政手続法は適用されないが，手続の適正が不要な領域を意味するわけではなく，領域または法律関係に応じた適正手続の形成が必要とされるものである。

　行政手続法が定める手続は，処分に関しては許認可等の申請手続と不利益処

判例29 個人タクシー事件〈最判1971（昭46）・10・28【百選Ⅰ-114】〉

　Xは，陸運局長Yに対して一般乗用旅客自動車運送事業（個人タクシー）免許申請を行い，道路運送法122条の2に基づく聴聞を受けたが，同法6条1項3号～5号の要件（その審査基準の「転業困難なものでないこと」，「運転歴が7年以上」）に該当しないことを理由に申請が却下されたため，その取消しを求めた。第1審判決（東京地判1963（昭38）・9・18）は，憲法13条，31条に基づき，方法，手続につき何らの定めがなくても，免許申請者は，公正な，事実の認定につき独断を疑うことがいわれがないと認められるような手続によって判定を受ける保障を受けるとし，具体的基準を告知せず，主張・立証の機会を与えなかった手続は違法であるとして，請求を認容し，第2審判決もこの結論を維持した。

　最高裁は，個人タクシー事業免許が個人の職業選択の自由にかかわりを有することと道路運送法の規定を併せ考えれば，多数の者のうちから少数特定の者を具体的個別的事実関係に基づき選択して免許の許否を決しようとする場合，事実の認定につき，行政庁の独断を疑うことが客観的にもっとも認められるような不公正な手続をとってはならず，法律上の抽象的な免許基準を具体化した審査基準を設定し，基準を適用するうえで必要とされる事項について，申請人に主張と証拠の提出の機会を与えなければならないとして，本件処分を違法とした。

分手続である。以下，順に説明しよう。

申請手続

① 審査基準の設定・公表　5条は，申請により許認可するかどうかの審査基準を設定し，公表する義務を定める。これは，個人タクシー事件（前頁の**判例29**）において，最高裁判例が公正さの担保として裁量基準の設定を要求したことを受けて，その実定化を行ったうえに基準の公表の義務付けを課したものである。

　審査基準は法令上の基準ではないから，審査基準と異なる基準により審査が行われても，それにより直ちに違法とはいえないが，行政庁には異なる基準を用いたことへの説明責任が課される（塩野 I 319頁）。

② 標準処理期間および審査義務　第2の手続規定は，申請を迅速に処理する目的で置かれた標準処理期間（6条）と審査義務（7条）である。7条は，形式的要件を備えた申請に対して行政庁は到達したときから審査を開始する義務を定めたもので，形式的要件を充たさない申請は補正を求めるかまたは許認可を拒否するかしなければならず，形式的要件を備えていることを確認する受理行為は介在しない。これは，6条が定める申請の到達から処分をするまでの標準処理期間の設定の要請と期間の公表義務と相まって，申請の握りつぶしを規制する規定であり，不作為の違法確認訴訟や義務付け訴訟と連動することにより規制効果が高まることが期待されている（**図1**参照）。

③ 理由の提示　審査基準が客観的指標により明確である場合を除き，許認可を拒否する処分には理由を示さなければならないとするものである（8条）。

図1　申請手続の流れ

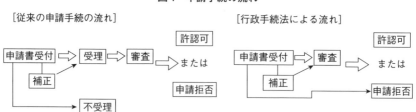

188

これまで，最高裁判例では，租税法領域を嚆矢とした一連の判例により，厳格な理由付記が要求されてきていた（例：青色申告承認拒否処分につき，最判1963（昭38）・5・31【百選Ⅰ-116】，旅券発給拒否処分につき最判1985（昭60）・1・22【百選Ⅰ-118】）。最高裁判例によれば，理由付記は判断の合理性の担保と恣意の抑制とともに不服申立ての便宜の提供を目的とするものである。そこから，①理由付記は根拠条文を示すだけでは不十分で，適用の基礎となった事実関係を知りうる程度でなければならず，②理由が処分後に明らかにされても（理由の追完）違法性は治癒されない，ことが導かれてきた。最高裁判例では，このような厳格な理由の付記は理由付記を法律が要求している場合に限り求められるものとされていたが，行政手続法の理由の提示規定は，判例法上の理由付記制度を申請の拒否処分について一般化したもので，手続の透明性を確保し説明責任を明示したものといえる。ただし，理由の提示を求められるのは拒否処分に限られ，条件付認容処分には求められない。

④ 情報の提供（9条）　申請の審査状況，処分の見通し，申請に必要な情報を提供する要請である（9条）。不利益処分の場合と異なり，文書閲覧権は認められていない。

⑤ 公聴会の開催　申請者以外に利害関係人がある場合に行政庁による公聴会の裁量的開催を定めたものである（10条）。10条が定める公聴会に参加しうる利害関係人の範囲は，最高裁判例において取消訴訟の原告適格が認められてきた範囲とほぼ一致しているとみることができる（具体的な範囲については，本書307頁参照）。公聴会手続には多数の利害関係人の利害を手続的に保障する権利保護機能と民主的統制機能が認められるが，手続参加人は情報提供を受けることが予定されておらず，参加人の意見が反映することは事実上の可能性にとどまっている。しかし，公聴会手続が利害関係人の利益保護を目的とする場合，公聴会を開催しないことは処分の違法事由となりうる（後述，判例30 本書195頁）。

不利益処分手続

① 手続の種類　行政手続法は，不利益処分手続を処分が与える不利益の度合

189

に応じて聴聞と弁明の機会の付与に分けている（13条）。聴聞は許認可取消，資格剥奪等相手方に著しく不利益な処分に行われ，弁明の機会の付与は聴聞の対象以外の不利益処分に行われるが，緊急処分等の弁明の機会の付与も行われないものもある（13条2項）。

② 聴聞手続　聴聞手続は，処分内容，根拠法令，聴聞期日，原因事実，教示事項等を名宛人となるべき者に予め通知した後（15条），行政庁が指名する職員が主宰者となって（19条），主宰者の職権審理により非公開の原則のもとに行われる（20条）。聴聞にさいして，当事者には代理人選任権，補佐人選定権が認められ（16条・20条3項），主宰者の求めまたは許可により利害関係人も聴聞に参加しうる（17条）。当事者および参加人には，文書閲覧（18条），意見申述，証拠提出，行政庁職員への質問（20条）が認められ，出頭に代わる陳述書と証拠書類の提出もできる（21条）。行政庁は，主宰者が提出した聴聞調書と主宰者の意見を記載した報告書の内容を十分に斟酌して不利益処分を決定する（26条）。この処分に対しては不服申立てはできない（27条）（**図2**参照）。

③ 弁明の機会の付与　弁明手続は聴聞手続をより簡略にしたもので，事前の通知にさいして教示は行われず，行政庁が弁明書と証拠書類を，原則として書面により審査することによって行われる（29条・30条）。弁明手続において当事者は代理人選定権をもつ（16条）。

図2　聴聞手続

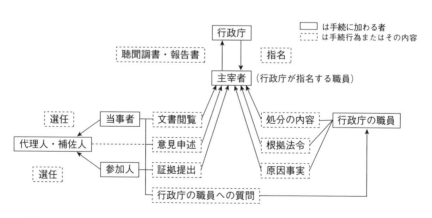

190

④ 共通手続　不利益処分すべてに共通する手続として，処分基準の設定・公表（12条）と理由の提示（14条）が定められている。処分基準は申請手続における審査基準と同様の性質をもつものであるが，設定・公表は義務ではない（処分基準の行政庁に対する拘束力につき，最判2015（平27）・3・3【百選Ⅱ-167】参照）。理由の提示は申請拒否処分の場合と同様に説明責任に基づくものであるが，聴聞手続，弁明手続を経た処分にあっては，当事者の主張に十分答えた理由でなければならない。どの程度の理由を提示しなければならないかに関して，最判2011（平23）・6・7【百選Ⅰ-117】は，処分の根拠法令の規定内容，処分に係る処分基準の存否および内容ならびに公表の有無，処分の性質および内容，処分の原因となる事実関係の内容等を総合考慮すべきであるとし，多様な事例に対応すべく複雑な処分基準が定められている場合について，いかなる理由に基づいてどのような処分基準が適用されたのかを相手方が知ることができなければならないとして，処分を取り消している。このような厳格な理由の呈示の解釈は，合理的説明責任の保障を重視するものといえるが，取消訴訟における理由の差替えと緊張関係に立ちうる。この点については後述（*Ⅳ-4*）。

意見公募手続

　2005年の行政手続法改正によって実定化されたパブリック・コメント手続は，意見公募手続として，法律に基づく命令（処分要件を定める告示を含む）または規則，審査基準，処分基準，行政指導基準を対象としている。これは，1999年以来，閣議決定によって行われてきた意見提出手続と同様に，法規命令あるいは法令上の基準に限らず，行政内部的な統制基準や行政指導基準も，その国民に対する事実上の影響力に着目して透明性を確保しようとするものである。具体的な手続としては，命令等制定機関は，命令等の案と関連資料の公示を行って30日以上の期間，広く一般の意見を求めることとし（39条），その後，提出された意見を十分に考慮したうえで（42条），決定された命令等の公布と同時期に，提出意見とその考慮の結果およびその理由を公示しなければならない（43条）。いずれも命令等制定機関の説明責任を履行させようとするものであり，手続履行に瑕疵があるときにどのような法的手段がありうるかは法文上は明らかでないが，法定の手続が履行されなかったことに対する説明義務は課せられることになろう。

2005年改正法においては，このような手続に加えて，命令等の一般原則も1箇条ではあるが定められ（38条），命令等が根拠となる法令の趣旨に適合することと，命令制定後も実施状況，社会経済情勢の変化等を勘案して，必要に応じて再検討を行うことが明記された。前者は，委任命令（監獄法施行規則）が根拠法（監獄法）の趣旨を超えて市民の権利を制限することを違法とした**判例10**（本書81頁）等と一致するものであり，後者は，法律制定後，科学的知見に基づいて行政立法の改正を行う責任を管轄大臣に認めた最判2004（平16）・4・27民集58巻4号1032頁（筑豊じん肺訴訟）等に照らして理解することができよう。

なお，2005年改正法では，一般原則も含めて意見公募手続等を定める第6章全体の適用が除外されるもの（3条2項・4条4項）と意見公募手続の適用が除外されるもの（39条4項）が規定されている。

処分等の求めの手続　2016年の行政不服審査法の抜本的改正に併せて行われた2015年の行政手続法の改正は，行政不服審査制度との分業と協働によって事前的救済の充実を図ろうとするものである。それは，2004年の行政事件訴訟法改正によって，義務付け訴訟と差止訴訟等の事前的な訴訟手段が実定化されたことを受けて，訴訟前の行政過程の段階における事前的救済制度の充実が目指されたことによるものである。

行審法は，後述のように，改正行訴法の事前的救済のうち，申請型義務付け訴訟に対応する仕組みを備えたが，非申請型義務付け訴訟に対応する仕組みは設けられなかった。代わりに，これに相応する仕組みとして，行政手続法において，何人も，法令違反がある場合に，書面で具体的な事実を摘示して，法令違反の是正のためになされるべき処分または行政指導を求めることができる仕組みが導入された（行手36条の2）。行訴法の非申請型義務付け訴訟は，行政庁が一定の処分をすべき旨を命ずることを求めるにつき法律上の利益を有する者に限り提起することができるのに対して（行訴37条の2第3項），行手法の新しい仕組みは，法律上の利益の有無にかかわらない「民衆参加制度」を導入したといえる。ただし，行訴法上の非申請型義務付け訴訟は，法律上の利益を有する者に対して処分の義務付けを求める権利を認めるものであるが，行手法上の処分等の求めは，行政機関の職権発動の端緒になるにとどまり，申立人に処分

等を行うことを求める権利を認めるものではない。立法関係者によれば，求め
を受けた行政機関においては，申立人に対して応答することを義務づけられて
いない。しかし，行政機関は，このような求めを受けた場合，必要な調査を行
い，その結果に基づき必要があると認めるときは，処分または行政指導をする
ことを義務づけられる（行手36条の３第３項）。このような義務は，申立人に対
する関係で義務となるものではなく，義務違反があったとしても直ちに法的な
サンクションが用意されているわけではないが，調査が十分なされなかった場
合や調査の結果の判断に誤りがあった場合，後に当該処分がなされることにつ
いて法律上の利益を有する者が何らかの訴訟を提起したときに，考慮事項審査
により考慮される可能性があるという意味において，義務違反は法的に担保さ
れうる。

　なお，2015年改正法により同じく新設された行政指導の中止の求めについて
は，行政指導の項目を参照されたい（**Ⅲ-5**）。

その他の手続　　その他，行政手続法は行政指導に関する規定と届出に関す
　　　　　　　　る規定を置いている。行政指導に関してはすでに説明した
ので（本書136頁参照），ここでは届出に関してのみ説明しておこう。

　届出手続は，申請手続の場合と同様に到達主義がとられていることに特徴が
ある。つまり，形式上の要件に合致した届出は主管行政機関への到達により手
続上の義務履行となる（行手37条）。この規定も，申請書の到達主義と同様に，
行政機関の受理行為を介在させないで，手続の迅速さと透明性を確保すること
をねらったものである。ただし，受理規定が残されている場合は適用されない
（例：戸籍法27条の２）。

3　行政手続法によらない手続類型

縦覧・意見書の
提出　　　　　　行政手続法は，2005年の改正で行政立法手続を加えたも
　　　　　　　　の，行政計画手続について規定を置かず，多数人の利
害が関係する処分についても公聴会の規定を置くにとどまっており，個別法に
よる補完が予定されている。行政計画の策定手続としては，計画案の公衆への

縦覧と住民・利害関係人からの意見書の提出が規定されることがある（本書141頁参照）。しかし，これらの手続は，利害関係人に意見を表明または提出する機会を与えているだけにとどまり，意見と異なる行政決定に対する防御権を規定したものとは解されないことが多い。なお，判例20（本書143頁）の藤田裁判官補足意見は，行政計画の処分性の問題にかかわって，事前手続と排除効の仕組みの必要性を指摘している。

諮問手続　行政立法の制定や計画の策定にさいして，専門的学識を有する者または利害関係人の意見を審議会等で聴いて決定の適正化を図ることがある。これを諮問手続といい（例：都計5条が定める都市計画区域の指定・変更についての都市計画地方審議会への諮問），意見を求められる機関を諮問機関という。諮問機関の答申を行政庁は尊重するものとされるが，例外的に，参与機関とみなされる場合を除くと（電波94条に定める電波監理審議会による不服審査等），その答申は行政庁を法的に拘束しない（本書43頁）。

　では，諮問手続の瑕疵により処分が違法となるのはどのような場合であろうか。通説・判例は，諮問の趣旨が利害関係人の保護または当事者間の利害調整にない場合，諮問手続に瑕疵があっても処分は無効とならないと解している。たとえば，最判1971（昭46）・1・22【百選Ⅰ-110】は，温泉法上の温泉審議会の意見聴取に持ち回り決議の方法により行われた瑕疵があっても，処分は無効とならないとする（土地区画整理委員会の意見を聴かずに行われた換地処分について最判1956（昭31）・11・27民集10巻11号1468頁）。しかし，判例27（本書181頁）が示すように，審議会における調査審議のあり方が行政庁の裁量判断の違法を導くことがありうる。また，審議会手続が，利害関係人の手続権保障のために重要である場合は，処分の取消原因としての違法にはなりうる。このことを認めたのが判例30である。

行政審判手続　行政委員会またはそれに準じる合議制行政機関が準司法的手続により行う決定手続をさして行政審判という。これは，事前手続の一類型というよりは行政機関の特色に着目した手続であり，行政委員会が行政不服審査の裁決を行う場合も行政審判とされる。手続の特色としては，職権行使の独立性の保障と構成員の身分保障，そして準司法的手続に

> **判例30** 群馬中央バス事件〈最判1975（昭50）・5・29【百選Ⅰ-115】〉
>
> 　一般乗合旅客自動車運送事業を営むX（群馬中央バス）が運輸大臣Yに対し営業路線延長の免許申請をしたところ，陸運局長による聴聞を経て運輸審議会に諮問がなされ，公聴会の後，運輸審議会が，申請路線より既設交通機関の乗り継ぎのほうが運転時間，運賃等で便利だとして申請却下の答申を行い，Yは答申どおりに申請を却下した。これに対し，Xが，運輸審議会答申が公正で独断に陥るおそれのない手続によってなされておらず，大臣就任前まで競争関係にあるバス会社社長であった処分当時の運輸大臣が関係会社の観光開発計画の妨げとなることを阻止するという本来考慮してはならない事項を考慮に入れたとして，処分の取消しを求めた。第1審判決は請求認容，第2審判決は請求棄却。
>
> 　最高裁は，諮問手続は，処分行政庁が，諮問機関の答申に十分な考慮を払い，特段の合理的な理由のない限りこれに反する処分をしないように要求することにより，処分の客観的な適正妥当と公正を担保しようとしているから，答申自体に法が諮問機関に対する諮問を経ることを要求した趣旨に反すると認められるような瑕疵があるときは，これを経てなされた処分も違法として取消しを免れないとしたが，本件運輸審議会手続における不備は重大な違法ではないとした。

　よる審査が挙げられる。前者については，特に議院内閣制（憲66条）とそこからの派生として内閣の指揮監督権（同72条）との抵触のおそれが問題となりうるが，内閣による人事・予算・会計上の統制可能性，国会による直接の統制可能性，行政権の行使に関する法律による具体化の余地，専門性・中立性の確保の要請等を根拠とする合憲説が通説である。後者の準司法的手続については，実質的証拠法則が規定されることがある。この点については，のちに不服申立てとしての行政審判に関する説明で扱う（*Ⅵ-3*）。

　事前手続として行政審判が採用されている例として，金融商品取引法に基づく課徴金納付命令について，証券取引等監視委員会の調査・勧告を受けて内閣総理大臣が審判手続開始決定を行い，審判官による審判手続による課徴金納付命令決定案に基づいて，内閣総理大臣が課徴金納付命令の決定を行う（金商法178条，そのほかの例として，海難審判法に基づき，海難審判所または地方海難審判所が，海難に係る海技士・小型船舶操縦士・水先人に対する懲戒処分の手続として行う海難審判がある。海難審判3条・30条以下）。

3 情報公開と個人情報の保護

1 情報公開制度

　米国の消費者運動家ラルフ・ネーダは,「情報は民主主義の通貨である」と述べている。この意味するところは,民主主義制度をとる国家においては,その主体たる市民に国政について十分な情報が与えられなければ,国政について的確な判断を下すことができず,民主主義は機能しないということにある。すなわち,情報公開制度は民主主義に不可欠な制度なのである。

　わが国における情報公開制度の導入は地方公共団体が先行した。1982年に山形県金山町で全国初の情報公開条例が制定された後,情報公開条例を制定する地方公共団体が増加していった。一方国レベルの情報公開制度については,政府は長年消極的であったが,行政改革のうねりの中で情報公開法の制定を求める動きが活発になり,1999年にようやく行政機関情報公開法(「行政機関の保有する情報の公開に関する法律」)が成立し,2001年4月1日より施行されている。また「独立行政法人等の保有する情報の公開に関する法律」も2001年に制定され,2002年10月1日より施行された。

(1) 行政機関情報公開法

> 行政機関情報
> 公開法の目的

　行政機関情報公開法は,同法の目的として,「この法律は,国民主権の理念にのっとり,行政文書の開示を請求する権利につき定めること等により,行政機関の保有する情報の一層の公開を図り,もって政府の有するその諸活動を国民に説明する責務が全うされるようにするとともに,国民の的確な理解と批判の下にある公正で民主的な行政の推進に資すること」であると定めている(1条)。これまで情報公開の根拠づけは憲法21条の定める表現の自由の一形態としての「知る権利」に求められることが多かったが,同法は,この「知る権利」を明記せず,それに代えて「国民主権の

理念」と「説明責任」をうたっている。つまり，日本国憲法の採用する国民主
権制度のもとでは，行政機関は，国民の代表者からなる国会の制定した法律を
執行する責務を負い，その活動について，主権者たる国民に対して説明する責
任を有しており，この責任を果たすために，情報公開が要求されるという考え
方である。

　同法が「知る権利」を明記しなかった理由としては，「知る権利」が学説上
必ずしも明確なものになっていないことや，最高裁も政府情報開示請求権とし
ての「知る権利」を未だ認めていないことが指摘されている。しかし，「知る
権利」は憲法学ではすでに熟した権利であると理解されているし，「説明責任」
という概念は行政側からみた視点であるから，市民側の視点に立って，同法は
「知る権利」を具体化したものであることを明確にするために，「知る権利」を
明記すべきであったとの批判もある（松井茂記『情報公開法〔第2版〕』（有斐閣，
2003年）33頁-39頁参照）。この「知る権利」の明記の問題については，衆参両院
の付帯決議において引き続き検討を行うこととされた。

　対象情報　行政機関情報公開法は，開示請求対象となる「行政文書」
について，「行政機関の職員が職務上作成し，又は取得した
文書，図画及び電磁的記録」であり，「当該行政機関の職員が組織的に用いる
ものとして，当該行政機関が保有しているもの」と定め（2条2項），決済，供
覧という事務処理手続を経ることを要件とせず，組織共用文書を対象にしてい
る。この定義規定によれば，行政機関は，保有する記録をあるがままの状態で
開示すればよいのであって，請求の時点で存在しない記録を新たに作成する義
務はない。また同法は，情報の電子化の進展に対応して「行政文書」に「電磁
的記録」も含まれることを明記しており，磁気テープや光ディスク等すべての
電磁的記録がその対象になる。

　対象機関　行政機関情報公開法は，内閣に置かれる機関（例：内閣官房）
および内閣の所轄のもとに置かれる機関（例：人事院），内閣
府設置法上の機関（例：内閣府），国家行政組織法上の機関（例：各省庁等），会
計検査院を開示請求の対象機関として定めている（2条1項）。裁判所，国会は
対象機関ではないが，最高裁判所は2001年より事務取扱要綱を定めて司法行政

文書の開示を行っているし，衆議院は2008年から，参議院は2011年から事務取扱規程を定めて議院行政文書の開示を行っている。

開示請求権者 行政機関情報公開法は，開示請求権者について「何人も」と定めている（3条）。したがって，日本国民であるかどうかは問われず，外国に居住する外国人も開示請求権者に含まれる。また自然人のみならず，法人，法人でない社団または財団で管理人の定めのあるものも開示請求権者になりうる。

開示請求手続 行政機関情報公開法は，開示請求者に対して，開示請求書を請求先の行政機関の長に対して提出することを要求しており（4条），書面主義を採用している。この開示請求書には，開示請求者の氏名，住所や請求対象文書を特定しうる必要事項を記載しなければならないが，請求の理由や目的を記載する必要はない。これは，同法が，請求の目的や理由を問わず，何人にも開示請求権を認めていることの当然の帰結である。開示請求に際しては，開示請求者は，実費の範囲内で手数料を納めなければならないが，同法は「できる限り利用しやすい額とするように配慮」することを要求している（16条2項）。具体的な額は政令で定められている（情公施行令13条）。なお2019年に施行されたデジタル手続法（「情報通信技術を活用した行政の推進等に関する法律」）6条1項により，オンラインによる開示請求と開示実施が可能になった（情公施行令9条3項3号）。

開示決定と不開示決定 行政機関の長は，原則として開示請求のあった日から30日以内に開示請求に対して開示決定，部分開示決定，全部不開示決定のいずれかをしなければならない（情公9条・10条）。行政機関情報公開法は，請求された情報が不存在の場合を除いて不開示情報に該当しない限り，開示されなければならないことを定め（5条），不開示情報については以下のものを限定列挙している。

①　個人情報 特定の個人を識別する情報は，個人のプライバシーの保護のために不開示情報とされる。ただし，個人情報のうち，法令の規定や慣行により公にすることが予定されている情報，人の生命，健康，生活または財産を保護するために公にする必要があると認められる情報，公務員の職および職務遂行

の内容に関する情報については，開示されなければならない（情公5条1号）。また「行政機関等匿名加工情報」（本書207頁参照）に関する不開示規定も設けられている（同5条1号の2）。

② 法人等情報　法人等に関する情報で，①公にすることにより「競争上の地位その他の正当な利益を害するおそれがあるもの」や，②行政機関の要請を受け，非公開の条件で法人などから任意に提供された情報で，通例として公にしないこととされており，非公開の条件を付することに合理的な理由があると認められるものは，不開示情報とされる。ただし，例外として人の生命，健康，生活または財産を保護するために公にすることが必要であると認められる情報は開示されなければならない（同条2号）。ここにいう「正当な利益を害するおそれ」について，最高裁は客観的な蓋然性を要求しており，行政側の裁量判断を認めていない（ 判例31 ）。

③ 防衛・外交情報　防衛・外交に関する情報で，公にすることにより国の安全を害し，または国際的信頼，外交交渉に不利益をもたらすおそれがあると行政機関の長が認めることにつき相当な理由があるものは，不開示情報とされる（同条3号）。これらの情報は，いわゆる国家秘密といわれるもので，その開示・不開示の判断については高度の政治的判断や専門的，技術的判断を要すると考えられることから，行政機関の長の裁量が認められる。

④ 公共安全情報　犯罪の予防，鎮圧または捜査等に関する情報で，公にすると公共の安全と秩序の維持に支障を及ぼすおそれがあると行政機関の長が認めることにつき相当な理由があるものは，不開示情報とされる（同条4号）。この行政機関の長の判断についても，防衛・外交情報と同様に，裁量が認められる。

⑤ 審議検討情報　行政機関内部で審議，検討，協議されている事項に関する情報で，公にすると率直な意見の交換もしくは意思決定の中立性が不当に損なわれたり，不当に市民の間に混乱を生じさせ，公益を害するおそれがあると認められるものは，不開示情報とされる（同条5号）。なお審議会等の合議制機関情報については，当該機関が議事や議事録を不開示にすると決定したときは不開示にできるとする規定を設けている情報公開条例もあるが，行政機関情報公開法

> **判例31**〈最判2011（平23）・10・14【百選Ⅰ-32】〉
>
>   環境 NPO 法人Ｘは，行政機関情報公開法（以下，「法」）基づき，近畿経済産業局長に対し，製造業の事業者が「エネルギー使用の合理化に関する法律」11条に基づき提出した定期報告書の開示請求をした。同局長は，定期報告書のなかに各工場単位の「燃料等の使用量」および「電気の使用量」（以下，「本件数値情報」）が記載されていたため，法所定の不開示情報である法人等情報に該当するとして，一部不開示決定をした。そこでＸが，この一部不開示決定の取消しと開示の義務付けを求めて訴訟を提起した。第１審判決はＸの請求を認めたが，控訴審判決は第１審判決を取り消し，Ｘの請求を退けたため，Ｘが上告した。
>
>   最高裁は，法５条２号所定の法人等情報に当たるか否かは，同号が「定める要件に該当する事情の有無によって判断されるべきものであって，処分行政庁の裁量判断に委ねられるべきものではない」と判示した上で，本件数値情報が事業者の権利利益と密接に関係する情報であり，本件数値情報が開示されれば，各工場におけるエネルギーコストや製造原価および省エネルギーの技術水準などについてより精度の高い推計を行うことが可能となり，各事業者はより不利な条件の下での事業上の競争や価格交渉等を強いられることになるとの理由から，法所定の法人等情報に該当すると判断した。

は，同法の不開示情報に該当しない限り，合議制機関情報も開示されなければならないという立場をとっている。**判例32** は，情報公開条例の下での事例であるが，最高裁が審議検討情報の開示の弊害のおそれを認めたものである。

⑥ 事務事業情報　国や地方公共団体が行う事務または事業に関する情報で，公にすると当該事務または事業の適正な執行に支障を及ぼすおそれがあるものは不開示情報とされ，検査事務の支障など５つの典型的な類型の支障が例示されている（同条６号）。判例では，特に地方公共団体の食糧費・交際費の開示が情報公開条例の下で争われた多くの事件において，事務事業情報の該当性が重要な争点になり，注目された。**判例33** は，交際費の事務事業情報の該当性について最高裁が判断基準を示し，その後のリーディング・ケースとなったものである。

部分開示・裁量開示・存否応答拒否　行政機関情報公開法は，以上のような不開示情報が請求対象文書の中に含まれている場合，その該当部分が容易に削除できるときは，その該当部分を削除して開示しなければな

判例32 鴨川ダムサイト事件〈最判1994（平6）・3・25【百選 I -33】〉

市民運動団体Xは，鴨川の河川管理者である京都府知事Yに対して，Yが設置した鴨川改修協議会に提出されたダムサイト候補地点選定位置図の開示を京都府情報公開条例に基づいて請求したが，Yはこれを不開示とする決定をしたため，Xがこの不開示決定の取消訴訟を提起した。第1審判決は，審議検討情報の不開示規定である京都府情報公開条例5条6号のいう「意思形成を公正かつ適切に行うことに著しい支障」とは，著しい危険の客観的かつ高度の蓋然性が存在しなければならないとして，本件不開示決定は違法であると判示したが，第2審判決は，本件文書は意思形成過程における未成熟な情報であり，公開することにより，府民に無用な誤解や混乱を招き，協議会の意思形成を公正かつ適切に行うことに著しい支障が生じるおそれがあると判示して，Yの不開示決定を支持したため，Xが上告した。

最高裁は，本件文書は京都府情報公開条例5条6号が不開示情報として定める審議検討情報に該当するとして，第2審判決を支持した。

判例33 大阪府知事交際費事件〈最判1994（平6）・1・27【百選 I -31】〉

大阪府住民であるXらは，大阪府情報公開条例に基づき，1985年1月ないし3月に支出した大阪府知事Yの交際費についての公文書の開示を請求した。Yは，そのうちの一部を開示したが，他の部分については事務事業情報等の不開示情報が含まれるとして，不開示決定をした。そこでXは，この不開示決定の取消しを求めて訴訟を提起した。第1審判決は不開示決定を取り消し，第2審判決もこれを支持したため，Yが上告した。

最高裁は，相手方の氏名等が外部に公表，披露されることがもともと予定されているものを除き，相手方識別可能情報は，公開されると相手方に不満・不快の念を抱かせるものになり，信頼・友好関係を損なうことになって，交際事務の適切な遂行に支障を及ぼすおそれがあると判示して，原判決を破棄差し戻した（なお最高裁は，この差戻し後の控訴審判決に対する上告審において，「公表が予定されているもの」の範囲について「交際の相手方及び内容が不特定の者に知られ得る状態でされる交際に関する情報」であるとの判断を示している。最判2001（平13）・3・27重判平成13年41頁）。

らないという部分開示を定めている（同6条）。また，請求対象文書が不開示情報を含んでいる場合でも，行政機関の長が公益上特に必要があると認めたときは，当該不開示情報を開示することができるとする裁量開示の規定を設けている（同7条）。さらには，請求対象文書が存在しているか否かを開示請求者に知らせるだけで，不開示情報が開示されることになる場合には，不開示決定の一

種としての存否応答拒否が認められている（同8条）。

(2) 救済手続

a：不服申立て

　開示拒否の決定について不服のある者は，行政不服審査法に基づいて不服申立てをすることができるが，行政機関情報公開法は特別な仕組みを設け，不服審査を受けた行政機関の長は，原則として情報公開・個人情報保護審査会に諮問することが義務づけられている（情公19条）。情報公開・個人情報保護審査会は，委員15名で総務省に置かれ，委員は両議院の同意を得て内閣総理大臣が任命する（情報公開・個人情報保護審査会設置法2条-4条）。審査会の調査権限としては，インカメラ審理の権限（同9条1項）とヴォーン・インデックス（行政文書に記録されている情報の内容を分類・整理した資料）の提出要求権限（同条3項）が注目される。インカメラ審理とは，審査会が非公開で実際に開示請求文書を見分して開示・不開示を判断することができる権限である。またヴォーン・インデックスは，審査会の効率的な審査や不服申立人の反論に資するものとして有効なものといえる。行政機関は審査会の答申に法的に拘束されず，その尊重義務はないが，実際上，尊重されている。

b：行政訴訟

　不開示決定に不服がある者は，行政訴訟を提起することができる。この行政訴訟としては，通常，不開示決定の取消訴訟と開示決定の申請型義務付け訴訟の併合提起が選択されることになろう。また行政機関情報公開法は，情報公開・個人情報保護審査会に認められているインカメラ審理を裁判所が行うことを想定していない。これは，インカメラ審理が憲法82条の定める裁判公開の原則からみて違憲のおそれがあることや行政事件訴訟法がとる対審原則に反する等の理由によるとされてきた。そのため裁判所は，これまでインカメラ審理を行わず，法廷における陳述や提出された証拠に基づいて推認という方法によって審理してきた。最高裁は，インカメラ審理について，訴訟で用いられる証拠は当事者の吟味，弾劾の機会を経たものに限られるという民事訴訟の基本原則に反し，明文の規定がない限り許されないと判示しているが（最決2009（平21）・1・15【百選I-35】），同決定は，インカメラ審理は憲法82条には違反せず，その採用は

立法政策の問題であると判断したと解されている（宇賀Ⅰ233頁）。また，取消訴訟を提起する前に不服申立てを行うことは義務づけられていない。ただし，通常，不開示決定を受けた開示請求者は，訴訟を提起する前に不服申立てを行っている。

c ：第三者に対する救済手続

　行政機関情報公開法は，請求対象文書の中に開示請求者以外の第三者に関する情報を含んでいる場合には，当該第三者に対して意見書を提出する機会を付与している（13条1項）。同法は，この手続により第三者が開示に反対の意思表示をしたにもかかわらず，開示決定がなされた場合には，開示決定と開示実施との間に2週間の期間を置き，第三者のための争訟の機会を確保している（同13条3項）。この争訟の手段としては，不服申立てとして開示決定の取消しを求める審査請求と同時に行う執行停止の申立て，抗告訴訟として開示決定取消訴訟と同時に行う開示決定の執行停止の申立て，さらには開示の差止訴訟の提起が考えられる。

行政機関情報公開法と情報公開条例　　行政機関情報公開法は，地方公共団体の情報公開について，特別地方公共団体を含む地方公共団体が同法の趣旨にのっとり，情報公開条例の制定や改正等を行う努力義務を定めている（25条）。現在，すべての都道府県は情報公開条例を制定しているし，ほとんどの市区町村も情報公開条例を制定しているが，地方公共団体の組合については，情報公開条例を制定している組合は多くなく，情報公開が十分に進んでいない（宇賀Ⅰ227頁）。

行政機関情報公開法の見直し　　行政機関情報公開法は，施行10年を過ぎ，さまざまな課題が指摘されてきたため，政府は同法の改正法案を2012年4月に国会に提出した。この改正法案では，不開示規定の修正や「知る権利」の明記，手数料の廃止，情報公開訴訟におけるインカメラ審理の導入などの規定が盛り込まれていたが，一度も審議されることなく廃案となった。しかし，行政機関情報公開法の見直しの必要性が否定されたわけではなく，今後の行政機関情報公開法の改正が期待される。

2　個人情報の保護

　行政機関は，行政目的を達成するために，多くの情報を市民から強制的にま
たは任意に収集している。これらの情報の中には市民の個人情報も含まれてお
り，その情報が当該情報を保有している行政機関から無制限に他の行政機関や
第三者に公開されるならば，市民が重大な被害を受けるおそれがある。そこ
で，このような個人情報を保護する法制度が必要となる。この制度に関して
は，1988年に行政機関が保有する「電子計算機処理に係る個人情報」のみを対
象とした行政機関個人情報保護法（旧法）（「行政機関の保有する電子計算機処理に
係る個人情報の保護に関する法律」）が制定され，1990年から全面施行されたが，
同法は，行政機関の職員が手作業で処理するいわゆるマニュアル処理情報を対
象外にしていたし，本人に自己情報開示請求権を認めているものの，訂正につ
いては申出制度しか設けず，訂正請求権が付与されていない等の不備が指摘さ
れていた。また民間部門においても，個人情報の流用や悪用が社会問題化して
きたにもかかわらず，個人情報保護法制度が整備されていないことも批判され
ていた。そこで政府は，民間部門も含めた包括的な個人情報保護法制の検討を
始め，2003年に「個人情報の保護に関する法律」（個人情報保護法），旧法を全
部改正した「行政機関の保有する個人情報の保護に関する法律」（行政機関個人
情報保護法），「独立行政法人等の保有する個人情報の保護に関する法律」（独立
行政法人等個人情報保護法）などの関連法が制定され，基本的な個人情報保護法
制が整備された。その後，情報通信技術の進展や社会のグローバル化等の環境
の変化を踏まえ，個人情報保護法は2015年に，行政機関個人情報保護法と独立
行政法人等個人情報保護法は2016年に改正され，個人情報の保護の水準の向上
が図られるとともに，個人情報の利活用の推進が新たな目的とされた。さらに
近時，民間部門と公的部門における個人情報保護制度の相違や地方公共団体ご
とに異なる規律が，官民間や国と地公共団体間さらには地方公共団体相互間の
個人情報の利活用を妨げるものになっていることが問題になってきた。そこで
2021年に個人情報保護法制の抜本的な改正が行われ，上記の3つの保護法が一

Horitsubunka-sha Books Catalogue 2023

法律文化社
出版案内
2023年版

新シリーズ[Basic Study Books：BSB]刊行開始

＊初学者対象。基礎知識と最新情報を解説。
＊側注に重要語句の解説や補足説明。
＊クロスリファレンスで全体像がつかめる。

A5判・平均250頁・本体2500〜2800円＋税

[BSB]
地方自治入門　2750円
馬場 健・南島和久 編著

歴史、制度、管理を軸に、
最新情報を織り込んで解説。
「基盤」「構造」「運営」「活動」
の4部16章構成。

リーディング
メディア法・情報法
水谷瑛嗣郎 編　　　　3190円

新しい枠組みにそって解説。ビッグ
データやAI技術利用の行動操作等
に論及、ポスト・デジタル時代の情
報環境・情報法学を読み解く。

[HBB⁺]
いのちの法と倫理 [新版]
葛生栄二郎・河見 誠・伊佐智子　2860円

現代リベラリズムとは一線を画し、
いのちの尊重と人間の尊厳の観点
から考える。90年以降今日までの
経過をふまえ解説した最新版。

法律文化社　〒603-8053 京都市北区上賀茂岩ヶ垣内町71 ℡075(791)7131 ℻075(721)8400
URL:https://www.hou-bun.com/　◎価格税込

ベルモント・レポートに学ぶ「いのち」の倫理
川瀬貴之　6380円

「自律(人格の尊厳)」「福利」「正義」を軸に、医療倫理の諸問題を包括的に検討。

比較から読み解く日本国憲法　3190円
倉持孝司・村田尚紀・塚田哲之 編著

判例で学ぶ憲法
小林直三・大江一平・薄井信行 編　2750円

続 司法権・憲法訴訟論
●刑事手続と司法審査　君塚正臣　19800円

行政法入門
須藤陽子　3190円

紛争解決のためのシステム開発法務　松尾剛行・西村友海
●AI・アジャイル・パッケージ開発等のトラブル対応　6820円

ステップアップ刑法総論　2750円
葛原力三・佐川友佳子・中空壽雅・平山幹子・松原久利・山下裕樹

刑法総論●理論と実践
小島秀夫 編　2970円

アクティブ刑事訴訟法
愛知正博 編　2970円

日本史のなかの裁判
●日本人と司法の歩み　川嶋四郎　2860円

貿易紛争とWTO　福永有夏　4070円
●ルールに基づく紛争解決の事例研究

認定ポイント、紛争経緯と認定後の状況を考察した諸事例からWTOの役割と今後を展望。

環境問題と法●身近な問題から地球規模の課題まで
鶴田順・島村健・久保はるか・清家裕 編　2640円

原理で学ぶ社会保障法　2970円
神尾真知子・増田幸弘・山田 晋 編著

社会福祉法入門
●福祉の原理から学ぶ　山田 晋　2420円

"みんな"の政治学　2420円
●変わらない政治を変えるには?　木下ちがや

二〇二一年衆院選　白鳥浩 編著　4180円
●コロナ禍での模索と「野党共闘」の限界

「複合選挙」「野党共闘」「代議士の苦闘」の3テーマで注目選挙区の実態を解明する。

時事新報社主 福沢諭吉　7700円
●社説起草者判定による論客の真実　平山 洋

カウンセラーとしての弁護士
●依頼者中心の面接技法

D.バインダーほか著
菅原郁夫・荒川 歩 監訳　5390円

米国で30年以上読みつがれる法律相談の手引書。臨床心理学の知見をふまえ、信頼関係構築、解決策出の技法を説明。豊富な対話事例を収録。

公認心理師のための法律相談 Q&A100

津川律子 監修
野﨑和義・舩野 徹 著　2750円

専門職としての法的判断と行動の指針を示す。具体的なQ&Aを通して、関連法令や制度の趣旨がその思考プロセスから理解、納得できる。

本の法律（個人情報保護法）に統合され，個人情報保護法のなかに公的部門における規律と民間部門における規律が一体的に規定されることになり，地方公共団体における規律については共通のルールが設定された。以下では，改正された新個人情報保護法の公的部門における規律を概観するが，これまでの行政機関個人情報保護法等の定める規律が大きく変更されているわけではなく，従来の行政機関個人情報保護法等の解釈運用も原則として踏襲されることになっている。

新個人情報保護法　本法が適用される公的部門における対象機関は「行政機関等」であり，ここに国の行政機関，地方公共団体の機関，独立行政法人等，地方独立行政法人が含まれる（2条11項）。次に本法の適用対象となる「個人情報」については，生存する個人の情報であって，①当該情報に含まれる氏名，生年月日，その他の記述等により個人が識別できる情報，②個人識別符号（旅券番号等）が含まれるものと定義されている（2条1項）。また本法は，行政機関等が作成・取得した個人情報で，その職員が組織的に利用するものとして保有しているものを「保有個人情報」と定義し（90条），その適切な取扱いを確保するための措置を講じている。

① **個人情報の取扱いについての規律**　本法は，行政機関等に対して，個人情報を保有するに際して利用目的をできる限り特定し（61条1項），利用目的の達成の範囲を超えて個人情報を保有してはならない義務を課している（同条2項）。さらに個人情報の取得に際しては，原則としてその利用目的を明示し（62条），さらには行政機関の長等に対して，不適切な利用の禁止（63条），適正な取得（64条）を義務づけている。ただし，病歴，犯罪歴等を含む個人情報である「要配慮個人情報」（同2条3項）の取得については，民間事業者とは異なり（同20条2項），本人同意は不要となっている（同条2項4号）。

② **保有個人情報の取扱いについての規律**　本法は，保有個人情報の取扱いについて，行政機関の長等に対して，正確性の確保（65条），安全管理措置（66条），漏洩等の報告等（68条），利用・提供の制限（69条），外国にある第三者への提供の制限（71条）などの義務を課している。

③ **個人情報ファイルに関する規律**　行政機関の長は，個人情報ファイルを保

> **判例34** 京都市レセプト訂正事件〈最判2006（平18）・3・10【百選 I -37】〉
>
> 　京都市に在住するＸは，京都市個人情報保護条例に基づいて，本人が受診した歯科治療に係る国民健康保険診療報酬明細書（レセプト）の開示を受けたが，本件レセプト記録内容に誤りがあるとして，訂正請求を行った。これに対して実施機関である京都市長Ｙは，市には本件レセプトを訂正する権限および本件訂正請求について調査権限がないことを理由に，訂正しない処分を行った。そこでＸは，この処分の取消しを求めて訴訟を提起した。第１審判決，第２審判決とも本件処分が違法であると判示した。
>
> 　最高裁は，本件レセプトに記載した内容が実際のものと異なることを理由に，実施機関が本件レセプトに記録されたＸの診療に関する情報を訂正することは，「保険医療機関が請求した療養の給付に関する費用の内容等を明らかにするという本件レセプトの文書としての性格に適さない」と判示した。そして本件条例には，実施機関に対して訂正請求に応じるための必要な調査権限を付与する特段の規定がなく，実施機関の有する対外的な調査権限には自ずと限界があることから，本件条例がＸの実際に受けた診療内容を調査して訂正することを要請しているとはいい難いと判断して，原判決を破棄した。

有しようとするときは，個人情報保護委員会にファイル名，利用目的，記録項目，収集方法等を事前通知しなければならない（同74条１項）。その趣旨は，個人情報ファイルは容易に検索可能なように体系化された保有個人情報を含む情報の集合物であるので（同60条２項），市民の権利侵害の危険性があり，委員会に事前チェックを委ねることにある。さらに行政機関の長等は，個人情報ファイル簿を作成，公表する義務を負う（75条１項）。これにより，個人情報ファイルの存在が市民に明らかになり，後述の本人関与が容易になる。ただし広範囲の個人情報ファイルが，この作成・公表義務の適用除外となっている（同条２項）。

④ **本人関与の仕組み**　本法は，行政機関等の保有個人情報の取扱いを本人がチェックできるように，本人関与の仕組みを設け，開示請求権（76条），訂正請求権（90条），利用停止請求権（98条）を認めている。このうち訂正請求権については，訂正の対象は事実であるとされ，評価は含まれない。**判例34** は，個人情報保護条例の下での事案であるが，訂正請求権の範囲が争われたものである。これらの請求に対する行政機関の決定に不服がある場合は，不服申立てが

認められ，不服申立てがなされたときは，行政機関の長等は情報公開・個人情報保護審査会へ諮問しなければならず（同105条1項），行政機関情報公開法と同様の救済制度が設けられている。さらに，その裁決に不服があるときは行政訴訟を提起して争うことができる。

　他にも本法は，保有個人情報を個人が識別できないように加工し，かつ復元できないものにして民間事業者に提供する「行政機関等匿名加工情報」の制度（109条）を導入している。また本法は，監視監督機関として個人情報保護委員会を置いている。同委員会は，職権行使の独立性が認められ（同133条），民間部門と公的部門と双方の個人情報等の取扱いを一元的に監視監督することになっている。本法は，同委員会に，資料の提出の要求及び実地調査（156条），指導及び助言（157条），勧告（158条），勧告に基づいてとった措置についての報告の要求（159条）の権限を付与しているが，民間事業者に対して認めている命令権限（148条2項）は付与していない。

　個人情報保護条例　個人情報の保護制度に関しても，地方公共団体は，国よりも先にその法制度化を行ってきた。住民基本台帳事務のコンピュータ処理が始まった1975年前後から，コンピュータ時代の到来による個人のプライバシーの侵害の脅威が高まり，個人情報の保護の必要性が認識され，電算条例がされるようになった（徳島市の「電子計算組織運営審議会条例」（1973年），国立市の「電子計算組織の運営に関する条例」（1975年）等）。1984年には，福岡県春日市においてマニュアル処理情報も含めた個人情報も保護の対象にした全国初の個人情報保護条例が制定された。その後，個人情報保護条例の制定が進み，現在すべての都道府県と市区町村が個人情報保護条例を制定しているが，前述のとおり，新個人情報保護法の成立により，地方公共団体に対して共通ルールが設定された。たとえば，これまで情報公開条例でみられたような死者の情報を「個人情報」に含めて規律することは認められないことになった。また，これまで多くの個人情報保護条例は任意代理人による開示請求等については認めていなかったが，同法は共通ルールとして任意代理を認めている（76条2項・90条2項・98条2項）。ただし同法は，地方公共団体がその区域の特性に応じた個人情報保護政策を策定することを認めており（5条），今後，

如何なる場合に条例による独自の規律が認められるか問題となろう。

住基ネット　1999年の住民基本台帳法の改正により，市区町村，都道府県，国の行政機関を専用回線で結び，全国民に11桁の番号（住民票コード）を割り当て，住民票コードと氏名，生年月日，性別，住所の4情報およびこれらの変更情報をオンライン化し，全国共通の本人確認ができる住基ネット（正式名称「住民基本台帳ネットワークシステム」）が導入された（2002年の8月5日より運用開始）。この住基ネットの実施により，情報の漏えいや不正利用が懸念され，プライバシー侵害の有無が多くの訴訟で争われ，下級審レベルでは住基ネットの合憲性について判断が分かれたが（たとえば，合憲判決として名古屋高金沢支判2006（平18）・12・11判時1962号40頁，違憲判決として大阪高判2006（平18）・11・30重判平成19年44頁），最高裁は，判例35 において合憲性を認めた。

マイナンバー法　2013年にマイナンバー法（「行政手続における特定の個人を識別するための番号の利用等に関する法律」）が制定された。同法は，全国民に対して個人番号を割り当て，社会保障，税，災害対策の分野において，個人番号を活用して同一の者に関する個人情報を他の機関との間で迅速かつ確実にやり取り（情報連携）することを可能にすることによって，行政事務の効率化，正確な所得の把握による公平・公正な社会の実現，市民の利便性の向上を目的とするものである。この市民の利便性の向上については，たとえば，社会保障給付の申請に際して，これまで求められていた本人確認等の添付書類が個人番号の利用による情報連携によって不要になり，またマイナポータルによって自己情報の提供記録の確認や受給できる手当など本人の状況に合った行政機関から提供される情報の確認ができるようになった。

　マイナンバー法では，行政機関による個人情報の照会・利用が容易になることから，個人情報の漏えいや不正利用の危険性が高まることになる。しかもマイナンバー法は，秘匿性の高い個人情報を対象にしていることから，より厳格な個人情報保護措置が必要となる。そこでマイナンバー法は，個人情報の分散管理方式をとり，個人番号をその内容に含む特定個人情報の目的外利用の厳格な限定化（19条），個人情報保護委員会による監視・監督（33条-38条）や罰則の

判例35 住基ネット訴訟〈最判2008（平20）・3・6 重判平成20年11頁〉
　大阪府の住民Ⅹらは，住基ネットにより人格権，自己情報コントロール権等が侵害され，精神的苦痛をこうむったと主張して，Ⅹらが居住する各市に対して，国家賠償法1条に基づき損害賠償を請求した。第1審判決は請求を棄却し，第2審では，住民基本台帳からのⅩらの住民票コードの削除および住基ネットを使用して本人確認情報を大阪府知事に通知することの差止めが追加請求された。第2審判決は，自己情報コントロール権は憲法上保障されているプライバシーの権利の重要な一内容であることを認め，住基ネットの運用に同意しないⅩらに住基ネットを運用することは自己情報コントロール権を侵害するものとして，その削除請求のみ認めた。
　最高裁は，住基ネットによって管理，利用される本人確認情報は秘匿性の高い情報ではないと判断したうえで，本人確認情報の目的外利用や秘密漏えいは懲戒処分または刑罰によって禁止されているし，さらに住民基本台帳法は，本人確認情報の適切な取扱いを担保するための制度的措置を講じており，「本人確認情報が法令等の根拠に基づかずに又は正当な行政目的の範囲を逸脱して第三者に開示又は公表される具体的な危険が生じているということもできない」と判示し，住基ネットが憲法13条に違反するものではないと結論づけ，原判決を取り消した。

強化（48条-57条）等の保護措置を講じている。マイナンバー法の合憲性についても訴訟で争われているが，その違憲性を認めた裁判例は未だみられない（合憲性を認めた裁判例として，大阪高判2022（令4）・12・15判例集未登載）。またマイナンバー法は，地方公共団体の条例に基づく個人番号の独自利用を認めており（9条2項），地方公共団体独自の政策的な個人番号の利用が期待される。

3　公文書管理

　情報公開制度や個人情報保護制度が適正に運用されるためには，公文書の適切な管理が不可欠となる。公文書の管理については，かつては行政機関全般に適用される統一的なルールはなく，国の場合は主に各省大臣が訓令として定める文書管理規程に基づいて行われていたが，2007年に「消えた年金記録」等の公文書管理をめぐる不祥事が多発したことを契機に，2009年に公文書管理法（「公文書等の管理に関する法律」）が制定された（施行は2011年4月1日）。同法は，

公文書を「国民共有の知的資源」ととらえ，「現在及び将来の国民に説明する責任を全う」するために，公文書管理について統一的なルールを定めたものである（1条）。

　公文書管理法は，行政機関の職員に，閣議や省議などの意思決定に至る経緯や過程を把握できる文書等の作成義務を課し（4条），さらに行政機関の長に対して，作成または取得した行政文書を分類し，単独に管理することが適当な行政文書以外は，相互に関連する行政文書を「行政文書ファイル」にまとめ，単独に管理している行政文書および行政文書ファイル（以下「行政文書ファイル等」）に名称を付し，その保存期間の設定を義務づけている（5条）。そして保存期間満了前に，行政機関の長は行政文書ファイル等を国立公文書館等の保存機関へ移管するか廃棄するかを決定しなければならない（同8条）。このように同法は，レコード・スケジュール制を導入している。

　国立公文書館等の保存機関に移管される行政文書ファイル等については，「特定歴史公文書等」として永久保存されるが（同15条），利用制限事由に該当しない限り，利用請求が認められる（同16条1項）。利用制限について不服がある者は国立公文書館の長等に対して審査請求をすることができ（同21条1項），審査請求があった場合には，国立公文書館の長等は原則として公文書管理委員会に諮問しなければならない（同条4項）。また同法は，内閣総理大臣に，行政機関の長による行政文書ファイル等の廃棄についての同意権限（8条2項）や，必要な場合には行政機関の長に対する資料提出要求，実施調査，勧告等の権限を付与している（9条3項4項・31条）。さらに同法は，行政機関の長に文書管理規則の制定を義務づけ，その規則に記載されるべき事項を決定し，その内容について共通のルールを定めている（10条）。

　なお同法は，地方公共団体に対して，公文書の適切な管理のための必要な施策の策定，実施の努力義務を課している（34条）。この規定を受けて，すでに公文書管理条例を制定している地方公共団体もあるが，すべての地方公共団体が公文書管理条例を制定すべきである（宇賀I196頁）。

4 行政監視と行政評価

　行政活動の監視や評価は，監視・評価主体が第三者機関的性格を有するか否かに着目すると，外部的，内部的，そしてその中間に位置する準外部的なものに分類することが可能である。議会（本書259頁参照），会計検査院（本書53頁），地方公共団体における監査委員，オンブズマン（本書259頁以下）などは，外部的な行政監視として位置づけることが可能である。他方で，行政組織内部において行われる上級行政機関の下級行政機関に対する指揮監督は，内部的監視の典型的なものであり（本書43頁以下），また各府省が自ら行う政策評価も内部的評価として位置づけることができる。これに対して，行政組織内部において，総務省が他の府省に対して行う監視や評価は準外部的なものといえる。以下では，議会および行政機関による行政監視・行政評価をみてみることにしよう。

1　議会による行政監視

　議会は，重要な行政監視機関である。国会についてこれをみてみると，国会は，法律や予算の議決権（憲59条・60条），国政調査権（同62条）等により行政を監視している。特に，国政調査のための証人の出頭，証言・記録提出の要求は，議院証言法（「議院における証人の宣誓及び証言等に関する法律」）により，何人もこれを拒むことができず（1条），正当な理由なく出頭や要求に応じなかったり，虚偽の陳述をした場合には刑罰が科されることになっているため（6条・7条），行政監視の強力な手段になっている。

　`行政監視機能の強化`　1997年の国会法等の改正による一連の改革により国会の行政監視機能が，さらに強化されている。まず，従来から各議院またはその委員会は，調査等のために内閣，官公署その他に対し，報告や記録の提出を要求することができ，内閣等はこれに応じなければならないとされていたが（国会104条1項），これに応じない場合の対応について

は，明確な規定を欠いていた。そこで，内閣等が要求に応じない場合には，その理由を疎明しなければならず（同条2項），各議院等がその理由を受諾できない場合には，記録等の提出が国益に重大な悪影響を及ぼす旨の内閣の声明を要求することができ（同条3項），さらにその声明を出さないときは，記録等を提出しなければならないこととされた（同条4項）。次に，各議院またはその委員会等は，調査等のために必要があるときには，内閣を経由することなく直接会計検査院に対し，特定事項について会計検査を行い，その結果を報告するよう求めることができる（国会105条，会検30条の3）。さらに，行政監視を専門に担当する常任委員会として，衆議院に決算行政監視委員会，参議院に行政監視委員会が，それぞれ設置されている（国会41条2項15号・3項15号）。これら委員会は，行政監視や行政評価だけでなく，行政についての苦情に関する事項をも所管している（衆規92条15号，参規74条15号。本書259頁）。

2 行政機関による行政評価・行政監視

行政評価とは，行政機関の活動を一定の評価基準により客観的に評価し，その評価結果を行政運営に反映させることをいう。この制度は，中央省庁改革の大きな柱として導入されることになったものであり（省庁改革基4条6号・29条など），2001年には「行政機関が行う政策の評価に関する法律」（以下，行政評価法）が制定され，行政機関（2条1項）は，その所掌する政策について自ら評価するとともに（6条-11条，内閣府5条2項，行組2条2項），特に総務省は，政府全体としての観点から他の行政機関の政策を専門に評価する組織として位置づけられている（政策評価12条-18条，総務省設置法4条10号-13号）。また，行政評価法5条に基づいて，政策評価の計画的かつ着実な推進を図るため「政策評価に関する基本方針」（以下，基本方針）が閣議決定されている。他方，地方公共団体では，すでに90年代の中頃から行政評価制度を導入している。当初は要綱に基づくものが多かったが，最近では条例によるものも増えている（例：宮城県の「行政活動の評価に関する条例」）。

行政評価制度の内容

次に，国の行政評価制度の内容についてみてみよう。

① 目　的　評価の目的は，政策評価の客観的かつ厳格な実施を推進しその結果の政策への適切な反映を図るとともに，政策評価に関する情報を公表し，もって効果的かつ効率的な行政の推進に資するとともに，行政活動についての市民への説明責任が全うされるようにすることにある（政策評価1条）。

② 評価対象　評価の対象は，行政機関（府省）が行う政策であり（同1条），「政策」とは，行政機関がその任務または所掌事務の範囲内で一定の行政目的を実現するために企画立案する行政上の一連の行為についての方針，方策その他これらに類するものを意味する（同2条2項）。一般に，広い意味での政策は，（狭義の）政策，施策，事務事業の3つの階層により体系的に構成されているといわれるが，ここでいう政策は広義のそれをさしている。

③ 評価基準・評価手順　行政機関は，まず政策が市民生活や社会経済に及ぼす効果（政策効果）を予測し，それを基礎として必要性，効率性，有効性の観点その他当該政策の特性に応じて必要な観点から評価し，さらにその評価結果を当該政策に適切に反映させなければならない（同3条1項）。このように政策評価は，企画立案，実施，評価，次の企画立案への組み込みという政策マネジメント・サイクルで行われる（基本方針Iの1の（1）。**図1**参照）。

　各行政機関の長は，3年以上5年以下の期間ごとに政策評価に関する基本事項を定めた基本計画（同6条）と，1年ごとに政策ごとの具体的な事後評価の方法を定めた実施計画を定めなければならない（同7条）。各行政機関は，この基本計画と実施計画に基づいて事後評価を行うことになる（同8条）。行政機関による政策評価は，基本的に事後評価であるが，政策に基づく行政上の行為の実施が市民生活等に相当程度の影響を及ぼす場合などには事前評価をする必要がある（同9条）。そして，政策評価を行ったときは，行政機関の長が政策評価の結果等を記載した評価書を作成

図1　行政評価の流れ

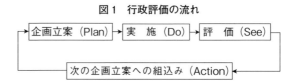

しなければならない（同10条1項）。これら計画や評価書は，総務大臣に通知するとともに公表する必要がある（同6条4項・7条3項・10条2項）。

　このほか，独立行政法人については，それを所管する主務大臣が，当該独立行政法人の業務の実績評価等を行い（独行法28条の2第3項），それを総務省に設置されている独立行政法人評価制度委員会がチェックしている（同12条・12条の2）。

　総務省による
行政評価・行政監視　総務省（行政評価局）は，複数の行政機関に共通する政策について政府全体としての統一性または総合性を確保するための評価を行うとともに，各行政機関の政策について政策評価の客観的かつ厳格な実施を担保するための評価を行っている（政策評価12条）。総務大臣は，毎年度，これらの評価を行うための基本的な事項を定めた3か年分の計画を策定し，その計画に基づいて評価を実施し，実施した場合には評価書を作成しなければならない（同13条・14条・16条1項）。さらに，評価書は，それに必要な意見を付して関係行政機関の長に送付するとともに，公表する必要がある（同16条2項）。

　このように総務省は，行政機関が行う政策評価をさらに評価するとともに，政策評価以外の各行政機関の業務の実施状況の評価と監視をも行っており（総務省設置法4条10号-13号。本書259頁），準外部的に行政機関をコントロールしている。そして，これら行政評価・行政監視を行うために，総務大臣は，各行政機関の長に対し資料提出・説明の要求，実地調査の権限を有し，必要があると認めるときは，関係行政機関の長に必要な措置をとるよう勧告することができ，その勧告に基づいてとった措置について報告を求めることができる（同6条，政策評価15条・17条1項2項）。また，評価・監視の結果，行政運営の改善を図るため特に必要があると認めるときは，内閣総理大臣に意見を具申することができる（総務省設置法6条7項，政策評価17条3項）。

　地方公共団体では，政策に関する市民の満足度調査や市民の意見聴取などを取り入れた市民参加型の行政評価条例が制定されるようになってきている（例：宮城県「行政活動の評価に関する条例」6条-9条）。国の行政評価でも，こういった手法をより積極的に活用することが期待される。

$\mathcal{V}$ 市民の法的地位の保護❶　国家補償

原発事故 国の責任認めず

■判決骨子

- 福島第一原発の事故以前の津波対策は防潮堤の設置が基本だった
- 国の地震学「長期評価」に基づく東電の津波予測は合理性があった
- だが、実際の地震・津波は長期評価に基づく想定よりはるかに大規模だった
- 国が長期評価を前提に東電に防潮堤を設置させても事故は避けられなかった

裁判官の1人 反対意見

原発政策は「国策民営」で進められてきたが、賠償義務は従来通り東電だけが負うこととになる。後続の同種訴訟でも国の責任は否定されていくとみられる。

菅野博之裁判長、草野耕一、岡村和美各裁判官による判官4人のうち3人の多数意見。一人は反対意見を述べた。

東京電力福島第一原発事故で被害を受けた住民が国に損害賠償を求めた4件の集団訴訟で、最高裁第二小法廷（菅野博之裁判長）は17日、国の賠償責任を認めない判決を言い渡した。「原発の増設・建設は想定されるはるかに大規模な津波を見過ごすわけにはいかない」と判断した。裁判官4人のうち3人の多数意見。

最高裁、避難者訴訟で初判断

対策命じても「防げず」

朝日新聞 2022.6.18

Introduction

　　法律学に興味をもっている方であれば，さまざまな機会に裁判関係のニュースを見ることも多いだろう。それらの報道の中でかなりの割合で現れるもののひとつが，国や公共団体が損害賠償を請求される事件である。たとえば，水俣病の拡大を防止しなかったとして国と熊本県の責任を認めた 判例 40 本書 230 頁，建設現場の労働者らがアスベストのため肺がん等に罹患したのは国がその権限を適切に行使しなかったためであるとした建設アスベスト訴訟に関する最判 2021（令 3）・5・17 民集 75 巻 5 号 1359 頁などがみられる。

　　これらの事例では国の損害賠償責任は認められたが，逆に国の責任が認められない事例も決して少なくない。最近の判例であれば，福島原発事故について国の権限不行使による責任を認めなかった最判 2022（令 4）・6・17 判例集未登載がみられる。第 Ⅴ 部では，上記の判例などを題材にしながら，国や公共団体への損害賠償請求が認容されたりあるいは認容されなかったりするのはどのような基準に基づいてであるのかを学ぶこととなる。

序　国家補償の概観

　国や地方公共団体が活動するときには，国民に何らかの理由で一定の損害や損失を生じさせてしまうことがある。これらの損害や損失を，主として金銭的な方式で塡補する制度をまとめて国家補償と呼んでいる。国家補償は，損害や損失の原因となった行為の性質に応じて，**図1**のように3つの類型からなっている。詳細の説明に入る前に簡単に3類型をみておこう。

　第1に，国家賠償とは原則として違法な行政活動によって生じた損害を賠償する制度である。民法における不法行為法に類似した制度と考えてよい。一般法として，憲法17条を受けて制定された国家賠償法がある。

　第2の損失補償とは，原則として適法な行政活動によって生じた損失を補償する制度である。国家賠償における国家賠償法のような一般法はなく，さまざまな特別法によって規定されている。もっとも，後述するように憲法29条3項が一般法の役割を果たしていると考えることもできる。

　第3が，結果責任と呼ばれる領域である。内容的にみて，国家賠償や損失補償には分類できないが，政策的な理由などでつくられた，損害を補償する立法などがこの類型に含まれる。

図1　国家補償の概念

1 国 家 賠 償

　国や地方公共団体がさまざまな行政活動を行う場合，何らミスを犯すことなく適法に運営され，国民に一切損害を発生させないことが理想的であろう。しかし，残念ながら，行政活動も人間の活動である限りは，ミスや失敗あるいは怠惰によって違法な行政運営が行われる可能性があることは否定できない。国家賠償とは，行政が違法な活動を行って損害を発生させてしまった場合，その損害を原則として金銭賠償によって救済するという制度である。

1　国家賠償制度の沿革

　明治憲法下の国家賠償制度　明治憲法下のわが国では「公権力無責任の原理」あるいは「国家無答責の原理」と呼ばれる原則が存在したとされる（塩野Ⅱ308頁）。この原則によると，国などの権力的な行政活動によって被害をこうむった市民は，国に対して損害賠償責任を追及することはできないと考えられていたのである。当時の行政裁判法16条は「損害要償ノ訴訟ヲ受理セス」との規定を置いており，行政の権力的な活動によって被害を受けた国民からの損害賠償請求を，行政裁判所がそもそも受け付けないものとされていた。また，行政の権力的な活動には，民法の不法行為法も適用できないものと考えられていたので，通常の裁判所においても国民には損害賠償による救済がなされないという状態であった。

　ただし，営造物の設置管理に関する損害に対しては，非権力的な活動であると考えられることから，民法717条が適用されるとの判例があり（大判1916（大5）・6・1民録22輯1088頁），民法に基づく損害賠償請求が認められていた。

　日本国憲法下の国家賠償制度　日本国憲法はその第17条により，公務員の不法行為による国の損害賠償責任を認めている。しかし，憲法17条は「法律の定めるところにより」としており，本条から直接具体的な国家賠償責

任の請求権が市民に認められるとは考えにくい。そこで，憲法17条を具体化するものとして，1947年10月，国家賠償法（以下，「国賠法」と呼ぶことがある）が制定され施行された。

　国賠法は，その1条で公権力の行使に関する損害賠償を規定し，戦前の公権力無責任の法理を明確に否定した。さらに，2条において，戦前にも一定程度は認められていた営造物管理責任を確認的に規定した。

　国賠法は，国や公共団体の損害賠償責任についての一般法である。したがって，国賠法のほかに国や公共団体の損害賠償責任について規定する法律があるときは，それら特別法が優先して適用される（国賠5条）。また，国賠法は，民法との関係では特別法の立場にあるので，国賠法に規定のない事項については民法が適用される（同4条）。たとえば，国賠法には損害賠償請求の時効についての規定がないので，時効については，不法行為の時効に関する民法724条が適用される。

2　公権力の行使に関する損害賠償責任——国家賠償法1条

(1)　国家賠償責任の性質

代位責任説と 自己責任説　ところで，なぜ実際に加害行為を行うのは公務員であるのに，国や公共団体が責任を負うのであろうか。この点をどのように理解するのかという点にかかわるのが国家賠償責任の性質論である。以下のような2つの主要な学説がある。

① 代位責任説　代位責任説によると，国や公共団体などの行政が損害賠償責任を負うのは，公務員の不法行為責任を代位して負うからであると考えられている。すなわち，加害行為を行った公務員個人の不法行為責任がまず成立するが，その責任を国が公務員に代わって負うことになるのである。代位責任説はわが国の通説判例であると解されており，国賠法も代位責任説に基づいて制定されたとされる。

② 自己責任説　自己責任説によると，行政活動はそれ自体市民に被害を発生させる危険性をはらんだ活動であり，いったんその危険性が現実のものとなり

市民に損害が発生したときには，国や公共団体は自己の責任として損害賠償責任を負うという考え方である。その背景にあるのは危険責任の考え方であり，公務員個人の損害賠償責任の発生を前提とすることなくストレートに国や公共団体の責任を導くところにその特色がある。

代位責任説と自己責任説の違い　国家賠償責任の性質について両説は，上のように異なる説明を行っている。これらの説明はいずれも歴史的な背景やそれぞれの学説が唱えられた国の違いなどに由来するものである。しかし，わが国の判例の立場を前提とする限りは，両説には実際的な違いはほとんどなく解釈論的にはいずれの説をとろうとさして変わりはない。

　具体的に両説のいずれかをとるかによって差異が生じうる論点として，加害公務員を特定しなければならないかという問題がある。代位責任説によると，加害公務員の不法行為責任がまず成立しなくてはならないので加害公務員の特定が必要であるから，自己責任説のように公務員が匿名であってもよいとする考え方とは違いが生まれそうである。しかし，判例は，代位責任説をとっているが，加害公務員の所属する公共団体を特定する必要はあるとしているものの（最判1982（昭57）・4・1【百選Ⅱ-224】参照），加害公務員個人を特定することを要求しておらずこの点でも両説の差異はあまりないと考えられる。

(2)　国家賠償法1条の適用範囲

　行政はさまざまな活動を行っているが，たとえ，国や公共団体が関係していても，損害の原因となった活動が「公権力の行使」に該当しなければ国賠法1条は適用されないとされている。もっとも，たとえある活動が「公権力の行使」に該当しなくても，民法不法行為法に基づく損害賠償請求が可能となるのであり，救済がまったく否定されるというわけではない。したがって，「公権力の行使」であるか否かは，国賠法と民法のいずれが適用されるかを定める基準であるということができる。

「公権力の行使」にかかわる学説　公権力の行使に関する学説は3つに分けることができる。第1の狭義説によると国賠法1条による「公権力の行使」とは，課税処分や行政強制などの権力的な活動に限定される。狭義説は，そもそも，国賠法1条は公権力無責任の原則を消滅させることがその目的

判例36　児童養護施設傷害事件〈最判2007（平19）・1・25【百選Ⅱ-226】〉

　Xは，家庭の事情により養育が困難になったとして，Y県が行った，児童福祉法27条1項3号に基づく入所措置（「3号措置」と呼ばれる）によって，ある社会福祉法人（公共団体ではなく民間の団体に当たる）が運営する児童養護施設A学園に入所することとなった。Xは，A学園内でほかの児童から暴行を受け，傷害を負った。そこで，Xは，このような暴行事件が起きたのは，A学園内での職員らによる養育監護が不十分であったからであるとして，当該社会福祉法人等の他，Y県に対して，国賠法1条1項に基づく損害賠償請求を行った。

　最高裁は，A学園は，民営の施設であるが，児童福祉法の規定や趣旨に照らすと，「3号措置に基づき児童養護施設に入所した児童に対する関係では，入所後の施設における養育監護は本来都道府県が行うべき事務であり，このような児童の養育監護に当たる児童養護施設の長は，3号措置に伴い，本来都道府県が有する公的な権限を委譲されてこれを都道府県のために行使するものと解される」として，3号措置に基づいて児童養護施設に入所した児童に対する当該施設の養育監護行為は，Y県の公権力の行使に当たる公務員の職務行為に当たるとした。

であり，したがって，従来損害賠償責任が認められていなかった領域に損害賠償責任を認めればそれで足りるとしている。第2の広義説は，権力的な行政活動だけではなく，非権力的な公行政活動をその対象とするという説である。したがって，行政指導や国公立学校での学校事故などの非権力的な活動も国賠法の対象となる（行政指導について，**判例19** 本書135頁参照）。第3の最広義説は国や公共団体の活動であればすべて国賠法の対象となるとする説である。

　3説の中では広義説が通説判例であるとされているが，国公立病院での医療事故については国賠法ではなく主に民法不法行為法が適用されるのが判例の立場であり，必ずしも広義説が理論的に一貫したものとなっているわけではない（塩野Ⅱ329頁参照）。

(3)　国家賠償責任の要件

　以下では，国家賠償責任の要件を条文に即して解説していくこととする。

a：「公務員」がその「職務を行うについて」

　国家公務員　国賠法1条は公務員の行為をその対象としているが，ここでいう「公務員」とは必ずしも国家公務員法や地方公務員法といった公務員法上の公務員だけではない。最近，民間企業などに行政活動

が委託されることが増加しているが，このような場合，被害者に対し損害賠償
責任を負うのは，国や地方公共団体なのか，あるいは委託を受けた民間企業な
どかという問題が生じることがある。判例36 にみられるように，国賠法1条で
いう公務員には，行政から公権力の行使を委託された私人や民間企業も含むと
解されている。

　また，裁判官や国務大臣といった特別職の公務員は公務員法の対象とはなら
ないが，国賠法でいう「公務員」には該当する（特別職について，国公2条，地
公3条）。

外 形 説　　公務員の行った活動であるからといって，あらゆる場合に
国や公共団体の責任が生じるわけではない。たとえば，公
務員が休日にマイカーでドライブをしているときに交通事故を起こしたからと
いって国賠法が適用されないのはいうまでもない。したがって，損害の原因と
なった活動が，職務中に行われたなど当該公務員の職務に該当するか，あるい
はそれが職務と一定の関連性があるものでなくてはならない。

　問題となるのは，特に後者であり，加害行為を行った公務員が職務を行う意
図がまったくなかったような場合である。このような場合に，加害行為と当該
公務員の職務との関連性をどのようにして判断するかが問題となる。

　この点について，裁判所は判例37 のような判断を下し，職務の外形を備え
ておれば，「職務を行うについて」に該当し，国賠法が適用されると判断して
いる。このような考え方を外形説と呼んでいる。

判例37 〈最判1956（昭31）・11・30【百選Ⅱ-223】〉
　金に困っていた東京都の警察官が非番の日に拳銃を盗み出し，隣県である管轄地
域の外で，制服制帽を着用して強盗を行おうとしたところ被害者に騒がれたため被
害者を射殺した。これに対して遺族が東京都に対して国家賠償請求を行った。
　最高裁は，たとえ公務員が主観的に公務を行う意思をもっておらず，自分の利益
のために行動した場合であっても，「客観的に職務執行の外形をそなえる行為をし
てこれによって他人に損害を与えた場合には」，公共団体などは国賠法に基づいて
損害賠償責任を負うと判断した。

b：違法と過失

違　法 国賠法1条は公務員が違法に他人に損害を与えたことを要件としている。違法とは客観的な法規範違反を意味する。すなわち，加害公務員が，法律，憲法，命令などに違反したことである。客観的な法規範には，これらのほか，平等原則・比例原則などの法の一般原理も含まれる。

　また，行政に裁量の余地が認められるときは，行政が裁量の範囲を逸脱するかまたは裁量を濫用していれば，国賠法上も違法となる。単に不当にとどまるときは，国賠法上も違法とはならない。

　民法709条は条文上「権利又は法律上保護される利益」の侵害を要件としているが，国賠法は違法を要件としている。このような違いがあることについてはいくつかの理由があるが，そのひとつとして，民法のような私人間の関係と異なり，行政法においては法律に従っている限りは市民の権利等を侵害する行政活動も許されていることが挙げられる。たとえば，行政活動においては，土地収用のように，一定の要件を充たして，適切な手続で行われれば，市民の権利を剥奪することも適法とされるケースがみられる。このことから，国賠法では，権利等の侵害ではなく，行政活動が違法であることが要件とされているのである。

　さらに，国賠法は，違法な行政活動の被害者を救済するという役割のほかに，法治主義を制度的に支えるという重要な役割を果たすと考えられているが，そのために，違法な行政活動を損害賠償制度によってサンクションし，裁判所によって違法というマイナスの評価を与えることが大きな意味をもつのである。

故意過失 国賠法1条は故意または過失を損害賠償責任の要件としており，いわゆる過失責任主義を採用していると解されている。国賠法1条制定時には過失の要件を置かず，違法の要件でのみ国家賠償責任を認めようとの考えもあったとされるが，民法不法行為法との均衡や財政的な考慮から採用されるには至らなかった。

　現在の通説判例においては，過失の客観化が進み，過失は公務員の客観的な

注意義務違反であると考えられている。そして，その前提として予見可能性と回避可能性の存在が必要であるとされている。すなわち加害行為を犯した公務員が，被害の発生を予見することができかつ回避することもできたのに，それを怠ったこと，すなわち客観的な注意義務に違反したことが，過失と判断されるのである。たとえば，複数の法解釈が成り立つ法律があった場合，ある解釈に基づいて公務員が処分をしたところ，後になってそのような解釈が違法とされても，公務員が採用した法解釈に相当の根拠があれば，注意義務を尽くしていたのであるから，違法であっても過失は認められず国家賠償責任は成立しない（最判2004（平16）・1・15重判平成16年38頁。また，注意義務違反を違法の判断に整理しているが，最判2007（平19）・11・1【百選Ⅱ-214】も参照）。

過失と違法の関係　過失は，元来，公務員の主観的な状態として理解され，客観的な要件である違法と対立する主観的な要件であって，それぞれが別個の独立した要件であると考えられていた。しかし，実際の判例をみてみると，行政指導や学校事故のようなケースが特に代表的であるが，過失と違法のいずれか一方のみで，あるいは一方が認められるからもう一方も認められるなどのようにして，違法と過失を必ずしも明確に区別することなく国家賠償責任の有無を判断するケースもみられる（芝池〔読本〕399頁参照）。

　さらに，上でもふれたように，現在の学説や判例が過失の客観化を進めてきたために，違法と過失の相対化という現象を生んでいる。すなわち，本来は国賠法1条でいう違法と過失はそれぞれ客観的な要件と主観的な要件として区別されてきたが，過失の客観化が進むとともに過失が違法と接近しはじめ両者の違いが希薄になり，相対化されてきたのである。

組織的過失　上でみた過失の客観化を示すもののひとつとして，組織的過失と呼ばれる類型の過失を考えることができる。組織的過失とは，過失の客観化が進められた結果，もはや主観的な要素を離れてしまい，過失を「行政運営の瑕疵」ととらえるようになったものである。たとえば，裁判において法律上権限を授権されている大臣の過失の有無が問題になることもあるが，このような過失は，大臣個人の注意義務違反というよりもむし

ろ行政機関全体の政策決定や意思決定において犯されたミスであるととらえることができるであろう。このような過失が「組織的過失」と呼ばれうるものである（例：東京高判1992（平4）・12・18重判平成4年54頁）。

| 国賠法上の違法と取消訴訟の違法 | 過失と違法に関する重要な論点として国賠法上の違法と取消訴訟の違法との関係という問題がある。従来 |

は，取消訴訟で違法とされた行政行為は，国賠訴訟においても違法と判断されるものと考えられており，両者で判断される「違法」は，いずれも客観的な法規範違反であり，同一の内容を有するものであると考えられていた。

しかし，違法性と過失の相対化が進んだことも影響しているのであろうが，最高裁判例には，行政行為の一種である所得税の更正処分を違法とする取消判決が確定しているにもかかわらず，同一の行為に対する国家賠償事件においては，直ちに国賠法1条でいう違法があったとの評価を受けるものではなく，さらに職務上尽くすべき義務を怠ったというような事情がない限り違法の評価を受けないとするものがある（最判1993（平5）・3・11【百選Ⅱ-213】）。この判例の考え方は，取消訴訟の違法と国賠法上の違法とを区別し，両者を二元的にとらえるものである。もっとも，このような考え方は，違法性を客観的要素と考えてきたこれまでの違法性に対する理解とはかなり隔たりのあるものであり，行政行為の違法を理由に国家賠償請求を行う他の事例にまで一般的に適用できるかどうかについては慎重に考える必要があるだろう（国賠法の違法性について，塩野Ⅱ341頁以下，芝池〔読本〕393頁以下，宇賀Ⅱ458頁以下）。

c：特別な活動と違法性

これまでの説明は主として，行政の典型的な活動，たとえば，違法な行政行為や行政強制で国民が損害を受けたようなケースを念頭に置いてきた。以下では，通常の行政活動とは異なる，司法や立法にかかわる活動について，違法性や過失はどのようにして判断されるかをみていくこととする。いずれのケースにおいてもそれぞれの職務の特殊性から国家賠償責任の成立が限定されていることがわかる。

| 検 察 官 | 検察官が公訴を提起したところ，後に裁判所で無罪判決が出た場合，当該公訴提起は国賠法上違法となるのであろう |

か，この問題については，以下の2つの学説が存在する。

① 結果違法説　結果的に判決などで無罪判決が出れば検察官の公訴提起は違法となるという考え方。ただし，検察官が充分に職務上の注意義務を尽くしておれば，過失がないとして損害賠償請求は認められないことがありうる。

② 職務行為基準(時)説　検察官が公訴提起時（すなわち職務行為を行った時点）で，充分な注意義務を尽くしておれば，たとえ後になって無罪判決が出ても当該公訴提起自体はそもそも違法ではないとする考え方。違法の判断に注意義務違反という過失の判断が含まれているところに特色がある。

　現在の通説判例の立場は職務行為基準説であると考えられているが（最判1978（昭53）・10・20【百選Ⅱ-222】），このような考え方は，検察官の公訴提起は一定の犯罪に対する嫌疑があれば可能なのであって，公訴の提起に対しては裁判所が無罪判決を出すことは充分ありうることから，たとえ無罪判決が出ても当初の公訴提起を違法とするものではないとの考えによるものである。

司　　法　　裁判所の判決が違法であったため市民に発生した損害については，諸外国には特別な賠償制度の対象として，一般的な国家賠償制度の対象とはしない国も少なくない。しかし，わが国の国賠法は特に裁判所の活動を排除する旨の規定を置いていないことから，通常の行政活動と同じく，これらの国家機関の活動によって損害を受けた市民がいるときには，国家賠償請求ができるものと解されている。ただし，裁判の誤りは基本的に三審制などで解決が図られることを原則とされていることや，裁判官の独立した地位や権限が他の公務員とは異なる特殊な性格をもつことから，国賠法上の違法性の判断においても通常の行政機関とはかなり異なった判断がとられている。

　判例38 は刑事事件の再審請求にかかわるものであるが，ここにみられるように，裁判所が下した判決が上級審や再審請求で覆されても，それだけでは当該判決は違法とはならず，違法と判断されるのはさらに限定された場合に限られていることがわかる（民事訴訟については，最判1982（昭57）・3・12【百選Ⅱ-221】）。

判例38 〈最判1990（平2）・7・20判例入門21-7〉

Xは，殺人罪で起訴され，1審では無罪判決を受けたものの，高裁，最高裁で有罪判決を受け，懲役刑が確定した。しかし，Xが，服役後，無罪を主張して再審請求をしたところ，認められ，無罪とされた。そこで，Xは，違法な裁判や公訴の提起によって損害を受けたとして，国賠法に基づいて，国に対して損害賠償請求を行った。

最高裁は，再審請求がなされた後，無罪判決が出るなどして，もともとの判決に瑕疵があると考えられる場合であっても，それが国賠法上違法と判断されるのは，「当該裁判官が違法又は不当な目的をもって裁判をしたなど，裁判官がその付与された権限の趣旨に明らかに背いてこれを行使したものと認め得るような特別の事情がある場合」に限定されるとして，本件の場合はそのような事情がなかったとして損害賠償請求を棄却した。

立　法　　次に，国会のような立法機関については，そもそも国家賠償の対象とすべきではないという考え方もありうるであろうが，わが国では，やはり立法機関についても国家賠償請求から免れないとされている。たとえば，国会が違憲な法律改正を行い，かつそれを合憲な状態に戻さなかったことを理由として国家賠償請求がなされた事件において，最高裁は，国会は原則として国民に対しては政治的な責任を負うにとどまるのであり，立法行為が国賠法上違法となるのは，「立法の内容が憲法の一義的な文言に違反しているにもかかわらず国会があえて当該立法を行うというごとき，容易に想定し難いような例外的な場合」（最判1985（昭60）・11・21民集39巻7号1512頁）に限定されるというかなり制限的な解釈をとってきた。しかし，その後，最高裁は，このような制限的な立場を若干緩和し，判例39 にみられるように，立法や立法不作為が国賠法上違法とされる場合をやや広げていると考えてよいであろう。

(4) 不作為責任

国賠法は行政の作為による損害だけではなく，すべきことをしなかったという不作為もその対象としている。不作為責任で主として問題になるのは，いわゆる規制権限の不作為と呼ばれるケースである。典型的な例として，たとえば，ある工場が公害を出しており，行政はそのような公害の発生を取り締まる

> **判例39** 在外国民選挙権剝奪事件〈最大判2005（平17）・9・14【百選Ⅱ-220】〉
> 　現在は改正されているが，改正以前の公職選挙法の下では，日本国内に住所を有していない日本国民（在外国民）は，選挙人名簿には登録されず，その結果，衆議院議員・参議院議員のいずれの選挙においても投票をすることができなかった。また，公職選挙法改正後も，在外国民は，比例代表選挙での投票が認められたにとどまり，衆議院の小選挙区や参議院の選挙区での投票は制限されていた。そこで，海外に居住していたＸらは，在外国民が選挙において投票する権利を剝奪されているのは違憲であるとして出訴した。
> 　まず，Ｘらは，損害賠償を求めたが，これについて，最高裁は，立法の内容や立法不作為が違憲であるとしても，国会議員の立法不作為等が直ちに国賠法上違法の評価を受けるものではないとしながら，「立法の内容又は立法不作為が国民に憲法上保障されている権利を違法に侵害するものであることが明白な場合や，国民に憲法上保障されている権利行使の機会を確保するために所要の立法措置を執ることが必要不可欠であり，それが明白であるにもかかわらず，国会が正当な理由なく長期にわたってこれを怠る場合などには，例外的に，国会議員の立法行為又は立法不作為は，国家賠償法１条１項の規定の適用上，違法の評価を受けるものというべきである」として，損害賠償請求を認めた。
> 　さらに，Ｘらは，次回の衆議院選挙等で投票することができる地位にあることを求める確認の訴えも提起した。最高裁は，このような訴えは，公法上の法律関係に関する確認の訴えとして確認の利益を肯定することができるとして，適法な訴訟であるとし，さらに，請求も認めた。

規制権限を有しているにもかかわらず，適切に行使しなかったところ，工場周辺の住民に健康被害が発生したようなケースが考えられる（**判例40** 本書230頁参照）。このような場合，被害を受けた住民は工場に対して民法に基づく損害賠償請求を行うことができるのはいうまでもない。しかし，一方で，被害者は，被害が発生したのは行政がその規制権限を適切に行使しなかったことが原因であるとして，行政に対して国賠法に基づいて損害賠償を請求することができる。

　このような場合，被害を受けた住民は行政の規制権限の直接の対象でないことから，第三者としての地位にあるということができる。また，行政と工場などの直接の加害者，被害者という三者が関係することから，このような関係を三面関係と呼ぶことがある。

反射的利益論 | 以上のような不作為責任を認めるには，主として２つの越えなければならないハードルがあるとされる。その第１が，反射的利益論である。反射的利益論によると，たとえば，法律が行政に公害などを防止するために工場などを取り締まる規制権限を授権しているのは，規制権限の行使によって利益を得る工場周辺の住民などを保護するためではなく，良好な環境などの一般的な公益を保護するためであるとされる。もちろん，規制権限が適切に行使されることによって，周辺住民は一定の利益を得るのだが，それは，法律が公益を保護することの反射として生まれる利益であるから法律が直接に保護する利益ではなく，たとえそのような利益が侵害されることがあっても，行政の損害賠償責任は発生しないとされる。

　現在ではこのような反射的利益論に対しては，そもそも反射的利益論は取消訴訟の原告適格という訴訟要件の有無を決する際に使われるものであり（本書305頁以下参照），実際に被害が発生している国賠訴訟のような場合には必ずしも該当しないことなどの問題点が指摘され批判されている。もちろん，法的な保護を受けない利益が存在しうることは認めざるをえないが，不作為責任においては，むしろ，以下の自由裁量論というハードルをどのようにして越えるかが重要と考えられる。

自由裁量論 | 不作為責任の第２のハードルが自由裁量論である。行政便宜主義と呼ばれることもあるが，自由裁量論によると，行政が規制権限を行使するかどうかは行政の自由裁量に委ねられており，必ずしも行政は権限行使を義務づけられているわけではないこととなる。したがって，行政の不作為によって市民が被害を受けても裁量の範囲内で行政が行動していたのであれば，それは違法ではないということになる。

　このような自由裁量論のハードルを越えるために，いくつかの学説が唱えられた。いずれも，行政の権限行使が一定の場合には義務づけられるものであるとしている。

①　裁量収縮論　裁量収縮論によると，行政の規制権限の行使には一定の裁量の余地が認められる。しかし，後述するような個別の要件が充たされるときには，裁量の余地は零に収縮し行政はその権限行使を義務づけられると考えられ

る。

②　作為義務論（健康権説）　たとえば，国民の健康が危機に瀕しているようなときには，行政には裁量の余地はそもそも認められず，行政は規制権限の行使をストレートに義務づけられるとする説である。裁量収縮論とは異なり，行政の権限行使に裁量の余地を認めないところにその特徴がある。

③　裁量権消極的濫用論　下級審判例には裁量収縮論を採用としていると考えられるものもあるが，最高裁の判例が採用するとされるのが裁量権消極的濫用論である。この説も裁量収縮論と同様に，行政の規制権限の行使に一定の裁量が認められることを前提とする。しかし，裁量収縮論のように，行政の裁量の幅が収縮するという説明をするのではなく，判例40 にもみられるように，権限不作為は，「その許容される限度を逸脱して著しく合理性を欠くと認められるとき」違法となるとしており，裁量の余地のある行政の作為が違法になるときと同様の基準を提示しているのが，この説の特徴である。

不作為責任の具体的な要件　以上の自由裁量というハードルを越えるために唱えられている各説は，それぞれ一定の特色を有するが，いずれにせよ何らかの形で行政に作為義務を課すこととなる。実際には，行政の作為義務を根拠づける具体的な要件を整理すると，各説でそれほど大きな違いはないと考えられる。以下では，不作為責任を認めるための具体的な要件を整理する（不作為責任の要件について，宇賀Ⅱ462頁以下参照）。

　学説や判例によると，行政の不作為責任が根拠づけられるために考慮されるのは，主として以下のような4つないし5つの要件で，これらを総合的に評価して行政の不作為責任が検討されることとなる。

①　危険性　とりわけ，市民の生命身体健康に対する危険がよく問題になるが，財産権に対する危険であっても不作為責任を根拠づけることはありうる（最判1989（平元）・11・24【百選Ⅱ-216】）。判例によっては，単なる危険ではなく，「差し迫った危険」を要求していることもある。

②　予見可能性　市民に対する被害の発生が予測できたかどうかという点である。判例40 のように公害による被害の場合であれば，工場排水による被害の発生が科学的に予測できたかどうかということで，不作為責任に関する事件では

> **判例40** 関西水俣病事件〈最判2004（平16）・10・15【百選Ⅱ-219】〉
>
> 　熊本水俣病とは，熊本県水俣のチッソ水俣工場が排出するメチル水銀化合物を含む工場排水が魚介類を汚染し，人間がこれらの汚染した魚介類を摂食することによって引き起こされる疾患である。熊本水俣病発生当時，国はいわゆる水質二法（「公共用水域の水質の保全に関する法律」と「工場排水等の規制に関する法律」をさす）に基づき，また，熊本県は，漁業法と熊本県漁業調整規則に基づいて，水俣病の被害発生を防止することが可能な権限を有していたとされる。そこで，熊本水俣病に罹患しながら，特別な立法による救済を受けられなかった患者（「未認定患者」と呼ばれる）らが，水俣病に罹患したのは，これらの規制権限を適切に行使して水俣病の発生や拡大を防止しなかった国および県の責任であるとして，国家賠償請求訴訟を提起した。
>
> 　これに対して，最高裁は，行政の「規制権限の不行使は，その権限を定めた法令の趣旨，目的や，その権限の性質等に照らし，具体的事情の下において，その不行使が許容される限度を逸脱して著しく合理性を欠くと認められるとき」は，国賠法1条1項の適用上違法となりうるとし，水質二法の規制権限は「周辺住民の生命，健康の保護をその主要な目的の一つとして，適時にかつ適切に行使されるべきものである」のに，国がこれらの権限を行使しなかったことは著しく合理性を欠き国賠法上違法であるとした。また，最高裁は，熊本県が漁業調整規則等の権限を行使しなかった不作為も同様に国賠法上違法であるとして，県の責任も認めた。

最も重要な論点となる。予測の可否は，当時の科学技術の水準に基づいて判断される。

③ 回避可能性　行政は規制権限を行使することができたか，すなわち法律に規定されている規制権限を行使する要件が充足していたか，あるいはまた，権限を行使すれば被害の発生を防止することができたかなどの点である。

④ その他　行政が権限を行使して被害を防止することを市民が期待していたか（期待可能性），行政の権限行使がなければ，市民は自ら危険を回避することができなかったか（補充性）なども考慮される。後者の補充性に関しては，薬害や食品公害といった事件のように，市民が自ら対処することが困難と考えられる危険については，あまり問題とはならないものと考えられる。

　最後に，以上の不作為責任は，法律に行政の規制権限が規定されている場合を想定している。それでは，もし規制権限を根拠づける法律の規定がなかったときは，行政は法律の規定がないことを理由として，何ら被害発生を防止する

ことができないのであろうか。法治主義から，少なくとも行政は市民の権利を
侵害するような行政活動は法律の根拠なしに行うことができないと考えられて
いる。そこで，そのような場合，行政は行政指導を行うことが義務づけられる
こともありうる。もっとも，行政指導が義務づけられる場合は上記のような規
制権限行使が義務づけられる場合よりも要件が加重されうると考えられる。

(5) 公務員の個人責任

内部的責任　国や地方公共団体が被害者に損害賠償を支払った後，加害
行為を行った公務員に対して賠償を請求することができる。
このような，国や公共団体から加害公務員への賠償請求権の行使を求償権と呼
んでいる。求償権の行使は，国賠法1条2項によると，公務員が故意または重
大な過失によって損害を引き起こしたときに限定されている。軽過失であれば
公務員は内部的な責任をとらなくてよいとするものであり，一定程度公務員を
保護する規定であるといえるが，現実に求償権が行使されることはほとんどな
いとされている。

外部的責任　上記の求償権の行使は，国や公共団体に対する加害公務員
の責任である。公務員の個人責任を問題にする場合，もう
ひとつの個人責任がある。すなわち，被害者が加害公務員に対して直接に損害
賠償請求を行うことができるかどうかという点である。この場合，請求の根拠
法は民法不法行為法である。

この点について，判例は，一部の下級審判決を除き，国賠法が適用されると
きには，被害者は加害公務員に対して直接請求することは許されないとしてい
る（前掲（本書225頁）最判1978（昭53）・10・20）。その理由としては，十分な資
力を有すると考えられる国や公共団体が賠償を行えば被害者は救済されるので
あり，公務員に対して賠償請求する必要性がないことや，公務員個人への賠償
請求が頻繁に行われれば，公務員がその職務を行うにさいして萎縮してしまう
おそれがあることが挙げられる。

しかし，学説の中には，公務員の個人責任を一切排除するよりも，個人責任
の追及をある程度認めたほうが行政の適切な運営に役立つとして，被害者によ
る公務員に対する請求を認めるべきとの主張もみられる。けれども，これらの

学説は，公務員の対外的な責任を全面的に認めるというよりも，むしろ公務員の個人責任を，内部的責任のように故意または重過失や，あるいは故意の場合のみに限定するなど，一定の限界を設けているものが多い。

3　営造物の設置管理に関する損害賠償責任──国家賠償法２条

　国賠法２条はこれまでみてきた国賠法１条とは異なり，公務員という人の行為を問題とするのではなく，たとえば道路が陥没して歩行者が転落し損害を負ったなどのように，国や公共団体が管理している物（後述するように「営造物」と呼ばれる）にみられる物的な欠陥（「瑕疵」と呼ばれる）によって発生した損害を賠償する制度であり，通常「営造物管理責任」と呼ばれている。

　明治憲法下においては，すでにみたように，公権力無責任の原理が妥当し，公権力の行使による損害については損害賠償を請求することができなかったが，営造物管理責任については，明治憲法下においても民法717条を適用することを認める大審院の判例があり賠償を請求する途が開かれていた。もっとも，この判例は必ずしも確立したものではなく，下級審判決には混乱がみられることもあったことから，日本国憲法下では営造物管理責任を明確なものとするために国賠法２条が制定された。

(1)　国賠法２条の適用範囲

公の営造物　国賠法２条が適用される営造物管理責任は，「公の営造物」に関する損害についてのものである。したがって，国賠法２条が適用されるかどうかは，損害が公の営造物に関して生じたかどうかによって決められることとなり，まず「公の営造物」の範囲を明確にする必要がある。

　行政法では「営造物」という語は，伝統的には人的要素と物的要素の両方を意味するものと考えられてきたが，国賠法２条の営造物は物的な要素のみをさすと考えられている。そこで，公の営造物の定義は，国や地方公共団体の公の目的に供される有体物であるとされる。公の営造物の具体的な事例としては，道路や河川の他，港湾施設，ダム，橋梁，転落防止のための柵などさまざまな

1 国家賠償

物が考えられるが，従来の行政法学上の概念でいう「公物」にほぼ当たるものと解することができるとされる。

さまざまな公の営造物　道路などの典型的なもののほかに，どのような具体的な公の営造物が存在するのだろうか。

　まず，公の営造物は，「土地の工作物」を対象とする民法717条と異なり，道路や建物といった不動産だけではなく，動産も含むと考えられている。これまでに，裁判例上「公の営造物」とされた動産の例としては，電気かんな，刈り払い機，事務椅子，警察官の拳銃などさまざまな物がある。また，具体的な事例はほとんどみられないが，警察犬などの行政が使用する動物も「公の営造物」に含まれると解される。

　次に，いわゆる自然公物が公の営造物に含まれるかという問題がある。公物は「人工公物」と呼ばれる，道路や建築物のように人工的につくられて公の目的に供されている物と，人工的につくられたわけではないが国や公共団体が管理し，公の目的に供されている物（＝自然公物）とに分けることができる。前者については，国賠法2条が適用されることについてはいうまでもないが，後者についても，国賠法2条が河川を例示していることなどから考えて，営造物管理責任が成立しうるとされている。自然公物としては，河川のほかに，海岸，湖沼などが考えられる。ただし，後に説明する水害訴訟において問題になるように，人工公物と自然公物の瑕疵の判断基準が同一かどうかは別個の問題である。

　その他，国賠法2条の責任は，必ずしも所有権や占有権をその責任根拠とはしていないので，行政が所有権を有する物でなくても営造物管理責任が成立しうると考えられているし，法律上行政が管理を義務づけられていないものであっても，行政が事実上管理していれば公の営造物に当たると考えられている（最判1984（昭59）・11・29民集38巻11号1195頁）。

(2) 設置管理の瑕疵

設置管理の瑕疵の判断枠組　設置管理の瑕疵は，民法717条における「設置又は保存の瑕疵」に当たり，ほぼ同じ意味をもっている。

「設置の瑕疵」とは，設計の不備や粗悪な材料の使用など営造物に元からある

> **判例41**　高知落石事件〈最判1970（昭45）・8・20【百選Ⅱ-230】〉
> 　高知県の山間部にある国道を走っていたトラックに落石が直撃し助手席に乗っていた助手が死亡した。この道路には以前から落石が多かったが「落石注意」の標識程度の対策しか行われていなかった。そこで，死亡した被害者の遺族が，事故は国道の管理者である国・県の道路管理に瑕疵があったことが原因であるとして損害賠償を請求した。国・県は落石防止対策を行うためには莫大な費用がかかることなどを免責事由として主張した。
> 　最高裁は，これに対して国賠法2条でいう設置管理の瑕疵とは，営造物が通常有すべき安全性を欠いていることをいい，これに基づく国および公共団体の賠償責任については，その過失の存在を必要としないとし，さらに落石の対策には予算がかかり，管理する国や県が困却することは予想できるが，だからといって莫大な費用がかかることは免責事由とはならないとした。

原始的な瑕疵を意味し，「管理の瑕疵」とは，設置後の維持修理が不十分だったなど営造物に発生した後発的な瑕疵を意味すると整理できる。しかし，国賠法2条はこのような区別に基づく違いを設けていないのだから，両者を区別する実益はない。

　営造物管理責任のリーディング・ケースとして著名な**判例41**によると，設置管理の瑕疵とは，通常有すべき安全性の欠如であり，国賠法2条の営造物管理責任は国賠法1条と異なり，無過失責任である。また，このような瑕疵の有無は，「当該営造物の構造，用法，場所的環境および利用状況等諸般の事情を総合考慮して具体的個別的に判断すべきものである」（**判例44**本書239頁）とされている。

設置管理の瑕疵の性格に関する学説　営造物の設置管理の瑕疵を高知落石事件判決のようにとらえる考え方は「客観説」と呼ばれる。客観説によると，営造物の設置管理の瑕疵は，客観的に存在するものであり，管理者の故意過失を前提としない。その責任根拠としては危険責任が考えられる。

　判例や多数説は客観説を採用していると考えられているが，これに対して，客観説を批判する説として登場したのが，いわゆる義務違反説である。この説によると営造物の設置管理の瑕疵は，営造物の設置管理者の損害（危険）防止措置の懈怠・放置としての損害回避義務違反であり，「営造物の設置・管理者

の損害回避義務は，それぞれの設置・管理者の主観的事情とは一切関係なく，営造物の危険性の程度と被侵害利益の重大性の程度との相関関係のもとで客観的に決定される違法性要素としての注意義務であり，客観的注意義務である」（植木哲『災害と法〔第2版〕』一粒社，1991年，8頁）。義務違反説によると，本条1項の責任は国賠法1条の過失責任と連続性を有することとなり，その類似性が強調される。

　これらの学説の対立をどのように考えたらよいであろうか。たしかに，義務違反説が指摘するように，客観説においても，営造物自体の物的瑕疵ではなく設置管理の瑕疵を問題にしているから，通常有すべき安全性が欠けていたかどうかの判断において何らかの設置管理者のミスが前提とされ，後にみるように，予見可能性や回避可能性が瑕疵を認定する要素となっている。しかし，だからといって，本条を国賠法1条と同じ過失責任と考えなくてはならないわけではない。国賠法2条の「瑕疵」は物の状態に関するものだが，国賠法1条の「過失」は人の行為に関するものであるとして，解釈上両者に一定の差異を設け，営造物管理責任には国賠法1条のような意味での故意過失が要求されないと考えることができるからである。

　このように解すると，抽象的に上で紹介したいずれの学説を採用するかよりも，具体的な事例に基づいて，どのような基準から，「通常有すべき安全性」に欠け営造物の設置管理に瑕疵があると判断されるのかという判断基準を明らかにすることが必要と考えられる。以下では，具体的にどのような基準で設置管理の瑕疵が判断されているかをみていこう。

(3) 設置管理の瑕疵の判断基準

　判例は，設置管理の瑕疵を，①他人に危害を及ぼす危険性，②予見可能性，③回避可能性，の3点を基準にして判断していると整理することができるであろう。

危 険 性　まず，公の営造物に関して他人に損害を及ぼす危険性が存在しなければならない。危険が何ら存在しない場合は，そもそも営造物管理責任を追及する前提が欠けていると考えられるからである。まず，営造物の設置管理者が対処しなければならない危険は，通常予測しうる

危険であり，かつ，営造物の設置管理者が対処する必要性のあるものでなければならない。国民が容易に対処できるような危険や，国民が自ら対処すべきと考えられるような危険が営造物に存在しても，設置管理の瑕疵とは考えられない。たとえば，高さ46センチで水深15センチ程度の用水溝は，通常の幼児や成人にとってその生命身体に危険を生じるようなものではないから，たとえ，事故が発生しても営造物の設置管理者が何らかの措置を講じなければならない危険性が存在したということはできない（最判1978（昭53）・12・22判時916号24頁）。

予見可能性 営造物の設置管理に瑕疵があったとされるためには，営造物の危険性が通常予測できるものでなければならない。たとえば，これまでまったく観測されたことのない規模の高潮が防潮堤を越えて損害を生じたとしても，不可抗力として営造物の設置管理には瑕疵がないこととなる（名古屋地判1962（昭37）・10・12下民集13巻10号2059頁）。また，予見可能性の有無の判断は，平均的な営造物の設置管理者の判断能力を基準として行われ，その当時のわが国の科学技術の到達度で判断される。

土砂崩れなどの自然災害が特にそうであるが，いかなる自然災害が発生するかを厳密に予測することはほぼ不可能である。したがって，自然災害がいつ・どこで・どのような規模で発生するかを具体的に予見できること（「定量的予見可能性」と呼ばれる）を要求するなら，自然災害に関しては営造物管理責任が成立することはありえないであろう。

しかし，営造物管理責任の成立については，定量的予見可能性ではなく，定性的予見可能性で足りると解されている。定性的予見可能性とは，たとえば，一定の地域である程度の豪雨が降れば土砂崩れなどが発生する蓋然性があることを意味し，このような定性的予見可能性があれば，予見可能性が存在するものと判断される（名古屋高判1974（昭49）・11・20判例入門22-2）。

定性的予見可能性の存在で設置管理の瑕疵を認めることは，営造物の設置管理者にとっては，かなり重い負担を課されることを意味する。しかし，前掲名古屋高判1974（昭49）・11・20のような山間の道路上での土砂崩れの事案であれば，そもそも，通行止めという簡単でかつそれほど費用がかかるわけでもない損害回避手段が存在していることが考慮されている点には注意すべきであろ

> **判例42** 赤色灯転倒事件〈最判1975（昭50）・6・26判例入門22-3〉
> 　県道上で，道路工事が行われたため穴があいていた。夜間は危険なため工事現場の存在を知らせるため赤色灯が点灯していたが，事故直前に通行した他車によって倒され消えていた。そのため，夜間工事現場に接近した車の運転者は直前まで工事現場に気づかず，直前になって気づいてハンドルを切ったが速度を落としていなかったこともあり，道路外に飛び出し同乗者が死亡した。そこで遺族が県に対して損害賠償を請求した。
> 　最高裁は，夜間赤色灯が倒されて放置されていたことから，道路の安全性に欠如があったといわざるをえないとしながら，時間的に道路の設置管理者が原状を回復して安全を保つことはできなかったとして設置管理の瑕疵の成立を否定した。

う。

回避可能性　　回避可能性とは，営造物に危険性が存在していた場合，設置管理者が損害の発生を回避するための行動をとることが可能であったことを意味する。もし何らかのやむを得ない理由で，設置管理者が回避措置をとることができなかったというのなら，回避可能性はなく設置管理の瑕疵はない。

　回避可能性がどのようにして判断されるのかの好例が，**判例42**と**判例43**である。これらの判例のように，道路に大型車が停車したままであるとか，夜間気づかれないような工事現場が存在するということは，通常有すべき安全の欠如であると考えられる。しかし，**判例42**の場合のように，仮に適切な看視体制がとられていたとしても，損害回避措置をとる時間的な余裕がない場合には，回避可能性がないことを理由に設置管理の瑕疵が否定されることになるのであり，時間的な意味での回避可能性が，設置管理の瑕疵の基準とされていることがわかる。

新しく開発された安全設備など　営造物が設置当時の技術水準では安全なものとしてつくられたが，後に技術進歩があったため事故当時の基準で判断すると当該営造物が必ずしも安全といえる状態ではなかった場合，営造物の設置管理の瑕疵はどのように判断されるか。視力障害者の転落事故防止のために駅のホームに点字ブロックを設置しなかったことが設置管理の瑕疵に当たるかが争われた判例（最判1986（昭61）・3・25【百選Ⅱ-234】）によると，点

> **判例43**　大型車放置事件〈最判1975（昭50）・7・25【百選Ⅱ-231】〉
>
> 　大型貨物自動車が故障したため，県道上に約87時間にわたって放置されていたところ，早朝原動機付自転車で走っていた被害者がこれに気づかず衝突して死亡し，遺族が貨物自動車の運転者らと県に対して損害賠償を請求した。
>
> 　最高裁は，約87時間という長時間にわたって貨物自動車が放置されていたのに，公の営造物である道路の設置管理者が適切な看視体制をとっていなかったため，車両の存在に気がつかず道路を安全に保つ措置がとられていなかったとして設置管理の瑕疵を認めた。

字ブロックのような当時新たに開発された安全設備を営造物に設置していないとしても，直ちに設置管理の瑕疵と判断されるわけではなく，その安全設備の有効性，普及度，設置の困難性，その安全設備がなかった場合の営造物の危険性など諸般の事情を考慮して設置の必要性が判断されるものと判断している。

　その他，回避可能性を判断する際に考慮すべきこととして，営造物が特別な性質を帯びている場合も考えられるであろう。たとえば，特別史跡に指定されていた城跡周囲の外濠には，現状不変更の原則が妥当し危険防止に必要な設備を設けるには制限があるから，転落防止のための施設は生け垣や有刺鉄線程度の安全施設で足りるとしているものがある（最判1983（昭58）・10・18判例入門22-8）。

被害者の行動　　被害者が営造物の設置管理者の予測できないような用法で，つまり，異常なあるいは無謀な形態や違法な用法で営造物を利用したため被害が発生したような場合は，過失相殺によって賠償額が減額されるにとどまらず，設置管理の瑕疵そのものが認定されないことがありうる。以下の判例が典型的な例である。

　判例44は，道路の防護柵という営造物は，道路からの転落事故を防ぐことを目的としており，柵の上に乗って遊ぶ子供が転落するというような通常想定できないケースについては防護柵の「守備範囲」外とするもので，このような考え方は「守備範囲論」と呼ばれている（最判1993（平5）・3・30【百選Ⅱ-235】参照）。

　けれども，被害者が無謀な行動をとったために損害が発生したのだとして

> **判例44** 市道転落事件〈最判1978（昭53）・7・4判例入門22-7〉
> 　住宅地の近くの幅3メートルほどの道路上に高さ60センチメートルほどの防護柵が設置されていた。この柵の上に子供が道路方向を向いて座っていたところ，バランスを失ったため道路の反対側に背中から転落した。この道路の横は約4メートルの高さの高校の校庭があり，子供はそこに転落し重傷を負った。
> 　最高裁は，防護柵は道路上を通行する者が転落するのを防止するのがその本来の目的であり，その目的からみれば安全性に欠けるところはなかったのであるから，事故は，防護柵の設置管理者が通常予測することができない被害者の行動に由来するものであったとして，設置管理の瑕疵を否定した。

も，それによって **判例44** のように，常に営造物管理責任が否定されているというわけではない。最高裁の判例にも，児童公園で遊んでいた幼児が高さ2メートル近いフェンスを自ら乗り越えて，隣接する小学校のプールに侵入し，プール内に転落して死亡した事件で，児童公園で遊ぶ幼児にとって隣にあるプールは「誘惑的存在」で，被害者の行動は営造物の設置管理者の予測を超えた行動であったということはできないから，子供が乗り越えられないような構造にしておくべきであったとして，設置管理の瑕疵を認めているものがある（最判1981（昭56）・7・16判例入門22-10）ように，たとえ，無謀な行動を被害者がとりそれが損害の原因であるとしても，そのような無謀な行動を営造物の設置管理者が予測できるのであれば，やはり設置管理の瑕疵があるものと判断されることとなる。

(4)　水害訴訟

　水害は，かつては天災と考えられていたため，行政の営造物管理責任を追及するということはほとんど問題にはならなかった。しかし，1970年代頃から，次第に河川の管理者の責任を追及する水害訴訟が起こされ，原告勝訴の判決も下されるようになり，水害もまた営造物管理責任の類型のひとつに数えられるようになった。しかし，水害は河川という道路などの人工公物とは異なる性質を有する営造物が問題になることから，やや特別な検討が必要となる。以下では，改修工事の終了した河川とまだ終了していない河川に分けて考えてみよう。

> **判例45**　大東水害事件〈最判1984（昭59）・1・26【百選Ⅱ-232】〉
> 　都市内を流れる一級河川が集中豪雨により溢水（増水した水が川からあふれ出ること）し周囲の家屋に床上浸水などの被害を生じた。そこで被害者らは，河川が溢水したのは河川管理に瑕疵があったからであるとして，河川管理者たる国に対して損害賠償請求を行った。当該河川は河川改修計画に基づく改修工事の終了していない未改修河川であった。
> 　最高裁は，河川管理の諸制約の存在を指摘し，河川改修計画に基づく改修工事が完了していない未改修河川については，「過渡的な安全性」をもって足り，河川管理の瑕疵の有無は，「過去に発生した水害の規模，発生の頻度，発生原因，被害の性質，降雨状況，流域の地形その他の自然的条件，土地の利用状況その他の社会的条件，改修を要する緊急性の有無及びその程度等諸般の事情を総合的に考慮し，前記諸制約のもとでの同種・同規模の河川の管理の一般水準及び社会通念に照らして是認しうる安全性を備えていると認められるかどうかを基準として判断すべき」であり，改修計画が定められ，それに基づいて改修工事が行われている河川については，計画自体が格別不合理なものではなく，特に工事を繰り上げなくてはならないような特段の事情がない限り，改修が行われていないことをもって河川管理に瑕疵があるとはいえないとした。

改修工事の終了していない河川　河川管理の瑕疵判断も通常有すべき安全性の欠如を基準にしているが，道路のような人工的な営造物と異なり，時間的制約（河川改修は短時間ではできない），財政的制約（河川改修には膨大な費用がかかる），社会的制約（河川改修には用地の買収などが必要），技術的制約（河川改修は順番に行っていく必要がある）などの諸制約があり，また，道路における通行止めというような簡単な損害回避手段が存在しない。したがって，河川管理の瑕疵の判断はこれらの制約の存在を考慮する必要があると考えられる。**判例45**は大東水害事件の最高裁判決であるが，最高裁が，このような河川管理の諸制約を考慮して河川管理の瑕疵を検討しているものである。

　すなわち，判例は，未改修河川については，改修工事が途上であることから，「過渡的安全性」があれば国賠法2条でいう設置管理の瑕疵はないと判断したということである。

| 改修工事の
終了した河川 | 河川の管理には，上記の判例で示されたように，道路の管 |

河川の管理には，上記の判例で示されたように，道路の管理と異なりさまざまな制約が存在することがあるのは一般的には理解できることであり，河川管理の瑕疵を判断する際にそれらの諸制約が考慮される。しかし，**判例45** は未改修河川についての判例であり，河川改修計画に基づく改修が終了した河川についてのものではないことには注意が必要であろう。工事実施基本計画に基づき新たな改修整備が必要ないとされた河川における，破堤型の水害についての判例（多摩川水害事件・最判1990（平2）・12・13【百選Ⅱ-233】）は，大東水害事件の枠組みを踏襲しながらも，さらに次のように述べている。すなわち，河川の備える安全性は治水事業の過程における河川の改修，整備の段階に対応するものであり，計画に基づく改修が済んだかあるいは済んだ河川と同視される河川においては，その安全性とは，「計画に定める規模の洪水における流水の通常の作用から予測される災害の発生を防止するに足りる」ものであるとしている。つまり，多摩川水害訴訟で問題になっているような改修済み河川の場合，整備計画が想定していた規模の洪水で水害が発生すれば，それが流水の通常の作用から予測されるものであるならば，通常有すべき安全性に欠けるところがあり，設置管理の瑕疵が認められうることになる。その意味では，過渡的安全性でよいとされた未改修河川とは設置管理の瑕疵の判断の仕方が異なることとなり，少なくとも改修工事が終了した河川では改修計画で想定されていた程度の水害を防止することができなければ設置管理の瑕疵が認められることとなる。

(5) 機能的瑕疵

機能的瑕疵とは，たとえば，民間空港での航空機の発着や軍用空港の夜間訓練，道路や新幹線の建設・運用に伴って発生する騒音・振動や排気ガスによる大気汚染などである。これらは，道路上に開いた穴というような，道路という公の営造物そのものの物的な瑕疵によって生じたものではない。損害は，物的には何ら瑕疵のない営造物が，その本来の目的に沿って利用されることから必然的に生じている。これらを，損害が当該営造物の機能から当然に生じることから機能的瑕疵，あるいは，営造物の供用から生じることから供用関連瑕疵と呼んでいる。物的瑕疵と同様，国賠法2条の対象となる。

<u>機能的瑕疵の判断枠組</u> 機能的瑕疵であっても，「通常有すべき安全性に欠けていること」という，設置管理の瑕疵の判断枠組は変わらないが，具体的な基準は，物的な瑕疵と異なり，受忍限度が使われる。空港や道路といった営造物が設置され運用された場合，一定の騒音などが発生するのは避けられないことであり，それが社会生活上受忍すべき限度内のものであれば，営造物管理責任を求めることはできず，機能的瑕疵があるとされるためには，騒音などの被害が，社会生活上受忍すべき限度を超えた違法なものでなければならないのである。

受忍限度を超えているか否かは，判例によると，「侵害行為の態様と侵害の程度，被侵害利益の性質と内容，侵害行為のもつ公共性ないし公益上の必要性の内容と程度等を比較検討するほか，侵害行為の開始とその後の継続の経過及び状況，その間にとられた被害の防止に関する措置の有無及びその内容，効果等の事情」を考慮して総合的に判断するとされる （**判例50** 本書285頁参照）。

4 その他の国家賠償法に関する問題点

ここでは国賠法３条以下の条文にかかわる点を解説するが，解説する点は国賠法１条だけではなく国賠法２条の責任にも当てはまる。

<u>費用負担者の損害賠償責任</u> たとえばある公共団体が公務員の給与などの費用を負担し，別の公共団体が実際には公務員を選任監督するというように費用を負担する公共団体と選任監督を行う公共団体が，別の公共団体となることがありうる。このようなときに，公務員がその職務を行うについて国民に損害を生じた場合，被害者は費用負担している公共団体と，選任監督を行っている公共団体のいずれを訴えても，あるいは両方を訴えてもよいとされている（国賠３条１項）。

ただし，以上のことがいえるのは被害者である国民との関係においてであり，両公共団体の賠償負担の最終的な分配は別の問題である。最終的に責任を負う公共団体が誰かについては，行政事務を行う公共団体とする考え方と，費用を負担する公共団体とする説がみられるが，後者の費用負担者が責任を負う

とするのが通説判例とされる（参照，最判2009（平21）・10・23【百選Ⅱ-238】）。さらに，被害者に賠償を支払った公共団体は，最終的な責任を負う公共団体に対して求償することができる（国賠3条2項）。

補助金と費用負担　費用の負担を法的な義務として課せられている公共団体が，上で述べたように，費用負担者としての損害賠償責任を負うのはいうまでもないが，単に補助金を支出したにすぎない公共団体も費用負担者として損害賠償責任を負わされるのであろうか。この点について，たとえ低額の補助金でも支出すれば費用負担者になるという説や，そもそも補助金の支出は費用負担ではないとする説もあるが，判例によると（最判1975（昭50）・11・28【百選Ⅱ-237】），①選任監督者と同等もしくはこれに近い費用を負担，②実質的に事業を共同して執行していると認められる，③危険を効果的に防止することができる，といった要件が充たされるときは補助金を支出したにすぎない者も費用負担者として損害賠償責任を負うこととされている。

相互保証主義　国賠法6条は相互保証主義を採用しており，外国人がわが国の公務員から損害を受けたとき，必ずしもわが国の国民と同一の法，すなわち国賠法が適用されるとは限らない。当該外国人の本国で，わが国の国民が損害を受けたときに適用される法が，わが国の国賠法よりも救済範囲が限定されることがありうるからで，このとき，わが国で公務員から被害を受けた外国人には，国賠法ではなく，外国人の本国と同じ救済範囲の限定された制度が適用されることとなる。

2 損 失 補 償

1 はじめに

　たとえば，空港やダムを建設するなど公益目的の活動を行うために土地が必要だということがある。このような公共事業であっても，まずは民間企業が事業を行うのと同様に，契約によって必要な土地を買収することになる。しかし，土地の買収がうまくいかなかったらどうなるのであろうか。民間企業であれば事業を断念することになろうが，行政が行うような公共事業の場合，どうしてもその土地が公益上必要ということがあるだろう。このようなときに，公益的な事業を行う者（「起業者」と呼ばれる）は，たとえば土地収用法などの法律に基づいて，必要な土地を所有者から強制的に取り上げることができる。しかし，そのとき土地のいわば「代金」に当たる金額を所有権者に支払うことになっており，そのような「代金」を損失補償と呼んでいる。

2 損失補償の概念と法的根拠

損失補償の概念

　損失補償とは，上で述べたように，行政が国民の権利を適法な活動によって侵害したときに与えられる補償を意味する。「適法な」とは，当該行政活動によって国民への権利侵害が必然的に発生することが法律によって予定されていることを意味する。

　次に，損失補償は原則として財産権侵害に対する補償と考えられる。土地収用法をはじめ多くの損失補償に関する法律や憲法29条が財産権に言及している。しかし，生命や健康への侵害を根拠として損失補償請求権を与えられるべきかが論議され，下級審では，生命や健康への侵害を理由として損失補償を認めたケースもある（予防接種被害について，判例48 本書253頁参照）。

さらに，行政による財産権の侵害は，通常，土地収用がそうであるように権力的な行政活動によって行われる。

損失補償の憲法上の根拠　第1に，損失補償の憲法上の直接の根拠は憲法29条3項である。憲法29条は，1項で財産権の保障を規定し，その反面として3項において，「私有財産は，正当な補償の下に，これを公共のために用ひることができる」として，損失補償の必要性を規定している。憲法29条3項は後述するように損失補償請求権の直接の根拠となると考えられている。

第2に，憲法14条が，損失補償のいわば理念的な根拠と考えられるであろう。すなわち，公益のための活動に必要ということで，ある特定の個人の財産が奪われた場合，当該個人は財産権を奪われるというマイナスの効果を負うのに，当該個人以外の市民はすべて公益の増大によって一定の利益を受けることとなる。このような状態を放置しておくと，財産権を奪われた者とそれ以外の者の間に不平等が生まれることとなるので，この不平等をなくすために，損失補償が与えられることによって利害調整が図られるのである。憲法14条の平等原則がこのような考え方を支えているということができる。

第3に，後述するような生活権補償が問題になる場合には，憲法25条もその根拠として挙げられることがある。

損失補償の法的根拠　損失補償には国家賠償における国家賠償法のような一般的な法律は存在していない。土地収用法や自然公園法といった個別の法律が損失補償に関する規定を置いているにすぎず，損失補償の要否はこれらの法律の規定に従って判断されることとなる。

それでは，国が市民の権利を侵害するような立法を行ったが，当該法律には損失補償の規定がないとき，市民はどのようにして争うことができるのであろうか。この点については，以下のような2つの考え方がある。

① **直接請求権発生説**　この説によると，上記のような場合には，市民は憲法29条3項に基づいて直接損失補償を請求することができる。すなわち，憲法29条3項は，市民が損失補償を直接請求することを認めている規定であり，いわば損失補償の一般法としての役割を果たしていると理解できる。

② **違憲無効説**　損失補償の規定がない法律はそもそも憲法29条3項に違反す

る違憲無効な法律であり，当該法律が定める権利侵害を含む行政活動は実行することができない。

　わが国では，比較的行政運営をスムースに行うことができるとされる（違憲無効説をとると，補償を定めた新たな立法ができるまでは，政策を実行に移せない）直接請求権発生説が通説判例に当たると考えられる（最大判1968（昭43）・11・27【百選Ⅱ-247】）。したがって，市民は個別の法律がないときには憲法29条3項に基づいて，直接損失補償を請求することができると考えられている。

3　損失補償の要件

特別の犠牲　損失補償は適法な損失に対する金銭的補償であるが，適法な損失に対して常に損失補償が与えられるわけではない。むしろ，適法な権利侵害に対しては損失補償などの救済が行われないことが普通なのである。たとえば，課税処分は国民の財産権を制限するものだが，法律に基づいて行われていれば，損失補償が問題になることはありえないであろう。

　損失補償は，理念として，上でも述べたように，国民の平等が破壊されるような権利侵害を救済するのが目的であるから，損失が国民の間に不平等を引き起こしているようなものでなくてはならない。このような不平等を引き起こす損失を「特別の犠牲」と呼んでいる。したがって，損失補償が認められるかどうかは，主として当該損失が「特別の犠牲」に当たるかどうかというかたちで論議されることとなる。

損失補償の要件　それでは具体的に権利侵害が「特別の犠牲」とされるのはどのような場合だろうか（宇賀Ⅱ532頁以下，芝池〔読本〕433頁以下など参照）。以下では主要な考え方をまとめてみよう。

　損失補償の要否を定める，第1の基準は，当該侵害が一般的かそれとも特定のものかという基準で，形式的基準と呼ばれることがある。国民全体が負うような一般的な侵害であれば，平等原則は破壊されていないので損失補償が認められにくい方向にはたらくこととなる。もっとも，この第1基準は，曖昧であ

り，あまり大きな役割を果たしていないと考えられる。むしろ，重要なのは以下の2つの基準である。

第2の基準は，侵害の程度に関する基準であり，実質的基準と呼ばれる。すなわち，財産権を剥奪あるいは剥奪しないまでもほとんどその意味がなくなってしまうほど重大な権利制限を行うのであれば補償が認められる方向に動く。その逆に軽微な侵害であれば補償は認められにくくなる。

第3の基準が，財産権への侵害や規制の目的がどのようなものであるのかということである。とりわけ，実質的基準では補償が必要とされない，財産権の剥奪に当たらないような財産権への制限に補償が必要かを考えるときに，第3の基準が大きな意味をもつこととなる。第3の基準によると，財産権への制限が，後述する警察制限のように財産権に対する社会拘束の現れであれば補償は認められないが，逆に社会的効用とは別個に行われる制限であれば，損失補償は認められるとされる。

その他，財産権への制限が行われても，それが現状維持に当たる規制であれば補償は必要ない方向に動くとする説などもある（塩野Ⅱ389頁）。また，将来道路建設等の公共事業が予定される土地については，建物の建築が制限されることがあり，このような建築制限には損失補償は必要ないとされる。しかし，事業がなかなか行われず長期間にわたって権利制限が続くときには損失補償が必要ではないかとする説もみられる（藤田下312頁。なお，最判2005（平17）・11・1【百選Ⅱ-248】は，60年以上の権利制限につき「特別の犠牲」に当たるとはしなかった）。

いずれにせよ，これらの基準のいずれかひとつによって，損失補償の要否は決められるわけではなく，これらが総合考慮されて損失補償の要否が判断される。

警察制限 　上で紹介した第3の基準は，いわゆる警察制限や警察規制と呼ばれるケースで特によく当てはまることとなる。警察制限とは，市民の安全やあるいは公の秩序を守る目的で行われる財産権などの権利への制限のことである。判例によると，このような警察制限による権利制限は，消極目的で行われる権利制限であって，財産権に内在する制約の現れで

判例46　奈良県ため池条例事件〈最大判1963（昭38）・6・26【百選Ⅱ-246】〉

　奈良県が，水害などの災害を防止するため，ため池の堤とうの上で農作物の栽培などを禁止する規制を行う新たな条例を制定した。このため，それまでため池の堤とう上で農作物を栽培してきた者が農業を継続することができなくなったため，このような財産権への制限を損失補償なしに行うことは許されないと主張し訴訟で争った。

　最高裁は，これに対して，本件での財産権への制限は，災害を防止するためという社会生活上やむを得ない必要からくることであって，公共の福祉のためこれを受忍しなくてはならないとして，補償の必要性を認めなかった。本件の場合は権利侵害の程度という基準からすると補償を認めることもありえたが，警察制限の考え方から補償を不要とした。

判例47　ガソリンタンク移設事件〈最判1983（昭58）・2・18【百選Ⅱ-242】〉

　Xは，給油所を経営し地下にガソリンタンクを設置していたところ，国が近所の国道の地下に地下道をつくったため，地下道などの施設は地下のガソリンタンクなどから一定程度離さなくてはならないという規定（消防10条。離隔距離と呼ぶ）により，ガソリンタンクの移設工事をしなければならなくなった。Xが，この工事費用を損失補償として請求したため（ただし道路法70条に基づくみぞかき補償として請求），国との間で争いとなった。

　最高裁は，警察法規が離隔距離を保持することを定めている場合，道路工事の結果，警察違反の状態を生じて，危険物保有者が法規に適合するよう，「工作物の移転等を余儀なくされ，これによって損失を被ったとしても，それは道路工事の施工によって警察規制に基づく損失がたまたま現実化するに至ったものにすぎず」，このような損失は，道路法70条でいう損失補償の対象とならないとした。

あるから，損失補償の対象とはならないと考えられてきた。たとえば，判例46と判例47が，そのような考慮に基づいて損失補償を否定している典型的なケースであるといえるであろう。

4　損失補償の内容

相当補償と
完全補償

　憲法29条は「正当な補償」としているのみで，具体的にどの程度の補償が必要かについての規定は置いていない。こ

の点について憲法が要求する「正当な補償」とはどの程度のものかについては
2つの学説がある。第1が，完全補償説と呼ばれる説であり，発生した損失は
すべて補償されるべきとする考えである。第2が相当補償説と呼ばれる説で，
補償額は社会的通念に従って客観的に公正な補償で足りるとする説で，具体的
には完全補償よりも低い補償額を認める。相当補償を認めた判例があるが（最
大判1953（昭28）・12・23【百選Ⅱ-243】），これは例外的な場合と考えるべきで，
通常は完全補償が必要と解するのが妥当である。

> **土地収用法に
> おける損失補償**

　それでは土地収用法を例にとって，損失補償の内容をみ
ておこう（土地収用手続については，本書102頁の**コラム⑥**参
照）。土地収用において完全補償とはどのような額になるのか。判例によると，
土地所有権の収用が問題となるケースでは，「収用の前後を通じ被収用者の財
産価値を等しくならしめるような補償」であり，「金銭をもって補償する場合
には，被収用者が近傍において被収用地と同等の代替地等を取得することをう
るに足りる金額」とされている（最判1973（昭48）・10・18【百選Ⅱ-245】）。

　土地収用において特に問題となるのが，どの時点の地価を基準として考える
かという点である。というのも，地価は公共事業などの影響を受けて大きく変
動することがありうるため，どの時点の土地価格を基準にして補償額を決める
かで実際に支払われる金額に大きな違いが生まれるからである。そこで，現在
の土地収用法は，権利取得裁決時ではなく事業認定の時を基準として計算する
としており（土収71条），このような考え方は事業認定時主義と呼ばれる。多く
の場合には，事業認定後，権利取得裁決時までに公共事業の影響で地価が上昇
することになるが，そのような公共事業の影響での地価上昇分については補償
の対象とはしない趣旨である。もっとも，そうすると，周辺の地価が上昇して
しまった結果，被収用者は「近傍において被収用地と同等の代替地等を取得」
はできなくなってしまい，事業認定時主義が憲法29条3項に反するのではない
かという考え方もありえたが，判例は，事業認定時主義を採用した土地収用法
71条を合憲としている（最判2002（平14）・6・11民集56巻5号958頁。ただし，同判
決の問題点について，塩野Ⅱ393頁参照）。

　土地収用法では，補償の対象となるのは，上記のような土地所有権や賃借権

などの権利そのものを補償する損失補償だけではなく，土地収用に伴って発生
する付帯的な損失を補償することもある。たとえば，移転のための費用（同77
条）や離作料や営業の中断に対する損失の補償など（同88条）である。これら
は付帯的な損失であるが，「完全補償」の対象に含まれるものと考えられてい
る。

　また，先祖代々住み続けた愛着のある土地を離れることに対する精神的な損
失などは，通常，損失補償の対象とはならないと考えられている。

　生活権補償　たとえば，大規模なダムが建設されるなどしたときには，
農林業などが産業の中心であった町や村の大半の土地が水
没してしまうことがありうる。このような場合，水没した土地の対価に対して
のみ損失補償を与えたのでは充分な救済になるとはいえない。というのも，こ
のような場合，生活の基盤自体が消滅しているため，土地の補償だけでは従来
と同じ生活を再開することはできなくなってしまうからである。したがって，
土地などの対価にとどまらず，より広範に，損害をこうむった住民の生活再建
を助けるような救済策が必要となってくる。そこで生活権補償と呼ばれる救済
が行われる。たとえば，再就職までの救済として与えられる離職者補償，少数
残存者補償，生活再建措置などさまざまな例がみられる。

　これらの生活権補償と呼ばれる補償は，法律で規定されている例もみられる
が，それらの規定は，起業者に一定の努力義務を課しているにすぎない（たと
えば，土収139条の2）。また，判例は，生活権補償は，憲法29条が要求する正当
な補償には当たらないとしているため，直接，憲法29条に基づいて生活権補償
を請求することも困難とされる。

　撤回と損失補償　公益的な理由によって，市民にとって利益的な行政行為
が撤回されるときに，損失補償が必要とされることがあ
る（本書114頁参照）。この問題は，いわゆる行政財産の目的外使用許可の撤回
に対して，損失補償が必要とされるかあるいは必要とすればどのくらいの補償
額になるかというかたちで議論の対象となってきた。目的外使用許可とは，行
政がもっている財産で公的な目的のために使われる財産を一定の場合に市民に
対して使用を認める行為である。たとえば，役所の建物の一部を使って民間業

者に食堂やコンビニなどの出店を認めるようなケースがありうる。このとき，公益上の必要性（たとえば，人口増加により行政の仕事が増えて部屋がたくさん必要になったなど）があれば，民間企業に与えていた目的外使用許可を撤回し当該スペースを行政が使おうとすることがありうるが，その民間業者に損失補償を行わなくてはならないかということが問題になるのである。

　この点について，最高裁は，特別の事情がない限り，通常の賃借権に対する補償に当たるような額の補償は，目的外使用許可の撤回に対しては不要であるとの立場をとっている（最判1974（昭49）・2・5【百選Ⅰ-87】）。もっとも，この判決は使用権に対する補償は不要としているだけで，突如使用許可の撤回を受けた民間業者が受けた損失に対しては一切補償が不要であるとしているわけではないと考えられる。たとえば，引っ越し先を調べるための調査費や一定期間商売ができなくなることに対する補償はむしろ必要と考えるべきであろう（宇賀Ⅰ402頁）。

3 結 果 責 任

　これまで述べてきたように，行政からの侵害に対する金銭的な救済制度としては国家賠償と損失補償があるが，両者のいずれの制度を適用しても救済が行われないことがありうる。たとえば，国家賠償責任は違法と過失という要件をもっているが，違法無過失の行政活動により権利侵害を受けたときには，違法であるから損失補償の救済対象とはならないし，無過失であるから国家賠償の対象ともならないため，救済を受けることができなくなってしまう。また，国家賠償法で救済される領域に該当する損害であっても，過失の立証が困難であるなどの理由で救済がなかなかできないとか，訴訟による救済は時間や費用がかかるため，より簡易迅速な救済手段が必要ということもあるであろう。

　このような場合に設けられてきたのが結果責任と呼ばれる国家補償の分野である。この領域は，類型上は，国家賠償，損失補償とならぶ国家補償の一領域であるが，さまざまな個別の法律がパッチワークのように存在しており，他の2類型のように一貫した内容をもつ領域ではない。いわば，国などによる救済を認めるさまざまな法制度であって，国家賠償にも損失補償にも収まりきらないものの集合体と考えることができる。具体的な例としては，誤判による被害者を救済するための刑事補償法や，公務災害についての補償を定めた国家公務員災害補償法といった法律がみられる。

　予防接種禍事件　以上のように立法によって結果責任が認められる場合は別であるが，救済を規定する個別の立法がみられない場合や，あるいはたとえあっても補償額が低額であるなど充分な救済が与えられない場合はどのように考えればよいのか。この点で重要な事例が **判例48** のような予防接種禍事件である。

　判例48 のような解決は，損害賠償では救済しきれず，かつ立法による救済も不備であるが，被害者に落ち度があるわけではなく，衡平の観点からすれば何らかの救済が必要と考えられる場合，すなわち**図1**にみられるような「賠償と

> **判例48** 東京予防接種禍事件〈東京地判1984（昭59）・5・18重判昭和59年49頁〉
>
> 　戦後のわが国では数々の伝染病が広がり多数の犠牲者が出ていた。これに対処するため，国は罰則を設けるなどして国民に対して接種を義務づける法律を定めた。そのため伝染病の患者数は減少したが，予防接種の重篤な副反応のため死亡するなどの被害が増大し，70年代から国の責任を追及し，損害賠償を求める集団訴訟が東京・大阪・名古屋・福岡の４つの地裁で提起された。本件はこれらの諸判決の最初のものである。予防接種は，たとえ注意義務を相当尽くしていても，必ずしも被害を防止することができないことがあるため，過失の立証が困難であり，国賠法に基づいて損害賠償を認めることが困難なケースがみられた。
>
> 　東京地判は，一般社会を伝染病から防衛するという公益のために，一部の被害者が特別の犠牲を強いられたことと，財産上の利益よりも生命身体という利益を比較した場合，憲法上，後者を前者よりも不利益に扱うことはできないとの認識のもとに，憲法29条を類推適用することによって，予防接種の被害者らに対して損失補償による救済を認めた。

補償の谷間」を救済するために，従来は財産的な侵害を対象としていた損失補償の枠組みを生命身体といった利益にまで拡大して救済を認めたものと考えられる。けれども，控訴審である前掲（本書224頁）東京高判1992（平4）・12・18は生命や身体に対する侵害には損失補償は適用できないとして，東京地判のような解決をとらなかった。もっとも，東京高判は損失補償による救済は認めなかったものの，過失の判断をかなり緩和し国賠法による救済を拡大しており，被害者救済という点では東京地判とそれほど違いがあるわけではない。これらの２つの判決は，**図１**のような「賠償と補償の谷間」を救済するためには，立法による場合を除くと，同一の領域に損失補償を拡大するかあるいは国家賠償を拡大するかのいずれかのやり方によって行われざるをえないということを示している。

図１　「賠償」と「補償」の谷間

国家賠償　　結果責任　　損失補償

Ⅵ 市民の法的地位の保護 ②
苦情処理・行政不服申立て・行政訴訟

国葬差し止め訴訟に壁
国支出の是非 問う規定なし
違憲・違法問い「一定の意義」

朝日新聞 2022.9.3

Introduction

　閣議決定に基づく元首相の国葬をめぐって，それに反対する国民が思想・良心の自由や人格権などが侵害されると主張して，各地で国葬の開催やそれにかかわる予算執行の差止めを求める行政訴訟などが提起された。自治体の違法な公金の支出について住民は行政訴訟の１つである住民訴訟（地方自治法 242 条の２）で争うことができるが，国レベルではこの種の訴訟は認められていない。裁判でも，国の予算執行等の差止めを求める訴えは退けられている。第Ⅵ部では，行政訴訟の種類，各訴訟の要件，審理のあり方などのほか，苦情処理制度や行政不服審査制度についても学ぶ。

1 苦情処理制度

1　はじめに

　行政活動によって生じた不利益から市民の法的地位を保護する方法として
は，本書*V*（215頁以下）で学んだ行政活動により市民が受ける損害や損失を塡
補する国家補償のほかに，行政活動そのものの是正を求める行政争訟がある。
行政争訟とは，行政上の法律関係に関する争訟を意味し，これには行政機関に
救済を求める行政不服申立てと裁判所に救済を求める行政訴訟がある。なお，
両者をまとめて広義の行政争訟といい，行政不服申立てを狭義の行政争訟とい
うことがある。このほか，両者を補完する市民の権利救済システムとして苦情
処理制度がある。

2　苦情処理制度の意義と特色

　苦情処理とは，公的機関が行政に対する市民からの苦情や
不満を聞き，簡易な手続によりその解決を図ることをい
う。これまでの行政法学は，苦情処理を行政上の苦情処理，つまり行政機関に
よる苦情処理に限定して考察してきた。しかし，行政法学の目的が，公正な行
政運営を確保し，市民の法的地位を保護することにあるとすれば，行政機関に
よる苦情処理に限定することなく，議会等による苦情（請願）処理をも含めて
苦情処理制度の意義を考える必要があろう。

　憲法16条は，何人にも請願権，すなわち平穏に請願する権
利を保障するとともに，請願に関する一般法である請願法
5条が，あらゆる官公署に申立事項を限定することなく請願の「誠実な処理義
務」を課している。請願には苦情や要望等も含まれると解されるため，苦情処

苦情処理とは

憲法上の根拠

理制度の根拠もこの憲法規定に求めることができよう。

　請願権の具体的内容や「誠実な処理義務」の意義については，必ずしも明らかではない。明治憲法下では，請願権は単に公的機関に苦情や要望等を申し立てる，いわば恩恵的な権利と解されてきた。しかし，民主的法治国家における現行憲法下の請願権は，何人にも請願を申し立て，審理を求める権利だけでなく，その処理（結果）について回答を求める権利を保障していると理解すべきであろう。このように解した場合でも，請願に対する不利益的回答に理由を提示する義務があるかどうかが問題になるが，理由提示がなければ市民は請願が審理（誠実に処理）されたかどうかを判断できないことを考えると，積極的に解すべきであろう。

苦情処理の特色　苦情処理は，行政不服申立てや行政訴訟に比べると，基本的に苦情の内容，申立人の資格，申立期間に制限がなく，費用や手間もかからないというメリットがあり，また，紛争の予防や公的機関と市民との対話（市民参加）に資する側面をもっている。しかし，公的機関が，市民からの苦情に対してどのような措置を講ずるかは公的機関の判断に委ねられているため，救済システムとしては確実性に欠ける。

3　行政機関による苦情処理

　行政機関による苦情処理は，事実上，各省庁や役所の窓口で日常的に行われているが，法律がそれを行政機関の所掌事務のひとつとして明記することも少なくない（警79条等）。なお，行政機関による苦情処理には，市民間に生じた苦情をも対象とするものもあるが（公害紛争49条等），ここでは市民の法的地位の保護および適正な行政運営の確保の観点から，特に行政機関についての苦情を行政機関が処理する場合だけを取り上げることにする。

総務省行政評価局　行政機関による苦情処理の中で，最も一般的で包括的であるのは，総務省によるものである。総務省行政評価局およびその地方支分部局は，国の行政機関等の業務の実施状況の評価および監視を行うとともに，行政機関の業務に関する苦情の申出について必要な

コラム⑪　行政型 ADR

ADR とは，Alternative Dispute Resolution の略称であり，裁判外紛争処理（制度）あるいは代替的紛争解決（制度）などと訳される。これは，中立的な第三者が，判決などの裁判によらず，紛争当事者の主張を整理し，調停，仲裁，あっせんのような方法により紛争を処理することをいう。ADR は，一般に司法型，行政型，民間型に大別される。司法型の例として，家事調停や民事調停がある。民間型は，さらに PL センターのように業界団体が運営するものと弁護士会仲裁センターのようにその他の民間団体が行うものに分けられる。行政型 ADR は，行政機関により行われる裁判外紛争処理であり，その典型例として公害等調整委員会，中央労働委員会，中央建設工事紛争審査会などが挙げられる。

また，ADR の手法には，裁断型と調整型があり，前者は，仲裁や裁定のように第三者が示した判断を受諾することにより，紛争の解決を図る手続であり，後者は，あっせんや調停のように第三者が解決案を示し，当事者の互譲と合意による解決を図る手続であるといわれる（大久保規子「行政機関による ADR」行政法の争点〔第 3 版〕（2004 年）100 頁）。ここでいう苦情処理は，行政型 ADR には含まれないとする見解もあるが，調整型 ADR と総務省のあっせんやオンブズマンの勧告による紛争処理（苦情処理）との違い，さらには裁断型 ADR と行政審判（本書282頁以下）との違いは必ずしも明らかではない。

あっせんを行っている（総務省設置法 4 条15号，総務省組織令 6 条 6 号・43条）。この苦情処理は，「行政苦情あっせん取扱要領」に基づいて，以下のような手続で行われる。

市民は，行政に対する苦情を総務省管区行政評価局等に，または全国の市町村に置かれている行政相談委員を通じて申し出ることができる（同 2 条・4 条，行相委 2 条）。苦情の申出があったとき，これらの機関は，事情を聴取し，関係機関等に対する照会等により苦情の実態を明らかにすることになる（要領 5 条・10条）。その結果，苦情に理由があると認めるときは，関係機関等に対し，苦情の内容を連絡し，必要があると認めるときは意見を付してあっせんを行うことになる（同11条）。この「あっせん」とは，申出人と関係行政機関等との間を仲介し，苦情が自主的に解決されるよう促進するものにすぎず，

関係機関等を法的に拘束するものではない。関係機関があっせんについて措置等を講じたときには，行政評価局等はその内容を苦情申出人または行政相談委員に通知することになる（同12条）。

　総務省は，他の行政機関の業務の評価・監視を行っており（本書214頁），これと有機的に連携して苦情処理が行われれば，行政運営の改善等に資するといえよう。しかし，他方で，この苦情処理は，あくまでも行政の内部的統制にとどまる点で限界があり，また市民にとって重要な苦情処理手続が行政の内部規律である訓令により定められているといった問題もある。

4　議会による請願処理

　市民は，国会の衆参両議院および地方議会に対して請願することができる。議会に対する請願は，文書で行わなければならず，しかも議員の紹介が必要である（国会79条，地自124条）。国会に対する請願を例にとると，各議院に請願が提出されると，委員会において審査され，本会議で請願を採択するかどうかが議決されることになる（国会80条）。特に，衆議院の決算行政監視委員会と参議院の行政監視委員会は，行政についての苦情と行政監視・評価を所管する重要な委員会である（本書212頁）。請願の内容は，基本的に議会の権限に関する事項であるが，採択した請願で内閣において措置するのを適当と認めたものは，内閣に送付し，内閣は請願処理の経過を毎年議院に報告する義務がある（国会81条）。議会は，国政調査権等を通じて行政を統制する立場にあるため，行政に関する議会による請願処理が有効にはたらく可能性がある。ただ，請願権との関連では，国会法等が議員の紹介を請願の要件とし，また請願者への回答を義務づけていないなど問題が多い。

5　オンブズマン

オンブズマンの意義　オンブズマンとは，公正中立的な立場から，市民からの行政に関する苦情を処理し，自ら行政を監視す

る公的機関である。これは，1809年にスウェーデンにおいて誕生したものであり，今日オンブズマン（Ombudsman）とは，行政監視員というような意味で理解されているが，オンブズマンという名称をそのまま用いるか，あるいはオンブズパーソンと呼ばれることが多い。

　わが国では，国のレベルでこの制度の導入が何度か検討されたものの実現していない。他方，地方公共団体レベルでは，1990年11月に川崎市がわが国で初めて行政一般を対象とする一般オンブズマンを設置している。その後，各地で同種のオンブズマンが導入されてきており，また福祉オンブズマンのように特定の行政領域を対象とする，いわゆる特殊オンブズマンも設けられている。

オンブズマンの特色　オンブズマンには，議会に設置される議会型オンブズマンと行政府に設置される行政型オンブズマンがある。行政をコントロールするオンブズマンの役割からして，議会型オンブズマンが理念型であるとされている。行政型オンブズマンは，行政機関による苦情処理に，議会型オンブズマンは，議会による請願処理にそれぞれ類似する制度といえる。ただ，議会型であれ，行政型であれ，重要なことは，職権行使の独立性，身分保障，政治的中立性といったオンブズマンの公正中立性（第三者機関性）を法令により確保することであろう。

川崎市の市民オンブズマン　次に，法的にみて完成度の高い川崎市の市民オンブズマン制度（1990年川崎市条例22号）をみてみることにしよう。

　市民オンブズマンは2人で構成され，市長が議会の同意を得て委嘱することになっている（条例7条1項・2項）。委嘱に議会の同意を要件としているのは，市長の恣意的任用を防止する趣旨である。また，オンブズマンの職権行使の独立性（同4条1項・5条）や政治的中立性（同4条3項・10条1項）が確保されるよう配慮されており，身分的にも保障されている（同9条）。川崎市の場合，オンブズマンは，市長の附属機関として設置されている（地自138条の4第3項参照）。川崎市のみならず，わが国では行政型オンブズマンが一般化している。その理由は，地方自治法が附属図書室以外の議会の附属機関の設置を予定していないことにあるといわれるが，法律が予定していないために議会型オンブズ

マンを設置できないと考えることには，憲法が保障する自治権との関連で疑問が残る。

苦情処理手続　川崎市の住民に限らず，何人でも，川崎市の行政に関し市民オンブズマンに苦情を申し立てることができる（条例11条）。ただし，苦情の内容は申立人自身の利害にかかわるものに限定されており（同13条1項2号），しかも正当な理由がない限り，苦情の内容が当該苦情に係る事実のあった日から1年を経過しているときは，オンブズマンの調査の対象にはならない（同項3号）。

　市民オンブズマンは，市民から苦情の申立てがあった場合に調査を開始するだけでなく，自ら事案を取り上げ調査する権限をも有する（同3条1号・2号）。調査権は，関係機関に対する説明要求，書類等の閲覧・提出の要求，実地調査などである（同15条）。調査の結果，オンブズマンが必要と認めるときは，関係機関に対し是正等の措置を講ずるよう勧告し，または制度の改善を求めるための意見を表明することになる（同17条1項・2項）。勧告・意見表明に法的拘束力はないが，勧告を受けた機関は，是正等の措置についてオンブズマンに報告する義務がある（同19条1項・2項）。調査結果は，苦情申立人に速やかに通知され，また，勧告等の内容は市民にも公表される（同19条3項・20条1項）。さらに，オンブズマンは，この制度の運営状況について市長および議会に毎年報告するとともに，これについても市民に公表することになっている（同22条）。

　以上のように，川崎市の市民オンブズマン制度は，行政型オンブズマンの是非，苦情申立期間等なお検討すべき点もあるが，従来の苦情処理制度と比較して，苦情処理機関の公正中立性が確保され，苦情処理手続が条例により明確に定められるなど，既存の行政救済制度を補完する市民の権利救済システムとしてより優れたものになっている。また請願権との関連でも，現行の苦情処理制度の中でその趣旨をよく反映しているといえる。

2 行政不服申立て

1 行政不服申立ての意義と特色

行政不服申立て
の意義

行政不服申立てとは，行政庁の処分その他公権力の行使に当たる行為に関し不服のある者が，行政機関に対し不服を申し立て，行政庁の違法または不当な行為を是正し，自己の権利利益の救済を図ることをいう。苦情処理制度が請願権（憲16条）によって根拠づけられ，行政訴訟が法治主義や裁判を受ける権利（憲32条）によって根拠づけられるのに対し，行政不服申立制度は，憲法から一義的に導かれるわけではなく，この制度を設けるかどうか，その内容をどのようにするかは，広範な立法裁量に委ねられていると考えられている（塩野Ⅱ8頁参照）。ただ，この制度は，苦情処理制度と行政訴訟制度の中間に位置するとみることができ，また，そういった観点からこの制度を憲法上基礎づけることが可能である。

行政不服申立て
の特色

まず，苦情処理制度と比較してみると，行政不服申立ては，市民の申立てに基づいて行われる行政機関による救済という点で，行政機関による苦情処理と共通する。しかし，不服申立てでは，不服申立ての資格，対象，期間等がかなり制限されるが，苦情処理制度においては基本的にそのような制限はない。さらに，行政不服申立てでは，不服申立てに対する行政機関の判断がさまざまな法的効力をもつのに対して，苦情処理制度におけるあっせんや勧告は事実上の行為であって，そのような効力は認められない。

次に，行政訴訟と比較した場合には，以下のような特色がみられる。まず，両者は，違法な行政活動を是正し市民の権利利益の救済を図る点で共通するが，行政訴訟が裁判所による救済であるのに対し，行政不服申立ては行政機関による救済であって，行政の内部的統制としての性格が強い。このことはま

た，さまざまな点で両者の違いをもたらしている。行政不服申立ては，行政機関が行政の内部統制的立場から行政活動の適否を判断するため，行政訴訟のように当事者主義を前提とした弁論主義をとらず，基本的に書面審理主義や職権主義を採用しており，審理の公正さや市民の権利利益の救済という観点からすると行政訴訟には及ばない。しかし，行政不服申立ては，市民の簡易迅速な救済手段であり，また審理の対象も訴訟のような違法な行政活動の是正に限られず，不当な行政活動をもその対象とするなどの長所をもっている。

2　行政不服審査法

　行政不服申立てについては，1890年の訴願法により定められていたが，それは内部監督的性格が強く，また訴願事項についても列記主義がとられるなど，市民の権利利益の救済という観点からすると不十分なものであった。そこで，訴願制度の不備欠陥を是正するために，1962年に行政不服申立てに関する一般法として制定されたのが行政不服審査法（以下，行審法）である。

　　　　　　　　　　　　　　その後，行審法が大きく改正されることはなかった
行審法の全面改正
　　　　　　　　　　　　　　が，2014年に公正性の向上，使いやすさの向上，国民の救済手段の充実・拡大の観点から全面改正され，2016年4月1日から施行されることとなった。また，この改正に伴い，行審法の特例を定めていた関係法律の改正も行われている（「行政不服審査法の施行に伴う関係法律の整備等に関する法律」（以下，整備法）参照）。

　行審法の主な改正点は，①国民からの不服申立てがあった場合に，その不服について処分に関与しない審理員（職員）が，国民と処分庁の主張を公平に審理すること，②審理員が裁決の案を審査庁に提出し，これを受けた審査庁は，有識者からなる第三者機関（国の場合には，行政不服審査会）に諮問をし，その答申を経て裁決をすること，③証拠書類等の謄写，処分庁への質問など審理手続において審査請求人の権利を拡充すること，④改正前の「異議申立て」の手続を廃止し，不服申立手続を「審査請求」に一元化すること，⑤審査請求期間を60日から3か月に延長すること，⑥標準審理期間の設定，争点・証拠の事前

コラム⑫　租税に関する不服申立て

　国税に関する法律に基づく処分（課税処分や滞納処分など）等に対する不服申立てについては，国税通則法（75条〜113条の2）が定めている。それによると，税務署長，国税局長または税関長（以下，税務署長等）がした処分に不服がある者は，その処分をした税務署長等に対する再調査の請求か，国税不服審判所長に対する審査請求のいずれかを選択して申し立てることができる（同75条1項1号）。そして，再調査の請求をした者が，再調査の請求に対する判断（決定）を経たのちの処分になお不服があるときは，国税不服審判所長に対し審査請求をすることができる（同条3項）。また，国税庁長官がした処分については国税庁長官に，国税庁，国税局，税務署及び税関以外の行政機関の長またはその職員がした処分については国税不服審判所長に，それぞれ審査請求をすることができる（同項2号・3号）。

　国税不服審判所は，国税に関する法律に基づく処分に対する審査請求について専門的に判断（裁決）する機関であり（税通78条1項），国税庁に置かれている（財務省設置法22条1項）。その長である国税不服審判所長は，国税庁長官が財務大臣の承認を受けて任命することになっている（税通78条2項）。なお，地方税に関する処分に対する不服申立てについては，地方税法は若干の規定を設けているだけで，基本的に行政不服審査法が適用されることになる（地税19条）。

整理手続の導入などにより迅速な審理を確保すること，である。

　このほか，行審法の改正後も，個別の法律で行政不服申立てについて定めている場合も少なくないが（コラム⑫），以下では新たな行審法の内容を概観してみることにしよう。

(1) 不服申立ての目的

　行審法は，「行政庁の違法又は不当な処分その他公権力の行使に当たる行為に関し，国民が簡易迅速かつ公正な手続の下で広く行政庁に対する不服申立てをすることができるための制度を定めることにより，国民の権利利益の救済を図るとともに，行政の適正な運営を確保すること」を目的としている（同1条1項）。

行審法が，行政事件訴訟法とは異なり，行政の適正な運営の確保をも目的として明記しているのは，前述のように行政不服申立制度の自己統制的性格のあらわれといえる。また，2014年の改正では，新たに「公正な」手続が付加されているが，これは改正の趣旨・目的のひとつが「公正性の向上」にあるためであ

る。

　行審法は，行政庁の処分その他公権力の行使に関する不服申立てについての一般法としての性格を有しており（同条2項），他の法律に特別な規定がない限り同法が適用される。

(2)　不服申立ての種類

　不服申立てには，審査請求，再調査の請求，再審査請求の3つがある。

　審査請求　審査請求が不服申立ての基本類型であり，行政庁の処分・その不作為に不服がある者は，法律（条例に基づく処分については，条例）に特別な定めがない限り，基本的に処分庁・不作為庁の最上級行政庁に対して審査請求をすることになる（行審2条・4条4号）。ただし，①処分庁等（処分庁と不作為庁）に上級行政庁がない場合は当該処分庁等に，②主任の大臣・宮内庁長官・外局である庁の長など（主任の大臣等）が処分庁等である場合は主任の大臣等に，③主任の大臣等が処分庁等の上級行政庁である場合（①②の場合を除く）は主任の大臣等に，それぞれ審査請求をすることになる（同4条1号-3号）。

　なお，判例によれば，自治体が設置する地方公営企業による業務の執行に関する処分に対する審査請求は，地方公営企業法の解釈上自治体の長ではなく当該企業の管理者にすることとなる（最判2021（令3）・1・22【百選II-131】）。

　再調査の請求と再審査請求　不服申立てが審査請求に一元化されたことにより，再調査の請求と再審査請求は，法律が特に定めた場合に，例外的に認められる。再調査の請求は，行政庁の処分につき処分庁以外の行政庁に審査請求ができる場合に処分庁に対して行う不服申立て（行審5条1項）であり，租税に関する処分など大量の処分が行われる場合などに，処分庁が簡易な手続で処分を見直すための手続である。これに対して，再審査請求は，行政庁の処分につき審査請求についての判断（裁決）に不服である者が，法律の定める行政庁に対してさらにもう一段階行う不服申立て（同6条）である。再審査請求は，社会保険や労働保険など審査請求を経たのちの救済手続としてなお意義があるものについて認められている。行政庁の不作為については，審査請求の場合と異なり，再調査の請求および再審査請求の対象とはならない（同3

条・5条・6条参照）。

　個別法が再調査の請求を認めている場合でも，再調査の請求と審査請求のい
ずれを選択するかは市民の自由である（同5条1項但書）。ただし，再調査の請
求をしたときは，基本的にその判断（決定）を経たのちでなければ，審査請求
をすることができない（同条2項本文）。また，再審査請求についても，審査請
求を経たのちに，再審査請求をするか裁判所へ出訴するかは，市民の自由選択
である。

(3)　不服申立ての要件

　不服申立てを適法に提起するためには，一定の要件を充たす必要がある。

　不服申立ての対象　行審法は，不服申立ての対象について，一般概括主義
を採用している（行審4条1項）。しかし，行政機関の
行うすべての行為が対象となるわけではなく，「行政庁の違法又は不当な処分
その他公権力の行使に当たる行為」（同1条1項），または「行政庁の不作為」
（同3条）に限られる。一方，行審法7条は，審査請求の対象とならない処分・
不作為を列記している。ただし，同条で適用除外とされている処分・不作為で
あっても，個別の法律で特別の不服申立制度を設けることは認められている
（同8条）。行審法7条の適用除外との関係では，特に同条2項所定の「固有の
資格」が問題になる（本書187頁参照）。すなわち，国の機関または地方公共団
体その他の公共団体もしくはその機関が，固有の資格（一般市民が有していない
資格）で相手方となる処分（不作為を含む）について，審査請求をすることはで
きない。これに関し，最高裁は，県知事による国の機関に対する公有水面埋立
承認を固有の資格で相手方となる処分ではないとした（最判2020（令2）・3・26
【百選Ⅱ-130】）。

　行審法は，ここでの「処分」が何を意味するか明らかにしていないが，それ
は行政事件訴訟法でいう処分（3条2項など）と同じ意味であり（本書297頁以
下），ほぼ講学上の行政行為（本書87頁以下）に該当すると考えられている。ま
た，改正後の行審法は明記していないが，処分には，公権力の行使に当たるも
ので，人の収容，物の留置その他その内容が継続的性質を有するものも含まれ
る。この継続的性質を有する権力的事実行為の例として，精神障害者の入院措

置（精神29条 1 項），不法入国者の強制退去前の収容（出入国39条 1 項），旅客・乗組員の携帯品の留置（関税86条 1 項）などがある。なお，2014年の行審法改正とともに改正された行政手続法により，事実行為でも，法令違反行為の是正を求める行政指導については，行政指導の相手方は，当該行政指導の中止等を求めることができることとなった（36条の 2。本書137頁・192頁）。

　「不作為」とは，行政庁が法令に基づく処分についての申請に対し，当該申請から相当の期間が経過したにもかかわらず，何らの処分をもしないことをいう（行審 3 条）。ここでは「法令に基づく申請」が前提とされている。次に，「相当の期間」とは，個別の事案により異なるが，一般に社会通念上または事務処理上の常識からみて必要とされる期間をいう。

　不服申立ては，行政の自己統制的性格を有しているため，法令に違反する「違法」な処分のみならず，「不当」な処分をも対象としている。不当とは，行政庁の裁量処分が裁量権の範囲内にあるものの公益判断を誤ることをいう。もちろん，裁量権の範囲を超えてしまえば違法となる（行訴30条参照）。不服申立てで不当と判断されることは極めて稀であるが，たとえば青色申告の承認取消処分をその不当を理由に取り消した事例（国税不服審判所裁決2010（平22）・12・1 裁決事例集81号339頁）がある。

　不服申立適格　不服申立ては，正当な資格を有する者だけが提起することができる。「処分」について不服申立てができるのは，行政庁の処分に不服のある者である。処分に不服のある者とは，違法または不当な処分により直接自己の権利利益が侵された者をいう。したがって，処分の相手方はもちろんのこと，第三者であっても直接自己の権利利益が侵されていれば不服申立てを行うことができる。これに関連して，地方自治法127条 1 項に基づく地方議会の議員資格決定に対する審査請求適格の範囲が問題になった事例において，最高裁は，決定の名宛人でない議員の不服申立適格を否定した（最判1981（昭56）・5・14民集35巻 4 号717頁）。また，**判例49**では一般消費者の不服申立適格を否定している。これに対し，第三者である国税徴収法39条所定の第二次納税義務者の不服申立適格を肯定したものとして，最判2006（平18）・1・19【百選Ⅱ-129】がある。

最高裁は，主婦連合会の不服申立適格を行政事件訴訟法上の原告適格（本書305頁以下参照）と同様に厳格にとらえ，これを否定しているが，学説ではこれに批判的見解が多い。たとえば，不服申立制度の目的である適正な行政運営の確保という点を重視し，不服申立適格を原告適格よりも広く認め，他に適格者がいないような場合には，一般消費者にも不服申立適格を認めるべきであるとする見解や，一般消費者に不服申立適格はないとしても，少なくとも消費者の利益を適切に代表するに足るだけの資格をもつ団体には，それが認められるべきであるとする見解が唱えられている（本書309頁）。また，2004年の行政事件訴訟法の改正で原告適格の解釈指針が設けられ（行訴9条2項），実質的に原告適格が拡大されることになったが，この指針は，最高裁のように不服申立適格と原告適格を同様に解したとしても，不服申立適格にも適用されその範囲が拡大されることになる（宇賀Ⅱ45頁）。

他方，「不作為」について不服申立てができるのは，法令に基づき行政庁に対し処分についての申請をした者である（行審3条）。申請した者であれば，申請が適法であるか不適法であるかは問題にならない。

なお，不服申立ては，代理人によってもすることができる（同12条1項・61条・66条1項）。代理人は，不服申立人のために不服申立てに関する一切の行為

判例49 主婦連ジュース不当表示事件〈最判1978（昭53）・3・14【百選Ⅱ-128】〉

公正取引委員会Yは，日本果汁協会等の申請に基づき，果実飲料等の表示に関する公正競争規約を認定した。規約では，果汁含有率5％未満または果汁を含まない飲料については，その旨の表示に代えて「合成着色飲料」，「香料使用」等とのみ表示すればよいことになっていた。これに対して，主婦連合会Xらは，当該規約の認定が，不当景品類及び不当表示防止法（景表法）の規定に違反するとして，Yに不服を申し立てた。しかし，Yは，Xらには不服申立適格がないとしてこれを却下する審決をした。そこで，Xらはこの審決の取消しを求めて東京高裁に出訴したが，同じ理由で請求が棄却されたために最高裁に上告した。

最高裁は，景表法の規定によりXら一般消費者が受ける利益は，同法の規定の目的である公益の保護の結果として生ずる反射的利益ないし事実上の利益であって，個人的な利益を保護することを目的とする法規により保障される法律上保護された利益とはいえないとして，上告を棄却した。なお，現在では，無果汁飲料について，「無果汁」の表示が義務づけられている。

をすることができるが，不服申立ての取下げは特別の委任がなければ，することができない（同12条2項・61条・66条1項）。

| 不服申立期間 | 法的安定の観点から，不服申立てには不服申立期間が設けられている。処分に対する審査請求は，権限ある行政庁 |

（審査庁）に対し，正当な理由があるときを除き，処分があったことを知った日の翌日から起算して3か月以内にしなければならない（行審18条1項）。これは主観的請求期間ともいわれる。ただし，当該処分について再調査の請求をしたときは，それについての判断（決定）があったことを知った日の翌日から起算して1か月以内に審査請求をすることになる（同項本文括弧書）。また，審査請求は，正当な理由があるときを除き，処分（再調査の請求をしたときは，それについての決定）があった日の翌日から起算して1年を経過すると，できなくなる（同条2項）。これは客観的請求期間ともいわれる。

不作為には請求期間はなく，不作為が続く限り審査請求ができる。

なお，処分について，再調査の請求の主観的・客観的な請求期間も，審査請求と同様である（同54条）。再審査請求についての主観的請求期間は1か月であり，客観的のそれは1年である（同62条）。いずれの請求期間も，正当な理由があれば延長されうる。

主観的請求期間でいう「処分があったことを知った日」とは，処分の通知等の方法により処分の存在を現実に知った日を意味する（本書292頁参照）。これとの関連で，最高裁は，都市計画事業の認可のように，処分が個別の通知ではなく告示という方法で多数の関係者等に画一的に告知される場合には，処分があったことを知った日とは告示があった日をいうとしている（最判2002（平14）・10・24【百選Ⅱ-127】）。しかし，学説では，あくまでも現実に処分を知った日と解すべきとする見解が有力である（宇賀Ⅱ47頁参照）。

(4) 不服申立ての開始

行審法は，審査請求を中心に規定しているため，以下では主に審査請求について概観することとする。

| 審査請求書の提出 | 審査請求は，他の法律（条例に基づく処分については，条例）に口頭ですることができる旨の定めがある場合を |

除き，審査請求書を提出して開始されることになる（行審19条１項）。処分についての審査請求書には，審査請求人の氏名・住所，処分の内容，審査請求の趣旨・理由，処分庁の教示の有無・その内容等を記載する必要がある（同条２項）。不作為の場合には，審査請求人の氏名・住所，不作為に係る処分の申請内容・その年月日等を記載することになる（同条３項）。また，審査請求をすべき行政庁が処分庁等と異なる場合には，処分庁等を経由して審査請求をすることができる（同21条１項）。

　審査請求書に不備がある場合は，相当の期間を定め，その期間内に不備を補正するよう命じる必要がある（同23条）。審査請求人が，示された期間内に不備を補正しないときは，審査庁は後に述べる審理手続を経ないで，審査請求を却下することができる（同24条１項）。審査請求が不適法であり補正することができないことが明らかなときも，同様に処理することができる（同条２項）。

　標準審理期間　審査請求人の迅速な救済および審理の遅延防止の観点から，審査庁となるべき行政庁は，審査請求が事務所に到達してから審査請求に対する裁決をするまでに通常要すべき標準審理期間を定めるよう努力義務が課されている。そして，これを定めた場合は，事務所における備え付けその他の適当な方法で公にしておかなければならない（同16条）。標準審理期間は，あくまでも審理期間の目安にすぎない。したがって，この期間を超えて審理がなされたからといって，それが直ちに違法となるわけではない。

⑸　審理員による審理手続

　審査請求人から審査庁に審査請求（審査請求書の提出）がなされると，基本的に審査庁の指名した審理員が，審理手続を開始することになる。なお，再調査の請求は，審査請求・再審査請求とは異なり，処分庁自身が処分を見直す簡易な手続であるため，審理員による審理は行われない（行審61条）。

　審理員の指名　審査請求がなされた審査庁は，原則として審査庁に所属する職員の中から審理員を指名し，その旨を審査請求人，処分庁・不作為庁に通知しなければならない（同９条１項本文）。ただし，審査庁が，行政委員会・審議会等である場合や審査請求を却下する場合には，審理員

による審理は行われない（同項但書）。また，処分（再調査の請求についての決定を含む）・不作為に係る処分に関与しまたは関与することとなる者など一定の関係者は，審理員になることができない（同9条2項）。また，審査庁となるべき行政庁は，審理員となるべき者の名簿を作成するよう努め，これを作成したときは適当な方法で公にしておく必要がある（同17条）。

　審理員による審理は，公正性の向上の観点から導入されたものであり，審理員は，審理手続において公平に審理し，審査庁に裁決案を提示するという重要な役割を担っている。しかし，審理員は，行政組織法上，審査庁の補助機関であるため，審査庁の指揮監督下にあり，職権行使の独立性が保障されているわけではない。

> **参 加 人**

利害関係人，すなわち審査請求人以外の者であって処分・不作為に係る処分の根拠となる法令に照らし当該処分につき利害関係を有するものと認められる者は，審理員の許可を得て参加人として審査請求に参加することができる（同13条1項）。また，審理員も，利害関係人に審査請求への参加を求めることができる（同条2項）。審査請求への参加は，代理人によってもすることができ（同条3項），代理人は，参加人による特別の委任が必要となる参加の取下げを除き，参加人のために審査請求への参加に関する一切の行為をすることができる（同条4項）。

> **審理手続の
> 計画的遂行**

審理関係人（審査請求人，参加人，処分庁・不作為庁）と審理員は，簡易迅速かつ公正な審理の実現のため，審理において相互に協力し，審理手続の計画的な進行を図る必要がある（同28条）。そのため，審理員は，審理手続（同31条-36条）の計画的遂行の必要があると認める場合には，審理関係人を招集し，予め審理手続の申立てに関する意見聴取をすることができる（同37条1項）。これは，争点・証拠の事前整理手続として位置づけられる。

> **弁明書の提出**

審理員は，審査庁から指名されたときは直ちに審査請求書（口頭による審査請求の場合は，審査請求録取書）の写しを処分庁・不作為庁に送付しなければならず（同29条1項本文），相当の期間を定めて，弁明書の提出を求めることになる（同条2項）。また，弁明書の記載事項は

法定されている（同条3項）。さらに，処分庁が，行政手続法上の聴聞調書（行手24条1項）・報告書（同条3項）・弁明書（同29条1項）を保有する場合には，これらを行審法上の弁明書に添付する必要がある（行審29条4項）。審理員は，処分庁・不作為庁から弁明書の提出があったときは，これを審査請求人のみならず，参加人にも送付しなければならない（同条5項）。

反論書・意見書の提出　審査請求人は，弁明書に記載された事項に対する反論を記載した反論書を提出することができ（同30条1項），参加人は，審査請求に係る事件に関する意見を記載した意見書を提出することができる（同条2項）。審理員は，反論書の提出があったときはこれを参加人，処分庁・不作為庁に，意見書の提出があったときはこれを審査請求人，処分庁・不作為庁に，それぞれ送付する必要がある（同条3項）。

口頭意見陳述　審査請求人または参加人の申立てがあった場合，審理員は，当該申立人に口頭による意見陳述の機会を与えなければならない（同31条1項）。この口頭意見陳述は，審理員が期日・場所を指定し，すべての審理関係人を招集して行うことになる（同条2項）。また，申立人は，審理員の許可を得て補佐人とともに出頭することができる（同条3項）。補佐人とは，専門知識をもつ第三者であり，申立人を援助する立場にある。さらに，審理員は，申立人のする陳述が事件に関係のない事項にわたる場合その他相当でない場合には，これを制限することができ（同条4項），申立人は，審理員の許可を得て，処分庁・不作為庁に対して質問を発することができる（同条5項）。ただ，質問に対する処分庁・不作為庁の応答義務に関する規定はない。

証拠調べ　審査請求人・参加人は，証拠書類，証拠物を提出することができ（同32条1項），処分庁・不作為庁も，処分の理由となる事実を証する書類その他の物件を提出することができる（同条2項）。いずれの場合も，審理員が提出期間を定めたときは，その期間内に提出しなければならない（同条3項）。審理員は，審査請求人・参加人の申立てにより，または職権で，書類その他の物件の所持人に対する物件の提出要求（同33条），第三者である参考人への事実の陳述・鑑定要求（同34条），必要な場所での検証（同35条），審理関係人への質問（同36条）をすることができる。このように審理員に

は職権証拠調べが認められているが，さらに職権探知主義，すなわち審理員が当事者の主張や提出した証拠に拘束されることなく，職権で当事者の主張していない事実等をも調べ，その収集した資料に基づき判断できるかも問題になるが，行審法はこれを認めていると解されている（最判1954（昭29）・10・14【百選Ⅱ-132】参照。塩野Ⅱ34頁）。

閲覧・謄写請求権 審査請求人・参加人は，審理手続が終了するまでの間，審理員に対し提出書類等の閲覧だけでなく，その写しの交付を求めることができる（同38条1項前段）。この請求があった場合，審理員は，第三者の利益を害するおそれがあるなど，正当な理由があるときでなければ，閲覧や交付を拒むことができない（同項後段）。提出書類等を閲覧させまたは交付しようとするときは，審理員は，必要に応じて提出書類等の提出人の意見を聴かなければならない（同条2項）。

執行停止の意見書提出 このほか，審理手続において，審理員が，必要があると認める場合には，審査庁に執行停止をすべき旨の意見書を提出できる（同40条）。この意見書が提出されたときは，審査庁は，速やかに執行停止をするかどうかを決定する必要がある（同25条7項）。

審理手続の終結 審理員は，必要な審理を終えたと認めるときに審理手続を終結することになる（同41条1項）。そのほか，審理員は，弁明書等の物件が，審理員によりさらに示された一定の提出期限内に提出されなかったとき，審査請求人・参加人が，正当な理由なく口頭意見陳述に出頭しないときにも，審理手続を終結することができる（同条2項）。

審理手続を終結したときは，審理員は，速やかに審理関係人に対し，その旨および審理員意見書・事件記録（審査請求に係る事件に関する書類等）を審査庁に提出する予定時期を通知する必要がある（同条3項）。審理員意見書は，審理手続が終結したときに，審理員が遅滞なく作成する，審査庁がすべき裁決に関する意見書（同42条1項）であって，審理員は，速やかに，これを事件記録とともに，審査庁に提出しなければならない（同条2項）。

(6) 行政不服審査会等への諮問

公正性を向上するため，行審法は，審査庁の判断の妥当性を第三者的立場か

らチェックする行政不服審査会等を設置することとしている。行政不服審査会は，審査庁が国の行政機関である場合に，審査請求を棄却しようとする審査庁の判断の適否を審査する諮問機関である。審査庁が地方公共団体の長である場合には，条例により設置される地方公共団体の機関が，行政不服審査会と同様の役割を担うことになる。

行政不服審査会の組織 　行政不服審査会（以下，審査会）は，総務省にその附属機関である「審議会等」として置かれている（行審67条1項，総務省設置法8条2項）。したがって，行審法に明文の規定はないが，行政組織法上，合議制機関である審査会には，審理員と異なり職権行使の独立性が認められる。審査会は，委員9名で組織され（行審68条1項），委員は，有識者のうちから両議院の同意を得て，総務大臣が任命する（同69条1項）。審査会は，基本的に，その指名する3人の合議体で，事案の調査審議を行うが（同72条1項），審査会が定める場合には，9人全員で構成する合議体で事案の処理に当たることになる（同条2項）。

　なお，2008年の行政不服審査法案（その翌年に廃案）では，国の機関である情報公開・個人情報保護審査会が，新たに設置される行政不服審査会に統合されることになっていたが，存置されることになった。

　地方公共団体も，国の審査会と同様の役割を担う機関を，執行機関の附属機関として置くことになる（同81条1項・3項）。しかし，地方公共団体ごとにその規模や不服申立ての状況等も異なることから，条例で事件ごとに執行機関の附属機関を設置したり（同条2項），条例または規約により複数の地方公共団体がそれを共同設置すること（同条4項）などが認められている。なお，ここでいう地方公共団体とは，都道府県，市町村，特別区，地方公共団体の組合をさす（同38条6項）。

行政不服審査会等への諮問 　審査庁は，審理員意見書の提出を受けたときは，審査庁が国の行政機関である場合には行政不服審査会に，審査庁が地方公共団体の長（地方公共団体の組合にあっては，長，管理者または理事会）である場合には地方公共団体の機関に，それぞれ諮問しなければならない（同43条1項柱書）。しかし，審議会等の議を経て処分がされた場合，審査請

求人が諮問を希望しない場合，行政不服審査会等により諮問を要しないと認められた場合，審査請求が不適法であり却下する場合，全部取消，全部の撤廃，申請に係る全部認容をする場合など（同項1号-8号），一定の場合には諮問する必要はない。

　審査庁は，諮問のさいに，審理員意見書・事件記録の写しを添付し（同条2項），また，審理関係人（処分庁・不作為庁が審査庁である場合は，審査請求人と参加人）に対し，諮問した旨を通知するとともに，審理員意見書の写しを送付しなければならない（同条3項）。

行政不服審査会等の
審理　審査会は，審査請求人，参加人および審査庁（以下，審査関係人）にその主張を記載した「主張書面」，資料の提出，適当と認める者への事実の陳述，鑑定を求め，その他必要な調査をすることができる（同74条）。また，審査会は，審査関係人の申立てがあった場合，当該審査関係人に口頭での意見陳述の機会を与えなければならない（同75条1項）。

　他方，審査関係人は，審査会に対し，主張書面または資料を提出し（同76条），審査会に提出された主張書面・資料の閲覧とその写しの交付を求めることができる（同78条1項）。

　審査会は，諮問に対する答申をしたときは，答申書の写しを審査請求人・参加人に送付するとともに，答申の内容を公表する必要がある（同79条）。

　なお，再審査請求も，審査員による審理など審査請求とほぼ同様の手続で審理されるが，二段階目の不服申立てであることから行政不服審査会等への諮問は行われない（同66条）。これに対して，再調査の請求は，処分庁が自ら再調査する簡易な手続であるため，審理員による審理手続も，行政不服審査会等への諮問手続もない（同61条）。

(7)　審査請求に対する判断

　審査庁は，行政不服審査会等から諮問に対する答申を受けたとき，または諮問を要しない場合にあっては審理員意見書が提出されたときなど，遅滞なく，裁決をする必要がある（行審44条）。

　審査庁は，これら答申書・審理員意見書の内容に拘束されるわけではない

が，裁決主文が答申書・審理員意見書の内容と異なる場合には，裁決書にその理由を記載しなければならない（同50条1項4号）。

審査請求と同じく再審査請求に対する判断も裁決といい（同64条・65条），再調査の請求に対する判断を決定という（同58条・59条）。裁決・決定を総称して裁決ともいう。

処分についての裁決 審査庁は，処分についての審査請求が不適法である場合には，却下裁決をし（同45条1項），審査請求に理由がない場合には，棄却裁決をする（同条2項）。また，処分が違法または不当であるが，これを取り消し，または撤廃することにより公の利益に著しい障害を生ずる場合には，審査庁は，審査請求人の受ける損害の程度など一切の事情を考慮したうえで，棄却裁決をすることができる。これは事情裁決といわれる。この場合，審査庁は，裁決の主文で処分が違法または不当であることを宣言しなければならない（同条3項）。

処分について審査請求に理由がある場合には，審査庁は，認容裁決をすることになるが，行審法は，事実上の行為を除く処分と事実上の行為とを区別し，それぞれとるべき措置を規定している。

第1に，事実上の行為を除く処分についての審査請求に理由がある，すなわち処分が違法または不当である場合，審査庁は，裁決で，当該処分の全部もしくは一部を取り消し，またはこれを変更することになる。ただし，審査庁が処分庁の上級行政庁または処分庁のいずれでもない場合には，処分の変更は認められない（同46条1項）。また，法令に基づく申請を却下し，または棄却する処分の全部もしくは一部を取り消す場合において，審査庁が，当該申請に対して一定の処分をすべきものと認めるときは，以下のような措置をとることになる（同条2項柱書）。すなわち，①審査庁が処分庁の上級行政庁である場合には，処分庁に対し当該処分をすべき旨を命じ（同項1号），②審査庁が処分庁である場合には，当該処分をする（同項2号）ことになる。

第2に，事実上の行為についての審査請求に理由がある場合には，審査庁は，裁決で，当該事実上の行為が違法または不当であることを宣言するとともに，①審査庁が処分庁以外である場合は，処分庁に対し，当該事実上の行為の

全部もしくは一部を撤廃し，またはこれを変更すべき旨を命じ（同47条1号），
②審査庁が処分庁である場合は，自ら当該事実上の行為の全部もしくは一部を
撤廃し，または変更する（同条2号）ことになる。ただし，審査庁が処分庁の
上級行政庁以外の審査庁である場合には，変更を命ずることはできない（同条
但書）。

　事実上の行為を除く処分であれ，事実上の行為であれ，審査請求人にとって
不利益となるような変更は許されない（同48条）。これを不利益変更禁止の原則
という。

　なお，審査請求についての処分の変更は処分庁・上級行政庁しかできない
が，個別の法律で上級行政庁以外の行政庁に処分の変更が認められることがあ
る。人事院や人事委員会による修正裁決がこれに当たる（国公92条1項，地公50
条3項）。判例は，原処分である停職処分を減給処分に修正する人事院の裁決
が，原処分を取り消し新たな内容の処分をするのではなく，原処分の存在を前
提としたうえで，原処分の法律効果の内容を一定の限度のものに変更する効果
を生ぜしめるにすぎないものであり，原処分は当初から修正裁決による修正ど
おりの法律効果を伴う懲戒処分として存在していたものとみなされるとしてい
る（最判1987（昭62）・4・21【百選II-134】）。

不作為についての裁決　審査庁は，不作為についての審査請求が申請から相当
の期間を経過しないでされた場合など不適法である場
合には，却下裁決をし（同49条1項），審査請求に理由がない場合には，棄却裁
決をすることになる（同条2項）。

　不作為についての審査請求に理由がある場合には，審査庁は，裁決で，当該
不作為が違法または不当である旨を宣言する（同49条3項）。この場合，審査庁
が当該申請に対して一定の処分をすべきものと認めるときは，①審査庁が不作
為庁の上級行政庁である場合は，当該不作為庁に対し当該処分をすべき旨を命
じ（同項1号），②審査庁が不作為庁である場合は，自ら当該処分をする（同項
2号）ことになる。①では，処分を命じることができるが，これは義務付け裁
決ともいわれる。

裁決書　裁決は，裁決書により行い，それには基本的に主文，事実の概要，審理関係人の主張の要旨，理由を記載しなければならない（同50条1項）。理由付記を義務づける意義は，審査庁の判断を慎重ならしめ，その公正さを確保するとともに，不服申立人に対して審査庁の判断に至った理由を知らせ，審査請求の当否について再考の機会を与え，裁決に不服があるとしてさらに訴訟を提起する場合に，その争点を明確にしておくことにある（最判1962（昭37）・12・26【百選Ⅱ-135】）。裁決も行政行為であり，理由付記に不備があれば，少なくとも裁決の取消原因になる（前掲最判1962（昭37）・12・26，最判1963（昭38）・5・31【百選Ⅰ-116】等）。また，理由付記の程度も問題になるが，裁決理由には主文に至るまでの論理的な判断の過程を記載することが要求されるため，判例は，審査庁が下した判断の根拠を不服申立人が理解しうる程度に具体的に記載されていなければならないとしている（前掲最判1962（昭37）・12・26参照）。

裁決の効力　裁決は，審査請求人に送達することによって，さまざまな効力を生ずることになる（同51条1項）。裁決も行政行為であり，同じ効力をもつが（本書90頁以下参照），行審法はこれに加えて，拘束力について規定している。

　裁決は，処分庁をはじめ関係行政庁を拘束する（同52条1項）。拘束力は，関係行政庁に裁決の趣旨に従った行動を義務づけることによって，審査請求人その他の利害関係人の救済の実効を期すためのものである。行審法は，拘束力を認容裁決に限定していないが，行政事件訴訟法33条1項の取消判決と同様に認容裁決にのみ認められると解されている（塩野Ⅱ41頁）。そこで，却下裁決や棄却裁決がなされても処分庁はこれに拘束されず，自ら職権で処分を取り消すことができる。なお，拘束力の規定は，再審査請求に準用されるが（行審66条1項），再調査の請求については処分庁自身が認容決定を行うため準用されない（同61条）。

　申請に基づいてした処分が，手続の違法・不当を理由として裁決で取り消され，または申請を却下・棄却した処分が裁決で取り消されたときは，処分庁は裁決の趣旨に従い改めて申請に対する処分をする必要がある（同52条2項）。

⑻ 執行不停止の原則

執行不停止の意義　行審法は，執行不停止の原則を採用しており，不服申立てが提起されても，原則として処分の効力，処分の執行または手続の続行を妨げない（25条1項・61条・66条1項）。この原則がとられた理由は，行政処分は公益を追求するものであり，不服申立ての提起によりその処分が審理の終了まで執行できないことになると，公共の福祉に反する結果（例：行政の停滞）が生ずるおそれがあると考えられていることにある。しかし，この原則を公益の名のもとにあまりに厳格につらぬくと，市民の権利利益の救済という行審法本来の目的が損なわれるおそれがある。そこで，同法は一定の要件のもとで例外的に執行停止を認めている。

執行停止がなされる場合　第1に，審査庁が，処分庁の上級行政庁または処分庁である場合には，必要があると認めるときは，審査請求人の申立てによりまたは職権で，処分の効力，処分の執行または手続の続行の全部または一部の停止その他の措置（以下，執行停止）をとることができる（同25条2項・61条）。第2に，審査庁が，処分庁の上級行政庁または処分庁のいずれでもない場合には，必要があると認めるときは，審査請求人の申立てにより，処分庁の意見を聴取したうえで執行停止をすることができる。ただし，この場合，その他の措置をとることはできない（同25条3項・66条1項）。このように第1の場合，すなわち審査庁が，処分庁自身であるか，処分庁に対し指揮監督権を有する上級行政庁の場合にのみ，職権による執行停止とその他の措置をとることが認められている。

ところで，これらの規定によると，審査請求人の申立てによる場合には，執行停止をするかどうかは審査庁の判断に委ねられ，市民の権利救済の実効性が保たれないおそれがある。そこで，申立てによる場合，審査庁が「処分，処分の執行又は手続の続行により生ずる重大な損害を避けるため緊急の必要がある」と認めるときは，執行停止をすることが義務づけられている（同25条4項・61条・66条1項）。ただし，この場合でも，公共の福祉に重大な影響を及ぼすおそれがあるとき，または本案について理由がないとみえるときには，執行停止の義務は生じない（同25条4項但書）。なお，「重大な損害」を生ずるか否かは，

損害の回復の困難の程度を考慮して判断されるが，そのさい損害の性質・程度および処分の内容・性質も勘案されることになる（同条5項）。また，執行停止のうち処分の効力の停止は，その効果が最も直接的で影響が大きいため，それ以外の執行停止によって目的を達することができるときは，することができない（同条6項）。

　このほか，行審法上の執行不停止の決定に対して取消訴訟を提起できるかどうかという問題がある。この点，係争処分の取消訴訟を提起し，その執行停止を申し立てる（行訴25条）ことができることなどを理由に決定の処分性を否定する判決（岐阜地判1979（昭54）・12・19行集30巻12号2040頁）がある。しかし，近時，不当をも対象とする行審法と異なり，行訴法上の執行停止では処分の違法性しか主張できないことなどを理由に，決定の処分性を肯定するもの（東京地判2016（平28）・11・29判タ1445号189頁）が登場している。

(9)　教示制度

> 教示の意義と種類

　行審法は，市民が不服申立制度を利用しやすくするために教示制度を採用している。この制度は，行審法のみならず，他の法令に基づく不服申立てにも適用されるため（行審82条1項），一般的性格を有している。この制度によれば，行政庁は，不服申立てをすることができる処分をする場合には，処分の相手方に対し，①当該処分につき不服申立てができる旨，②不服申立てをすべき行政庁，③不服申立期間を書面で教示しなければならない（同項本文）。ただし，処分を口頭でする場合は，この限りではない（同項但書）。また，行政庁は，利害関係人から教示を求められたときは教示をしなければならず（同条2項），書面による教示が求められたときは書面でそれをする必要がある（同条3項）。

　行審法82条は，教示の相手方を処分の相手方または利害関係人と規定しているため，教示が義務づけられる処分は，処分の名宛人の事情にのみ着目してなされる処分（対人処分）であることを予定している。そこで，物や設備の客観的事情に着目してなされる処分（対物処分）について教示義務の有無が問題になる。この点，最高裁は，建築基準法46条1項に基づく壁面線指定が特定の街区を対象とする対物処分であり，特定の個人を名宛人とするものではないとし

て教示義務を否定した（最判1986（昭61）・6・19【百選Ⅱ-136】）。学説では，当該指定により建築制限を受けることになる利害関係人の範囲が限定されることを理由にこれに批判的見解が多い。

教示と救済　　まず，行政庁が教示義務に違反して教示をしなかったときは，処分について不服のある者は，処分庁に不服申立書を提出することができる（行審83条1項）。そして，不服申立書の提出があった場合には，はじめから権限ある行政庁に不服申立てがなされたものとみなされる（同条3項-5項）。また，処分庁が誤って審査庁でない行政庁を審査庁として教示したり，審査請求と再調査の請求を間違えて教示した場合において，その教示に従って不服申立てがなされたときは，はじめから権限ある行政庁に適法な不服申立てがなされたものとみなされる（同22条・55条）。さらに，処分庁が誤って法定期間よりも長い期間を教示したため不服申立期間を徒過した場合には，行審法18条1項の「正当な理由」に該当し，その不服申立ては法定期間内になされたものとみなされる。

⑽　情報提供・公表

　行審法は，国民の利便性の向上の観点から，不服申立てに必要な情報の提供および不服申立ての処理状況の公表について，不服申立てにつき裁決等をする権限を有する行政庁に努力義務を課している（84条・85条）。

3 行 政 審 判

1 行政審判の意義と種類

行政審判とは　行政審判とは，学問上の概念であり，通常の行政組織から多少なりとも独立性を有する行政委員会またはこれに準ずる行政機関が，裁判に類似する手続により一定の判断を下すことをいう。わが国に戦前からあった海難審判と特許審判がこれに該当するが，そのほとんどは，戦後アメリカにならって導入された行政委員会の行う審理手続をさす。

行政審判の種類　行政審判は，広狭さまざまに用いられ，また論者によって用語法も異なるため，これを厳密に分類することは容易ではない。最も一般的なのは，前述のようにその制度の由来に着目し，アメリカの独立規制委員会制度をモデルとした行政委員会による行政審判と，ヨーロッパ大陸法系の国々で発達し戦前からわが国に存在するもので，事件の特殊専門技術性のゆえに裁判に前置される行政審判に分ける考え方である（藤田下183頁以下参照）。前者の例として，鉱物の掘採などに関する処分について公害等調整委員会が行う裁定手続（土地利用調整25条以下，鉱133条）がある。後者の例としては，特許法等に基づいて特許庁が行う特許審判と海難審判法に基づき海難審判所が行う海難審判がある。特許審判は，特許の審査の公正を期するために行う審判であり，これには特許出願を拒絶する旨の査定に対する拒絶査定不服審判（特許121条），特許の無効を求める特許無効審判（同123条）などいくつかの種類がある。これに対して，海難審判は，従来，海難事件につき海難の原因を究明する審判と，海難を発生させた者の懲戒を行う審判を意味していた。しかし，2008年の海難審判法の改正により，海難審判庁が海難審判所に名称変更され，海難審判所は，行政組織上国土交通省の外局から同省内の特別の機関として位置づけられる（国土交通省設置法27条2項）とともに，懲戒を行う

ための審判のみを担うことになった（海難審判1条・30条以下）。なお，これまでの船舶事故の原因究明の機能は，国土交通省の外局として新たに設置された運輸安全委員会が担うことになったが，その役割は，事故の原因究明のための調査（運輸安全委員会設置法1条-5条・18条），調査結果報告書の国土交通大臣への提出・公表（同25条），国土交通大臣または原因関係者に対する事故等の防止ならびに被害の軽減のため講じるべき施策または措置についての勧告（同26条・27条）であり，行政審判を行うわけではない。

2 行政審判の特色

　行政審判は，職権行使の独立性と準司法的手続という2つの要素によって特徴づけられる。ま

コラム⑬　公正取引委員会

　公正取引委員会（以下，委員会）は，経済の基本的なルールを定める独占禁止法（正式には，「私的独占の禁止及び公正取引の確保に関する法律」）を運用する専門の行政機関であり，内閣府の外局として置かれる（内閣府64条）。委員会の主たる役割は，独占禁止法違反事件を処理することである。従来，委員会の審判手続は，委員会が審決（処分）を行うための事前手続であったが，2005年の法改正により処分の違法性・不当性を再審査する事後手続に改められた。すなわち，独占禁止法では，委員会は，一定の独禁法違反の事実が認められる場合には，違反行為者に違反行為の排除のための排除措置命令（独禁7条・8条の2・17条の2・20条）や違反行為者に一定額の金銭（課徴金）の納付を命ずる課徴金納付命令（同7条の2・8条の3・20条の2-20条の6）をすることができることになっている。そして，これらの命令に不服がある者は，委員会へ審判（行政審判）を請求することができた（同旧49条6項・旧50条4項）。しかし，この制度では，処分を行った委員会自身が事後審判を行うことになるため，審判の公正さに疑問がもたれてきた。そこで，2013年の法改正により，この事後審判制度は廃止されることになった（2015年4月1日施行）。そして，これに代わって，行政手続法上の聴聞（15条以下）に類する事前手続としての意見聴取手続（独禁49条以下）が導入された。この制度では，委員会は事前に処分の名宛人となるべき者の意見聴取（手続）を経たうえで排除措置命令等をし，命令等に不服であればさらに委員会を被告として抗告訴訟を提起し（同77条），裁判で争うこととなる。

ず，職権行使の独立性とは，審判機関が職務権限を行使するにあたって他の行政機関からの指揮を受けないことを意味する。次に，準司法的手続が，具体的に何を意味するかは必ずしも明らかではないが，公開の口頭審理の機会が法的に保障されていることが不可欠な要素であると考えられている（塩野Ⅱ46頁以下参照）。このほか，行政審判については，行政審判の結果に対する訴えが高等裁判所の専属管轄とされたり（土地利用調整57条，電波97条），実質的証拠法則に関する規定が設けられることがある。

（実質的証拠法則）　裁判所は，通常，事実認定と法解釈の両面にわたって審査をする。しかし，行政審判では，専門知識をもつ者によって慎重な手続で事実認定が行われるため，法律が，審判機関の「認定した事実は，これを立証する実質的な証拠があるときには，裁判所を拘束する」と定めることがある（土地利用調整52条1項，電波99条1項）。これを実質的証拠法則という。実質的な証拠の有無は，裁判所が判断することになる（土地利用調整52条2項，電波99条2項）。また，これに関連して，訴訟段階での新証拠の提出を制限する規定が設けられることがある（土地利用調整53条1項）。

　実質的証拠法則と新証拠提出の制限が，法律の明文の規定がない場合にも認められるかどうかについては争いがある。裁判例の多くは，これを否定するが（例：最判1972（昭47）・4・21民集26巻3号567頁），法律が実質的証拠法則しか規定していないにもかかわらず，新証拠提出の制限を認めたものがある（判例60 本書312頁参照）。学説では，準司法的手続の内容に着目し，それが整っている場合には，法律の明文の規定がなくとも両者を認める見解が有力である。ただ，手続がどの程度整っていれば認められることになるのか，その基準は明らかではない（塩野Ⅱ49頁以下参照）。

4 行 政 訴 訟

1 行政訴訟の意義と歴史

行政訴訟とは、行政上の法律関係における紛争を裁判所が
解決するための手続をいう。行政活動により市民の権利利
益が侵された場合には、とりわけ法治主義および裁判を受ける権利（憲32条）
の観点から裁判所による市民の権利救済システムが要請されることになる。

　裁判手続としては、行政訴訟のほかにも刑事訴訟と民事訴訟がある。刑事訴
訟は、個人の行為が犯罪であるか、犯罪であればどの程度の刑罰を科すかを決
める手続であり、民事訴訟は、対等な当事者間の紛争を調整・解決する手続で
ある。行政訴訟は、広い意味で民事訴訟に属するが（行訴7条参照）、行政訴訟
では、主として対市民との関係で公共の利益にかかわる行政権の行使の適法性
が問題となるため、対等な当事者間の利害の衝突を前提とする民事訴訟とは異
なる特別な扱いを受けることになる。ただ、行政と市民との紛争であっても、
民事訴訟により処理される場合も少なくないため、市民の立場からすると、行

判例50　大阪空港事件〈最大判1981（昭56）・12・16【百選Ⅱ-144, Ⅱ-236】〉
　国営空港である大阪国際空港にジェット機の乗り入れが認められ、航空機の離着
陸に伴う騒音、振動、排気ガスなどによる被害が増大したために、同空港周辺に住
む住民Xらは、空港管理者である国Yに対し、午後9時から翌朝7時までの空港の
使用差止めを求める民事訴訟および国家賠償請求訴訟を提起した。1審、2審とも
に基本的にXらの請求を認容したため、Yが上告した。
　最高裁は、過去の損害賠償については住民の請求を認めたものの、差止請求につ
いては、空港の供用は運輸大臣の有する空港管理権と航空行政権という2種の権限
の総合的判断に基づいた不可分一体的な行使の結果であって、住民は行政訴訟によ
るならばともかく、民事上の請求として私法上の給付請求権を有するいわれはない
と判示した（その後、自衛隊機の騒音に関し、**判例55** 本書303頁参照）。

政訴訟と民事訴訟のいずれを提起すべきかが問題になる。特に，大阪空港事件上告審判決（**判例50**）は，従来の考え方を覆し，公害発生施設の操業差止めを求める民事訴訟を不適法とみなしたために，社会に大きな波紋を投げかけた。

**明治憲法下の
行政訴訟制度**　明治憲法は，行政訴訟を司法裁判所の管轄から除外し，行政裁判所の管轄とした（61条）。これは，わが国が，行政権と市民との紛争も民事訴訟の手続に従い一元的に司法裁判所の管轄とする英米型の裁判制度（司法国家型）ではなく，司法裁判所と行政裁判所を分離する大陸型の二元的な裁判制度（行政国家型）を採用したことを意味する。

　明治憲法61条の規定を受けて，1890年に行政裁判所の組織・権限・訴訟手続について規定する行政裁判法，行政裁判所の管轄事項を定めた法律第百六号および訴願法が制定され，これにより，わが国の近代的行政裁判制度が成立することになった。しかし，明治憲法下の行政裁判制度は，市民の権利救済システムとしてはかなり不十分なものであった。つまり，行政裁判が性質上行政権の作用と考えられていたのに加え，行政裁判所は東京にしかなく，しかも1審にして終審であった。また，訴願前置主義が採用され，行政裁判所に出訴できる事項も列記主義の採用により狭く限定されていた。

**日本国憲法下の
行政訴訟制度**　日本国憲法は，その76条で，「すべて司法権は，最高裁判所及び法律の定めるところにより設置する下級裁判所に属する」（1項），「特別裁判所は，これを設置することができない。行政機関は，終審として裁判を行ふことができない」（2項）と定め，司法権に属さない行政裁判所の設置を禁止し，一元的な裁判制度を採用することになったとともに，行政訴訟も含めて「一切の法律上の争訟」に司法審査が及ぶことになった（裁3条1項）。

　行政事件は，当初，原則として民事訴訟手続に従い司法裁判所が管轄するものとされていたが，1948年に行政事件の特殊性を考慮した行政事件訴訟特例法が制定されることになった。しかし，同法は，民事訴訟法を原則とし，行政事件の特例を定めるにすぎなかったために，その後さまざまな解釈上の疑義を生じさせることになり，ついに1962年に特例法に代えて現行の行政事件訴訟法（以下，行訴法）が制定され，民事訴訟に対する行政訴訟の特殊性がますますき

わだつことになった。

行政事件訴訟法の改正

その後，学説等を通じてさまざまな行訴法の問題点が指摘され，改正の必要性が叫ばれてきたが，実質的に改正されることはなかった。しかし，1999年に司法制度改革を調査審議するために内閣に司法制度改革審議会が設置され，2001年6月に同審議会が提出した最終意見において司法制度改革の一環として司法の行政に対するチェック機能の強化のために行訴法の改正の必要性が提言されたのを受けて，ついに2004年6月9日に行訴法の一部を改正する法律が公布されることになった。

　この改正は，行訴法制定以来はじめての実質的な改正であり，大別して①救済範囲の拡大（取消訴訟の原告適格の実質的拡大，義務付け訴訟の法定，差止訴訟の法定，当事者訴訟の一類型としての確認訴訟の明記），②審理の充実・促進（新たな釈明処分制度の創設），③行政訴訟をより利用しやすくわかりやすくするための仕組み（抗告訴訟の被告適格の簡明化，抗告訴訟の管轄裁判所の拡大，出訴期間の延長，教示制度の新設），④仮の救済制度の整備（執行停止の要件の緩和，仮の義務付け・仮の差止めの制度の新設）という4つの観点からなされている。なお，この改正内容の詳細については，以下の該当する項目の中でふれることにする。

行政訴訟と司法権の範囲

行政事件も，それが法律上の争訟に該当する限り司法審査の対象となる（裁3条1項）。ここで法律上の争訟とは，当事者間にある具体的な権利義務または法律関係の存否に関する紛争であって，法令を適用することによって解決ができるものをいう。したがって，法律上の争訟に該当するか否かは，基本的に「具体的事件性」と「法適用による解決の可能性」という2つの要素により判断されることになる。

　従来，最高裁は，いわゆる統治行為論に基づいて，政治性の高い国家統治の基本に関する行為は司法審査の対象にならないとした。日米安保条約の締結・承認を高度の政治性を有する行為とみなし，その合憲性判断は一見極めて明白に違憲無効であると認められない限り司法審査になじまないとした砂川事件（最大判1959（昭34）・12・16刑集13巻13号3225頁）や衆議院の抜き打ち解散を統治行為とみなした苫米地事件（最大判1960（昭35）・6・8民集14巻7号1206頁）がその例である。しかし，これらの事件以降，最高裁は，むしろ統治行為論を持ち

出すことなく，事件の性質に応じて個別に司法権の範囲を論じる傾向にある。法律上の争訟に当たらないとされたもの（損害賠償請求事件を含む）を例示すると，以下のものがある。議会・議院の自律性を尊重し，市町村警察制度を廃止する警察法制定の議事手続に関する議事論争（最大判1962（昭37）・3・7民集16巻3号445頁）や地方議会議員の懲罰処分のうち除名処分のように議員の身分喪失にかかわる重大なものであればともかく，出席停止処分のような議員の権利行使の一時的制限にすぎないもの（最大判1960（昭35）・10・19民集14巻12号2633頁）に司法審査が及ばないとしたもの（しかし，近時，最大判2020（令2）・11・25【百選Ⅱ-140】は，23日間の出席停止処分の適否が司法審査の対象となるとした），地方議会議長の議員に対する発言取消命令の適否が司法審査の対象とならないとしたもの（最判2018（平30）・4・26判時2377号10頁），警察予備隊令等の無効確認を求める訴え（最大判1952（昭27）・10・8【百選Ⅱ-137】）や地家裁支部の統廃合に関する最高裁判所規則の改正に対する取消しの訴え（最判1991（平3）・4・19民集45巻4号518頁）につき，具体的な事件性がないとしたもの，国家試験の合否判定は，学問または技術上の問題であり，法令の適用によっては紛争が解決されないとしたもの（最判1966（昭41）・2・8【百選Ⅱ-139】），いわゆる部分社会論により，国公私立を問わず大学は一般市民社会と異なる部分社会を形成しており，一般市民法秩序と直接関係をもつものでない限り，大学の内部問題は大学の自主的な判断に委ねられるとして，国立大学における単位授与行為を司法審

判例51 宝塚市パチンコ条例事件〈最判2002（平14）・7・9【百選Ⅰ-106】〉

　宝塚市長は，同市パチンコ店等の建築等を規制する条例（8条）に基づき同市内においてパチンコ店を建築しようとするYに対し，建築工事の中止命令を発したが，Yがこれに従わなかったために，宝塚市XがYに対し工事の続行禁止を求める訴訟を提起した。1審，2審ともにXの請求を棄却したために，Xが上告した。

　最高裁は，裁判所がその固有の権限に基づいて審判することのできる対象は，法律上の争訟に限られ，国または地方公共団体が，財産権の主体ではなく，もっぱら行政権の主体として国民に対して行政上の義務の履行を求める訴訟は，法規の適用の適正ないし一般公益の保護を目的とするものであって，自己の権利利益の保護救済を目的とするものではないから，法律に特別の規定がない限り，裁判所の審判の対象とはならないとして，Xの訴えを不適法とみなした。

査の対象外としたもの（**判例6** 本書39頁），さらに地方公共団体が市民に対し行政上の義務の履行を求めた訴訟を法律上の争訟に当たらないとしたもの（**判例51**）がある。

判例51のように行政権の主体としての国・公共団体と財産権の主体としてのそれとを峻別する考え方は，国が那覇市の行った防衛施設に関する文書の開示決定の取消しを求めた事案でも示されており，最高裁は，国には建物の所有者（財産権の主体）としての固有の利益があるとの理由で法律上の争訟に当たるとした（最判2001（平13）・7・13【百選Ⅱ-138】）。しかし，学説の多くは，**判例51**のような考え方に批判的である（詳しくは，塩野Ⅱ297頁以下）。

2　行政訴訟の類型

【主観訴訟と客観訴訟】　民事訴訟においては，請求の種類により形成訴訟，確認訴訟，給付訴訟という3つの訴訟類型に分けられるのに対し，行訴法は，これとは異なる独自の観点から「行政事件訴訟」（以下，行政訴訟）を抗告訴訟，当事者訴訟，民衆訴訟，機関訴訟という4つの類型に分けている（2条）。行政訴訟のうち，抗告訴訟と当事者訴訟は，個人の権利利益の救済を目的としており，主観訴訟といわれる。これに対して，民衆訴訟と機関訴訟は，主観的利益というより，客観的な法秩序の維持を目的とするものであり，客観訴訟といわれる（**図1**）。行政訴訟の目的は，違法な行政活動によって侵された市民の権利利益を裁判所により救済することにあり，行訴法も主観訴訟を中心に規定している。これは，憲法32条が何人にも裁判を受ける権利を保障し，裁判所法3条1項が「一切の法律上の争訟」（特に当事者間の具体的な権利義務に関する紛争）について司法審査を認めていることからして当然の帰結といえる。これに対して，客観訴

図1　行政訴訟の類型

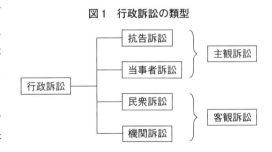

訟は，裁判所本来の権限ではなく，法律が定めた場合において，法律が定めた者に限って訴えることができるものであって（行訴42条），一般に法律上の争訟には当たらないと解されている。ただ，最近では，判例学説を通じて抗告訴訟（取消訴訟）の原告適格，つまり訴訟を提起できる者の範囲が拡大され（主観訴訟の客観化），さらにそれが行訴法（9条2項）に取り入れられたことにより，主観訴訟と客観訴訟との区別が一層相対化する傾向にある。

抗告訴訟の類型　抗告訴訟とは，「行政庁の公権力の行使に関する不服の訴訟」をいう（同3条1項）。これは，さらに処分の取消しの訴え（同条2項），裁決の取消しの訴え（同条3項），無効等確認の訴え（同条4項），不作為の違法確認の訴え（同条5項），義務付けの訴え（同条6項），差止めの訴え（同条7項）の6つに分けられる。処分の取消しの訴えと裁決の取消しの訴えは，まとめて取消訴訟といわれる。また，行訴法上明文で認められているこれら6つの訴訟を法定抗告訴訟という。しかし，抗告訴訟は法定されたものに限定されるわけではなく，それ以外にも「公権力の行使に関する不服の訴訟」はあると考えられている。法定されていない抗告訴訟は，無名抗告訴訟または法定外抗告訴訟といわれる（**図2**）。従来，無名抗告訴訟の一種として議論されてきた義務付け訴訟と差止訴訟が，2004年行訴法改正により法定抗

図2　抗告訴訟の類型

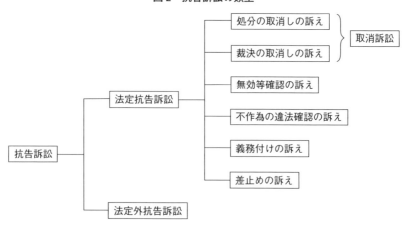

告訴訟として明記されることになったが，抗告訴訟の定義（「行政庁の公権力の行
使に関する不服の訴訟」）に変更が加えられていないのは，改正後においても無名
抗告訴訟が認められる余地を残すためであるといわれる（宇賀Ⅱ123頁）。学説で
は，改正後の無名抗告訴訟として，命令権限の行使をしないことが違法である
ことの確認を求める義務確認訴訟や生命・健康等の包括的人格的利益を基礎と
し，包括的な公権力の排除を求める権力的妨害排除訴訟が指摘されている（塩
野Ⅱ265頁以下）。裁判例でも，防衛大臣による自衛隊機運航処分の差止めを求め
る訴えを，無名抗告訴訟として適法であるとし，受忍限度を超える部分につき
請求を認容したものがある（厚木基地第4次訴訟：横浜地判2014（平26）・5・21判時
2277号123頁。しかし，控訴審と上告審は，本件訴えを法定抗告訴訟として適法な差止訴
訟とみなした（**判例55** 本書303頁）。また，最判2019（令元）・7・22【百選Ⅱ-201】参照）。

3　取 消 訴 訟

[2つの取消訴訟の 関係]　前述のように，取消訴訟には，処分の取消しの訴えと
裁決の取消しの訴えがある。前者は，行政庁の処分そ
の他公権力の行使に当たる行為の取消しを求める訴訟をいい（行訴3条2項），
後者は，不服申立てに対する行政庁の裁決（決定を含む）の取消しを求める訴
訟をいう（同条3項）。裁決も講学上の行政行為の一種と考えられているが，行
訴法は，両者を明確に区別している。また，行訴法は，両者の関係について，
原則として審査請求を棄却した裁決の取消しの訴えでは，裁決固有の瑕疵（裁
決の権限，手続，形式に関する瑕疵）しか主張できないことにし，原処分の違法

図3　取消訴訟のフローチャート

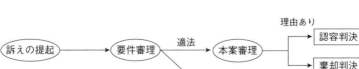

性を主張するためには，処分の取消しの訴えによらなければならないことにしている（同10条２項）。これを原処分主義という。ただし，例外的に法律が特別の規定を設け，処分の取消しの訴えを許さず，裁決の取消しの訴えしか認めない場合がある（電波96条の２等）。これを裁決主義という。

　行訴法は，抗告訴訟の中でも，取消訴訟を中心に据え，その他の抗告訴訟は，取消訴訟の規定を準用する仕組みをとっている。そこで，ここでは取消訴訟を通して，訴訟上の基本的なルールや問題点を検討してみることとする。

(1)　訴訟要件

　市民が取消訴訟を提起すると，裁判所は，まず要件審理を行い，訴訟を利用するための条件，すなわち訴訟要件を充たしているかどうかを判断することになる。もし，訴訟要件が欠けていれば，不適法な訴えとして却下（門前払い）されることになる。訴訟要件が充たされていれば，裁判所は，次に本案審理，つまり市民（原告）の主張する請求の内容について審理し，市民の請求を認容する判決か，それを棄却する判決を下すことになる（**図3**）。

a：出訴期間

主観的出訴期間

　民事訴訟には基本的に出訴期間の定めはないが，取消訴訟では，行政処分が公益に関することが多く，法律関係を早期に確定する必要があるため，出訴期間の定めがある。すなわち，市民は，処分または裁決があったことを知った日から６か月を経過したときは，正当な理由がない限り，取消訴訟を提起することができない（行訴14条１項）。この出訴期間は，主観的出訴期間ともいわれる。2004年の改正前の出訴期間は３か月であったが，この期間では市民の権利救済の機会を十分確保することができないとの理由で延長されたものである。この出訴期間を経過してしまうと，市民は，処分が無効でない限りもはやそれを争えなくなる（不可争力。本書95頁参照）。「知った日から」とは，民法の期間計算の一般原則に従って初日を算入せず（民140条本文），知った日の翌日を起算日とする趣旨である。また，「知った日」とは，市民が，処分の存在を現実に知った日をさすが，処分を記載した書類等が市民に送達され，社会通念上処分のあったことが市民の知りうべき状態に置かれたときは，反証のない限り，それを知ったものと推定されることに

なる（最判1952（昭27）・11・20民集 6 巻10号1038頁）。さらに，「知った日」とは，当該処分の内容の詳細や不利益性等の認識までを要するかという問題がある。この点，子の親が，個人情報保護条例に基づき，子の建物転落死亡事故に関する警察署の作成文書等に記録されている自己の個人情報（子の情報を含む）の開示請求をしたところ一部開示の決定がなされたため，不開示部分の取消しと開示の義務付けを求めた事案で，最高裁は，「処分があったことを知った日」とは当該決定の通知書が到達した日を意味するのであって，一部開示文書が到達した日（開示の実施日）ではないとして，消極的に判断した（最判2016（平28）・3・10【百選Ⅰ-56】）。

　2004年改正前は，この主観的出訴期間は不変期間とされていたが（旧行訴14条 2 項），改正によりその規定が削除され，正当な理由があるときは，この出訴期間経過後も取消訴訟を提起することができるようになった（行訴14条 1 項。正当な理由の意義について，前掲最判2016（平28）・3・10参照）。これにより，市民の権利救済の機会が広がったといえる。

<u>客観的出訴期間</u>　市民が知っているか否かにかかわらず，処分または裁決の日から 1 年を経過したときは，正当な理由のない限り，取消訴訟を提起することができなくなる（同14条 2 項）。これは，前述の主観的出訴期間に対して，客観的出訴期間と呼ばれる。この規定は，行訴法制定当時と変わらない。また，主観的出訴期間と同様に処分等の日の翌日が起算日となる。正当な理由としては，外国に居住していて処分を知ることができなかった場合などが考えられる。

<u>不服申立てと出訴期間</u>　処分または裁決につき審査請求ができる場合または行政庁が誤って審査請求ができる旨を教示した場合に，審査請求の結果（裁決）を待たずに処分または裁決に係る取消訴訟の出訴期間を進行させることは不合理である。そこで，このような場合において審査請求があったときは，その審査請求をした者については，それに対する裁決があったことを知った日から 6 か月を経過するまで，または当該裁決の日から 1 年を経過するまでは，処分または裁決について取消訴訟を提起できることになっている（同14条 3 項）。

この行訴法14条3項の一般規定と個別法における特例規定の適用関係について，最高裁は，個別法に処分の取消訴訟につき3か月の短い出訴期間を定める特例規定があるものの，処分についての審査請求に対する裁決の取消訴訟の出訴期間について特例規定が設けられていないときは，原則どおり行訴法14条3項の一般規定が適用されるとしている（最判2012（平24）・11・20【百選Ⅱ-175】）。

b：不服申立前置

市民が，行政処分の取消しを求めようとする場合，救済方法としては取消訴訟以外にも不服申立てがあるため，どちらの救済方法を選択すべきかが問題となる。この点，行訴法は，自由選択主義を採用し，市民が行政処分に不服がある場合に，不服申立てをするか，それとも取消訴訟を提起するかを自由に選択できることにしている（8条1項本文）。また，市民は両者を同時に提起することもできるが，この場合には，裁判所は不服申立てに対する裁決があるまで訴訟手続を中止することができる（同条3項）。

| 不服申立前置主義 |

しかし，例外的に個別の法律で不服申立前置主義が採用されることがある。この場合には，処分について不服申立てをし，それに対する裁決等の判断を経た後でなければ，処分の取消しの訴えを提起できない（同条1項但書）。ただ，不服申立前置主義をとるかどうかは，立法政策の問題である。2014年の行政不服審査法の改正に伴い，個別法が定める不服申立前置の多くが廃止，あるいは2段階の不服申立前置は1段階のそれに縮小されている。

不服申立前置主義がとられているにもかかわらず，不服申立てを経ずになされた訴えは不適法なものとして却下されることになる。また，不服申立てをしたが，それが審査庁により不適法として却下されたときは，不服申立てを経たことにはならない。しかし，適法な不服申立てを審査庁が不適法として却下した場合には，不服申立前置の要件を充足したものとして訴訟の提起が認められる（最判1961（昭36）・7・21【百選Ⅱ-177】）。

c：被告適格

| 行政庁から　行政主体へ |

取消訴訟の被告は処分または裁決をした行政庁であったが，2004年の改正により，当該処分等をした行政庁が所属する

国または公共団体に改められた（行訴11条1項）。抗告訴訟の被告適格は，本来，行政庁（行政機関）ではなく権利能力の主体である国または公共団体であるはずであるが，原告が被告となるべき者を特定しやすく，また行政庁のほうが自らの処分の適法性について主張立証しやすいとの理由から，行訴法は，例外的に抗告訴訟の被告適格を行政庁としていた。しかし，たとえば権限の委任・代理（本書45頁以下）があるような場合には，原告にとって被告行政庁を判別することは容易ではなかった。そこで，原告のこのような負担を軽減し，抗告訴訟を利用しやすくするために2004年改正が行われたわけである。さらに，この変更により抗告訴訟のあり方を民事訴訟一般に近づけ，抗告訴訟から当事者訴訟や民事訴訟への訴えの変更などの手続を容易にするメリットがある。

　また，国または公共団体ではない民間法人等に行政上の処分権限が付与されることがあるが（建基6条の2，弁護56条など），このような場合には当該民間法人等が被告適格を有することになる（行訴11条2項）。たとえば，民間企業であっても，建築基準法上の指定検査確認機関として指定を受ければ，建築確認（処分）を行うことができる（建基6条の2）が，その違法性が問題となる場合には，当該民間企業を被告として取消訴訟を提起することになる（最決2005（平17）・6・24【百選Ⅰ-5】）。さらに，行政庁が廃止され，しかも当該行政庁の権限が他の行政庁に承継されていない場合には，被告となる国または公共団体が存在しないことになるが，このような場合には，処分に係る「事務」の帰属する国または公共団体が被告となる（行訴11条3項）。

　なお，被告適格に関する規定は，取消訴訟以外の抗告訴訟および処分の取消し・無効確認を求める民衆訴訟・機関訴訟に準用される（同38条1項・43条1項2項）。

d：裁判管轄

　市民はどの裁判所に行政訴訟を提起すればよいのだろうか。これが裁判管轄の問題である。これには，事物管轄と土地管轄がある。

事物管轄　事物管轄とは，事件の種類や内容に応じて定められる裁判所の管轄をいい，第1審の裁判権をどの裁判所が担うかと

295

いう問題である。民事訴訟では，通常，訴額（訴訟の目的の価額）が140万円を超えなければ，簡易裁判所が第１審裁判所になり（裁33条１項１号），訴額がそれ以上であったり，不動産に関する訴訟は地方裁判所が第１審裁判所になる（同24条１号）。これに対して，行政訴訟は，訴額の多少にかかわらず，法律に特別な定めがない限り地方裁判所が第１審の裁判所になる（同24条１号・33条１項１号）。特別な定めの例として，選挙に関する訴訟（公選203条１項等）などがあり，この場合には高等裁判所が第１審の裁判所になる。

土地管轄　土地管轄は，どこにある裁判所に訴訟を提起するかという問題である。2004年の改正により，取消訴訟の被告が原則として国または公共団体に改められたことに伴い（行訴11条），土地管轄も大きく変更されている。すなわち，取消訴訟は，被告の普通裁判籍の所在地を管轄する裁判所または処分等をした行政庁の所在地を管轄する裁判所に提起することができるようになった（同12条１項）。したがって，たとえば国の地方支分部局により行政処分がなされた場合には，被告である国の所在地である東京地方裁判所か行政処分を行った地方支分部局のある場所を管轄する地方裁判所のいずれかに取消訴訟を提起することができる。また，従来どおり，不動産または特定の場所に係る処分および下級行政機関が事案の処理に当たった処分については，それぞれそれらの所在地の裁判所にも取消訴訟を提起することができる（同条２項・３項）。また，行政組織法上の行政機関以外の組織であっても，処分行政庁の監督下で事務を行う特殊法人等またはその下部組織は，ここでいう事案の処理に当たった「下級行政機関」に当たる（最決2014（平26）・9・25民集68巻７号781頁）。

　さらに，2004年の改正により，国または国に準ずる性格をもつ公共団体（独立行政法人および行訴法の別表に掲げる法人）を被告とする取消訴訟については，原告の普通裁判籍の所在地を管轄する高等裁判所の所在地を管轄する地方裁判所（これを「特定管轄裁判所」という）にも提起できるようになった（同条４項）。つまり，原告は，全国８か所にある高等裁判所の所在地の地方裁判所に取消訴訟を提起することができ，これによっても原告の負担が緩和されたといえる。また，特定管轄裁判所は，他の裁判所に事実上および法律上同一の原因に基づ

いてされた処分に係る抗告訴訟が係属している場合には，申立てによりまたは
職権で訴訟の全部または一部を当該他の裁判所等に移送することができる（同
条5項）。

　なお，この土地管轄に関するルールも，取消訴訟以外の抗告訴訟および民衆
訴訟・機関訴訟のうち処分の取消し・無効確認を求めるものに準用される（同
38条1項・43条1項2項）。

e：取消訴訟の対象（処分性）

　取消訴訟の対象は，「行政庁の処分その他公権力の行使に当たる行為」（同3
条2項）である。行政はさまざまな行為形式で活動しているが，ある行為がこ
こでいう処分その他公権力の行使に当たる行為に該当しなければ，取消訴訟は
不適法であるとして却下されることになる。これは処分性の問題といわれ，取
消訴訟において最も議論されている問題のひとつである。

　　　　　　　　　　この問題についてのリーディング・ケースである東京都ゴ
【処分概念】ミ処理場事件（**判例12** 本書88頁）で，最高裁は，行政庁の処
分を，「行政庁の法令に基づく行為のすべてを意味するものではなく，公権力
の主体たる国または公共団体が行う行為のうち，その行為によつて，直接国民
の権利義務を形成しまたはその範囲を確定することが法律上認められているも
の」と理解している。

　この最高裁の定式によれば，行政処分は，公権力性，市民の法律上の地位へ
の影響という2つの要素により特徴づけられることになる。したがって，講学
上の行政行為には，基本的に処分性が認められる（本書90頁）。また，行政不服
申立ての対象となる継続的性質をもつ権力的事実行為（本書266頁），個別の法
律により行政不服申立ての対象とされる行為（供託官による供託金取戻請求の却
下行為について，最大判1970（昭45）・7・15【百選Ⅱ-142】）または国の補助金の交
付決定のように法律上処分として構成されている行為（補助金6条等。本書124
頁・130頁）にも処分性が認められる。さらに，法令の仕組みだけでなく，通
達・要綱をも含めた制度全体の仕組みから処分性が肯定されることがある（労
働基準監督署長の行う労災就学援護費の支給または不支給の決定につき，最判2003（平
15）・9・4【百選Ⅱ-152】。塩野Ⅱ109頁以下参照）。

行為形式と処分性

　これに対して，行政契約その他の民法上の行為は，権力性の観点から処分性が否定される。たとえば，納税のための物納によって国の所有になった土地（普通財産）の売払い行為は，売買契約であって行政処分ではない（最判1960（昭35）・7・12民集14巻9号1744頁）。次に，上級行政機関が下級行政機関に対して発する通達（墓地埋葬通達につき，最判1968（昭43）・12・24【百選Ⅰ-52】），行政機関相互間の行為（建築許可にさいしてなされる消防長の同意につき，最判1959（昭34）・1・29【百選Ⅰ-16】）などの行政の内部行為は，市民の法律上の地位に影響を及ぼさないとして処分性が否定される。なお，最高裁は，日本鉄道建設公団の工事実施計画に対する運輸大臣の認可についても，内部行為とみなしている（判例7　本書44頁）。

規範定立

　また，法律，条例，行政機関による規範定立等も，一般的抽象的に市民の権利義務を定めるものであって，具体的に市民の法的地位を変動するものでないため，処分性が否定される傾向にある（環境基準を従来のものより緩和する内容に改定する告示につき，東京高判1987（昭62）・12・24行集38巻12号1807頁）。この問題は，条例との関係でしばしば争われてきた。最高裁は，町営簡易水道事業の水道料金を改定する条例のうち，基本料金につき住民と別荘所有者との間に大きな格差を生じるように改定した部分の処分性が問題となった事案で，改正条例は簡易水道事業の水道料金を一般的に改定するものであって，限られた特定の者に対してのみ適用されるものではなく，改正条例の制定行為をもって行政庁が法の執行として行う処分と実質的に同視することはできないとして，改正条例の制定行為の処分性を否定した（最判2006（平18）・7・14【百選Ⅱ-150】）。しかし，最高裁も，かなり限定された条件のもとでは，条例の処分性を認めている（判例52）。

　条例の制定行為等に関しては，その処分性が認められなくとも，地方公共団体を相手方として当該条例の効力を当事者訴訟ないし民事訴訟で争うことも考えられる。しかし，判例52は，この点につき，「当事者訴訟ないし民事訴訟を提起し，勝訴判決や保全命令を得たとしても，これらは訴訟の当事者である当該児童又はその保護者と当該市町村との間でのみ効力を生ずるにすぎないから，これらを受けた市町村としては当該保育所を存続させるかどうかについて

> **判例52** 横浜市保育所廃止条例事件〈最判2009（平21）・11・26【百選Ⅱ-197】〉
>
> 　Ｙ市は，その設置する保育所のうち４つの保育所をいわゆる民営化の対象とすることとし，その廃止を内容とするＹ市保育所条例の一部を改正する条例を制定した。これに対し，これらの保育所で保育を受けていた児童またはその保護者Ｘらが，当該条例の制定行為は，Ｘらが選択した保育所において保育を受ける権利（児童24条）を違法に侵害するものであるなどと主張して，その取消し等を求めて出訴したところ，１審・２審ともに，本件改正条例の制定行為の処分性を否定し，訴えを却下したために，Ｘらが上告した。
>
> 　最高裁は，「条例の制定は，普通地方公共団体の議会が行う立法作用に属するから，一般的には，抗告訴訟の対象となる行政処分に当たるものでないことはいうまでもないが，本件改正条例は，本件各保育所の廃止のみを内容とするものであって，他に行政庁の処分を待つことなく，その施行により各保育所廃止の効果を発生させ，当該保育所に現に入所中の児童及びその保護者という限られた特定の者らに対して，直接，当該保育所において保育を受けることを期待し得る上記の法的地位を奪う結果を生じさせるものであるから，その制定行為は，行政庁の処分と実質的に同視し得るものということができる」とした。しかし，すでにＸらに係る保育の実施期間がすべて満了していることが明らかであり，本件改正条例の制定行為の取消しを求める訴えの利益は失われているとして，Ｘらの上告を棄却した。

の実際の対応に困難を来すことにもなり，処分の取消判決や執行停止の決定に第三者効（行訴32条）が認められている取消訴訟において当該条例の制定行為の適法性を争い得るとすることには合理性がある」，としていることにも留意する必要がある。

一般処分　このほか，道路通行の禁止（道交４条１項），道路の供用開始決定（道18条２項），保安林の指定（森林25条１項），鳥獣保護区の設定（狩猟28条１項）などのように，内容は具体的であるが，特定された名宛人ではなく不特定多数の人を対象とする行為を一般処分ということがあるが，その処分性については判断が分かれる。判例は，たとえば保安林の指定解除（**判例61**本書314頁）や建築基準法42条２項のみなし道路の一括指定（最判2002（平14）・１・17【百選Ⅱ-149】）の処分性を認めているが，禁猟区設定の処分性を否定している（最判1965（昭40）・11・19判時430号24頁）。

拘束的計画　行政計画，特に拘束的計画である都市計画について，最高裁は，完結型の都市計画決定である用途地域の指定（最判

1982（昭57）・4・22【百選Ⅱ-148】）については処分性を否定するが，非完結型である市街地開発事業に関する土地区画整理事業計画（**判例20**本書143頁）や第二種市街地再開発事業計画（最判1992（平4）・11・26民集46巻8号2658頁）については計画決定の段階で，同じく非完結型である都市施設の整備に関する都市計画については都市計画事業の認可等の段階で処分性を認めている（本書144頁）。

　このほか，最高裁は，土地区画整理組合の設立認可については，組合に土地区画整理事業を施行する権限を付与する効力を有するとして，その処分性を肯定し（最判1985（昭60）・12・17民集39巻8号1821頁），また，市町村営の土地改良事業施行認可については，それが土地改良法上処分として位置づけられている国営・都道府県営の土地改良事業の事業計画決定の効果と同じ機能を果たすとの理由で処分性を認めている（最判1986（昭61）・2・13民集40巻1号1頁）。

行政指導　行政指導は，基本的に非権力的事実行為であり処分性が否定される。ただ，学説では，行政指導に対する不服従が次の侵害的処分の要件として法律上組み込まれている場合には，一種の段階的行為として，処分性が認められるべきであるとする見解が唱えられてきた（塩野Ⅱ117頁）。最近になり，このような見解に従い，行政指導の処分性を認める判例が登場している。**判例53**は，病院開設中止勧告の保険医療機関の指定に及ぼす効果および病院経営における保険医療機関の指定のもつ意義を勘案し，勧告の処分性を認めた。

通　知　通知は，行政庁が一定の事項を相手方に了知させる行為であるが，通知の内容が特定の市民の権利義務に直接影響を与える場合には処分性が認められることになる。最高裁は，源泉徴収による所得税の納税の告知は，確定した税額についての税務署長の意見が初めて公にされるものであるから，支払者がこれと意見を異にするときは，当該税額による所得税の徴収を防止するため，これを処分とみなすべきとしている（最判1970（昭45）・12・24【百選Ⅰ-60】）。代執行手続における戒告および代執行令書による通知は，ともに行政代執行手続の一環をなし，戒告は代執行の行われることをほぼ確実に示す表示であり，代執行の段階に入れば直ちに執行は終了し救済の実を挙げえない（大阪高決1965（昭40）・10・5行集16巻10号1756頁）との理由で，

> **判例53** 病院開設中止勧告事件〈最判2005（平17）・7・15【百選Ⅱ-154】〉
>
> 　富山県高岡市内で病院の開設を計画していたＸは，富山県知事Ｙに対し，医療法に基づく病院開設許可申請をしたところ，Ｙが，「高岡医療圏における病院の病床数が，富山県地域医療計画に定める当該医療圏の必要病床数に達している」ことを理由に，病院開設の中止を勧告した。Ｘがこの勧告を拒否する旨の文書をＹに送付したところ，Ｙは許可処分をしたが，同時に県担当部局からＸに勧告への不服従が健康保険法上の保険医療機関指定拒否事由のひとつに当たる旨の記載のある文書が送られてきたため，Ｘは勧告の取消しを求めて出訴した。1審・2審ともに勧告の処分性を否定し，Ｘの訴えを退けたため，Ｘが上告した。
>
> 　最高裁は，医療法上の病院開設中止勧告に従わない場合には，相当程度の確実さをもって，病院を開設しても保険医療機関の指定を受けることができなくなるという結果をもたらすこと，そして国民皆保険制度が採用されているわが国では，保険医療機関の指定を受けることができない場合には，実際上病院の開設自体を断念せざるをえないことを併せ考えると，この勧告は行訴法3条2項にいう「行政庁の処分その他公権力の行使に当たる行為」に当たり，後に保険医療機関の指定拒否処分の効力を抗告訴訟によって争うことができるとしても，そのことはこの結論を左右するものではない，と判示した。

代執行令書による通知は代執行の時期その他の内容とこれに対する受忍義務を具体的に確定する（東京地判1973（昭48）・9・10行集24巻8＝9号916頁）との理由で，それぞれ処分性を認めている。また，建物の所有権保存登記申請をし登録免許税を納付した者が，その免税措置を受けるべく登記官にその旨を税務署長に通知するよう求めたところ，登録免許税に過誤納がない旨の拒否通知を受けたため，その取消し等を求めた事案で，最高裁は，拒否通知は，登記等を受けた者に対して簡易迅速に還付を受けることができる手続上の地位を否定する法的効果を有するとして，処分に当たるとした（最判2005（平17）・4・14【百選Ⅱ-155】）。土壌汚染対策法上の有害物質使用特定施設に係る工場等の敷地であった土地の所有者等に対する都道府県知事からの特定施設の使用が廃止された旨等の通知は，それにより所有者等は当該土地の特定有害物質による汚染の状況等を調査し，都道府県知事にその結果を報告する義務を負うことになるとして，当該通知の処分性を認めた（最判2012（平24）・2・3民集66巻2号148頁）。輸入食品が食品衛生法に違反する旨の検疫所長の通知は，当該食品について輸入

> **判例54**〈最判1979（昭54）・12・25判例入門15-5〉
>
> 　輸入業者Ⅹは，女性ヌード写真集を輸入しようとして横浜税関長Ｙに輸入申告をしたところ，Ｙは当該写真集が輸入禁制品である「風俗を害すべき書籍」に当たると判断し，その旨をⅩに通知した。そこで，Ⅹは，Ｙに対し異議の申出をしたが棄却されたために，税関検査が検閲に当たり違憲であり，また当該写真集は風俗を害すべき書籍に当たらないと主張し，通知等の取消を求めて出訴した。１審は請求を棄却し，２審は原判決を取り消し訴えを却下したために，Ⅹが上告した。
>
> 　最高裁は，税関長の通知は輸入申告にかかる貨物が輸入禁制品に該当する旨の税関長の判断の結果を輸入申告者に知らせ当該貨物についての輸入申告者自身の自主的な善処を期待してなされるものであり，いわゆる観念の通知とみるべきものであるが，通知がなされた場合には，当該貨物につき輸入許可が得られないことが明らかになると同時に，税関長が当該通知以外に輸入申告に対し何らかの応答的処分をすることは期待されず，他方で輸入許可なく輸入することは法律上禁止されているから，輸入申告者に対し当該貨物を適法に輸入することができなくなるという法律上の効果を及ぼす，として通知の処分性を肯定した。

許可が受けられなくなるという法効果を有するとして処分性を肯定し（最判2004（平16）・4・26民集58巻4号989頁），貨物が輸入禁制品に該当する旨の税関長の通知（**判例54**および最大判1984（昭59）・12・12【百選Ⅱ-153】）についても処分性を肯定している。

　他方，市営福祉施設の民間移管に係る事業者選考応募者に対する決定に至らなかった旨の通知の処分性が問題になった事案で，最高裁は，通知は，市が，契約の相手方となる事業者を選考するための手法として法令の定めに基づかずに行った事業者の募集に応募した者に対し，その者を相手方として当該契約を締結しないこととした事実を告知するものにすぎず，公権力の行使に当たる行為としての性質を有するものではないとした（最判2011（平23）・6・14集民237号21頁）。また，関税法138条による犯則通告処分（最判1972（昭47）・4・20民集26巻3号507頁）や道路交通法127条1項による反則金納付の通告（最判1982（昭57）・7・15【百選Ⅱ-146】）は，それに従うかどうかは相手方の自由であって，相手方の法的地位に影響を与えず，違反事実の有無はもっぱら刑事訴訟手続で争われることが予定されているとの理由で，いずれも処分性を否定している。刑事訴

訟手続との関連では，検察審査会の起訴議決の処分性に言及することなく，起訴議決の適否は刑事訴訟手続で判断されるべきでものあるとした判例（最決2010（平22）・11・25民集64巻8号1951頁）がある。

公共施設の設置・供用　公共施設の設置や供用等に関しては，民事上の差止訴訟によって争うことができると考えられてきた。しかし，大阪空港事件上告審判決（**判例50** 本書285頁）が，国営空港の供用差止めを求める民事訴訟は航空行政権の行使の取消変更ないしその発動を求める請求を包含することになるとして，訴えを不適法とした。この判決以降，公共施設の供用等について民事訴訟の利用が必ずしも可能であるとはいえなくなった。その後，自衛隊と米軍が利用する厚木基地の事件では，自衛隊機の運航に関する防衛庁長官（当時）の権限行使を公権力の行使とみなしている（最判1993（平5）・2・25民集47巻2号643頁）。そして，行訴法改正後の厚木基地第4次訴訟で，最高裁は，防衛大臣による自衛隊機運航処分の差止めの訴えを適法とした（**判例55**）。

　また，公共施設の設置等については，事実行為のみならず，さまざまな行為が介在するために，問題がより複雑になる。下級審では，国立歩道橋事件において，歩道橋の設置行為を公権力の行使ではないとしながらも，一連の歩道橋

判例55　厚木基地第4次訴訟〈最判2016（平28）・12・8【百選Ⅱ-145】〉

　海上自衛隊と米海軍が共同使用する厚木基地の周辺住民Xらは，自衛隊機と米軍機の航空機騒音等による被害が生じていると主張して，国Yに対し，主位的に厚木基地における一定の態様による自衛隊機・米軍機の運航の差止めを，予備的にこれらの運航による一定の騒音をXらの居住地に到達させないこと等を求めて出訴した。第1審は，主位的請求を法定外抗告訴訟とみなし自衛隊機の夜間の運航差止めを認め，第2審はこの請求を行訴法3条7項の差止訴訟とみなし，期限付きで午後10時から翌日午前6時までの自衛隊機の運航の差止請求を認容した。そこで，X，Yともに上告した。

　最高裁は，自衛隊機の運航に係る抗告訴訟としての差止訴訟につき，「重大な損害を生ずるおそれ」（行訴37条の4第1項）があると認め訴えを適法とみなしたものの，騒音被害を防止するため相応の対策措置が講じられており，防衛大臣の権限行使に裁量権の逸脱・濫用（同条5項）はないとして請求を棄却した。なお，米軍機の運航に係る訴えについては，国が米軍機について運航統轄権限を有しないこと等を理由に訴えを不適法としている（第1審・第2審）。

設置行為（起工決定と私法行為）を一体的にとらえ，抗告訴訟等の途を開くことが，法治主義の要請から，また，抗告訴訟等の特殊な制度を設けた法意に適合するとして，処分性を肯定している（東京地決1970（昭45）・10・14行集21巻10号1187頁）。しかし，最高裁は，むしろ公共施設の一連の設置行為を個別に判断している。住民が東京都のごみ処理場設置の一連の行為の無効確認を求めた事件（**判例12** 本書88頁）で，一連のごみ焼却場設置行為を，土地の売買契約，設置計画の策定および計画の議決・公布，建設会社との建築請負契約，建築等に分解し，個別に処分性を判断してこれを否定した。また，自衛隊演習場での射撃訓練行為等の差止めを求めた日本原演習場事件（最判1987（昭62）・5・28判時1246号80頁）でも，同様の手法により処分性を否定している。

　このほか，公務員の採用内定取消（最判1982（昭57）・5・27民集36巻5号777頁），知事が保険医に対して行った戒告（最判1963（昭38）・6・4民集17巻5号670頁），海難審判のうち海難の原因解明裁決（最大判1961（昭36）・3・15民集15巻3号467頁），都市計画法上の開発許可にさいし必要とされる公共施設管理者の同意（32条）を拒否する行為（最判1995（平7）・3・23【百選Ⅱ-151】），出生届が受理されていない夫婦によるわが子の住民票職権作成の要求に対する行政庁の住民票を作成しない旨の応答（最判2009（平21）・4・17【百選Ⅰ-61】）などについても処分性が否定されている。

　処分性の拡大　最高裁は，比較的厳格に行政庁の行為の性質から処分性を判断するため（実体法的処分観），このような考え方のもとでは行為の多くが取消訴訟の対象から除外されてしまうことになる。そこで，学説では，市民の権利救済の必要性の観点から，処分に該当しないような行為であってもそれを形式的に処分とみなし，これを取消訴訟の対象とすることによって処分性を拡大しようとする見解（形式的行政処分論）が唱えられてきた（詳しくは，塩野Ⅱ126頁以下）。今日においても，学説の多くが，市民の権利救済の観点から処分性を柔軟に解釈する必要性があることを認めている。しかしながら，取消訴訟が必ずしも適切な救済方法とは限らないのであり，むしろ個々の行為の性質に応じた適切な救済方法を探ることのほうが法解釈論の観点からも重要であるといった指摘もある。特に，行訴法の改正により，今日では，処

分その他公権力の行使（権力的事実行為を含む）については義務付け訴訟や差止訴訟の利用が考えられるし，また行政の規範定立，行政計画，行政指導などについて処分性が否定される場合には公法上の当事者訴訟（とりわけ，確認訴訟）を活用することが考えられる。つまり，行政との紛争状況や行政活動の性質に応じて，抗告訴訟，当事者訴訟，民事訴訟を適切に使い分けることが肝要である。

f：原告適格

法律上の利益を
有する者

原告適格とは，民事訴訟における当事者適格に対応するものであり，取消訴訟を提起できる資格をいう。行訴法9条1項は，この原告適格を，「当該処分又は裁決の取消しを求めるにつき法律上の利益を有する者」と定めている。したがって，原告適格は，この「法律上の利益」を有する者か否かによって判断されることになる。運転免許の取消処分を受けた者や飲食店営業の許可申請をしたが拒否された者のように，不利益処分や申請拒否処分の相手方が「法律上の利益」を有することについては争いがない。これに対して，処分の直接の相手方でない第三者や一般市民（関係住民等）の原告適格は，限定的に解される傾向にある。これは，行政上の法律関係が基本的に行政とその処分の相手方という単純な二極関係で理解されてきたことと深く関係する。しかし，最近では，環境訴訟や消費者訴訟のように行政，処分の相手方，その処分に利害関係を有する第三者という三極関係において生ずる紛争が増加している。これは，現代型訴訟の特色のひとつであり，また行政上の法律関係を多面的な観点から理解する必要性があるということを示唆している。

　この第三者の原告適格については，大別して法律上保護された利益説と法的保護に値する利益説が対立している。

原告適格を
めぐる論争

法律上保護された利益説は，判例・通説がとる立場である。この説によれば，行訴法9条1項にいう当該処分の取消しを求めるにつき「法律上の利益を有する者」とは，「当該処分により自己の権利若しくは法律上保護された利益を侵害され，又は必然的に侵害されるおそれのある者をいうのであり，当該処分を定めた行政法規が，不特定多数者の具体

> **判例56**　小田急線連続立体交差化事業事件〈最大判2005（平17）・12・7【百選Ⅱ-159】〉
> 　建設大臣（当時）Yが，都市計画法59条2項に基づき，いずれも施行者である東京都の申請に係る小田急線の一定区間の連続立体交差化を内容とする都市計画事業（鉄道事業）およびその付属街路の設置を内容とする各都市計画事業（付属街路事業）をそれぞれ認可したところ，小田急線の沿線住民であるXらは，本件各事業の前提となる都市計画は，周辺地域の環境に与える影響，事業費の多寡等の面で優れた代替案である地下式を理由もなく不採用とし，周辺住民に騒音，振動等で多大の被害を与える高架式を採用した点等に違法があり，各事業認可も違法であると主張して，各事業認可の取消しを求めた。
> 　最高裁は，関連する東京都環境影響評価条例等の趣旨・目的を参酌したうえで，事業認可に関する都市計画法の規定は，その趣旨・目的に鑑みれば，Xらに対し，違法な事業に起因する騒音，振動等によって健康または生活環境に係る著しい被害を受けないという具体的利益を保護しているとし，Xらのうち，当該事業が実施されることにより騒音，振動等による健康または生活環境に係る著しい被害を直接的に受けるおそれがあり，東京都環境影響評価条例の対象事業（鉄道事業も対象）に係る関係地域内に居住している者の原告適格を肯定した。

的利益を専ら一般的公益の中に吸収解消させるにとどめず，それが帰属する個々人の個別的利益としてもこれを保護すべきものとする趣旨を含むと解される場合には，このような利益もここにいう法律上保護された利益に当たり，当該処分によりこれを侵害され又は必然的に侵害されるおそれのある者は，当該処分の取消訴訟における原告適格を有するものというべきである」とされる（**判例56**等）。

　これに対して，法的保護に値する利益説は，事実上の利益であってもそれが実質的に裁判所の保護に値する場合には，原告適格が認められるとする。この説は，法律の解釈にこだわることなく実質的に裁判所の保護に値する利益かどうかによって，原告適格の範囲を確定するものであるから，その範囲は法律上保護された利益説よりも広いといえる。他方で，法律の規定から離れて原告適格を判断することになると，その判断基準をどこに求めるかという問題が生じることになる。

　しかし，次にみるように，すでに2004年の行訴法の改正前から，判例は法律上保護された利益説をかなり緩やかに解釈するようになっていたため，両説の

相対化が指摘されてきた。

 改正前の判例の
動向 判例は，法律上保護された利益説の基本的枠組みは維持
しながらも，原告適格の範囲を次第に拡大してきた。ま
ず，自衛隊の合憲性が問われたことで有名な長沼ナイキ基地事件（**判例61** 本書
314頁）では，法律が処分手続への利害関係人の参加と旧法が処分に対する行
政訴訟等の提起を認めていたことを勘案し，周辺住民の原告適格を認めた。

また，新潟空港事件（最判1989（平元）・2・17【百選Ⅱ-183】）では，原告適格
の有無については，処分の根拠法令だけでなく，当該法令と目的を共通にする
関連法規の関係規定をも視野に入れて判断すべきであるとし，さらに，原発訴
訟に関する最初の最高裁判決であるもんじゅ事件（最判1992（平4）・9・22【百
選Ⅱ-156】・**判例64** 本書331頁参照）では，行政法規の趣旨・目的，当該行政法規
が当該処分を通して保護しようとしている利益の内容・性質等を考慮して判断
すべきであると判示した。

 原告適格の解釈基準 最高裁のこのような考え方は，2004年の行訴法の改
正にも決定的な影響を与え，第三者の原告適格の有
無を判断する場合の解釈基準として，新たに行訴法9条2項が設けられること
になった。すなわち，処分（裁決を含む）の相手方以外の者の法律上の利益の
有無を判断するにあたっては，処分の根拠法令の規定の文言のみによることな
く，①根拠法令の趣旨・目的と②当該処分において考慮されるべき利益の内
容・性質という2つの要素を考慮すること，さらに，①を考慮するにあたって
は，根拠法令と目的を共通にする関係法令の趣旨・目的をも参酌し，②を考慮
するにあたっては，当該処分が根拠法令に違反してされた場合に害されること
となる利益の内容・性質，これが害される態様・程度も勘案するものとされ
た。

行訴法9条2項の解釈を示したのが，小田急線連続立体交差化事業事件にお
ける2005（平成17）年の最高裁大法廷判決（**判例56**）である。この判決は，都
市計画事業認可の取消訴訟の原告適格を事業地内の不動産に権利を有する者に
のみ認めた最判1999（平11）・11・25【百選Ⅰ-53】を変更し，事業地内に権利を
有さない周辺住民の原告適格をも認めた。

> **判例57** 伊場遺跡事件〈最判1989（平元）・6・20【百選Ⅱ-163】〉
> 　静岡県教育委員会Yは，同県の史跡に指定されていた「伊場遺跡」につき，駅前再開発等のための代替地を提供するため，静岡県文化財保護条例に基づき指定解除処分を行った。これに対して，この遺跡を研究してきた学術研究者Xらが文化財享有権を主張して指定解除処分の取消しを求めて出訴した。1審がXらの原告適格を否定し，2審もこれを支持したため，Xらが上告した。
> 　最高裁は，Xらは，文化財の学術研究者には，県民等から文化財の保護を信託された者として，それらを代表する資格において，文化財の保存・活用に関する処分の取消しを訴求する出訴資格を認めるべきであると主張するが，学術研究者が「法律上の利益を有する者」に当たるとは解し難く，また，条例その他の法令において，代表的出訴資格を認めていると解しうる規定も存しないとして，Xらの原告適格を否定した。

今後の動向　原告適格の解釈基準が明記されたことにより，今後原告適格の一層の拡大が期待されるが，行訴法9条1項の基本的枠組みは維持されると考えられるため，今後の判例の動向との関連でいくつか留意しておく点がある。

　まず，主婦連ジュース不当表示事件（**判例49** 本書268頁）において，最高裁は，景表法の規定により一般消費者が受ける利益が反射的利益にすぎないとし，伊場遺跡事件（**判例57**）では遺跡研究者らの原告適格を否定している。最近でも，自然環境保護団体等の原告適格が否定されている（札幌高判2018（平30）・1・17判時2370号19頁）。利害関係人が一般市民と区別されるほど特定されない場合には，今後とも第三者の原告適格は制限的に解される可能性が高い。なお，近鉄特急事件（最判1989（平元）・4・13【百選Ⅱ-162】）では，旧地方鉄道法の下で近畿日本鉄道の特急料金の値上げ（改定）認可処分について，路線周辺に居住し通勤定期券を購入するなどして当該特急を日常的に利用している者が提起した取消訴訟の原告適格を否定している。行訴法改正後，同種事案で原告適格が肯定される可能性が指摘されてきたが，鉄道事業法に基づく運賃変更命令の義務付け等を求めた，通勤や通学等の手段として反復継続して日常的に鉄道を利用している者の原告適格を肯定する裁判例（東京地判2013（平25）・3・26訟務月報60巻6号1304頁。その控訴審である東京高判2014（平26）・2・19訟務月報60

巻 6 号1367頁）が登場している。

　一般消費者等の原告適格に関し，学説では，訴訟経済，紛争解決，訴訟追行などの点でのメリットを評価し，多くの人々の共通利益を代表し，一定の活動をしている消費者団体や環境保護団体に原告適格を認めるべきとする意見が多い。2004年の行訴法の改正にさいしても，いわゆる団体訴訟の導入が検討されたが実現しなかった。

　次に，長沼ナイキ基地事件（**判例61** 本書314頁），新潟空港事件（最判1989（平元）・2・17【百選Ⅱ-183】），もんじゅ事件（最判1992（平4）・9・22【百選Ⅱ-156】・**判例64** 参照）のように利害関係人の範囲が比較的容易に限定され，しかも侵害される利益が生命や身体等にかかわる重大なものである場合には，第三者の原告適格は肯定されやすい。最近の判例でも，最高裁は，川崎市宅地開発許可事件（最判1997（平9）・1・28民集51巻1号250頁）や林地開発許可事件（最判2001（平13）・3・13【百選Ⅱ-157】）において，がけ崩れや水害等の災害により生命・身体等に被害を受ける可能性のある周辺住民の原告適格を認めている。このような傾向は，原告適格の解釈基準が明記されたことによりさらに強まると思われる。さらに，この2つの最高裁判例では財産権を個別的利益とは認定しなかったが，建築基準法上の総合設計に係る建築物の倒壊，炎上等により直接的な被害を受けることが予想される範囲の建物の居住者・所有者の原告適格を肯定した総合設計許可取消事件（最判2002（平14）・1・22【百選Ⅱ-158】）では，生命・身体等に加えて財産権も個別的利益として認定されている。加えて，生活環境に関する利益も問題となる。行訴法の改正前から，判例は，生活環境あるいは居住環境上の利益を個別的利益として認めることには消極的である。たとえば，最判1998（平10）・12・17【百選Ⅱ-160】は，風俗営業等の規制及び業務の適正化等に関する法律施行令の定める基準に従って定められた都道府県条例所定の風俗営業制限地域に居住する者の同地域内における風俗営業許可処分の取消しを求める原告適格を否定した。これに対して，大阪高判2008（平20）・3・6（判時2019号17頁）は，住民が場外車券発売施設の設置許可の取消しを求めた事案で，生活環境の不利益を理由に施設から1000m以内に居住しまたは事業を営む住民全員の原告適格を認めた。しかし，その上告審である**判例58**は

> **判例58** 場外車券発売施設設置許可事件〈最判2009（平21）・10・15【百選Ⅱ-161】〉
>
> 　経済産業大臣がＡ社に対し自転車競技法（以下，「法」）に基づき場外車券発売施設（サテライト大阪）の設置の許可をしたところ，当該施設の周辺で病院等を開設するなどして事業を営みまたは居住するＸらが，許可は施設の設置許可要件を充たさない違法なものであるなどと主張して，許可の取消しを求めた。Ｘらのうち，Ｘ1，Ｘ2，Ｘ3およびＸ4は，それぞれ当該施設の敷地から約120m，約180m，約200mおよび約800m離れた場所に，いずれも病院または診療所を開設する医師である。その余の者らは，いずれも，敷地から1000m以内の地域において居住しまたは事業を営む者であった。なお，法4条2項は，許可基準として申請に係る施設の位置・構造・設備が経済産業省令で定める基準に適合する場合に限るとし，この規定を受け，同法施行規則15条1項は，文教施設・医療施設から相当の距離を有し，文教上または保健衛生上著しい支障を来すおそれがないこと（「位置基準」）と施設の規模・構造・設備およびこれらの配置が周辺環境と調和したものであること（「周辺環境調和基準」）を定めている。1審がＸらの原告適格を否定し，2審がＸら全員の原告適格を認めたため，国が上告した。
>
> 　最高裁は，一般的に，交通，風紀，教育など広い意味での生活環境に関する利益は，公益に属する利益というべきであるとしたうえで，位置基準に関し，Ｘ1〜Ｘ3についてのみ，当該場外施設の設置，運営に伴い著しい業務上の支障が生ずるおそれがあると位置的に認められる区域に医療施設等を開設する者に該当する可能性を認め（この点につき1審に差し戻した），他方，周辺環境調和基準は，都市環境の秩序ある整備を図るという一般的公益を保護する見地からする規制にすぎないから，この基準を根拠として本件許可の取消しを求める原告適格を有するということはできないとした。

　生活環境上の利益を基本的に公益とみなし，原告適格をかなり限定している。ただ，最高裁も，周辺住民が産業廃棄物等処理業の許可更新処分の取消し等を求めた事案では，廃棄物処分場の設置に係る許可申請のさいに添付書類とされている環境影響調査報告書の調査対象地域に居住し，本件処分場からの有害物質により健康または生活環境に著しい被害を直接的に受けるおそれのある住民の原告適格を肯定している（最判2014（平26）・7・29民集68巻6号620頁）。

　このほか，同業者への処分について既存業者の原告適格の有無も問題になる。一般廃棄物処理業の許可更新処分等に対し，既存業者がその取消し等を求めた事案で，最高裁は，廃棄物処理法（「廃棄物の処理及び清掃に関する法律」）

が，許可業者の濫立等により適正な運営が害されることのないよう，一般廃棄
物処理業の需給状況の調整を図る仕組みを設けていることなどを根拠に，既存
業者の原告適格を認めた（最判2014（平26）・1・28【百選Ⅱ-165】）。同様に，公衆
浴場法の適正配置規制を根拠に第三者である既存業者の原告適格を肯定したも
のがある（ 判例4 ）。しかし，処分の根拠法令，その趣旨・目的に手がかりが
なく，また当該法令と目的を共通にする関係法令がなければ，第三者（同業者）
の原告適格は否定されることになる。たとえば，医療法上の病院開設許可の取
消しを既存の同業者が求めた事案では，処分の根拠法令およびその趣旨・目的
からも他の病院開設者等の利益を保護する趣旨は読み取れないとして，原告適
格を否定している（最判2007（平19）・10・19集民226号141頁）。

g：狭義の訴えの利益

原告適格があっても，裁判所により行政処分を取り消してもらうには，取消
判決（勝訴判決）によって原告が現実に得る利益がなければならない。これを
狭義の訴えの利益または単に訴えの利益という。また，狭義の訴えの利益と原
告適格を併せて，あるいはこれらに処分性を含めて広義の訴えの利益というこ
とがある。

狭義の訴えの利益が問題になるのは，主に以下のような場合である。

時期の経過 時期の経過により行政処分の法効果がなくなった場合には，
訴えの利益を欠くことになる。たとえば，メーデー開催の
ための皇居外苑の使用許可の申請が拒否されたために，申請拒否処分の取消訴
訟を提起しても，その間にメーデーが過ぎてしまえば，訴えの利益はなくなっ
てしまう（最大判1953（昭28）・12・23【百選Ⅰ-63】）。

しかし，行訴法は，9条1項の括弧書で，期間の経過その他の理由により処
分の効果がなくなった場合でも，なお処分の取消しにより回復すべき法律上の
利益があれば，訴えの利益があるとしている。そこで，具体的事案では，この
回復すべき法律上の利益があるかどうかが問題になる。

これを否定する例として，運転免許停止処分に対する審査請求を棄却する裁
決の取消しを求めた事案がある。最高裁は，原処分の日から無違反・無処分で
満1年が経過し，その前歴はすべて抹消されることになったのであるから，処

> **判例59**〈最判2009（平21）・2・27民集63巻2号299頁〉
> 　Xは，道路交通法所定の違反行為があったとして，Y県公安委員会から優良運転者である旨の記載のない運転免許証を交付されて運転免許更新処分を受けたが，その後，Xは違反行為を否認し，優良運転者に当たるとして，Y県に対しXを一般運転者とする部分の取消し，優良運転者である旨の記載のある運転免許証を交付して行う更新処分の義務付け等を求めて出訴した。1審は，更新処分中の運転者区分の認定ないし確認行為には処分性がないとしてXの訴えを不適法として却下した。2審は，その処分性を認め，原判決を取り消し本件を原審に差し戻したために，Yが上告した。
> 　最高裁は，一般運転者として扱われ，優良運転者である旨の記載のない免許証を交付されて免許証の更新処分を受けた者は，優良運転者である旨の記載のある免許証を交付して行う更新処分を受ける法律上の利益を回復するため，同更新処分の取消しを求める訴えの利益を有するとして，Yの上告を棄却した。

> **判例60**　東京12チャンネル事件〈最判1968（昭43）・12・24【百選Ⅱ-166】〉
> 　Xを含む5者が，郵政大臣Yに対し第12チャンネルのテレビジョン放送局の開設免許の申請をしたが，Aに予備免許が与えられ，他の4者の申請は拒否された。そこで，Xは，免許拒否処分の取消しを求めてYに異議申立てをしたが，棄却の決定がなされたために，高裁に出訴した。これに対し，高裁がXの請求を認容したために，今度はYが，Aに付与した予備免許の免許期間が満了したことによりXの訴えの利益はなくなったなどと主張して上告した。
> 　最高裁は，期間満了後再免許が付与されず，免許が完全に失効した場合は別として，期間満了後直ちに再免許が与えられ，継続して事業が維持されている場合に，これを免許失効の場合と同視して，訴えの利益を否定することは相当ではないと判断し，Yの上告を棄却した。

分を受けた者は原処分を理由に何ら不利益を受けるおそれがなくなっており，また，たとえ原処分の記載のある免許証を所持することにより警察官にその事実を知られ名誉等を損なう可能性があるとしても，それは事実上の効果にすぎず，裁決の取消しの訴えによって回復すべき法律上の利益を有することにはならないとした（最判1980（昭55）・11・25【百選Ⅱ-168】）。これに対して，近時，回復すべき法律上の利益を認めたものとして，**判例59**がある。

　このほか，行政処分の更新が自動的に認められるような場合には，原処分が

期間の経過により法効果がなくなっても，訴えの利益があるとする（**判例60**）。また，公にされている処分基準（行手12条1項）に，処分歴を根拠に一定期間処分量定を加重する旨の不利益的取扱いの定めがある場合には，営業停止処分の停止期間が経過しても，当該一定期間内は当該処分の取消しによって回復すべき法律上の利益を有するとしている（最判2015（平27）・3・3【百選II-167】）。

工事等の完了 　行政処分（許認可等）に基づいて工事等が行われ，その工事が完了してしまったような場合には，訴えの利益が否定されることがある。たとえば，建築物の完成後に建築確認の取消しを求めた事案で，最高裁は，「建築確認の存在は，検査済証の交付を拒否し又は違反是正命令を発する上において法的障害となるものではなく，また，たとえ建築確認が違法であるとして判決で取り消されたとしても，検査済証の交付を拒否し又は違反是正命令を発すべき法的拘束力が生ずるものではない。したがつて，建築確認は，それを受けなければ右工事をすることができないという法的効果を付与されているにすぎないものというべきであるから，当該工事が完了した場合においては，建築確認の取消しを求める訴えの利益は失われるものといわざるを得ない」（最判1984（昭59）・10・26【百選II-170】）と判示している。同様に，公有水面埋立免許の取消訴訟係属中に埋立工事が完了した事案（名古屋地判1978（昭53）・10・23行集29巻10号1871頁）や森林法上の林地開発許可を争っている間に開発行為が完了した事案（最判1995（平7）・11・9判時1551号64頁）でも，訴えの利益が否定されている。一方で，都市計画法上の開発許可については，基本的に市街化区域内での開発許可の取消しを求める訴えの利益は開発行為の完了により消滅するが（最判1993（平5）・9・10民集47巻7号4955頁等），開発許可を受けた土地が市街化調整区域（本書142頁）にある場合は，開発許可により予定建築物等以外の建築物の建築等は制限されるものの，予定建築物等の建築等は可能であるという法的効果を生ずることを理由に，開発行為完了後も開発許可取消訴訟の訴えの利益は消滅しないとしている（最判2015（平27）・12・14民集69巻8号2404頁）。

また，これらと事情は異なるが，長沼ナイキ基地事件（**判例61**）では，保安林の解除処分により住民に生じる洪水の危険等の不利益が，代替施設の設置に

> **判例61** 長沼ナイキ基地事件〈最判1982（昭57）・9・9【百選Ⅱ-171】〉
>
> 農林水産大臣Yは，航空自衛隊ナイキ基地等の用地にするために，国有の保安林（水源涵養林）につき，その指定を解除した。これに対し，周辺住民Xらは，憲法違反の存在である自衛隊の基地建設のための指定解除処分は森林法に違反すると主張し，その取消しを求めて出訴した。1審はXらの請求を容認したが，2審は原告適格は認めたものの，訴えの利益がないとして訴えを却下したため，Xらが上告した。
>
> 最高裁は，森林法に基づく保安林に関する処分が公益の保護を目的とする処分であるとしながらも，同法が保安林指定解除処分につき直接の利害関係を有する者の参加を認めていることと，旧法が当該処分に対する行政訴訟等の提起を認めていた経緯を指摘し，保安林の指定解除処分によって洪水緩和，渇水予防の点で直接影響をこうむる一定範囲の周辺住民の原告適格を認めた。しかし，Xらに生じる洪水の危険等の不利益は，代替施設の設置により解消したために，Xらの処分の取消しを求める訴えの利益が失われたと判示し，上告を棄却した。

> **判例62** 八鹿町土地改良事業事件〈最判1992（平4）・1・24【百選Ⅱ-172】〉
>
> 兵庫県知事Yは，八鹿町に対し，町営の土地改良事業の施行認可処分を行い，町は工事に着手し，換地処分等一連の手続を完了した。これに対して，事業計画地内に土地を所有するXは，当該事業が土地改良法上の事業に該当せず違法だなどと主張して，認可処分の取消しを求めて出訴した。1審，2審ともに認可処分は行政処分に当たらないとしたが，最高裁はこれを行政処分に当たるとして，1審に差し戻した。差戻し後の1審，2審ともXには訴えの利益がないとして訴えを退けたために，Xが再び上告した。
>
> 最高裁は，認可処分が取り消された場合に，事業施行地域を事業施行以前の原状に回復することが，訴訟係属中に事業計画に係る工事等がすべて完了したため，社会的・経済的損失の観点からみて，社会通念上不可能であるとしても，そのような事情は行政事件訴訟法31条の適用に関して考慮されるべき事柄であって，認可処分の取消しを求めるXの法律上の利益を消滅させるものではないとして，原判決を破棄し，事件を1審に差し戻した。

より解消したため，回復すべき訴えの利益は消滅しているとした。さらに，行政代執行の終了と訴えの利益との関係につき，下級審判例では，行政代執行の戒告に対し取消訴訟を提起しても，代執行により建物が除却されてしまえば訴えの利益は消滅することになるとするもの（東京地判1969（昭44）・9・25判時576号46頁）がある一方で，違法に係留された船舶の除却命令に対する取消訴訟の

係属中に代執行がなされて船舶が除却されても，原状回復（除却された船舶を容易に元の場所に戻すこと）が可能である場合には，訴えの利益は消滅しないとしたもの（名古屋高判1996（平8）・7・18判時1595号58頁）がある。このほか，学説では，工事等の完了の場合には，訴えの利益を認めたうえで事情判決（行訴31条。本書323頁以下）により請求を棄却すべきとする見解が有力である。最高裁判例の中にも，この立場に立つものがある（**判例62**）。

このほか，訴えの利益との関連では，生活保護法に基づく生活保護受給権が相続人に承継されるか否かが問題となった朝日訴訟において，訴訟承継が認められないとして訴えの利益が否定されている（最大判1967（昭42）・5・24民集21巻5号1043頁）。これに対し，公務員が免職処分の取消しを求めて係争中に死亡した場合に相続人がその訴訟を継承できるかどうかが争われた事例では，免職処分が取り消されれば，公務員が生存中の給与請求権を相続人が相続できることになるとして，相続人の訴訟承継を認めている（最判1974（昭49）・12・10【百選 I -112】）。また，更正処分の取消訴訟の係属中に増額再更正処分がなされた場合に，当初の更正処分の取消しを求める訴えの利益の有無に関しては争いがあるが，判例は，当初の更正処分は再更正処分に吸収され，更正処分の取消しを求める訴えの利益は消滅するとしている（最判1967（昭42）・9・19【百選 II -169】）。さらに，再入国不許可処分の取消しを求める訴えの利益を否定したものとして，最判1998（平10）・4・10民集52巻3号776頁がある。

ⓗ：教示制度

行政訴訟をより利用しやすくするために，2004年行訴法改正により教示制度が新設された。

行政庁は，取消訴訟を提起することができる処分（裁決を含む）をする場合には，当該処分の相手方に対して，①被告とすべき者，②出訴期間，③法律に当該処分について審査請求に対する裁決を経た後でなければ処分の取消しの訴えを提起することができない旨の定めがあるときは（不服申立前置主義）その旨を，書面で教示しなければならない（行訴46条1項）。また，法律に処分についての審査請求に対する裁決に対してのみ取消訴訟を提起することができる旨の定めがある場合には（裁決主義），その旨を処分の相手方に対し書面で教示する

必要がある（同条2項）。さらに，法律が処分につき形式的当事者訴訟（同4条前段。本書340頁）の利用を定めている場合には（土地収用133条等），処分の相手方に対し，①当該訴訟の被告とすべき者，②当該訴訟の出訴期間を書面で教示しなければならない（行訴46条3項）。いずれの場合も，教示は書面ですることになっているが，口頭による処分については教示は必要とされない（同46条各項の但書）。なお，行審法では，利害関係人（第三者）から教示が求められた場合にも教示をする必要があるが（行審82条2項。本書280頁），行訴法上の教示制度にはこのような規定はない。

教示制度と救済　行審法と異なり，行訴法には誤った教示をした場合などの救済規定（行審22条・55条・83条）もない。しかし，教示事項につき誤った教示がなされたり，教示がない場合には，行訴法の解釈によりそれに対処することが考えられる。まず，被告について誤った教示がなされたような場合には，行訴法15条の被告変更の制度を利用することが可能である。次に，誤った教示などにより出訴期間を徒過してしまった場合には，行訴法14条1項から3項にいう「正当な理由」に該当すると解することができる。さらに，不服申立前置主義について教示がなかったために不服申立てを経なかったような場合には，行訴法8条2項3号の「裁決を経ないことにつき正当な理由があるとき」に該当すると解する余地がある（詳しくは，宇賀Ⅱ161頁以下）。

(2)　取消訴訟の審理

　裁判所は，取消訴訟の訴訟要件が充たされていれば，次に本案審理に入り，原告の請求の内容の当否を審理することになる。訴訟における裁判所の審理の対象を訴訟物というが，取消訴訟の訴訟物は，行政処分の違法性一般と解されている。したがって，裁判所は，取消訴訟の審理において，原告の主張する処分の違法性をあらゆる面から審査することになる。

ａ：職権証拠調べ

弁論主義と
職権証拠調べ　民事訴訟では，弁論主義が採用されており，裁判の基礎となる資料（事実や証拠）の収集は当事者の権能であると同時に責任でもあり，裁判所は，当事者が主張しない事実を取り上げたり，自ら

証拠を収集することはできない。取消訴訟でも弁論主義が基本であるが，そこでは公益のためになされる処分の適法性が問題になるため，当事者が主張する事実について証拠が不十分で心証が得られない場合には，裁判所は職権で証拠調べをすることができる（行訴24条本文）。これを職権証拠調べといい，取消訴訟の審理における特色のひとつになっている。ただし，当事者間の公平を期すため，職権証拠調べの結果については当事者の意見を聴かなければならない（同条但書）。また，職権証拠調べは，あくまでも裁判所に与えられた権能であって，義務ではない。判例も，裁判所が当事者の提出した証拠で十分な心証が得られる場合には，職権証拠調べをする必要はないとしている（最判1953（昭28）・12・24【百選Ⅱ-185】）。

| 職権探知主義 | 職権証拠調べを超えて，裁判所が，当事者の主張していない事実をも取り上げ，自ら証拠を収集することを職権探知 |

主義という。行訴法は，これについて明記していないが，取消訴訟手続の特殊性からこれを導くことはできず，それを認めるには特別の法律の規定が必要になると考えられている（塩野Ⅱ160頁以下）。

ⓑ：釈明処分の特則

釈明処分とは，民事訴訟法上当事者の弁論の内容を明らかにし，訴訟関係を明瞭にするために裁判所がなす処分を意味する（民訴151条）。2004年行訴法改正により，行政訴訟の審理の充実・促進の観点からこの釈明処分の特則が新たに定められることになった。つまり，裁判所は，釈明処分として，被告である行政主体に所属する行政庁または被告である行政庁に対し，①処分（裁決を含む）の内容，処分の根拠となる法令の条項，処分の原因となる事実その他処分の理由を明らかにする資料であって当該行政庁が保有するもの，②審査請求を経た場合には審査請求に係る事件の記録であって当該行政庁が保有するもの，の提出を求めることができる（行訴23条の2第1項1号・2項1号）。民事訴訟法上の釈明処分では，訴訟で引用された文書等で当事者が所持するものに限られるが（民訴151条1項3号），行訴法上の特則にはそのような限定はない。また，裁判所は，被告である行政主体に所属する行政庁（または被告行政庁）以外の行政庁に対しても，その保有する資料等の送付を嘱託することができる（行訴23

条の2第1項2号・2項2号）。釈明処分があっても，行政庁はこれに従う法的義務はないが，正当な理由なく資料等の提出を拒めば，裁判官の心証上不利になる可能性がある。この釈明処分の特則は，処分の存在を前提としているため，取消訴訟のほかすでに存在する処分を争う訴訟に準用されることになる（同38条3項・41条1項・45条4項）。

c：文書提出義務・文書提出命令

　当事者が実質的に公平に主張，立証できるようにするためには，取消訴訟においても，文書の所持者に一定の文書の提出を義務づけ，裁判所に文書提出命令の権限を与える必要がある。しかし，行訴法は，これについて明記していないため，民事訴訟法の規定が適用されることになる（行訴7条）。

民事訴訟法の適用

　それによれば，文書所持者には，一般的に文書提出義務が課されており（民訴220条），裁判所は，当事者から申立てがあった場合には（同219条・221条），当該文書が法定の除外事由に該当しなければ，文書所持者に文書提出を命じることができる（同223条）。また，裁判所は，除外事由に当たるかどうかを判断するために，文書所持者に当該文書を提示させることができる（同条6項）。この一般的な文書提出義務の規定は，公害訴訟や医療過誤訴訟などにおいて一方当事者に証拠が偏在している状況を改善し，当事者の実質的対等を確保するために設けられたものである。また，従来，公務員等がその職務に関し保管しまたは所持する文書は除外されていたが，2001年の改正により，それが「公務員の職務上の秘密に関する文書でその提出により公共の利益を害し，又は公務の遂行に著しい支障を生ずるおそれがあるもの」（同220条4号ロ）に限定されることになった。この文書提出義務除外文書に，電磁的媒体により記録される準文書（同231条）である全国消費実態調査の調査票が当たるか否かが争われた事案で，最高裁は，本件準文書が本案訴訟において提出されると，本件調査に係る統計業務の遂行に著しい支障をもたらす具体的なおそれがあるなどとして，本件準文書が民事訴訟法231条において準用する民事訴訟法220条4号ロに該当するとした（最決2013（平25）・4・19集民243号385頁）。また，民事訴訟法220条4号ロでいう「公務員」には国立大学法人の役員・職員も含まれる（最決2013（平25）・12・19【百選Ｉ-3】）。

d：訴訟参加

処分を取り消す判決（取消判決）の効力は，第三者にも及ぶため（行訴32条1項），訴訟の結果により影響を受ける者がいる場合には，その者を訴訟に参加させる必要がある。この点，行訴法は，第三者と行政庁の訴訟参加について規定している。

第三者の訴訟参加　裁判所は，訴訟の結果により権利を害される第三者があるときは，当事者もしくは第三者の申立てによりまたは職権で，第三者を訴訟に参加させることができる（同22条1項）。訴訟参加した第三者は，基本的に必要的共同訴訟における共同訴訟人に準じ，当事者として訴訟に参加することになる（同条4項）。ただし，第三者の申立てにより訴訟参加した場合には，通常の補助参加人に準じ，一方の当事者に従属する地位に立つことになる（同条5項）。なお，取消判決により権利を害された第三者で，自己の責めに帰すことのできない理由で訴訟参加できなかった者には，第三者の再審の訴えが認められている（同34条）。

行政庁の訴訟参加　取消訴訟では，処分（裁決を含む）をした行政庁の所属する国または公共団体が被告となり（同11条1項），処分をした行政庁は，国または公共団体が被告となる訴訟について裁判上の一切の行為をする権限を有する（同条6項）。しかし，処分をした行政庁以外の行政庁を訴訟に参加させることが必要な場合もありうる。そこで，裁判所が処分をした行政庁以外の行政庁を訴訟に参加させることが必要であると認めるときは，当事者もしくはその行政庁の申立てによりまたは職権で，当該行政庁を訴訟に参加させることができるとしている（同23条1項）。この決定をするには，予め当事者および当該行政庁の意見をきく必要がある（同条2項）。また，民事訴訟法45条1項・2項が準用されるため，訴訟に参加した行政庁は，一切の訴訟行為をすることができるが，処分を行った行政庁の訴訟行為に抵触するときは，その効力を有しない（行訴23条3項）。

e：立証責任

裁判所は，原告または被告が主張する事実の存否や真偽を証拠に基づいて認定することになる。立証責任とは，当事者が主張する事実の存否が確定されな

い場合に，一方の当事者に課される不利益をいう。これは，挙証責任あるいは証明責任ともいわれる。取消訴訟でも，この立証責任を原告と被告のいずれが負うか，つまり立証責任の配分は，訴訟の行方を左右する重要な問題である。

立証責任分配の原則　立証責任の分配については，行訴法に明確な規定がないため，さまざまな考え方が主張されている。行政処分には公定力があり，取り消されるまでは適法性の推定を受けるため，すべて原告が立証責任を負うとする見解があるが，このような極端な考え方は，今日ほとんど支持されていない。また，民事訴訟法における法律要件分類説にならい，行政法規のうち行政庁の権限行使規定については，処分権限の行使を主張する者が要件事実について立証責任を負い，権限不行使規定については，処分権限の不行使を主張する者が要件事実について立証責任を負うとする見解がある。しかし，今日では，立証の難易，証拠との距離など当事者をとりまく種々の利益を衡量して個別に立証責任の配分を判断する説（利益衡量説）や侵害処分については原則として行政庁が立証責任を負い，申請拒否処分については当該申請制度が自由の回復，社会保障請求権の充足を意味するときは行政庁が，資金交付申請であるときは原告が，それぞれ立証責任を負うとする見解が有力である（詳しくは，塩野Ⅱ170頁以下，芝池〔読本〕333頁以下）。

裁量処分と立証責任　裁量処分であっても，裁量権の踰越・濫用があれば違法になるため（行訴30条。本書176頁以下参照），違法事由の立証責任を誰が負うかが問題になる。判例は，基本的に裁量処分の立証責任は原告にあるとする（裁量処分の無効確認訴訟につき，最判1967（昭42）・4・7【百選Ⅱ-188】。本書331頁）。しかし，最高裁は，伊方原発事件（**判例27** 本書181頁）において，行政庁がした原子炉施設の安全性に関する判断に不合理な点があることの立証責任は，本来原告が負うべきものであるが，安全審査に関する資料を行政庁がもっていることなどを考慮すると，行政庁が判断に不合理な点のないことを主張，立証する必要があるとして，原告の立証責任を軽減している。

　このほか，情報公開法制との関連で，条例上の不開示事由に該当する事実については行政側に立証責任があるとしている（最判1994（平6）・2・8民集48巻2号255頁）。また，やや特殊な事案であるが，行政文書（沖縄返還に関する日米間

の密約文書）の不存在を理由とする不開示決定の取消訴訟において，最高裁は，行政機関が行政文書を保有していることが開示請求権の成立要件とされていることからすれば，開示請求者が不開示決定時に行政機関が行政文書を保有していたことについて主張立証責任を負う，としている（最判2014（平26）・7・14【百選Ⅱ-187】）。

f：主張制限

　取消訴訟において，当事者は口頭弁論終結時まで訴訟物である行政処分の違法性一般について攻撃防御の方法をとることになる。しかし，取消訴訟においても，民事訴訟と同様に時機に後れた攻撃防御の方法をとることは認められていない（民訴157条）。行訴法は，さらに特別な規定を設け，本案審理における原告の違法事由の主張を制限している。すなわち，取消訴訟においては，自己の法律上の利益に関係のない違法を理由として取消しを求めることはできない（行訴10条1項）。これにより，原告は自己の権利利益を保護する趣旨で設けられたものではない法規違反を主張することはできないことになる。この制限は取消訴訟の主観訴訟としての性格から導かれる。たとえば，新潟空港事件（最判1989（平元）・2・17【百選Ⅱ-183】。本書307頁）では，処分の根拠法規と関連する法規をも考慮して周辺住民の原告適格を認めたが，原告の法律上の利益にかかわらない法規違反を主張（航空機の相互乗り入れにより輸送力が著しく過剰になることなど）しているとして訴えを退けている（さらに，最判1957（昭32）・12・24民集11巻14号2336頁参照）。しかし，学説の多くは，ほとんどの行政法令が公益目的で設けられていることから，この規定を原告の利益とはまったく関係のない規定違反のみを主張して処分の取消しを求めることは許されない趣旨に限定的に解釈すべきとする（原田409頁等）。

理由の差替え

被告側の主張制限として理由の差替えがある。理由の差替えとは，被告側が訴訟段階で処分の適法性を維持するために，処分時の処分理由とは別の理由に置き換えることをいう。また，処分時の処分理由に異なる理由を付加することを理由の追加といい，処分時の不十分な理由を十全なものとするために理由を補充することを理由の追完ということがある。これらの違いは必ずしも明確ではなく，論者によりそのとらえ方も異な

るが，基本的に差替えに準じて考えることができよう。

　最高裁は，一般論として，「取消訴訟においては，別異に解すべき特別の理由のない限り，行政庁は当該処分の効力を維持するための一切の法律上及び事実上の根拠を主張することが許される」とし（最判1978（昭53）・9・19判時911号99頁），理由の差替えに寛容な態度を示している。「別異に解すべき特別の理由」の有無は，特に法律が理由提示を義務づけている場合に問題になる。理由提示の不備が行政庁の判断の合理性の担保・恣意の抑制，不服申立ての便宜の観点から独立の取消原因になるとする判例の立場からすると（本書189頁），理由の差替えは無制限には認められないことになる。他方，理由の差替えを制限し，理由不備を原因として処分が取り消されても，別の理由で再び同じ処分が行われると紛争の一回的解決が阻害されることになる。結局，理由の差替えの可否は，理由提示の意義と紛争の一回的解決という公益上の要請との調整を図りつつ（宇賀Ⅱ268頁），個別の事案ごとに法律上の処分制度の仕組みに即して判断せざるをえない（塩野Ⅱ184頁以下）。

　最高裁は，法令上理由提示が義務づけられている，青色申告更正処分の取消訴訟や公文書非開示決定の取消訴訟において，理由の差替えを認めている（最判1981（昭56）・7・14【百選Ⅱ-179】，最判1999（平11）・11・19【百選Ⅱ-180】）。学説では，理由の差替えの可否についてさまざまな見解が主張されているが，信義則上，要件事実の同一性を害するような理由の差替え等は原則許されないとする見解（原田409頁参照）や聴聞手続・弁明手続を経て行われた不利益処分について理由の差替えは認められないとする見解が有力である（聴聞手続につき，塩野Ⅱ187頁参照）。

　このほかにも，主張制限に関係するものに，すでに述べた実質的証拠法則・新証拠の提出制限（本書284頁），原処分主義（行訴10条2項。本書291頁）などがある。

ⓖ：違法判断の基準時

　取消訴訟では，行政処分の違法性が問題になるが，ときには取消訴訟の係属中に当該処分の根拠法規が改廃されたり，または処分の基礎となった事実が変動したりすることがあり，そのような場合に，裁判所は，どの時点を基準とし

て処分の違法性を判断すべきかが問題となる。

　この違法判断の基準時については，学説上，処分時の法規または事実を基準とする処分時説と，判決時（口頭弁論終結時）を基準とする判決時説の対立がある。処分時説が多数説であり，その理由として，裁判所の役割は処分を事後的に審査することであり，裁判所が処分後の事情に基づいて処分の違法性を判断することになると，行政庁の第一次的判断権を侵すことになることなどが挙げられる。最高裁も，基本的にこの立場に立っている（例：最判1952（昭27）・1・25【百選Ⅱ-184】）。

(3) 取消訴訟の終了

a：判決の種類

　取消訴訟は，通常，終局判決によって終了する。もちろん，訴訟は，原告の訴えの取下げ，当事者の裁判上の和解，一方当事者による請求の認諾など，当事者の意思によっても終了することがある。民事訴訟においてはこの当事者の意思による訴訟の終了も一般的に行われているが，特に和解と請求の認諾が取消訴訟において認められるか否かについては見解が分かれる。この点，法律による行政の原理を援用し，行政庁は自らの処分が適法であると考える限り，和解や請求の認諾をすべきでないとする見解が有力である（塩野Ⅱ188頁以下）。

却下・棄却・認容

　取消訴訟の判決には，却下，棄却，認容の3種類がある。却下判決は，訴えが訴訟要件を欠き不適法であるとして，本案審理を拒否する判決である。棄却判決は，本案審理の結果，請求に理由がないとして，原告の請求を退ける判決である。これに対し，認容判決は，本案審理の結果，原告の請求に理由があるとして，処分または裁決の全部または一部を取り消す判決である。これは取消判決ともいわれる。

事情判決

　棄却判決には，さらに事情判決という特殊な判決がある。すなわち，裁判所は，処分が違法であっても，これを取り消すことにより公益に著しい障害を生じる場合において，原告の受ける損害の程度，その損害の賠償または防止の程度および方法その他一切の事情を考慮したうえ，処分を取り消すことが公共の福祉に適合しないと認めるときは，請求を棄却することができる（行訴31条1項前段）。

　この制度は，行政処分の取消しにより，すでに多くの人に生じているさまざまな法律関係や事実状態を一度に覆すことにより生じる混乱を回避するために設けられたものであり，その例として公共事業をめぐる抗告訴訟（最判1958（昭33）・7・25【百選Ⅱ-195】）がある。裁判所が事情判決をするときは，判決の主文で処分が違法であることを宣言する必要がある（同条1項後段）。また，裁判所は，終局判決前に，つまり中間判決として処分の違法を宣言することができる（同条2項）。

ｂ：取消訴訟における判決の効力

　取消訴訟について判決が下されると，判決の種類に応じていくつかの効力が生じることになる。

既 判 力　取消訴訟について終局判決が確定すると，判決の種類にかかわらず，判決の内容は当事者および裁判所を拘束し，後に同じ事柄が問題となったときに，判決内容と矛盾する主張や判断をすることは許されなくなる。これを判決の既判力という。この効力は，紛争の蒸し返しや裁判の矛盾を防止するために認められているものである。

形 成 力　取消判決が確定すると，処分の効力ははじめからその効力がなかったのと同じ状態になる。これを取消判決の形成力という。行政事件訴訟特例法の下では，この形成力が，訴訟の当事者間においてのみ生じるのか，あるいは第三者にまで及ぶのか，見解が分かれていたが，行訴法32条1項は，取消判決の効力が第三者にも及ぶことを明記した。これを，取消判決の第三者効あるいは対世的効力（対世効）という。

　しかし，他方で，取消判決が第三者にまで及ぶことになると，第三者に思わぬ不利益を及ぼすことにもなりかねないため，前述の第三者の訴訟参加（同22条）や第三者の再審の訴え（同34条）を認めることによって，第三者が救済されるよう配慮している（本書319頁）。

拘 束 力　取消判決は，さらに，その事件について処分庁その他の関係行政庁を拘束することになる（同33条1項）。この効力を拘束力という。したがって，処分庁その他関係行政庁は判決に従って行動するよう義務づけられることになる。また，拘束力が認められる結果，行政庁は，同

一事情のもとで同一理由に基づいて同じ人に対し同じ内容の処分をすることができなくなる。これを反復禁止効という。

(4)　取消訴訟と仮の権利保護

a：仮の権利保護の意義

　仮の権利保護とは，本案判決が下されるまでの間に，暫定的に原告の権利利益を保全することをいう。仮の救済ともいう。この制度は，憲法上の裁判を受ける権利（32条）を実質的に保障するうえで重要な意義をもつが，現行の執行停止制度は，以下でみるように極めて厳しい要件のもとに置かれており，学説では抜本的改革を求める声が強い。

b：執行停止制度

執行不停止の原則　行訴法は，行政処分について民事保全法上の仮処分の適用を明示的に排除し（44条），取消訴訟の提起が，処分の効力，処分の執行または手続の続行を妨げないと規定している（25条1項）。これを執行不停止の原則という。この原則は，無効等確認訴訟，民衆訴訟・機関訴訟で処分の取消し・無効確認を求めるものについても準用される（行訴38条3項・43条1項2項）。執行不停止の原則をとるのは，濫訴による行政活動の停滞を回避するためであると説明されるが，あまりこの原則を貫くと，たとえ原告が勝訴しても，実質的に原告の権利が救済されないおそれがある。そこで，一定の要件を充たす場合には，例外的に執行停止を認めることにしている。

執行停止の要件　執行停止には，「処分の効力」，「処分の執行」，「手続の続行」の全部または一部の停止があるが，処分の効力の停止は，執行停止の効果が広範囲に及ぶため，処分の執行または手続の続行の停止によって目的を達することができる場合にはすることができない（同25条2項但書）。

　処分の執行の停止の例として，不法滞在など出入国管理及び難民認定法24条の退去強制事由に該当するとして，退去強制令書の発付処分（同49条6項）を受け収容された者が，発付処分の取消訴訟とともに同令書の収容部分と送還部分の執行の停止を申し立てる場合がある（最決2004（平16）・5・31判時1868号24頁

> **判例63**　弁護士懲戒処分執行停止事件〈最決2007（平19）・12・18【百選Ⅱ-192】〉
> 　A弁護士会の懲戒委員会は，同弁護士会に所属するXには旧弁護士倫理31条に反する非行に該当する事由があるとして，Xを業務停止3か月の懲戒処分をするのが相当であるとの議決をし，A弁護士会は，この議決に基づき，Xを業務停止3か月の懲戒処分に付した。これに対し，Xが日本弁護士連合会Yに対し審査請求をしたところ，Yは，Yの懲戒委員会の議決に基づき，審査請求を棄却する裁決をした。そこでXは，本件裁決が違法であると主張して，Yを相手方として，高裁に裁決の取消しの訴えを提起するとともに，本件懲戒処分の効力の停止を求めて執行停止の申立てをした。高裁がこれを認容したため，Yが抗告した。
> 　最高裁は，Xは，その所属する弁護士会から業務停止3か月の懲戒処分を受けたが，当該業務停止期間中に期日が指定されているものだけで31件の訴訟案件を受任していたなど本件事実関係のもとにおいては，行政事件訴訟法25条3項所定の事由を考慮し勘案して，本件懲戒処分によってXに生ずる社会的信用の低下，業務上の信頼関係の毀損等の損害が同条2項に規定する「重大な損害」に当たるものと認めた原審の判断は，正当として是認することができる，とした。

など）。また，手続の続行の停止は，本案で争われる処分とそれに後続する行為との間に密接な関連がある場合に申し立てることになる。その例として，収用裁決（明渡裁決）や建物の除却命令の取消訴訟を本案として代執行手続の続行の停止を申し立てるもの（東京地決2003（平15）・10・3判時1835号34頁，大阪地決2006（平18）・1・25判タ1221号229頁）や課税処分の取消訴訟を本案とし滞納処分の続行の停止を申し立てるもの（横浜地決2007（平19）・4・25判例集未登載）などがある。さらに，処分の効力の停止に関する最近の事例として，弁護士の懲戒処分に対する執行停止がある（**判例63**）。

　執行停止の申立てが裁判所によって認められるためには，①本案訴訟が適法に係属していることを前提として，②処分の執行等により生ずる重大な損害を避けるため緊急の必要があるときでなければならない（同25条2項）。しかし，この場合でも，③執行停止が公共の福祉に重大な影響を及ぼすおそれがあるとき，または，④本案について理由がないとみえるときは，執行停止はできない（同条4項）。②は積極要件，③と④は消極要件ともいわれる。

　②の要件は，2004年行訴法改正により，従前の「回復の困難な損害」から「重大な損害」へと変更されたものである。また，「重大な損害」の判断にあ

たっては、損害の回復の困難の程度を考慮し、損害の性質・程度、処分の内容・性質をも勘案することとされた（同条3項）。この点、判例63 は、社会的信用の低下、業務上の信頼関係の毀損等の損害も「重大な損害」に当たるとしている。このほか、改正前の事案であるが、最高裁は、本国に強制送還され自ら訴訟を追行することができなくなっても、訴訟代理人による訴訟追行が可能であることなどを理由に、本人が強制送還されても裁判を受ける権利は否定されないとして、退去強制令書の発付に対する取消訴訟とともに行った本案判決確定までの執行の停止を求める申立てを却下している（最決1977（昭52）・3・10【百選II-191】）。

　なお、積極要件と消極要件は、必ずしも別個独立に判断されるわけではなく、総合判断にならざるをえないことが少なくないといわれる（宇賀II306頁）。

　執行停止の効果　執行停止の効果は、将来に向かってのみ生ずる。また、裁判所の執行停止の決定は、第三者効を有し（行訴32条2項）、関係行政庁を拘束することになる（同33条4項）。しかし、執行停止が確定した後に、理由が消滅したり、事情が変更したときには、裁判所は、相手方の申立てにより、決定をもって執行停止の決定を取り消すことができる（同26条1項）。

　なお、行訴法33条2項は、申請に対する拒否処分や不許可処分等が判決により取り消されたときは、処分庁は判決の趣旨に従い改めて申請に対する処分をする必要があるとしている。しかし、執行停止の決定については、この規定が準用されないために（同33条4項参照）、たとえ裁判所が申請拒否処分について執行停止の決定をしても、行政庁は執行停止の決定に従い改めて処分をする義務を負うわけではなく、拒否処分がなされる前の申請があった状態に戻るにすぎない。したがって、拒否処分がなされる前の状態を回復する法的利益が認められる例外的な事情がない限り、申請拒否処分について執行停止を求めても、申立ての利益がないとして退けられることになる。この種の事案では、義務付け訴訟を提起するとともに仮の義務付けを申し立てることが有効である（本書334頁以下）。

c ：内閣総理大臣の異議

　執行停止の申立てがあったときは，内閣総理大臣は，裁判所に対し，執行停止の決定の前後を問わず，異議を述べることができる（行訴27条1項）。この内閣総理大臣の異議があったときは，裁判所は，執行停止をすることができず，また，すでに執行停止の決定をしていても，これを取り消さなければならない（同条4項）。

　内閣総理大臣は，やむを得ない場合でなければ，異議を述べてはならず，異議を述べるときは，必ず処分の執行等をしなければ公共の福祉に重大な影響を及ぼすおそれのある事情を示す理由を付さなければならない（同条2項・3項・6項）。通説は，この異議の理由の当否について裁判所は実質的に審査することはできないとするが，これを可能とする見解も唱えられている。

　この制度は，行政権による司法権の執行停止権限の制限を意味するため，その合憲性が議論されている。裁判例は，執行停止の権限は，司法権本来の作用ではなく行政の作用に属するとして，この制度を合憲とみなしている（東京地判1969（昭44）・9・26判例入門19-3）。しかし，学説では，権力分立制や裁判を受ける権利（憲32条）などを根拠に，これを違憲とみなす見解が多数を占める。

4　無効等確認訴訟

無効等確認訴訟の意義

　無効等確認の訴えとは，処分（裁決を含む）の存否またはその効力の有無の確認を求める訴訟をいう（行訴3条4項）。この定義から明らかなように，この訴訟には処分の無効確認だけではなく，その有効確認，存在または不存在確認も含まれる。処分の無効確認が一般的であるが，存在確認・有効確認の例として給油取扱所許可処分に関する最判1982（昭57）・7・15【百選Ⅰ-54】，不存在確認の例として建築基準法42条2項に基づく道路指定処分に関する最判2002（平14）・1・17【百選Ⅱ-149】がある。

　この訴訟は，処分の無効や不存在を主張して提起されるものであるため，取消訴訟と異なり出訴期間がなく（同38条参照），また不服申立てが前置されることもない。ただし，出訴期間の制限がないといっても，長い年月が経過して

から無効等確認訴訟を提起することは信義則に反する可能性がある（公務員の地位確認訴訟での信義則につき，名古屋高判1978（昭53）・3・14判時888号116頁参照）。

| 無効等確認訴訟の 制限 | また，行政処分の無効をいつまでも争うことができることにしておくと法的安定を損なう可能性がある。そ |

こで，行訴法は，無効等確認訴訟に一定の制限を課している。すなわち，行訴法36条は，無効等確認訴訟が，①当該処分または裁決に続く処分により損害を受けるおそれのある者②その他当該処分または裁決の無効等の確認を求めるにつき法律上の利益を有する者で，③当該処分もしくは裁決の存否またはその効力の有無を前提とする現在の法律関係に関する訴えによって目的を達することができないものに限り，提起できるとしている。

この規定の解釈をめぐってはいくつか争いがある。まず，基本的に一元説と二元説との対立がある。一元説は，①と②を区別せずに一体的に理解し，それが③の要件にかかるとする。二元説は，①と②を区別し，②のみが③の要件にかかるとする。①と②の間に読点がないため，文理解釈としては一元説が妥当であるが，判例および立法者意思は二元説に立っている。また，二元説では，現在の法律関係に関する訴えによって目的を達成できるかどうかにかかわらず（③の要件），処分または裁決に続く処分により損害を受けるおそれのある者（①の要件）であれば無効等確認訴訟（これは「予防的無効確認訴訟」といわれる）を提起できるため，権利保護の範囲が広くなるというメリットがある。この説では，たとえば，強制行為（代執行）を予防するための建築物の除却命令の無効確認や滞納処分を予防するための課税処分の無効確認を求める訴訟（最判1976（昭51）・4・27民集30巻3号384頁）が広く認められることになる。

| 争点訴訟と 当事者訴訟 | 次に，いずれの説に立っても，③の要件が必要な場合があるため，処分の無効等を前提として形成された「現在の法 |

律関係に関する訴え」によって目的が達成される場合には，無効等確認訴訟は利用できないことになる。行訴法は，この現在の法律関係に関する訴えとして，処分の存否または効力の有無を前提問題（争点）とする私法上の法律関係に関する訴えである争点訴訟（45条）と公法上の法律関係に関する訴えである

公法上の当事者訴訟（実質的当事者訴訟）を規定している（4条後段。本書340頁以下）。なお，争点訴訟は講学上の概念であって，その性質は民事訴訟である。

　したがって，たとえば，行政庁の農地買収処分がありその農地がすでに第三者に売り渡されているときは，元の農地所有者は，農地買収処分の無効を争点として農地売渡処分がなされた第三者に当該農地の返還を求める争点訴訟で争うことにより目的を達成することができるため，農地買収処分に対する無効等確認訴訟を提起できないことになる。土地収用法上の権利取得裁決の無効を前提として土地所有者が起業者に対して提起する所有権確認訴訟や公売処分の無効を前提に当該処分により売却を受けた者を相手方として提起する所有権確認訴訟も，争点訴訟の例である。また，公務員の懲戒処分についても，公務員は，免職処分の無効を前提として公務員としての地位の確認を求める実質的当事者訴訟により目的を達成することができるために，無効等確認訴訟は利用できないことになる。

　他方，たとえば営業許可の申請に対する拒否処分や営業許可の取消処分の無効については，「現在の法律関係に関する訴え」によって目的を達成できないために，無効等確認訴訟が認められることになる。

無効等確認訴訟の利用可能性　しかし，これまでの争点訴訟や当事者訴訟に還元できない場合に限って無効等確認訴訟を許容する考え方（還元不能説）や，還元できる場合であってもその訴えによって目的を達成できない場合に限って無効等確認訴訟の提起が認められるとする考え方（目的達成不能説）に対しては，学説上批判が多い。今日ではむしろ，争点訴訟や当事者訴訟に還元できたり，それにより目的を達成することができる場合であっても無効等確認訴訟により有効な権利保護を期待できる場合には無効等確認訴訟の提起が認められるとする考え方（権利保護目的説または直截・適切基準説）が有力である（芝池〔読本〕350頁以下，宇賀Ⅱ327頁以下）。このような考え方によれば，たとえば先ほどの公務員の免職処分については無効等確認訴訟も認められることになる（芝池〔読本〕350頁，塩野Ⅱ229頁）。判例も，このような立場に立ち，土地改良法に基づく換地処分をめぐる紛争について，換地処分の無効を前提とする換地処分前の土地の所有権確認訴訟等よりも，換地処分の無効確認訴訟の

> **判例64** もんじゅ事件〈最判1992（平4）・9・22【百選Ⅱ-174】〉
> 　内閣総理大臣Ｙ１は，旧動力炉・核燃料開発事業団Ｙ２が設置予定の高速増殖炉「もんじゅ」につき，原子炉設置許可処分をした。これに対して，周辺住民Ｘらが「もんじゅ」の設置・稼働により生命等に重大な被害を受けるとして，Ｙ１を被告とする許可処分の無効確認訴訟と，Ｙ２を被告とする原子炉施設の建設・運転の差止めを求める民事訴訟を併合提起した。１審は，民事訴訟のほうが有効かつ適切であるとして無効確認訴訟を却下したが，２審は，無効確認訴訟の訴えの利益を認めたため，Ｙ１が上告した。
> 　最高裁は，無効確認訴訟の要件のひとつである，当該処分の効力の有無を前提とする現在の法律関係に関する訴えによって目的を達成することができない場合とは，当該処分に起因する紛争を解決するための争訟形態として，処分の無効を前提とする当事者訴訟または民事訴訟との比較において，無効確認訴訟のほうがより直截的で適切であるとみるべき場合をも意味し，本件でこれをみると，無効確認訴訟のほうがより適切であるとして，上告を棄却した。

ほうがより直截的で適切な争訟形態であるとした（最判1987（昭62）・4・17【百選Ⅱ-173】）。なお，**判例64**では，厳密には争点訴訟といえない民事訴訟との関係で無効等確認訴訟の適法性について判示している

無効等確認訴訟と取消訴訟の規定の準用　無効等確認訴訟には，取消訴訟に関する多くの規定が準用される（行訴38条１項-３項）。執行停止の規定（同25条）もそのひとつである（同38条３項）。他方，争点訴訟と当事者訴訟では，処分の存否・効力の有無が先決問題となる場合，仮処分が制限されるうえ（同44条），執行停止の制度も用いることができないと解されている（宇賀Ⅱ387頁以下参照）。また，判決の拘束力の規定（同33条）は，無効等確認訴訟に準用されるが（同38条１項），事情判決（同31条）と取消判決の第三者効（同32条１項）については準用がない。ただ，行政事件訴訟特例法の下で，無効確認判決の第三者効を認めた判例がある（最判1967（昭42）・3・14【百選Ⅱ-198】）。

　このほか，無効等確認訴訟との関連では，最高裁がこの訴訟における主張・立証責任が原告にあるとしていることに留意する必要がある（最判1967（昭42）・4・7【百選Ⅱ-188】。本書320頁）。

5　不作為の違法確認訴訟

> **不作為の違法確認訴訟の意義**

これは，行政庁が法令に基づく申請に対し，相当の期間内に何らかの処分をすべきにもかかわらず，これをしないことについての違法の確認を求める訴訟である（行訴3条5項）。この訴訟の目的は，行政庁による申請の握りつぶしを防止することにある。

不作為の違法確認訴訟は，処分または裁決について「申請をした者」でなければ提起できず（同37条），しかも申請は法令に基づくものでなければならない（同3条5項）。この「法令に基づく申請」の解釈をめぐっては，いくつか留意すべき点がある。まず，申請について法令の明文の規定がなくとも，たとえば法令上許可制がとられていれば，それは当然申請を前提としているため解釈上法令に基づく申請に該当することになる。次に，申請が要綱に基づくものである場合に，これが法令に基づく申請に当たるかどうかが問題になる。この点，下級審の判例には，申請に対する応答義務が存在するかどうかを基準として，要綱による補助金交付申請に対する不作為についてこの訴訟の提起を認めるものがある（福岡地判1978（昭53）・7・14判時909号38頁）。

不作為が違法とされるのは，申請をしてから行政庁が「相当の期間」を過ぎても応答しないときである。この「相当の期間」とは，申請を処理するのに必要な期間をいうが，処分の性質などから個別に判断せざるをえない。相当な期間の判断については，**判例65**が注目される（関西水俣病事件につき，本書230頁の**判例40**参照）。

法律によっては応答すべき期間を定めている場合がある（建基6条4項）。また，行政手続法上，標準処理期間が設定されることがあるが（6条），この場合，裁判所の判断の重要な要素にはなるものの，その期間の経過が直ちに違法になるわけではないと考えられている。さらに，法律によっては，一定期間応答がない場合に，申請の拒否があったとみなすことができると規定することがある（生活保護24条7項）。これを「みなし拒否処分」というが，この場合一定の期間が経過していれば，拒否処分の取消訴訟あるいは義務付け訴訟を提起す

> **判例65** 水俣病認定遅延事件〈熊本地判1976（昭51）・12・15判時835号３頁〉
> 　1969年制定の「公害に係る健康被害の救済に関する特別措置法」により，公害病に認定された者に医療費等が支給されることになった。そこでＸらは，同法３条に基づいて1972年３月から1974年８月にかけて熊本県知事Ｙに対して水俣病認定の申請をしたが，1974年12月まで何ら処分をしなかったために，Ｙの不作為の違法確認訴訟を提起した。
> 　熊本地裁は，未だ必ずしも相当の期間を経過していない場合でも，申請後ある程度の期間を経過したにもかかわらず，行政庁が将来いかなる時期に処分をなすかが不確定・不明であり，かつ処分に至るまでの期間が相当期間を経過することが確実であり，しかも以上の状態が解消される見込みがない場合には，行政庁の不作為が違法になると判示し，Ｘらの請求を認容した。
> 　なお，この判決は，Ｙが控訴しなかったために確定したが，その後もＹが何らの処分もしなかったため，Ｘらは，国と熊本県を相手どり申請処理の遅延による精神的損害の賠償を求めて国家賠償請求訴訟を提起した。１審，２審ともにＸらの請求を認容したが，最高裁は原判決を破棄し，原審に差し戻している（最判1991（平３）・4・26【百選Ⅱ-212】）。

ることが考えられる。さらに，どの時点で相当の期間が経過し違法であると判断されるか，つまり違法判断の基準時については，起訴時とする見解もあるが，学説の多くは，この訴訟の目的が不作為の違法状態の解消にとどまることから判決時とする。したがって，係争中に行政庁が何らかの応答をした場合には，訴えの利益は失われ訴えは却下されることになる。

不作為の違法確認訴訟の限界　不作為の違法確認訴訟は，義務付け訴訟のように一定の処分をすることを義務づけるものではなく，申請に対する応答がないことの違法を確認するにとどまる。したがって，裁判所により不作為の違法が確認された場合には，行政庁は何らかの応答をすることになるが，申請の拒否処分を行うことも考えられる。そして，それに不服があれば，改めて処分の取消訴訟を提起しなければならない。また，判決後に行政庁がなおも不作為を続ける場合には，判決を法的に強制する手段はないと考えられている。このように不作為の違法確認訴訟は，市民の権利救済という観点からすると限界がある（**判例65** 参照）。しかし，次に述べるように2004年の改正で義務付け訴訟が法定されたことにより，不作為の違法確認訴訟に新たな意義

付けがなされることになった。

6　義務付け訴訟と差止訴訟

　次に，新設された法定抗告訴訟である義務付け訴訟と差止訴訟についてみてみることにしよう。

(1)　義務付け訴訟

義務付け訴訟の意義と種類　義務付け訴訟とは，行政庁が一定の処分または裁決をすべき旨を命ずることを求める訴訟をいう（行訴3条6項）。これには大別して2つの類型がある。ひとつは，法令に基づく申請を前提とすることなく，行政庁が一定の処分をすべきにもかかわらずこれがなされないときに提起する義務付け訴訟である（同項1号）。もうひとつは，法令に基づく申請（審査請求を含む）に対し，行政庁が一定の処分（裁決を含む）をすべきにもかかわらず，これがなされないときに提起する義務付け訴訟である（同項2号）。前者は非申請型義務付け訴訟，後者は申請型義務付け訴訟ともいわれる。申請型義務付け訴訟は，さらに法令に基づく申請に対し相当の期間内に行政庁が応答しない場合に提起する不応答型義務付け訴訟（同37条の3第1項1号）と法令に基づく申請に対し行政庁が拒否処分（審査請求を却下または棄却する裁決を含む）をした場合に提起する拒否処分型義務付け訴訟（同項2号）に分けられる（**図4**）。

　非申請型義務付け訴訟は，周辺住民が，公害を発生している事業者に対し行政庁に施設の改善命令をするよう求めるなど，第三者に対する法律上の規制権限の発動を求める場合が一般的である。しかし，自己に対する職権による利益処分を求める場合も考えられる（自己の住民票の作成を求めたものとして，東京地

図4　義務付け訴訟の類型

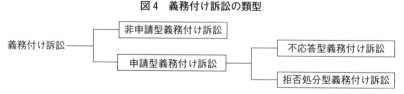

判2007（平19）・5・19判時1981号9頁）。申請型義務付け訴訟は，法令に基づいて社会保障に関する給付を申請したが，申請が拒否されたり，あるいは申請に対する応答がない場合に，一定の処分を求めて提起するものである。

> **非申請型義務付け訴訟の要件**

義務付け訴訟の要件は，基本的にその類型により異なる。まず，処分の発動を求める非申請型義務付け訴訟の場合，「一定の処分がされないことにより重大な損害を生ずるおそれがあり」（重大性の要件），かつ，「その損害を避けるため他に適当な方法がない」（補充性の要件）という2つの訴訟要件が必要である（行訴37条の2第1項）。また，「重大な損害を生ずる」か否かは，裁判所が，損害の回復の困難の程度を考慮し，損害の性質・程度，処分の内容・性質をも勘案して判断することになる（同条2項）。さらに，この訴訟を提起できるのは，取消訴訟と同様に「法律上の利益」を有する者に限られ（同条3項），その判断にあたっては行訴法9条2項の規定が準用される（同条4項）。

これら訴訟要件が充たされた場合でも，裁判所が義務付け判決を下すには，「行政庁がその処分をすべきであることがその処分の根拠となる法令の規定から明らかであると認められ」るときか，または「行政庁がその処分をしないことがその裁量権の範囲を超え若しくはその濫用となると認められる」とき，といういずれかの本案要件が充たされる必要がある（同条5項）。つまり，裁判所は，当該処分につき裁量がないか，裁量はあっても裁量権の踰越濫用がない限り義務付け判決を下せないことになる。

> **申請型義務付け訴訟の要件**

次に，申請型義務付け訴訟は，法令に基づく申請をした者でなければ提起できないが（同37条の3第2項），申請に対して応答がない場合（不応答型）と拒否処分がなされた場合（拒否処分型）とでは要件が異なる。すなわち，前者では，法令に基づく申請をしたにもかかわらず，相当の期間が経過しても何ら処分が行われないことが要件とされており（同条1項1号），しかもこの義務付け訴訟に当該処分に係る不作為の違法確認訴訟を併合して提起しなければならない（同条3項1号）。これに対して，後者では，拒否処分がすでになされ，それが取り消されるべきものであり，または無効もしくは不存在であることが要件とされ（同条1項2号），この場合には

取消訴訟か無効等確認訴訟を併合して提起する必要がある（同条3項2号）。このように申請型義務付け訴訟について，他の抗告訴訟の併合が義務づけられるのは，義務付け判決を下すまでに紛争が熟していなくとも，取消判決等を出すことができる場合には，それを早急に出すことにより，その拘束力により紛争が迅速に解決されることを期待しうる場合があるからである。したがって，義務付け訴訟とそれと併合して提起される訴訟に係る弁論および裁判は，分離しないで行われる必要があり（同条4項），しかも，裁判所は，義務付け訴訟に併合して提起された訴訟（不作為の違法確認訴訟，取消訴訟，無効等確認訴訟）についてのみ終局判決をすることが，より迅速な争訟の解決に資すると認めるときは，それについてのみ終局判決をすることができる（同条6項）。

　このほか，申請型義務付け訴訟について，本案で義務付け判決を得るためには，義務付け訴訟に併合して提起された訴訟にかかる請求に理由があり，かつ，非申請型義務付け訴訟と同様に根拠法令の規定から処分をすべきことが明らかであるか，または処分をしないことが裁量権の踰越濫用に当たると認められる必要がある（同条5項）。

(2)　差止訴訟

差止訴訟の意義　差止訴訟とは，行政庁が一定の処分（裁決を含む）をすべきでないにもかかわらずこれがされようとしている場合に，行政庁がその処分をしてはならない旨を命ずることを求める訴訟をいう（同3条7項）。

差止訴訟の要件　差止訴訟は，非申請型義務付け訴訟と規定の仕方は異なるものの，同じような要件のもとで認められる。つまり，差止訴訟は，一定の処分がされることにより重大な損害を生ずるおそれがある場合に限り，提起することができる。ただし，その損害を避けるために他に適当な方法があるときは，この限りではない（同37条の4第1項）。「その損害を避けるために他に適当な方法があるとき」は，非申請型義務付け訴訟の規定の仕方と異なり，但書になっているが，これは，差止訴訟では，「重大な損害を生ずるおそれ」があれば，通常，救済の必要性が認められるため，他に適当な方法の有無は副次的に問題になるにすぎないことを示している。また，処分

の差止めを求めるにつき法律上の利益を有する者が原告適格を有し，行訴法9条2項の規定も準用される（同条3項・4項）。さらに，行訴法は明記していないが，差止訴訟の定義（3条7項）からすると，処分がなされる蓋然性があることも要件となる。

　本案で勝訴判決を得るためには，法令の規定から処分をすべきでないことが明らかであるか，または処分をすることが裁量権の踰越濫用になると認められる必要がある（同条5項，判例55 本書303頁参照）。

　差止訴訟の要件に関して，とりわけ判例66 が注目される。

(3)　仮の義務付け・仮の差止め

仮の義務付け・
仮の差止めの要件
　義務付け訴訟と差止訴訟について仮の救済制度が必要であることは，学説において広く支持されてきた。2004年の改正でも，これが受け入れられ仮の義務付けと仮の差止めの制度が明記されることになった。両者とも，ほぼ同じ要件のもとで認められている。つまり，仮の義務付けも仮の差止めも，義務付け訴訟または差止訴訟が係属中であることを前提とし，処分がされないことにより，または処分がされることにより生ずる①「償うことのできない損害を避けるため緊急の必要があり」，かつ，②「本案について理由があるとみえるとき」であることが必要であり，裁判所は申立てがあった場合にだけ，決定をもってこれを命ずることができる（同37条の5第1項・2項）。「償うことのできない損害」には，金銭賠償が不可能な損害だけでなく，金銭賠償のみによる救済では社会通念に照らして著しく不合理と認められる場合も含まれると解される（宇賀Ⅱ361頁参照）。さらに，①と②の要件が充たされても，「公共の福祉に重大な影響を及ぼすおそれがあるとき」は，仮の救済はすることができない（同条3項）。取消訴訟における執行停止の要件と比較すると，ここでの要件のほうが厳しい。特に，執行停止は，本案について「理由がない」とみえるときはすることができず（同25条4項），これについては被申立人に主張・疎明責任があると解されるが，仮の義務付け・仮の差止めでは，「理由がある」とみえるときにできると規定しているため，それについては申立人が主張・疎明する必要があると考えられている（宇賀Ⅱ361頁）。

> **判例66** 君が代訴訟〈最判2012（平24）・2・9【百選Ⅱ-200】〉
>
> 　都立学校に勤務する教職員Xらが，都教育委員会の教育長の各校長宛ての通達に基づく校長の職務命令により，各所属校の入学式，卒業式等の式典において国旗に向かって起立して国歌を斉唱すること，国歌斉唱の際にピアノ伴奏をすることを強制されることは，Xらの思想・良心の自由等を侵害するとして，起立斉唱・ピアノ伴奏の義務のないことの確認を求めるとともに，これらの義務違反を理由とする懲戒処分の差止め等を求めた。なお，この職務命令に違反した教職員には，1回目は戒告，2〜3回目は減給，4回目以降は停職の懲戒処分がなされていたが，免職処分がなされることはなかった。
>
> 　最高裁は，通達・職務命令の処分性を否定したうえで，免職以外の懲戒処分（停職，減給，戒告）がされる蓋然性を認め，懲戒処分が反復継続的かつ累積加重的にされることにより生ずる損害は，処分がされた後に取消訴訟等を提起して執行停止の決定を受けることなどにより容易に救済を受けることができるものであるとはいえず，処分がされる前に差止めを命ずる方法によるのでなければ救済を受けることが困難なものであるということができ，その回復の困難の程度等に鑑み，「重大な損害を生ずるおそれ」があると認め，本件では懲戒処分の取消訴訟等および執行停止との関係でも，懲戒処分の予防を目的とする事前救済の争訟方法として他に適当な方法との関係でも，本件差止めの訴えのうち免職処分以外の懲戒処分の差止めを求める訴えは，補充性の要件を充たし適法であるとした。
>
> 　また，公的義務の不存在の確認を求める訴えは，公法上の当事者訴訟の一類型である確認の訴えととらえることができ，通達を踏まえた本件職務命令違反が懲戒処分の処分事由との評価を受けることに伴い，勤務成績の評価を通じた昇給等に係る不利益という行政処分以外の処遇上の不利益が発生する危険の観点からも，都立学校の教職員の法的地位に現実の危険を及ぼしうるものといえ，行政処分以外の処遇上の不利益の予防という目的に即した有効適切な争訟方法であり確認の利益がみとめられ適法であるとした。しかし，いずれの請求にも理由がないとして上告を棄却した。

　このほか，仮の義務付け・仮の差止めについては，即時抗告や内閣総理大臣の異議など執行停止に関する多くの規定が準用される（同37条の5第4項）。

　なお，仮の義務付けを認容したものに，身体に障害があることを理由に，町立幼稚園への入園拒否が争われた事案（徳島地決2005（平17）・6・7判例地方自治270号48頁）や保育園への入園拒否が問題になった事案（東京地決2006（平18）・1・25判時1931号10頁）などのほか，**判例67** がある。また，仮の差止めについて

判例67〈奈良地決2009（平21）・6・26賃金と社会保障1504号47頁〉

　Y町に住所を有する申立人Ｘは，肢体不自由者であるが，Ｙ町教育委員会から認定就学者（その者の障害の状態に照らして，当該市町村の設置する小学校または中学校において適切な教育を受けることができる特別の事情があると認める者）に該当すると認められ，Ｙ町立小学校に通っていた。ＸとＸの保護者は，小学校卒業後も地元のＹ町立Ａ中学校への就学を希望していたが，同教育委員会は，Ａ中学校の構造上の問題等を理由に，Ｘが認定就学者に該当しないとして，Ｘの保護者に特別支援学校に就学させるべき旨の通知をした。そこで，ＸはＹ町を被告として義務付け訴訟を提起するとともに，同教育委員会がＸの保護者に対しＸの就学すべき中学校をＡ中学校に仮に指定するよう申し立てた。

　奈良地裁は，本件指定の処分性を肯定し，本案訴訟の適法性を認めたうえで，同教育委員会は，Ａ中学校の現状の施設，設備および教員の配置に固執したまま，現状においてとりうる手段や改善の余地等を検討することなく，Ｘの障害の状態に照らして，同校において適切な教育を受けることができる特別の事情があるとは認められないと判断したものであって，Ｘが認定就学者に該当するか否かにつき，慎重に判断したとは認め難く，著しく妥当性を欠き，特別支援教育の理念を没却するものとして，その裁量権を逸脱または濫用したものとして違法というべきであるから，「本案における理由があるとき」の要件を充たし，またその他の仮の義務付けの要件も充たすとして申立てを認容した。

は，公立保育所を民営化する条例制定行為の仮の差止めを求めた事案（神戸地決2007（平19）・2・27賃金と社会保障1442号57頁），住民票の職権消除処分の仮の差止めを求めた事案（大阪高決2007（平19）・3・1賃金と社会保障1448号58頁），死刑確定者と再審請求弁護人との職員の立会いのない秘密面会を制限する拘置所長の措置の仮の差止めを求めた事案（東京地決2016（平28）・12・14判時2329号22頁）などで申立てを認容している。

7　当事者訴訟

当事者訴訟の意義　行訴法上，当事者訴訟には，「当事者間の法律関係を確認し又は形成する処分又は裁決に関する訴訟で法令の規定によりその法律関係の当事者の一方を被告とするもの」（4条前段）と，「公法上の法律関係に関する確認の訴えその他の公法上の法律関係に関する訴

訟」（4条後段）がある。前者を形式的当事者訴訟といい，後者を実質的当事者
訴訟という。行訴法は，従来，実質的当事者訴訟について「公法上の法律関係
に関する訴訟」とのみ規定していたが，2004年行訴法改正によりこの文言の前
に「公法上の法律関係に関する確認の訴えその他」が付け加えられることに
なった。改正前においても，実質的当事者訴訟にこの確認の訴えが含まれると
考えられていたが，2004年改正によりそれが明示され，その活用が期待されて
いる。

形式的当事者訴訟は，処分に関する訴訟であるから抗
告訴訟とみることができるが，紛争の性質上，争われ
ている法律関係を両当事者間で争わせたほうが合理的であると考えられるた
め，形式的に当事者訴訟として構成されているものである。その典型例とし
て，土地収用法上の損失補償の額に関する訴訟がある。土地収用法では，公共
事業のために収用または使用する土地に関する事項や補償額について，起業者
（土地の収用・使用を必要とする事業者）と被収用者（土地所有者）との間で合意に
至らないときは，それについて収用委員会が権利取得裁決をすることになって
いる（48条）。一般に，裁決に不服があればそれを取消訴訟で争うことになる
が，土地収用法は，権利取得裁決のうち補償額の多寡に関する事項について
は，取消訴訟の提起を認めず，直接の利害関係人である起業者と被収用者との
間で当事者訴訟の形式で争うことにしている（133条）。類似の例は，特定放射
性廃棄物の最終処分に関する法律（30条），著作権法（72条）などにもみられる。

これに対し，実質的当事者訴訟は，対等な当事者間の
公法上の法律関係に関する訴訟であり，本来的な意味
での当事者訴訟である。

　実質的当事者訴訟は，対等な当事者間の訴訟である点で，民事訴訟と異なら
ないが，その訴訟物が公法上の法律関係である点で私法上の法律関係を訴訟物
とする民事訴訟とは異なる。また，実質的当事者訴訟と民事訴訟のひとつであ
る争点訴訟は，処分の存否・効力の有無を前提とする現在の法律関係に関する
訴訟という点で共通する（本書329頁以下）。しかし，公法と私法の区別自体が
かなり不明確であり，当事者訴訟に準用される行訴法上の規定も，行政庁の参

加（23条），職権証拠調べ（24条），判決の拘束力（33条1項）などわずかで，そのほかは民事訴訟法が適用されるため（41条），学説の多くは，両者を区別する実益は乏しいとしてきた（本書23頁以下）。

実質的当事者訴訟の類型 実質的当事者訴訟は基本的に民事訴訟と異ならないため，訴えの種類も民事訴訟と同様に形成，給付，確認の3種が考えられる。形成訴訟は，法定の原因に基づいてすでに存在している法律関係の変動を判決によって宣言することを求めるものであるが，当事者訴訟の形式でこれが問題となった裁判例はほとんど見当たらない。

給付訴訟は，原告が被告に対する給付請求権を主張しこれに対応した給付を被告に命じることを裁判所に求める訴えである。この訴訟では，特に給付請求権の存否が問題になる。その例として，年金支給停止措置の無効を前提とする年金支払請求訴訟（最判1995（平7）・11・7【百選Ⅰ-64】），課税処分の無効を前提とする不当利得返還請求訴訟，憲法29条3項に基づく損失補償請求訴訟などがある。

確認訴訟は，特定の権利または法律関係の存否を主張して，その存否を確認する判決を求める訴えをいう。確認訴訟の対象は，給付訴訟や形成訴訟と異なり，理論的には無制限であることから，それに一定の歯止めをかけるために，確認の利益が必要とされる。確認の利益は，原告の権利または法的地位に現に危険ないし不安があり，その危険ないし不安を除去するのに，原告・被告間で確認請求に対する判決をなすことが有効かつ適切である場合に認められる。そして，当事者訴訟でもこれが重要な論点になる（**判例66** 本書338頁）。たとえば，在外国民選挙権剥奪事件（**判例39** 本書227頁）では，在外国民であるXらが，主位的に，①1998年改正前の公職選挙法が，Xらに衆議院議員の選挙および参議院議員の選挙における選挙権の行使を認めていない点において，違法であることの確認，②改正後の公職選挙法が，Xらに衆議院小選挙区選出議員の選挙および参議院選挙区選出議員の選挙における選挙権の行使を認めていない点において，違法であることの確認，予備的に，③Xらが衆議院小選挙区選出議員の選挙および参議院選挙区選出議員の選挙において選挙権を行使する権利を有することの確認を求める訴えにつき，最高裁は，①について，過去の法律関係の

> **判例68** 医薬品ネット販売規制事件〈最判2013（平25）・1・11【百選Ⅰ-46】〉
>
> 　薬事法の施行に伴って改正された薬事法施行規則（以下，「規則」）により，郵便等販売を行う場合は，一般用医薬品（副作用等による健康被害が生ずる度合いの高い順に第一類・第二類・第三類医薬品に分かれている）のうち第一類・第二類医薬品の販売または授与は行わない旨等の規定が設けられたことについて，インターネットを通じた医薬品販売を行う事業者であるXらが，上記改正規定は，薬事法の委任の範囲外の規制を定めるものであって違法である等として，Xらが第一類・第二類医薬品につき郵便等販売をすることができる地位の確認等を求めた。
>
> 　1審は，Xらの地位確認の訴えについて，本件改正規定の行政処分性が認められない以上，本件規制をめぐる法的な紛争の解決のために有効かつ適切な手段であり，確認の利益が肯定されるとして訴えの適法性を認めたが，請求については棄却した。これに対し，2審が請求を認容したため，国が上告した。
>
> 　最高裁は，郵便等販売を規制する施行規則の規定が，これを定める根拠となる新薬事法の趣旨に適合するもの（行手38条1項）であり，その委任の範囲を逸脱したものではないというためには，立法過程における議論をもしんしゃくしたうえで，薬事法の委任規定を始めとする新薬事法中の諸規定を見て，そこから，郵便等販売を規制する内容の省令の制定を委任する授権の趣旨が，上記規制の範囲や程度等に応じて明確に読み取れることを要するものというべきであるが，薬事法の授権の趣旨が，第一類・第二類医薬品に係る郵便等販売を一律に禁止する旨の規則の制定までをも委任するものとして，規制の範囲や程度等に応じて明確であると解するのは困難であるとの理由で，国の上告を棄却した。

確認を求めるものであり，この確認を求めることが現に存する法律上の紛争の直接かつ抜本的な解決のために適切かつ必要な場合であるとはいえない，②については，③のほうがより適切な訴えであるということができるとの理由で確認の利益を否定し，③について，選挙権は，これを行使することができなければ意味がないものといわざるをえず，侵害を受けた後に争うことによっては権利行使の実質を回復することができない性質のものであるから，その権利の重要性に鑑みると，具体的な選挙につき選挙権を行使する権利の有無につき争いがある場合にこれを有することの確認を求める訴えについては，それが有効適切な手段であると認められるとし，確認の利益を肯定し，さらに請求を認容した。また，最高裁は，最高裁判所裁判官国民審査法が在外国民に審査権の行使を全く認めていないことが憲法15条，79条2項，3項等に違反することを理由

として，在外国民に対し次回の国民審査において審査権行使をさせないことの違法確認を求める訴えを適法であると判示した（最大判2022（令4）・5・25民集76巻4号711頁）。さらに，判例68 も確認訴訟につき請求を認容している。

8 民 衆 訴 訟

民衆訴訟の意義

民衆訴訟は，国または公共団体の機関の法規に適合しない行為の是正を求める訴訟で，選挙人たる資格その他自己の法律上の利益に直接かかわらない資格で提起するものをいう（行訴5条）。民衆訴訟は，国政選挙・地方選挙の選挙人や地方公共団体の住民たる資格で提起することが多い。民衆訴訟の例として，選挙に関する訴訟（公選203条・204条・207条），住民訴訟（地自242条の2），直接請求における議会の解散の投票および議員・長の解職の投票の効力を争う訴訟（同85条1項），地方自治特別法の住民投票の効力を争う訴訟（同262条1項），最高裁判所裁判官の国民審査の効力を争う訴訟（最高裁判所裁判官国民審査法36条）などがあるが，ここでは前二者を取り上げることにする。

選挙に関する訴訟

選挙に関する訴訟は，基本的に選挙の効力を争う訴訟（公選203条・204条）と特定の当選人の当選の効力を争う訴訟（同207条）に分けられる。前者の具体例としては，公職選挙法により定められている選挙区間における議員定数と選挙人数との不均衡が，平等原則（憲14条1項）に違反するかどうかを問題とする議員定数不均衡（投票価値の平等）に関するものが多い（最大判1976（昭51）・4・14【百選Ⅱ-206】）。これに対して，後者では，しばしば地方選挙における当選人の被選挙権の有無が問題となる。これらの訴訟を提起できるのは，選挙または当選の効力に不服のある選挙人または公職の候補者であり，選挙管理委員会を被告して高等裁判所に訴訟を提起することになる（公選203条・204条・207条）。ただし，地方選挙の場合には，訴訟を提起する前に選挙管理委員会に不服申立てをする必要がある（同202条・206条）。なお，選挙に関する訴訟では，選挙や当選が無効になると影響が大きいため，裁判所は，選挙等が違法であっても，選挙結果に異動を及ぼす

おそれがある場合に限って，選挙無効の判決をすることになる（同205条1項・209条1項）。

住民訴訟 住民訴訟は，地方公共団体の住民が，当該団体の違法な財務会計上の行為（怠る事実も含む）について，地方公共団体の適正な財務運営を確保するために提起する訴訟である（地自242条の2）。これは，アメリカの納税者訴訟をモデルにしたものである。行為能力のある住民であれば，誰でも提起でき，国籍の有無，自然人・法人の別も問われない。ただし，この訴訟を提起するには，事前に監査委員に対する住民監査請求を経ておく必要がある（同242条）。住民訴訟は，住民としての資格があれば提起できるために利用しやすく，また，ほとんどの行政活動が財務と無縁ではないため，一見して財務とは関係ないような行政活動をもコントロールする（非財務事項の間接的統制）有効な手段として多用されてきた。

住民訴訟には，その請求内容に応じて，行為の差止請求（同242条の2第1項1号。1号請求），行政処分の取消しまたは無効確認の請求（同項2号。2号請求），怠る事実の違法確認請求（同項3号。3号請求）および損害賠償または不当利得返還の請求（同項4号。4号請求）の4類型がある

住民訴訟の改変 住民訴訟のうち1号・4号請求の要件が，2002年3月の地方自治法の改正により大幅に変更されることになった。まず，1号請求が認められるのは，改正前には，違法な財務会計上の行為により地方公共団体に回復困難な損害を生じるおそれがある場合に限定されていたが，この要件が削除され，その範囲が拡大された。しかし，逆に，人の生命・身体に対する重大な危害の発生の防止その他公共の福祉を著しく阻害するおそれがあるときには，1号請求が認められないことになった（同条6項）。

次に，4号請求は，改正前は，本来地方公共団体が有する請求権を住民が地方公共団体になり代わって請求するものであることから代位請求と呼ばれ，住民は公金の不正支出等により地方公共団体に損害等を与えた長をはじめ職員個人やその相手方を直接被告として損害賠償等を請求することができた。しかし，改正後の新制度では，この請求の性格が根本的に変えられることになった。つまり，住民は，従来と異なり，まず地方公共団体の執行機関または職員

に対して，違法な財務会計上の行為を行った職員またはその相手方に損害賠償または不当利得返還の請求をすることを求める訴訟を提起しなければならず（同条1項4号。第1段階の訴訟），それに勝訴した場合に，次に当該地方公共団体の長が当該職員等に損害賠償金等の支払を請求し，それが支払われないときに，さらに地方公共団体が損害賠償等を求める訴訟を提起するという（同242条の3。第2段階の訴訟），いわば2段構えの仕組みがとられることになった。

9　機 関 訴 訟

機関訴訟の意義　機関訴訟は，国または公共団体の機関相互間における権限の存否またはその行使に関する紛争についての訴訟である（行訴6条）。機関相互間の紛争は，本来行政主体内部において解決されるべきものであるが，民衆訴訟と同様に，法律が特別に規定を設けて，裁判所の公正な判断により紛争の解決を図る場合がある。また，行政主体相互の関係であっても，それが機関相互の関係とみなされる場合もある。たとえば，成田新幹線事件で，最高裁は，日本鉄道建設公団の成田新幹線工事実施計画に対する運輸大臣の認可を行政機関相互の行為と同視すべき内部的行為とみなしている（判例7 本書44頁）。

機関訴訟の具体例　機関訴訟の例として，地方公共団体における議会と長との間の訴訟（同176条），違法な国の関与に対し地方公共団体の長等が提起する訴訟（同251条の5。例，最判2021（令3）・7・6民集75巻7号3422頁），都道府県知事による法定受託事務の管理・執行が違法である場合などに大臣が提起する代執行訴訟（同245条の8），地方公共団体の不作為に対する国の違法確認訴訟（同251条の7。本書67頁コラム③参照）などがある。

　通説によれば，これらは機関訴訟として位置づけられているが，行政主体相互といっても，地方公共団体は憲法上自治権が保障されているのであるから，国家機関の行為により自治権が侵害されているようなときには，これを主観訴訟として把握し，裁判上争う可能性を肯定すべきであるとする見解がある（塩野Ⅱ283頁以下参照）。

判例索引

大　審　院

最高裁判所

高等裁判所

地方裁判所

事項索引

──執筆者紹介（50音順）──

北村和生（きたむら　かずお）・立命館大学法科大学院教授（Ⅲ-3, Ⅴ 執筆）

佐伯彰洋（さいき　あきひろ）・同志社大学法学部教授（Ⅱ, Ⅲ-1, 2, 5, Ⅳ-3執筆）

佐藤英世（さとう　えいせい）・東北学院大学法学部教授（Ⅲ-4, 6, Ⅳ-4, Ⅵ執筆）

高橋明男（たかはし　あきお）・大阪大学大学院法学研究科教授（Ⅰ, Ⅲ-7, 8, Ⅳ-1, 2執筆）

Horitsu Bunka Sha

行政法の基本〔第8版〕
──重要判例からのアプローチ

2003年 5 月30日　初　版第 1 刷発行
2005年 3 月25日　第 2 版第 1 刷発行
2006年11月20日　第 3 版第 1 刷発行
2010年 4 月10日　第 4 版第 1 刷発行
2014年 4 月15日　第 5 版第 1 刷発行
2017年 4 月15日　第 6 版第 1 刷発行
2019年 3 月20日　第 7 版第 1 刷発行
2023年 4 月15日　第 8 版第 1 刷発行

著　者　　北村和生・佐伯彰洋
　　　　　佐藤英世・高橋明男

発行者　　畑　　光

発行所　　株式会社 法律文化社

〒603-8053
京都市北区上賀茂岩ヶ垣内町71
電話 075(791)7131　FAX 075(721)8400
https://www.hou-bun.com/

印刷：中村印刷㈱／製本：㈲坂井製本所
装幀：仁井谷伴子

ISBN978-4-589-04273-6

高橋明男・佐藤英世編

地方自治法の基本

A 5 判・312頁・3300円

地方自治の法制度の概要と全体像を学ぶための標準テキスト。歴史的展開や諸外国の概観をふまえ、理念・仕組み・機能など制度の根幹に重点をおいて概説。重要判例は厳選のうえ詳解し、デジタル改革関連法による制度改正もフォロー。

須藤陽子著

行 政 法 入 門

A 5 判・278頁・3190円

行政法を体系的に学ぶ入門書。行政法独自の法体系にかかわる概念などを丁寧に解説。「理解のポイント」で理論の要点をつかみ、重要判例や練習問題などを通じて理解を深める。法制度の制定過程や実態などについて紹介する「行政こぼれ話」も収録。

板垣勝彦著

公務員をめざす人に贈る 行政法教科書

A 5 判・296頁・2750円

行政法の全体像をコンパクトに描き、公務員志望者のニーズに応えたテキスト。行政法で問題となる紛争類型を4タイプで示すなどの工夫により、ほとんどの事例に対応。です・ます調の丁寧な説明で、読み物として楽しみながら知識が身に付く。

深澤龍一郎・大田直史・小谷真理編

公共政策を学ぶための行政法入門

A 5 判・258頁・2750円

公共政策の策定・実現過程で行政法が果たす役割を丁寧に解説した入門教科書。入門編では、「法律による行政」や「行政裁量」など基礎的概念を解説。応用編ではごみ屋敷対策等、行政の現場で直面する応用課題を概説。条文の読み方、専門用語の解説や実務家の補論を掲載。

大島義則著

行 政 法 ガ ー ル

A 5 判・270頁・2640円

小説形式で「平成18年〜25年」の司法試験行政法の過去問をわかりやすく解説。主張と反論というかたちでくり広げられる登場人物の会話から合格答案作成の作法を修得。受験生のバイブルとなった『憲法ガール』の姉妹編。

大島義則著

行 政 法 ガ ー ル II

A 5 判・234頁・2530円

『行政法ガール』の続編。「平成26年〜令和元年」の司法試験論文試験の解き方を指南。裁量基準、原告適格など受験生が悩みがちな論点を掘り下げて解説。個別の処分根拠法規だけでなく、実質的な処分根拠法規の意味内容を探究する「仕組み解釈」の技術を会得できる。

── 法律文化社 ──

表示価格は消費税10％を含んだ価格です